RAFFAELE GAROFALO

Cesare Lombroso'nun öğrencilerinden olan Garofalo (ö. 1934), İtalyan kriminoloji uzmanı ve hukukçudur. Suçun bilimsel yöntemlerle incelenmesi sonucunda anlaşılabileceğini savunmuştur. Bir dönem sulh hâkimi olarak da görev yapan yazar, 1903 yılında İtalya'nın Adalet Bakanı olmuş; suç ve ceza bağlamlarında çeşitli fikirler ileri sürmüştür. Önemli yapıtları şunlardır: D*i un Criterio Positivo della Penalità*, *Criminologia: Studio sul Delitto, Sulle sue Cause e sui Mezzi di Repressione*, *Polemica in Difesa della Scuola Criminale Positiva*, *La Superstizione Socialista*.

ALBARAKA YAYINLARI – 144
SOSYOLOJİ DİZİSİ – 8

Kriminoloji

Suç, Suçlu ve Ceza

ORİJİNAL ADI Criminologia: Studio Sul Delitto, Sulle Sue Cause e Sui Mezzi di Repressione

YAZAR Raffaele Garofalo

GENEL YAYIN YÖNETMENİ Fatma Kandemir
GÜNÜMÜZ TÜRKÇESİNE AKTARAN Tuğçe Uzel
KAPAK TASARIMI Tali Creative / Emir Tali
MİZANPAJ Tali Creative

ALBARAKA YAYINLARI 2. Baskı, Mayıs 2025
ISBN 978-625-7312-96-7
BASKI VE CİLT Özkaracan Matb. ve Ciltcilik San. Tic. Ltd. Şti.
Sertifika No: 45469
15 Temmuz Mah. Gülbahar Cad. No: 62/C
Bağcılar/ İstanbul
Tel: 0212 515 49 47 Fax: 0212 602 02 10

Albaraka Yayınları, neşrini gerçekleştirdiği metinleri aslına sadık kalarak çevirir. Açıklamalı görüşlerini gerek gördüğünde önsöz ve dipnot aracılığıyla aktarır. Bu ve benzeri vasıtalarla görüş belirtilmeyen hususlara Albaraka Yayınları'nın katıldığı varsayılamaz.

ALBARAKA KÜLTÜR SANAT VE YAYINCILIK A.Ş.
İnkılap Mahallesi, Dr. Adnan Büyükdeniz Cad. No:6 34768 Ümraniye / İSTANBUL

www.albarakakultur.com

Kriminoloji

Suç, Suçlu ve Ceza

Raffaele Garofalo

alBaraka Yayınları

İÇİNDEKİLER

TAKDİM

POZİTİVİST OKUL VE GAROFALO

Aristoteles'in teleolojik (finalist, gaî) fizik anlayışı ve üzerine bu fizik anlayışının temellendirildiği felsefi sistem, insanın özgür iradeye sahip olduğu kabulüyle muvafıktır. Aristoteles'in varlık anlayışı ise mantık ve dilin ilkeleriyle son derece bağlantılıdır. Aristoteles dil ve mantığın sahip olduğu ilkeleri analoji yoluyla varlığa tatbik ederek varlık hakkında tutarlı şekilde konuşulabileceğini iddia etmektedir. Söz gelimi, Aristoteles mantıktaki özdeşlik ilkesinden hareketle cevherlerin var olduğu, çelişmezlik ilkesinden hareketle ise kuvve-fiil kavramlarının varlığını ifade etmektedir. Yani Aristoteles'e (ve modern dönem öncesi çoğu düşünüre) göre mantığın ilkeleri aynı zamanda varlığın ilkeleridir. Bu sebeple pozitif bilimler ancak belli bir varlık anlayışından hareketle, diğer bir anlatımla metafiziğe ayaklarını basarak icra edilebilir.

Yukarıda bahsedilen klasik anlayış, modern dönemde değişikliğe uğramıştır. Bu değişimin en büyük sebeplerinden biri pozitif bilimlerin tabiat olaylarını açıklamada sergilediği başarıdır. Galileo Galilei (1564-1642) ve Isaac Newton (1643-1727) başta olmak üzere birçok bilim adamının fizik sahasında yaptığı çalışmalar evrenin mekanik olarak devinen bir yapıya sahip olduğu şeklindeki telakkiyi güçlendirmiştir. Öncesinde belli bir metafizik düşünceden hareketle icra edilen ve evreni teleolojik olarak kavrayan anlayış, yerini evreni mekanik olarak tasavvur eden ve bu sebeple önceki metafizik kabulleri sanık sandalyesine oturtan anlayışa bırakmıştır. İstidlalin yönü, metafizikten fiziğe değil; fizikten metafiziğe doğru evrilmiştir. Mekanik bir evren tasavvuru, özgürlük ve irade kavramlarının tartışılmasına, bilginin konusu edilmemesine ve dahi reddedilmesine müncer olmuştur.

Metafiziğin her türlüsünün bilim ve felsefenin dışında bırakılması, bir başka deyişle metafiziğin elenmesi, ünlü düşünür Immanuel Kant'ın (1724-1804) kritik projesiyle vaki olmuştur. Mantık ilkelerinden varlık ilkelerine geçişi yanılsama (*Schein*) olarak addeden Kant, insan bilgisinin konusunu yalnızca duyumsanabilir olana hasretmiştir.[1] Kant evrenin mekanik olarak devindiğini kabul etmekle birlikte, insan iradesini özgür olarak tasarlamıştır.[2] Esasında Kant'ın kritik projesinin temelinde özgürlük ve nedenselliğin telif edilmesi yatmaktadır.[3]

Ceza hukukunda klasik okul ile pozitivist okul arasındaki gerilim, felsefe ile pozitif bilimler arasındaki gerilime paralel olarak okunabilir. Gerek bilim adamları gerek düşünürler, özgürlük ve nedensellik kavramlarının telifi üzerine yoğunlaşsalar da özellikle 19. ve 20. yüzyıl düşünce geleneğinde nedenselliğin özgürlüğe

---

1 Ahmet Ayhan Çitil, *Kant Okumaları: Birinci Kritik*, İstanbul 2021, s. 45, 46.

2 Çitil, s. 25.

3 Çitil, s. 13, 14.

galebe çaldığı vakidir. Diğer bir anlatımla bu dönemde "felsefe, doğa bilimlerinin albenisine yenik düşmüştür"[4] denilebilir.

Nedenselliğin ve determinizmin bu denli yaygınlaşması evrensel mekanizmi, fizik, kimya, astronomi ve biyolojide tam hâkim kılmıştır.[5] Söz gelimi biyoloji alanında Charles Darwin'in (1809-1882) yaptığı çalışmalar, düşünürleri insan davranışlarını bilimsel yöntemleri kullanarak açıklamak noktasında cesaretlendirmiştir.[6] Düşünce ve bilim dünyasında yaşanan, çok kısaca özetlemeye çalıştığımız bu süreç, modern sosyolojinin kurucusu olarak kabul edilen Auguste Comte (1798-1857) ile başka bir noktaya sıçramıştır. Comte, bilimsel yöntemlere başvurarak sosyal meseleleri açıklamaya çalışarak pozitif bilimlerde kullanılan deney ve gözlemi sosyal bilimlere taşımak istemiştir.[7] Comte'un bu çabası pozitivizmin felsefi bir sistem olarak teessüs etmesiyle sonuçlanmıştır. Pozitivizm hem toplumsal hem de ahlaki sahanın bilimsel bilgiyle düzenlenmesi gerektiği, deney ve gözleme istinat etmeyen herhangi bir istidlalin cari olamayacağı düşüncesine dayanır.[8] Bu anlayıştan hiç şüphesiz ceza hukuku ve kriminoloji de nasibini almıştır. Düşünce dünyasında yaşanan bu değişim ceza hukukunda pozitivist okulun zuhur etmesine yol açmıştır.[9]

---

4 Bernd Rüthers / Christian Fischer / Axel Birk, *Hukuk Teorisi* (çev: İlyas Doğan/Rukiye Aldudak/Huri Eyman Aydın), Ankara 2020 s. 277.

5 Süleyman Hayri Bolay, *Emile Boutroux'da Zorunsuzluk Doktrini*, M.E.B. Yayınları, İstanbul 1999, s. 30.

6 Larry J. Siegel, *Criminology*, 13. Baskı, 2018; Mehmet Emin Artuk / Erkam Yılmaz, Teorik Açıdan Güvenlik Tedbirleri, İstanbul Medipol Üniversitesi Hukuk Fakültesi Dergisi 7 (2), Güz 2020, s. 18.

7 Siegel, s. 140.

8 Lucien-Levy Bruhl, "Auguste Comte'un Sosyolojisi", (çev: Ziyaaddin Fahri), İstanbul Üniversitesi Hukuk Fakültesi Mecmuası, Cilt 4, Sayı 15, s. 439.

9 Nurullah Kunter, "Ceza Hukukunun Bugünkü Gelişmesinde Franz Von Liszt'in Rolü", İstanbul Üniversitesi Hukuk Fakültesi Mecmuası, Cilt 17, Sayı 1-2, 1951, s. 45.

Yukarıda bahsedildiği üzere pozitivizm, evrenin mekanik olarak devindiği, determinizmin cari olduğu anlayışa dayanır. Bu anlayışta özgür iradenin, kusurun ve manevi sorumluluğunun yeri olamaz.[10] Ernst von Aster'in deyimiyle "mademki kainattaki tekmil hadisat illetlere tabidir veya illî bir şekilde taayyün ederler, o hâlde bu keyfiyet, beşerin iradî ef'al ve harekâtı hakkında da mer'i olmak icap eder"[11] şeklindeki düşünce, pozitivizmi hukuk sahasına taşıyarak pozitivist okul olarak adlandırılan düşünce geleneğinin düsturunu teşkil etmiştir.[12] Pozitivist okul, klasik okulun aksine apriori (kablî, önsel) metot yerine aposteriori (tecrübî, sonsal) metodu tercih etmiştir.[13] Bunun bir sonucu olarak klasik okula mensup düşünürlerin suçu soyut bir şekilde ele almak suretiyle teorik bir sistem inşa ettikleri görülürken, pozitivist okula mensup yazarların suçlu üzerinde deney ve gözleme dayalı incelemeler yaptığı müşahede edilir.[14]

Aşağıda da değinileceği üzere ceza hukukunda pozitivist okul denince akla gelen isimler, bu okulun kurucuları olan Cesare Lombroso (06.11.1835-19.10.1909), Enrico Ferri (25.02.1886-12.04.1929) ve Raffaele Garofalo'dur (18.11.1851-18.04.1934). Bu çalışmanın asıl gayesini ise Garofalo'nun eserleri ve düşünceleri hakkında bilgi vermek oluşturmaktadır.

---

10 Artuk / Yılmaz, s. 19.

11 Ernst von Aster, *Hukuk Felsefesi Dersleri* (çev: Orhan Münir Çağıl), İstanbul 1943, s. 16.

12 Artuk / Yılmaz, s. 20.

13 Tahir Taner, *Ceza Hukuku*, 3. Basım, İstanbul 1953, s. 36.

14 Pozitivist okul ile klasik okulun ceza hukukuna yaklaşımları arasındaki farklar hakkında bkz. Taner, s. 23-62; Mehmet Emin Artuk / Ahmet Gökcen / Mehmet Emin Alşahin / Kerim Çakır, *Ceza Hukuku Genel Hükümler*, 15. Baskı, Ankara 2021, s. 87 vd.; Artuk / Yılmaz, s. 18-21.

Lombroso[15] ve Ferri[16] ile birlikte Pozitivist okulun ku-

---

15 Eserleri İngilizce, İspanyolca, Almanca, Fransızca gibi muhtelif dillere çevrilen ve bir tıp doktoru olan Cesare Lombroso (06.11.1835-19.10.1909), cezaevlerinde, hastanelerde ve kışlalarda bulunanlar üzerinde araştırmalarda bulunmuş, bunlardan birçoklarının mizaçlarını, hareketlerini, düşüncelerini, geçmişlerini, yaşam tarzlarını incelemiş, cezaevlerinde ölen mahkûmların cesetleri üzerinde otopsiler yapmıştır. Araştırmalarının gayesi, özellikle suçun sebeplerinin ortaya konulmasıdır. En önemli eserleri, *L'homme criminel* (L'uomo Delinquente, Turin 1890, *Suçlu İnsan*, c. I-II-III), Paris 1895 (Fransızca 2. Baskı); *Suçlu İnsan* adlı eserin 3. cildini oluşturan, *Le crime: causes et remèdes*, Paris 1899 (suç: sebepleri ve çareleri); *L'Homme de Génie*, Paris 1903 (*L'uomo di genio*, Turin 1894, *Dahi İnsan*) ve *La femme criminelle*, Paris 1896 (la donna delinquente, *Suçlu Kadın*)'dır. Müellifin dilimize çevrilmiş bir eseri bulunmaktadır: *Suç İşlemenin Sebepleri* (çev. Sadi Irmak), İstanbul 1963. Bu kitap, müellifin *Suç Sebepleri ve Çareleri* adlı eserinin özeti mahiyetindedir. Ayrıca kızı Gina Lombroso Ferrera, Lombroso'nun eserlerini özetleyen ve bizzat Lombroso'nun giriş kısmını yazdığı bir eser yayımlamıştır (1942). Bu eser de dilimize çevrilmiştir (çev: İsmail Hakkı Yılmaz), *Suçlu İnsan*, Albaraka Yayınları, İstanbul 2021. Lombroso hakkında ayrıca bkz. Mehmet Emin Artuk / Mehmet Emin Alşahin, *Kriminoloji*, 4. Baskı, Ankara 2022, s. 50-55.

16 Bologna, Siena, Pisa ve Palermo Üniversitelerinde Ceza ve Ceza Muhakemesi Hukuku Profesörlüğünü deruhte eden Enrico Ferri (25.02.1886-12.04.1929), Lombroso ve Garofalo ile birlikte pozitivist okulun kurucusudur. Klasik okulun savunduğu irade serbestisini reddeden Ferri, suç sebeplerini antropolojik, fizik ve sosyal nedenler olmak üzere üç grupta toplar. Suçların artmasına sosyal sebeplerin neden olduğunu, toplum içinde yaşadığından kişinin işlediği hukuka aykırı fiillerinden sorumlu olduğunu belirtir. En önemli çalışmalarından biri "I nuovi orizzonti del diritto e della procedura penale (Ceza ve Ceza Muhakemesi Hukukunda Yeni Ufuklar)" isimli konferansının genişletilmesiyle kitap hâline getirilen ve üçüncü baskısından itibaren "*La sociologia criminale* (Cürmi *Sosyoloji*, 1892)" adını alan eseridir. Eser Fransızcaya bizzat müellif tarafından İtalyanca üçüncü baskı esas alınarak tercüme edilmiştir (*La sociologie criminelle*, Paris 1893). Eserin 5. baskısı, müellifin ölümünü müteakip Arturo Santoro tarafından yeni dipnotlar eklenerek iki cilt halinde (XXIV+552; VII+612) yayımlanmıştır (Torino, 1929-1930): *Principii di diritto criminale* (*Suç Hukukunun İlkeleri*), Turin 1928; Müellifin kanaatimizce özellikle edebiyatla ilgili diğer bir eseri "I delinquenti nell'arte"dir (Genova 1898). Eser, Fransızcaya (*Les criminels dans l'art et la littérature*, 2. Baskı, Paris 1902) ve dilimize *Sanat ve Edebiyatta Caniler* (çev: Selim Evrim),

rucularından sayılan Raffaele Garofalo[17] (18.11.1851 Napoli-18.04.1934 Napoli), 1877 ve 1878'de yayımladığı makalelerle ve özellikle 1885 tarihinde Torino'da çıkardığı *Kriminoloji* yani suç ilmi (*Criminologia*) adlı eseriyle Lombroso'nun fikirlerini az bir farkla doğrulamıştır. 1909'dan itibaren İtalyan Krallığında Ayan Meclisi üyeliği yapan Garofalo, Yargıtay Başkanlığı ve Napoli Üniversitesi öğretim üyeliği görevlerinde de bulunmuştur. 1880 yılından itibaren Lombroso ile birlikte "*Archivio di psichiatria, antropologia criminale e scienze penali per servire allo studio dell'uomo alienato e delinquente*" (Yabancılaşmış ve suçlu insan çalışmasına hizmet etmek için psikiyatri, suç antropolojisi ve suç bilimleri arşivi) dergisini çıkarmıştır. Müellifin birçok eseri arasında *Di un criterio positivo della penalita*, Napoli 1880 (*Cezanın Olumlu Bir* Ölçüsü *Hakkında*); *Riparazione alle vittime del delitto*, Turin 1887 (*Suç Kurbanlarının Tazmini*); *Contro la corrente! pensieri sulla proposta abolizione della pena di morte nel progetto del nuovo Codice penale italiano*, Napoli 1888 (*Akıntıya Karşı! Yeni İtalyan Ceza Kanunu Tasarısında Teklif Edilen* Ölüm *Cezasının* İ*lgası Hakkında* Düşünceler); *Idee sociologiche e politiche di Dante, Nietzsche e Tolstoi*, Palermo 1907 (*Dante, Nietzsche ve Tolstoy'un Sosyolojik ve Politik Fikirleri*) sayılabilir.[18]

Müellifin en önemli kitabı muhtelif dillere tercüme edilen *Criminologia* (1885) isimli çalışmasıdır. Eseri, İtalyanca orijinalinden (Turin 1885) Fransızcaya Garofalo (Paris 1888) yılında gözden geçirerek bizzat tercüme etmiştir. Fransızcaya tercümenin ilk baskısı *La criminologie:* étude *sur la nature du crime et la*

İstanbul 1974 adıyla çevrilmiştir. Ferri'nin eserlerinin listesi için bkz. Fernand, Collin, *Enrico Ferri et l'avant-projet de Code pénal italien de 1921*, Bruxelles, 1925, s. 198-199; Ferri hakkında özet bilgi için bkz. Artuk-Alşahin, a.g.e., s. 55-63.

17 Dilimize *Criminologia "Suç, Suçlu ve Ceza"* şeklinde çevrilen eserin müellifinin adı, kapak kısmında "Rafaele" (bir f) şeklinde yanlış yazılmış, eserde ise bu hata düzeltilmiştir.

18 Garofalo'nun diğer çalışmaları hakkında bkz. Collin, a.g.e, s. 199-200.

théorie de la pénalité (*Kriminoloji: Suçun Niteliği ve Ceza Kuramı Üzerine Araştırma*) adını taşımaktadır. Eser, dilimize hukuk doktoru Muhittin Göklü tarafından (İstanbul 1957) yukarıda bahsettiğimiz Fransızca birinci baskısından *Criminologia: Suç, Suçlu ve Ceza* adıyla çevrilmiştir.

Garofalo'nun *Criminologia* adlı eseri suç (Le crime), suçlu (Le criminel) ve cezalandırma (La répression) olmak üzere üç kısımdan[19] oluşmaktadır. Böylece müellif suç, suçlu ve cezaları ayrı ayrı tetkik etmektedir. Her kısım da kendi içinde fasıllara (chapitre) ayrılmaktadır.

Suç konusunda müellif, antropolojik ve psikolojik bakımlardan suçluyu inceleyen natüralistlerin onun anormal bir kimse olduğunu tespit etmelerine rağmen, suçu tanımlamayarak işi hukukçulara bıraktıklarını belirtmektedir. Kanun koyucu da suçu tanımlamamış, ancak birtakım fiilleri suç saymıştır. Kanun koyucunun yaptığı şey, suç sayılan bazı fiil ve hareketleri bir araya toplamaktan ibarettir. Bu da bazı ülkelerde suç sayılan fiillerin, diğer ülkelerde suç sayılmaması sonucunu doğurmaktadır. Bu bakımdan hukukçuya sormadan her yerde ve her zaman geçerli olan bir suç tanımının yapılmasına, diğer bir anlatımla tabii suçun (*le délit naturel*) tespitine ihtiyaç bulunmaktadır. Tespit, sosyoloğun görevine girmektedir. Suçun sosyoloji bakımından ifade ettiği anlam araştırılmalıdır. İfade ettiğimiz bu hususları Garofalo şu şekilde açıklamaktadır:

> Suçun hukuki bir kavram olduğu ve sadece hukukçuların suçu izaha yetkili oldukları bize söylenmesin. Burada teknik bir kelimeden değil, kanunu ister bilsin ister bilmesin, herkese açık bir fikri ifade eden bir kelimeden bahsedilmektedir. Bu kelimeyi kanun koyucu yaratma-

---

19 Eserin Fransızca 5. baskısı dört kısma ayrılmaktadır. Dördüncü kısım "Maximes pour servir à la formation d'un code pénal international" (Milletlerarası Ceza Kanununun Oluşmasına Yarayacak Özdeyişler) başlığını taşımaktadır. Bkz. R. Garofalo, *La criminologie*, Cinquième édition entièrement refondue et augmentée, Paris 1905, s. 471 vd.

mış, onu halkın dilinden almıştır. Hatta kanun koyucu suçu tanımlamamış, kendince suç sayılması gereken birtakım fiilleri bir araya toplamıştır. Bu husus bizi aynı devir ve hatta genellikle aynı millette mevcut ceza kanunlarından bazılarının suç saydıkları fiilleri, diğer kanunların suç saymadıklarını açıklamaya götürür. Bu söylenilenden çıkan, hukukçunun sınıflandırmasının sosyoloğun araştırmalarını engellemeyeceğidir. Suçluluğun sınırları (limites de la criminalité) belirsiz ve şüpheli olduğundan sosyolog, tuzun yahut asidin tanımını kimyagerden yahut elektriğin, sesin, ışığın ne olduğunu fizikçiden sorduğu gibi, suçun tanımını hukukçudan sormamalıdır. Suç kavramının ne olduğunu bizzat kendisi araştırmalıdır. Sosyolog bize suçtan ne anladığını söylemek zahmetinde bulunduğu anda hangi suçlulardan bahsettiğini anlamak mümkün olur. Bir kelime ile tabii suçun (le délit naturel) ne olduğunu açıklamak zorundayız. Her şeyden önce tabii suç var mıdır? Veya aynı anlama gelse de her devir ve her yerde suç sayılan fiilleri bir araya toplamak mümkün müdür?[20]

Böylece Garofalo, her yerde ve her zaman suç sayılan fiillerin bulunup bulunmadığının, diğer bir anlatımla tabii suçun (*le délit natürel*) tespitinin gerektiğini belirtmektedir. Tabii suçun dışında kalanlar ise ülkeden ülkeye, hatta aynı ülkede ve zamana göre değişen "sun'i, yapay, mukavelevi" (*le délit conventionnel, délit artificiel*) suçlardır.[21] Müellife göre, ancak tabii suç, tetkik konusu olabilir. Medeni her toplum tarafından kabul edilen ve cezalandırılan bir fiil olan tabii suç kavramının tespiti hususunda suçların teker teker araştırılması usulünü kabul etmeyen Garofalo, duyguları araştırma metoduna müracaat etmektedir. Bu bakımdan müellif, tabii suçu, hakların ihlali üzerine değil, işlenen fiille hangi his ve duyguların ihlal edildiği üzerine bina etmektedir. Daima zararlı bir fiil olan suç, aynı zamanda ahlaki hisleri ihlal eden bir davranıştır.[22] Müellife göre, ahlakiyatın özünü teşkil eden mer-

---

20 R. Garofalo, *La criminologie.* étude *sur la nature du crime et la théorie de la pénalité*, Paris 1888, s. 2-3; Raffaele Garofalo, *Criminologia: Suç, Suçlu ve Ceza* (çev: Muhittin Göklü), İstanbul 1957, s. 26.

21 Garofalo (1905), s. 2-3.

22 Garofalo, s. 5; ayrıca bkz. Baha Kantar, *Ceza Hukuku*, Ankara 1937, s. 43.

hamet veya insaniyet (*pietà, pitié, l'humanité*) ve adalet diğer bir anlatımla doğruluk (*probità, probité, justice*) duygularını inciten fiiller suçtur.[23] Suçlu da kendisinde bu duygulardan biri mevcut olmayan veya zaafa uğramış, topluma intibak edemeyen anormal bir kimsedir.[24] Anormal bir kişi olan suçlunun da bu anormalliğinin sürekli veya geçici, iyileşebilir veya iyileşemez olduğunu araştırmak lazımdır. Suçlulukla mücadele için, fiil değil; fail göz önüne alınmalıdır.[25] Suçluda merhamet veya adalet duygularından birinin bulunmadığını veya zaafa uğradığını belirtmiştik. Bu hislerden merhamet hemcinslerimizin elem ve ızdırabına yol açan hareketlere, diğer bir anlatımla görülmesi veya işitilmesi herkese manevi azap ve ızdırap veren fiillere karşı nefret, tiksinti ifade eden bir duygudur.[26] Adalet ise başkasına ait olan her şeye hürmeti belirtir.[27] Çok geri kalmış bazı vahşi kabileler hariç tutulursa merhamet ve doğruluk duyguları, zamana ve ülkeye göre sabit kalmıştır. Müellife göre, merhamet veya insaniyet duygularını ihlal eden suçların (*l'offense au sentiment de pitié ou d'humanité*) birinci grubunu örneğin, şahısların hayatına yönelik saldırılar, bedene yönelen her türlü maddi eza, yaralamalar, sakatlamalar, ebeveyn ve fürû, karı koca arasında rahim ve şefkatle bağdaşmayan muameleler, kasten bir kimsenin hastalanmasına sebebiyet vermeler, çocukların sağlığını bozabilecek veya bedenî inkişaflarına engel olabilecek tarzda çalıştırılmaları (bu son hâl ya ceza kanunlarında yer almamış ya da kabahatler arasında düzenlenmiştir) teşkil etmektedir. Merhamet hislerini ihlal eden ikinci nevi suçlar aynı zamanda hem bedensel ve hem de ruhsal acıya neden olan fiillerdir. Bu tür suçlara örnek olarak egoist bir amaçla (şehvet arzusu, menfaat temini) kişiyi hürriyetinden yoksun bırakma,

---

23 Garofalo, s. 20-31.
24 Garofalo, s. 57; Garofalo (Muhittin Göklü), s. 80.
25 Collin, s. 18.
26 Garofalo, s. 20; Garofalo (Muhittin Göklü), s. 40.
27 Garofalo, s. 32; Garofalo (Muhittin Göklü), s. 49.

kaçırma, keyfi tutuklama, zorunlu olarak ruhsal acıya sebep olan iftira, hakaret, hile ile bir genç kızı iğfal etme zikredilebilir.[28] İkinci kategoriye giren yani adalet (doğruluk) duygularını ihlal eden suçlar arasında müellif, mülkiyete tecavüz teşkil eden suçlar: gasp, hırsızlık, tahrip etme, yangın; cebir ve şiddet içermeyen ve sadece güveni kötüye kullanma yoluyla gerçekleştirilen saldırılar: dolandırıcılık, sadakatsizlik, bilerek borcunu ödememe, iflas, sırrın masuniyetinin ihlali, intihal, müelliflerin ve sınai müessese sahiplerinin haklarına tecavüz teşkil eden her türlü sahtekârlık ve nihayet yalan tanıklık, evrakta sahtekârlık, çocuğun nesebini değiştirme, nüfus kayıtlarının tahrifi gibi dolaylı olarak kişinin mülkiyet hukukuna veya medeni haklarına zarar veren fiillere yer vermektedir.[29]

Garofalo eserinin ikinci kısmında suçludan (*le criminel*) bahsetmektedir. Aşağıda belirteceğimiz gibi her ne kadar Garofalo, Lombroso gibi[30] suçluları tasnife tabi tutmuşsa da bu gruplandırma, Lombroso'nun kabul ettiği tasniften uzaktır. Lombroso, suçluları önceleri anatomik özelliklerine göre gruplandırırken Garofalo, antropolojik açıdan bir suçlu tipinin varlığının henüz tespit edilemediği ve yapılacak yeni araştırmaların da bu konuya açıklık getirmesinin şüpheli olduğu gerekçeleriyle[31] suçlunun sadece anatomik gayritabiiliklerini (*anomalie*) göz önüne alan bir tasnifi reddeder. Müellif, suçluları psişik

---

28 Garofalo, s. 42-43; Garofalo (Muhittin Göklü), s. 61.

29 Garofalo, s. 43; Garofalo (Muhittin Göklü), s. 61-62.

30 Lombroso, önceleri suçluların sadece doğuştan suçlulardan meydana geldiklerini iddia etmişse de zaman içinde görüşünü değiştirerek suçluları Ferri'nin etkisiyle, doğuştan, ihtirasi, tesadüfi ve akıl hastası olmak üzere dört sınıfa ayırmıştır. Bkz. Jean Constant, *Traité* élémentaire *de droit pénal: Principes généraux du droit pénal positif belge*, Tome I, Liège 1965, n. 9, s. 34.

31 Garofalo, *La criminologie, Cinquième* édition *entièrement refondue et augmentée*, Paris 1905, s. 83-84; Garofalo, (1888), s. 71; Garofalo (Muhittin Göklü), s. 92.

yani ruhi gayritabiiliklerinin derecesine göre ikiye ayırır. Bu konuda müellif şöyle demektedir:

> Suçluları gayritabii suçlular ve tabii suçlular olmak üzere iki ayrı sınıfa ayırmak mümkün değildir. Suçluları ancak gayritabiilik derecelerinin kuvvetli veya zayıf olmasına göre sınıflandırmak mümkündür. İşte benim eserlerimde bahsettiğim "insiyaki suçlular" (*les délinquants instinctifs*) [32] ve "kendisinden hiç beklenilmediği hâlde suç işleyenler"le (*les délinquants fortuits*) [33] anlatmak istediğim budur. [34]

Böylece Garofalo, suçluları ruhi gayritabiiliklerine göre ikiye ayırmaktadır: A) İnsiyaki suçlular: Ahlak yoksunu ve kendileri için iyi olanı düşünmekten aciz bu gibi suçlularda, antropolojik ve özellikle ruhi anomaliler çok fazla olduğundan bunların uslanmaları imkânsızdır. Diğer bir anlatımla bu kategoriye giren suçlular ıslah edilemezler. B) Ruhi anomalileri az bir oranda olan tesadüfi suçlular: Gayritabiilik işaretlerine az bir oranda da olsa rastlanıldığı bu nev'i suçluları, bazı sosyal etmenler suç işlemeye sevk etmiştir. Bunlar Benedikt'e göre bedensel zaaf, ruhi bir nevrasteni yani dış dünyanın etkilerine mukavemet edememe hâlindedirler. [35]

Eserin üçüncü kısmı cezalandırma (La répression) başlığını taşımaktadır. Yaşadığı çevrenin şartlarına uyum sağlayamayan kişi hakkında yapılması gereken şey onun ilgili çevreden uzaklaştırılmasıdır. Gerçekten davet edildiği evde terbiyesizlik yapan,

---

32 Garofalo, eserinin 5. baskısında insiyaki suçlular grubuna doğuştan suçluları da ilave ediyor. Böylece birinci grup doğuştan veya insiyaki suçlulardan (*les criminels nés ou instinctifs*) meydana gelmiş oluyor. Bkz. Garofalo (1905), s. 103.

33 Müellif eserinin 5'inci baskısında "*fortuits*" sözcüğünün yanına "*occasionells*" (rastlantısal, tesadüfi) ibaresini eklemiştir. Bkz. Garofalo (1905), s. 103.

34 Garofalo (1888), s. 89; Garofalo (Muhittin Göklü), s. 108; Garofalo (1905), s. 103.

35 Garofalo (1888), s. 90; Garofalo (Muhittin Göklü), s. 108; Ayrıca bkz. Collin, s. 18.

o eve bir daha davet olunmayacağı gibi, tekrar gelmesi hâlinde kabul edilemeyecektir. Bunun gibi bir kulüp üyesi, kulübün kurallarına aykırı harekette bulunursa kulüpten ihraç edilecektir. Kendisine verilen vazifeye liyakat göstermeyen bir memur, görevden alınacaktır. Bu örnekleri verdikten sonra Garofalo: "Yaşadığı çevrenin şartlarına tamamen uyum sağlayamayana veya uyum sağlama kabiliyetinden külliyen mahrum olana karşı toplumun tepkisi bu üyesini içinden çıkarıp atmak olacaktır." demektedir. Toplumdan çıkartmak için genellikle tek bir hareketin mevcudiyeti yeterlidir.[36] Yukarıda açıklananlar, suçlu için de geçerlidir. Ahlaki değerlerin yokluğu veya zayıflığı nedeniyle topluma uyum sağlayamadığını işlediği bir fiil ile gösteren suçluya uygulanacak yaptırım da onun toplumdan çıkarılması şeklinde tezahür edecektir. Bu durumda en mantıki yaptırım, ölüm cezasıdır. Garofalo'ya göre bu cezanın diğer bir faydası da bu gayritabii kimselerden kendileri gibi tehlikeli nesillerin üremesini önlemektir.[37] Müellif, irade serbestisi ve manevi sorumluluğu reddetmektedir. Cezai yaptırım sistemini ağır bir şekilde eleştiren Garofalo'ya göre ceza, suçun ağırlığıyla orantılı olmamalıdır. Aksine hâkim yaptırımı suçlunun toplum için arz ettiği tehlikeye (*temibilità*) göre tespit etmelidir. Bir kimse yukarıda belirttiğimiz şekilde yaşadığı çevrenin şartlarına uyum sağlayamıyorsa tehlikeli sayılmalı ve çevreden uzaklaştırılmalıdır. Bu uyumsuzluk, ahlak yoksunluğundan veya zayıflığından ileri gelmektedir. Bu bakımdan failin ahlaki yoksunluğu veya zayıflığı ölçülmeli ve özel durumuna elverişli bir yaptırım uygulanmalıdır. Bu düşünceyi daha belirgin hâle getiren örnekler verilebilir. Aşağıda da belirteceğimiz gibi tamamen bencil sebeplerle ve sosyal çevrenin hiçbir etkisi olmaksızın birini öldüren kişi ahlaki değerlerle asla bağdaşmayan bir davranış sergilediğinden toplumsal çevresinden tamamen uzaklaştırıl-

---

[36] Garofalo (1888), s. 231; Garofalo (Muhittin Göklü), s. 220-221.
[37] Collin, s. 19; Kantar, s. 45.

malıdır.[38] Garofalo, merhamet duygusundan tamamen yoksun olanlar hakkında, toplumdan çıkarma vasıtası olarak ölüm, sürgün veya müebbet hapsi öngörmekte ve bu yaptırımlardan ölüm cezasında karar kılmaktadır. Müellif, konu ile ilgili olarak şöyle demektedir:

> ...sürgün toplumsal hayatı tamamiyle imkânsız hale getiremediği içindir ki, yetersizdir. Bu gaye ancak, mahkûmun tamamen ıssız bir yere sürülmesiyle gerçekleştirilir. Ancak mutlak bir yalnızlık insan gücünün dayanamayacağı bir hayat tarzıdır. Robinsonlar daima insanları bulmuşlardır. Okyanusların ortasında tek bir geminin dahi hiçbir zaman önünden geçmeyeceği bir ada tasavvur edilemez. Diğer bir toplumdan çıkarma vasıtası da müebbet hapis yaptırımıdır. Fakat bu yaptırımdan da firar veya af yoluyla kurtulmak mümkündür. Şu hâlde toplumdan çıkarmanın en emin yolu insanın hayatına son verilmesidir.[39]

Garofalo, "tamamıyla bencil sebeplerle, herhangi bir neden olmaksızın ve sosyal çevrenin hiçbir etkisi bulunmaksızın..." insan öldürenlere ölüm cezası verilmesini savunmaktadır. Müellife göre kendilerinde merhamet duygusu zayıf bulunanlar ile adalet duygusundan mahrum olan suçluların topluma intibak etmeleri mümkündür. Sorun, uyum sağlayacakları çevrenin tespitidir.[40] Bunlar hakkında sömürgelere sürme, gençlerin terbiye ve uslandırılmaları gayesiyle zirai kolonilere sevki yaptırımları uygulanmalıdır. Suçlu içtimai mevki ile ilgili birtakım yasaklamalara tabi tutulabilir. Örneğin, memuriyet, meslek veya sanattan yahut suistimal ettiği medeni veya siyasi haklarından ebediyen mahrumiyet gibi.[41] Faili suça iten sosyal nedenlerin etkisinin pek büyük olması hâlinde "zararların tazmini" ile yetinilmelidir. Bu gibi hâllerde

---

[38] Collin, s. 19.

[39] Garofalo (1888), s. 233-234. Garofalo (1905), s. 241-242; Garofalo (Muhittin Göklü), s. 222-223; Ayrıca bkz. Taner, s. 43.

[40] Garofalo (1888), s. 237-238; Garofalo (Muhittin Göklü), s. 226.

[41] Garofalo (1888), s. 239; Garofalo (Muhittin Göklü), s. 226-227; Ayrıca bkz. Collin, s. 20.

suçlunun serbest kalması, onu suça yönelten koşullar muhtemelen bir daha gerçekleşmeyeceğinden toplum bakımından bir tehlike teşkil etmeyecektir. Hukuki ve cezai zararların tazmini konusunda ayırım yapan müellif, zararı ödemeyen suçluya gereken muamelenin yapılmasını doğru bulmaktadır. Zararların tazmininin cezanın tamamlayıcısı olduğunu belirten Garofalo, devletin müdahalesinin suçluyu cezalandırmak ve bozulan düzeni tekrar tesis etmek gibi iki amacı olduğunu ifade eder. Bu sonuncu gaye ancak zararın tamamıyla telafisi hâlinde mümkündür. Bentham, Spencer ve özellikle Melchiorre Gioia'nın düşüncelerinden ilham alan Garofalo, acı, üzüntü, korku, kaygı gibi etmenlerin kişilere manevi bir zarar verdiğini ve bu zararın tazmin edilmesi gerektiğini savunur. Zararın tamamen tazmini (maddi, manevi tazminat) mağdurun ruhundaki intikam hissini yatıştırır. Müellif, para cezası kasası müessesesinin kurulmasını da teklif eder. Mağdurların zararlarının kasaya yatırılan paralardan avans olarak ödenmesi, failin meçhul olması veya ödeme gücü olmamasına bağlıdır. Tazminata mahkûm olan tazminatı aynı gün ödemezse derhâl tutuklanır. Ödeme gücü olduğu hâlde ödemeyi reddeden mahkûm, belirsiz bir süre ile ceza infaz kurumuna kapatılır. Ödeme gücü olmayan mahkûmlar ise yedi seneyi aşmayan bir süreyle mağdurun menfaatine çalışma yükümlülüğüne tabi olurlar.[42]

İstanbul, 2022

Prof. Dr. Mehmet Emin Artuk
İstanbul Medipol Üniversitesi Hukuk Fakültesi Ceza ve Ceza Muhakemesi Ana Bilim Dalı Öğretim Üyesi

Arş. Gör. Erkam Yılmaz
İstanbul Medipol Üniversitesi Hukuk Fakültesi Ceza ve Ceza Muhakemesi Ana Bilim Dalı Araştırma Görevlisi

---

42 Garofalo, *Riparazione alle vittime del delitto*, Torino 1887, s. 5, 11-15, 60, zikreden Collin, s. 20 vd.

ESER VE YAZAR

Büyük düşünür ve romancı Lev Tolstoy, muhteşem eserine başlarken, şu dünya üzerinde bütün mutlulukların birbirine benzediğini, ancak felaket ve musibetlerin aynı olmadığını, türlü türlüsünün bulunduğunu söyler.[1] Bu acı gerçeğin sancısıyla asırlar boyunca kıvranan bir kısım insanoğlu, dünya nimetlerinin ortasında lekeli, kanlı elleriyle yüzünü kapamakta; güllerin, yaseminlerin koku ve renklerinden; dağların, ırmakların ahenk ve ihtişamından; kuşların, kelebeklerin cıvıltı ve parıltısından mahrum kalarak sefil ve alçak bir hayat sürmektedir.

Hâlbuki, başka bir insanoğlu kendini, tıpkı tüm âlemleri kuşatıp sarmalayan Yaratıcı misali, yarattığı eserin içinde, her köşesinde yaşadığını, her an hissedildiğini ama hiçbir yerinde görülmediğini söyler.[2] Ey büyük Rabbim! Bu iki insan yapısının hamuru neden bu kadar farklıdır? Birinin zilleti, sefaleti, azgınlığı ve kofluğu yanında, diğerinin bu derece heybeti, azameti, yüceliği nedendir!

Cinayetleri, güzel sanatların bir dalı sayan toplulukların bulunduğu talihsiz asrımızın[3] kötülüklerini sayıp dökmemizin ne

---

1 Lev Tolstoy, *Anna Karenina*, s.1.

2 Gustave Flaubert, *Madame Bovary* romanın 1930 baskısına eklenen notu, s. 485.

3 Thomas de Quinscey, *Güzel Sanatların Bir Dalı Olarak Cinayet*, Londra'da kurulan Adam Öldürmesini Bilenler Cemiyeti'nin konferans notlarının yazarın eline geçmesiyle yayımlanmıştır.

faydası vardır ki? Uzaklara gitmeye gerek yok, para için vefakâr arkadaşını öldürenlere, himaye görüp barındıkları bir çiftlikteki hamilerini karısı ve çocuklarıyla birlikte bıçak ve çekiç darbeleriyle kafalarını ezip boğazlarını sıkanlara, altı yaşında sağır ve dilsiz bir kız çocuğunu kirletip parçalayan etrafımızdaki kötü kalplilere bir bakın!

Ey beyaz gömleği içinde on binlerce vatandaşının uykusuz gözlerle çevrelediği darağacına şaşkın ve bozguna uğramış hâlde bakan insanoğlu! Acaba bu manzaradan daha ihtişamlısını hiç görmedin mi? Acaba atların, kuzuların süslediği yemyeşil vadileri, gür pınarları, güneşi, yıldızları hiç seyretmedin mi? Felçli ve hasta birinin elinden tutarak çamurlu yolları, keskin uçurumları, yılanlı patikaları, pis suları aşan insanlara hiç rastlamadın mı? Ah! Seni son tatlı uykudan uyandırdıkları zaman, kim bilir uykunun hazzını, tabi uyanmanın mutluluğunu ve lezzetini ne çok duymuşsundur. Artık neye yarar, bu nimetler artık senin için bitti!

Ya oradakiler, ya elleri arkadan bağlanmış, bütün direnci ve ümidi kırılmış, bütün cesaret ve zindeliği paramparça olmuş hemcinsinin, celladın elinde bir oyuncak gibi, yağlı bir ipin ilmiğine itildiğini korku ve dehşetle seyreden bu kalabalığın içinde bulunan diğer canilere ne demeli? Acaba bunlar için hiç olmazsa şu anda mutluluğun gerçek ve yüce çanı çalınmış mıdır? Dünya cennetinin dar kapısı,[4] ardına kadar olmasa bile, az da olsa açılmış mıdır? Acaba bu kana bulanmak isteyen eller, kana gitmek isteyen ayaklar, bu kana susamış dudaklar, gözler tekrar yüce ve değerli bir biçimde geri dönerek sevinçli bir hâlde yeşil vadilerde, zümrüt yamaçlarda ve billur sularda göklerin sevgili kuşuna kavuşabilecek midir?

---

4 André Gide'in ölümsüz eserini burada yüceltmeliyiz: "İşte yiyip içtiğimiz yeryüzü meyveleri", Kur'an ayetiyle bezenmiş "Dünya nimetleri"ne son anda susamış, dudakları kavrulmuş bedbaht insan nev'ine, onun kurtuluşu ve devamlılığı için değil, ama anlayış eksikliği, günahı ve isyanı, hele cehaleti, evet kör ve merhametsiz cehaleti için nasıl çırpınmamalı?

Yoksa, ah evet yoksa bu korkunç manzara, bu acı oyunlar, bu iğrenç hareketler çok geçmeden unutularak tıpkı, "Cimriliğin faciasını seyreden cimri, perde kapanınca nasıl kasasının başına koşarsa idam seyircisi olan zalim ve adaletsiz insanoğlu da yine ihtiraslarına" mı dönecektir?[5]

Hissin ve kalbin sınırlarından taşarak fikir boşluklarını dolduran acıların, öfkelerin, kin ve nefretin, hayvanca arzuların, şan, şeref ve servetin hırslı atlarını gemleyemeyerek yuvarlananların cezai sorumlulukları ya da ruhi arızaları, bedenî sakatlıkları ve nihayet bütün bu kötülüklere sebep olan her şeyi bir araya getirerek ve tüm sebepleri hesaba katarak nasıl takdir edecek, fiille ceza arasında olmasa da faille ceza arasında nasıl bir illiyet bağı kurabileceğiz?

Çağdaş medeniyetin gözleri önünde, hassas ruhları ve ince fikirleri rencide etmeden, iyilik ve kötülük duygularını birbirinden ayıran yüce muhakemeyi ve ilahi cesareti tahrip etmeden ceza düzeni içinde suçlu gösterilen birini nasıl cezalandırabileceğiz?

Kant'ın ne de Joseph de Maistre'in suçtan etkilenen, idrak ve tartışma tahtlarını deviren (adalet ve kefaret) bakış açısıyla acının yine acı ile susturulması mı, Jouffroy, Rossi, Guizot'nun yeni klasik okulunun adalet ve fayda fikirleri mi, toplumun korunmasıyla birlikte bireylerin özgürlüklerinin devamını isteyen Beccaria, Bentham'ın klasik fayda görüşü mi, yoksa Locke'un savunduğu sadece toplumsal yarar sistemiyle mi ve nihayet E. Ferri, Garofalo, Lombroso, Maudsley, Despine, Durkheim, Lacassgne, Drill, Magitot, Boumel, Puglia, Fioretti, Majno, Serenini, Rossi, Aguglio, Zuccarelli, Kirchenheim, Tauffer, Liszt'in savundukları insanın kendi mayasının, ruhunun, yaradılışının ve fizikî yoksunluklarının sebep olduğu kötülüklerden dolayı o bireyin tasfiyesi zorunluluğu mu bize ışık tutacak; hatalardan, haksızlıklardan bizi ve adaletimizi koruyacaktır? İşte bu yeni gayretimizin ateşi budur ve hararetimizi dindirecek tatlı, soğuk ve berrak suyun pınarını bu şaheserde aramaya koyulmuş bulunuyoruz.

---

5 Beccaria, *Suçlar ve Cezalar*, Bölüm XVI, s. 230.

Bu kitabın çevrilmesinin nedenlerinden biri de Beccaria'nın zaferi olmuştur. Gerçekten de yayımlanışından 186 yıl sonra, ancak 1950'de dilimize çevrilen *Suçlar ve Cezalar* ya da Voltaire'in verdiği isimle *Beşeriyetin Mecellesi* adlı büyük eser, denebilir ki Türk felsefe, ilim ve hatta edebiyat dünyasında eşine rastlanmamış bir heyecanla kapışılmış, sevinç ve takdir duygularıyla okunmuş, kıymetini bilen gönüllerde derinden derine sarsıntılar yaratmıştır. Hassas ruhlardaki titreşim, dalga dalga düşünce dünyamızı istila ettikten sonra bu dalgalar millî sınırlarımızdan da taşmış, büyük düşünürün öz vatanında, sanat, ilim ve felsefenin daima payidar olduğu İtalya'da da yankı uyandırmıştır. Bu satırları yazan talihli insan öyle iltifatlara, öyle takdirlere erişmiştir ki kin, nefret ve hasedin çöle çevirdiği yeryüzü cehenneminde yeşil vadilerin, gür derelerin ve renkli vahaların asla son bulmayacağına bütün ruhuyla inanmış, sevinç ve mutlulukların en büyüğüne kavuşmuştur.

Öyle bir yenilik istiyordum ki Beccaria yeniden dirilip yaşamalı ya da başka bir büyük zekâ, onu topraktan çekip çıkarmalı, yüzünü gözünü öpüp hayranı olan insanın yanına getirmeli ve tüm bu hasreti sona erdirmeliydi.

Bu, öyle bir çalışma olacaktı ki kıyas veya tüm zıtlıklar ile amacına ulaşamayacak böyle bir çaba o büyük ruhu incitecek, hüzne boğacaktı.

Öyleyse yaz gecelerini bekleyen ve göklerdeki parlak yıldızları seyrederek muradına eren çoban misali, ben de ilmin semasına başımı kaldırdım ve başka başka âlemlerin mihveri içinde dünyaya ışık saçan yıldızlardan çok büyük ve parlak iki tanesini seçtim. Bunlardan biri, gözleri kamaştıracak kadar ışık içinde yanıyordu ve adına: Cesar Bonesano Marki Beccaria deniyordu. Bu parlak ışığı tanıyordum ve gözlerim ona alışmıştı. Diğerine Raffaele Garofalo diyorlardı.

Bu ışık kitlesinden de öyle farklı, öyle göz alıcı ışın demetleri yayılıyordu ki ruhum gökyüzünde dolaşmaya başladı. Birinden diğerine uçuyor, o ışıktan bu ışığa koşuyor, mutluluktan başka bir mutluluğa eriyordum.

Felsefe, sanat ve zarafetin yumuşak ve sihirli elbisesini çıkarmadan, ilmin ve hakikatin sert, haşin ve kuvvetli çemberini de asla zorlamadan her iki gezegenin etrafında dolaşmanın ferahlığı içindeydim ve bu mutluluğun sarhoşluğuyla Garofalo'yu çevirmeye daldım.

Raffaele Garofalo, 18 Kasım 1851'de Napoli'de doğdu. Babası Giovanni Garofalo ve annesi Caroline Zezza di Zapponeta'dır. Daha küçük yaşlarda ilme ve adalete derin bir ilgi duymuş, döneminin büyük hukukçuları ve düşünürleriyle yakın ilişkiler kurmuştur. Hukuk eğitimini bitirdikten sonra doktora yapmış ve Napoli Üniversitesinde doçent unvanıyla işe başlamış, sonrasında dünyaca tanınmış bir profesör olarak senelerce ders vermiştir. Devrinin ceza mevzuatına hâkim felsefenin bütün yüce ve insani cephesine rağmen, insanlığın bu mevzuattan çoğunlukla muzdarip olduğunu görmüş, hissin ve tecrübenin hâkimiyeti karşısında aklın ve idrakin yenilmesine, tecrübenin çökmüş olmasına şaşıp kalmış ve özetle "toplumu suçluların fiillerinden korumak yerine, bireyi toplumun kötülüğünden koruma" gayreti karşısında derinden derine sarsılmıştır.

Akademik hizmetlerini adli faaliyetler takip etmiştir. Önce Napoli Kraliyet Savcısı, sonra İtalyan Yüksek Temyiz Mahkemesi Birinci Reisi olmuştur. Ceza hukukunu yeni bir disiplin altında ele almış ve bu yeni disipline "Kriminoloji" adını vermiştir.

Nitekim bu unvan altındaki dünya şaheserlerinden biri olan meşhur Criminología[6] kitabını ilk defa 1885'te Torino'da yayımladı ve 1891'de ikinci baskısı yapıldı. Çevirimizin Fransızca orijinalini ise aynı yazar yazmış olup eserini bizzat Fransızcaya tercüme edişinin sebebini de giriş bölümünde belirtmektedir.

6 "Suç bilimi" ya da "Ceza mevzuatı" diye çevirebilirdik. Ama bunlar, eserin hakiki Türkçe ismi olmazdı. Bu sebeple eserin içeriğini oluşturan üç ana konunun ismini tercih ettik: *Suç, Suçlu ve Ceza.*

Garofalo, Lombroso[7] ve Enrico Ferri[8] ile birlikte pozitivist okulu kurmuş bulunmaktadır.

Şüphesiz, her üç büyük zekânın kurdukları pozitivist okullar az çok birbirinden farklıdır. Lombroso, suçun sebeplerini beden yapısının kötülüğünde arar. Enrico Ferri ise suçun sebeplerinin yalnız bireyin bedeninden değil; toplumsal etkenlerden de kaynaklandığını söyler. Öyleyse, suçlu sadece bireysel bir fenomen olmayıp aynı zamanda toplumsal bir fenomendir; suç ise sosyal ve biyolojik bir uyumsuzluktur. Garofalo'ya gelince[9] suç etik uyumsuzluktan kaynaklanan biyolojik bir uyumsuzluk hâlidir. Suçluda yalnız bedenî kötülükler değil, ruhi ve ahlaki kötülükler de mevcuttur. Merhamet, insaniyet, doğruluk (veya adalet) duygularının bazen topluca, bazen da bir veya ikisinin yoksunluğunun doğurduğu sonuçları eserde açıklamalarıyla ve derin bir belagatle göreceğiz. Bu büyük eser, hemen hemen bütün dillere çevrilmiştir; çağımızın hukuk ve ceza siyaseti alanında aranan klasik bir rehberi olmuştur.

Bu eser dışında büyük hukukçu; ceza hukuku, gerek terbiye ve siyaset gerekse sosyoloji alanlarında çok önemli eserler yazmıştır:

1 - *Studi recente di penalitâ: Yeni ceza tetkikleri*; 1878'de *Napoli* gazetesinde çıkmıştır.

2 - *Di un criterio positivo della penalitâ: Cezanın Pozitif Kıstası Babında,* Napoli, 1880.

3 - *Contro la corrente! Pensimi sulla proposta abolizione della pena di morte nel progetto de nuovo codice penale italiano: Akıntıya karşı! Yeni İtalyan Ceza Kanunu Tasarısında Teklif Edilen Ölüm Cezasının İlgası Halikındaki Fikirler*; Napoli, 1888.

---

[7] Cesare Lombroso, pozitivist okulun kurucusu ve aynı zamanda adli tabip. Meşhur eseri*: L'uomo delinquente: Suçlu İnsan* 1876'da yayımlanmıştır.

[8] Enrico Ferri, Pisa Üniversitesi ceza hukuku profesörüydü. Dünyaca bilinen şaheseri: *Sociologia Criminale: Suç Sosyolojisi*'dir. 1884 ve 1892 senelerinde Torino'da basılmıştır. O dönemdeki ceza siyaseti, anlayışı ve dünya adalet manzumesi içinde harikulade büyüleyici ve zekice bulunan muhteşem eserin bilimi seven, cesur, sabırlı ve çalışan bir hayır sahibi tarafından dilimize çevrilmesini bütün kalbimle dilerim.

[9] Despine'de öyle.

4 - *La superstizione socialista: Sosyalizmin Bâtıl İtikatları*, Roma, 1885.

5 - Riparazione aile vittime del délitto: Suç Kurbanlarının Tatmin ve Tazmini, Torino, 1887.

6 - İdee sociali e politiche di Dante, Nietzsche e Tolstoy: *Dante, Niçe ve Tolstoy'un Sosyal ve Politik Fikirleri,* Palermo, 1907.

7 - *Sistemi educativi nei poesi anglo-sassoni e latini: Anglosakson ve Lâtin Memleketlerinde Terbiyevî Usuller*, Floransa, 1910.

Garofalo, 1909'da İtalyan Âyan Meclisi üyeliğine getirilmiştir. Siyasette muhafazakâr olmuş, parlamentoda çeşitli kanun koyucu faaliyetlerde bulunmuştur. Enrico Ferri'nin ceza kanunu tasarısı ile Eritre müstemlekesinin ceza kanununu düzenleyen hazırlık encümeninde önemli rol oynamıştır. Bu arada Ceza Muhakemeleri Usulü Kanunu ile alkolizm ve diğer bazı mevzuatın düzenlenme ve yenilenmesini sağlamıştır. 18 Nisan 1934'te ölmüştür.[10]

Dünya bilim alanında derin izler açan, insanoğlunun elem ve ıstıraplarını dindirmek için en etkili çözümleri üreten böyle muazzam ve muhteşem bir kitabı dilimize çevirmek için kalbimde bulduğum cesaret ve kuvvet, bu uğurda harcadığım senelerin ruhuma ve vicdanıma doldurduğu faziletli heyecan ve sevinç, bütün kusur ve noksanlarımın müsamaha kaynağı olacak, beni sonsuza dek tatmin ve teselli edecektir.

26 Temmuz 1957
Muhittin Göklü

Kriminoloji
Suç, Suçlu ve Ceza

Bu kitap, adalet mantığı ile toplumsal menfaat arasındaki açık ahenksizliği sona erdirmek için yazılmıştır.

Garofalo

---

[10] Garofalo'nun özgeçmişi için bakabilirsiniz: 1. E. Florion, *La scuolo positiva: Pozitivist Mektep*, 1934, s. 195-198.
2. M.-d'Amelio, 27 Nisan 1934 tarihli Carri ere della Leva: Akşam Postası gazetesinde çıkan yazı.

Yazar, eserini Fransızcaya bizzat tercüme edişinin sebebini şöyle açıklar:

Hukuk ilmine daldığım ilk günlerden itibaren cezalandırmanın bilinen prensipleriyle, bu ilmin hakiki sosyal amacı arasındaki ilişkisiz manzara karşısında derin bir şaşkınlık ve sonsuz bir üzüntüye sürüklenmiş bulunuyordum. 1876 ve 1878 yıllarında Napoli'de yayımlanan deneysel biçimdeki eleştiri yazılarımda, açıklamaya ve görünür hâle getirmeye gayret ettiğim sistemin ana hatlarını çizmeye çabalamıştım. *CRITERIO POSITIVO DELLA PENALITA* (Napoli, 1880) adlı eserim, yeni bir cezalandırma yöntemine dair öne sürdüğüm ilk denemedir. Ama bu eserin asıl uzam ve planını daha sonraları hayata geçirebildim. *LA CRIMINOLOGIA* (Turin, 1885) eserim hukukçular arasında geniş eleştirilere yol açtığı gibi, düşünürlerin de ağır itirazlarına hedef olmuştur.[11]

Fikrimi daha açıkça izah etmek ve belki de bazı hatalarımı düzeltmek için bu eleştirilerden çok faydalandım. Ama itiraf etmeliyim ki eserimdeki esas prensiplerimden hiçbirini değiştiremedim.

---

[11] Bu tenkit ve hücumların çoğu hem benim hem de fikri bağları benimkilerle bir birlik husule getiren Lombroso ve Ferri'ye tevcih edilmiştir. Bunlardan bilhassa şu tenkit eserlerini zikredeceğim:

1 - *La Nuova scuola del dritto penale*, (M. Gabelli, Nuova Antologia, 16 Ağustos 1885);

2 - *I recenti Arversarii della scienza del diritto penale* (Prof. Buccellati, Rendiconto dell'Instituto Lombardo 1885);

3 - *La Criminalité comparée* (M. Tarde, Paris, 1886);

4 - *I Semplicisti del Dritto penale* (Prof. Lucchini, Turin, 1886);

5 - *La nueva Ciencia penal* (F. De Aramburo, Madrid, 1887);

6 - Revue des Deux - Mondes'daki Haussonville'in makaleleri; Tarde'in Les Archives de L'Anthropologie criminolle'deki yazıları; Prof. Paletti, Colajanni ve Turati'nin risaleleri.

Buna karşılık, destekçilerim de çoktur: Başlıcaları: M. M. Drill, Lacassagne, Magitot, Bournet, Puglia, Fioretti, Majno, Berenini, Porto, Setti, Alongi, Tammeo, Precone, V. Rossi, Mayor, Aguglia, Zuccarelli, Kirchenheim, Tauffer, Liszt, Heil tarafından yazılan eserler ve broşürler.

Böylece, Fransız milletine kendi diliyle hitap ederek onun hoşgörüsüne nail olmak istiyorum. Zira, bu eseri tercüme ederken metinleri öyle değiştirdim ki ancak bazı sayfalar İtalyanca aslına uygunluk gösterebilir; bundan dolayı tercümeyi, kim olursa olsun, başka birine emanet edemezdim.

En büyük cüretimin tek mazereti ise işte bu gayret ve zaruret olmuştur.

Garofalo

GİRİŞ

(Yazar tarafından)

Bu kitap, zor ve belki de içinden çıkılması imkânsız görünen şahsın cezai sorumluluğu konusunu bir kere daha tartışmak amacıyla yazılmış bulunmuyor. Bu eser sadece cezalandırma bakımından suçlunun üzerinde yapılan deneysel sayılabilecek bir incelemeyi kapsamaktadır, cezalandırmanın açıklanması ve genişletilmesi amacını gütmemektedir. Ancak ceza ilmi bakımından özgür iradenin hâkimiyeti esasının imkânsız olduğu savunulabileceğinden, bu ilmi büsbütün farklı ve çok daha sağlam bir temele oturtmak zorunluluğu ortaya çıkmış oluyor.

Yazar ise, toplumsal zorunluluklardan doğan ve tamamen deneysel bir amaç güden ceza ilminden genel felsefeye ilişkin bütün bu tür fikirlerin atılması gerektiğine inanıyor. İşte bu tartışılmaz gerçeklerin üzerine kendi kıyas ve kararlılığını kurmayı düşünmüş ve bu nedenle genellikle kabul gören, zamanımızın bilimsel araştırmalarının vardığı kesin yargılara tamamen zıt olan bu düşüncelerle mücadele etmeye karar vermiştir.

Kitap, adalet mantığı ile toplumsal menfaat arasındaki açık ahenksizliği sona erdirmek için yazılmıştır.

İnkâr edilemez ki, ferdi sorumluluğa ahlaki açıdan bakıldığında, çocuklukta kazanılan kötü alışkanlıklar, çevresel olumsuz faktörler, ırk ve aile gelenekleri, kökleşmiş kötü alışkanlıklar, ihtiras kamçıları, mizaç ve iklim tesirleri vb. sebeplerle sorumluluk azaltılmıştır. Herkes bu noktada hemfikirdir, ama fark edilmeyen ya da fark edilmez gibi gösterilen şey, uzlaşılan bu noktada ortaya çıkan sonuçlardır. Bir kere sorumluluğu bireyselliğe indirgendikten sonra, suçlu bu hâllerden herhangi biri sebebiyle mazur görülecektir. Bu durumlardan birine az çok önem verildiğinde, cezanın bir sebebe bağlı tutularak değiştirilmesi ve suçluyu suça iten bu nedenlerden birinin büyüklüğü bir kere ispat edilince de cezanın en aza indirilmesi mecburiyeti doğar.

Öyleyse, bu türden hafifletici bir sebebe bağlı bulunmayan hiçbir suçlu mevcut olamaz; içinde hafifletici bir sebep keşif ve çıkarım yapılamayacak yeryüzünde hiçbir suç bulunamaz. Bunun için bir parça araştırma yeter; sebeplerin nasıl fışkıracağı hayretle görülecektir. Önümüzde af ve mağfirete hak kazanmamış suçlular mevcut bulunuyorsa, bunun sebebi onlar hakkında zahmete katlanıp bu tetkikata girişmemiş olmamızdır. Buna karşı, bize insan iradesinin haksız fiillere daima üstün gelebileceği ileri sürülecektir. Ama haksız fiillerden ve insan iradesinden kaynaklanan sebebin büyüklüğü nasıl ölçülebilecektir? Bunun dışında, insan doğasının tarihinden bahseden ve suçluların çoğunluğunda zihnî ve bedenî bir sakatlık olduğunu ispat eden Antropoloji biliminin ilerleyişini ve gelişmesini nasıl durdurabileceğiz? Bir kere doğal bünyelerinde sonsuz bir feveran ve vahşet olduğu ya da onları suça iten nedenlerin karşı konulamaz büyüklüğü ve hâkimiyeti ispat edilince, artık ruhsal sorumluluk prensibinden doğan suçluluk hissi, hatta en hunhar katiller için bile ortadan kalkarak beraatle sonuçlanacaktır. Gerçekten de haksız fiillerin sebepleri meydanda ve kuvvetli olduğu takdirde, suçun ahlaki sorumluluğu azaltılacak ve cezaların ziyadesiyle hafifletilmesine yardım edilecektir.

Şu hâlde, cezalandırma sanatı, suçluların ahlaki bozukluk ve ıslah edilememek vasıflarına dayanan esasların tam aksine bir yol takip etmek mecburiyetindedir.

Bu derece telaşlanmakta haksız olduğumuz ve suçu cezasız bırakmak istediğimiz ileri sürülmesin. Bir devrin felsefi düşünce tarzı, hatta suçun cezasız kalmasını isteyenlerle mücadele edenlerin üzerinde bile karşı konulamaz bir etki uyandırır. İşte bu yönüyle ceza adaletini sürükleyen yatkınlığı ve her an yükselen suç bataklığının istila ettiği güçsüz kemerin nasıl battığını bize gösteriyor. Beraate karar veren birçok jüri kararı nasıl azgın itirazlara hedef olmuş ve ne çok hâkimler var ki, hoşgörülü ve iyi davrandıklarından dolayı eleştirilere maruz kalmıştır. Hâlbuki, bu düşünce mantığın bir zaferidir. Ancak bu öyle bir zafer ki, kamu huzur ve selâmeti aleyhine ve toplumsal ahlakın zararına kazanılmıştır.

Bireyin ruhsal sorumluluk prensibinden sıyrılarak, toplumsal zorunluluğa bina ettirilecek bir cezalandırma ölçüsü bulunmadıkça, bu büyük zararları tamir ve telafiye imkân bulunmayacaktır.

Toplum gerek mağdur gerekse suç hakkında kendisinden beklendiği oranda endişe ve özen göstermiyor. Fiiliyatta, her sene binlerce insan kitleleri hayat ve mallarına doğrudan doğruya saldıran hemcinslerimizin ellerinde boğazlanmakta ve yüz milyonlarca servet kötü insanların uğursuz fiilleriyle heder olmaktadır. Bence millet meclislerinde şiddetle tartışma konusu olan meselelerin en önemlisi bu olmalıdır. Boğazlamaların ve gaspların manzarası o derece korkunç ve iğrenç oluyor ki, insan hayatı sönük ve gereksiz bir hâl alıyor. Maalesef bu vahşet sahnelerinin önünde, bu kanlı yıkıntının karşısında sadece çaresiz kalmakla yetiniyor. Diğer yandan bu felaketler genel uyum içinde istisnai birer olay gibi kabul edilmektedir; çünkü bu olayların pek azına şahit olunabilmekte ve tehlikenin zamanla geniş surette azalacağına inanılmaktadır.

Ama işte istatistik bize hesaplarını veriyor; bu bilim toplumsal felaketlerin en kabarıklarını topluyor; bize korkunç derecede büyük katliamların ortaya çıktığı kanlı meydanları gösteriyor; oradaki yaralıların korkunç iniltilerini, ailelerinin acı gözyaşlarını bir tek acı çığlıkta birleştiriyor; sakat insan kafileleri, evlerinin ocaklarını söndüren alevlerin ışığı altında resmî geçit hâlinde ilerliyor.

Acaba bu ülkeyi böylece kederlere boğan bu düşman kimdir?

Bu, insanlık tarihi için gizemli, meçhul biridir ki, adına "suçlu" diyoruz!

Toplum bu felaketleri önlemek için ne yapıyor? Hiç ya da çok az bir şey! Suçlar bir ceza sistemine göre sıralanmış, karşılığında olması gerektiği varsayılan cezalara tabi tutulmuştur. Bu cezalar toplumun gelişmesi ve ilerlemesiyle hafifletilmiş, bir tek şekle sokularak ceza evlerinde, yemesi içmesi, giyinmesi ve ısınması devlet hesabına olarak bir süre ikamete çevrilmiştir. Birkaç ay veya birkaç yıllık mahkûmiyet süresi çekilir; sonunda gerekli saat gelir çatar ve suçlu bütün diğer insanlar gibi hür bir vatandaş olarak ortaya çıkar! Hatta, işlediği suçlarını bile ona hatırlatmaya kimsenin hakkı olamaz! Söylenenlere bakılırsa, o artık suçunun cezasını çekmiş, günahının kefaretini vermiş, topluma borçlu olduğu şeyi ödemiş olduğundan artık onun namuslu bir vatandaş sayılması gerekmektedir!

Hâlbuki, bütün bu sözler bir belâgat sanatından başka bir şey değildir. Hakikat şudur ki, suçlu hiçbir şey ödememiştir. Bunun tersine, ortada ödeyen biri varsa, o da devlettir. Devlet onu beslemek için mükelleflerin sırtındaki vergi yükünü ağırlaştırmakta ve böylece suçtan dolayı ortaya çıkan zararların büyüklüğü ve önemi artmış bulunmaktadır. Suçlu ahlaki yönden de asla günahının kefaretini ödememiştir.

Zira, hapishanelerin böyle bir mucizesi yoktur! Esasen ceza infaz sistemimiz o derece yumuşatılmıştır ki, hiç kimseye korku verecek kabiliyette de değildir. Bir an için mahkûmun orada acı ve acı çektiğini kabul etsek dahi, bunu unutması gecikmeyecektir. Çünkü, maddeye dayanan ıstırabın hatırası çok çabuk silinir.

Bundan dolayı suçlu bünyesini olduğu gibi muhafaza eder. Hatta mahkûmiyetinden önceki çevreye yeniden atılmakta ve böylece kurbanı olduğu aynı hâl ve fırsatların cazibesine tekrar kapılmaktadır.

Bütün bu söylediklerim özellikle Kıta Avrupası ceza sistemlerinde bulunmaktadır. Bununla beraber istisnalar olduğunu da bilmiyor değilim. Özellikle Fransa'da bu mesele ile çok yakından meşgul olunmuş ve suçu tekrarlayanların sürgün edilmesi sayesinde suç işlemeyi alışkanlık hâline getiren insanların meydana getirdiği büyük zararlar azaltılmaya çalışılmıştır. Fakat çok şiddetli eleştirilere maruz kalan bu kanunun uygulanması bugüne kadar son derece sınırlı kalmıştır. Her şeye rağmen denebilir ki, Fransa hiçbir ceza kuramının mutlak bir hâkimiyet tesis edemediği tek Kara Avrupası devletidir. Toplumun doğal düşmanlarına karşı alınacak koruma tedbirlerine ait prensip orada her yerden daha iyi bir şekilde anlaşılmış ve örtülü bir anlaşma sonucunda, diğer bütün prensiplerle birlikle çoğunlukla bu esasa bağlanmıştır.

Ama artık yüksek sesle ceza biliminin başka bir amacı olmadığı ve ceza âlimlerinin bütün kuvvet ve kudretlerini bu amaç üzerinde toplamalarının gerekliliğini ilan etmenin zamanı gelmiştir. Muhteşem toplumsal bir çaba gerekmektedir! Bu amacın da dar yollardan, adalet ilmine temel yapılmak istenen yanıltmacalardan ve belâgat sanatından uzak durması gerekmektedir!

Milletin gözü önünde belirtilmeli ki, kanunlar, ceza usulleri ve bizzat adalet otoritelerinde, toplumu suçlunun şerrinden koruma eğilimi yerine, suçluyu toplumun şerrinden koruma eğilimi bulunmaktadır.

Bu tarzdaki yönelimleri değiştirmek ve düzeltmek, böyle batıl fikirleri yıkmak ve suçları önlemek görevi devlet adamlarına aittir. Yine, aynı iyi düşünceli insanlardır ki, her sene millete yüzlerce milyon zarara sebep olan ve bugüne kadar hemen hemen kısır ya da hiç olmazsa ondan beklenen faydayı, hatta ümit ettirebilecek miktarda bile veremeyen, suçla mücadele uğruna israf edilen milyonların ispatını yapacaklardır.

KRİMİNOLOJİ
BİRİNCİ KISIM

SUÇ

BİRİNCİ FASIL
Doğal Suç
(*Délit Natürel*)

I

"Suç" kelimesi hukukçuların kavramı değildir. - Suç kavramını, sosyologlar açıklamalı ve incelemelidir. - Uygulanabilecek metot. - Olayların incelenmesi yerine hislerin incelenmesi gerekmektedir.

Son zamanlarda natüralist okula mensup cezacılar, suçluyu esaslı bir araştırma ve derinlemesine incelemeye tabi kılmış bulunuyorlar. Suçlu, özellikle ayrı bir tip, insanoğlu içinde değişik bir sima gibi gösteriliyor. İnsan doğasının tarihi bakımından (*anthropologique*) ve ruhi bünyesi itibarıyla tarifi yapılıyor. Bu bedenî ve ruhi insan anormalliğinin en mükemmel tarif ve izahını Fransa'da Despine, İngiltere'de Maudsley ve İtalya'da Lombroso verebiliyor. Bununla beraber, bu yeni bakış açısının mevzuata ve uygulanmasına geçilmek istendiği zaman, hiç şüphe yoktur ki, bütün azametiyle zorluklar karşımıza çıkacaktır.

Kanunun suçlu gördüğü kimseler, her zaman natüralistlerin tarif ettikleri tipte değildir. Bu dahi, bu çeşit araştırmaların pratik yanından şüphe ettirmektedir. Natüralistler, suçlulardan bahsedip de "suç" sözünden ne anladıklarının izahını ihmal ettikçe başka türlü olması da mümkün olmaz. Onlar, bu özen ve gayreti hukuk yazarlarına bırakıyorlar.

Fakat hukuki tartışmalara göre, suçluluğun daha geniş ya da dar bir sınıra sahip olmadığını sormak mümkündür. İşte bu açıklama ve tarifin eksikliği yüzünden natüralistlerin incelemesi, anlaşılması güç ve belirsiz kalmış; asla araya mevzuatı karıştırmamak şartıyla kuramsal bir araştırmanın ötesine gidememiştir.

Öyle zannediyorum ki esas hareket noktası suçun sosyolojik bakımdan ne anlama geldiğinin belirlenmesidir. Bu açıklamanın daha önceki yazarlar tarafından yapıldığı ileri sürülmesin. Burada konu edilen bir kelimenin teknik anlamı olmayıp, kanunu bilsin bilmesin, herkesin kabul edebileceği bir anlam ve açıklama tarzıdır. Bu kelimeyi kanun yaratmamıştır. O, bunu halk dilinden almıştır. Hatta o, bunu tarif dahi etmemiştir. Bütün yaptığı şey, ancak suç vasfını haiz bazı fiil ve hareketleri bir araya toplamak olmuştur. Bu da bize aynı devirde ve özellikle aynı milletin gözü önünde birbirinden çok farklı ceza kanunlarının nasıl yapıldığını, birinde suç sayılan fiillerin diğerinde sayılmadığını açıkça izah etmektedir. İşte bu tartışma bize, yazarlar tarafından sıralanmış ve sayılmış olmalarına rağmen, sosyolojik açıdan suçu tarif ve izah etmek mecburiyetini ispat ediyor. Suçluluğun sınırı belirsiz ve şüpheli oldukça, sosyoloji bilimi suçun tarifini kanun adamından, tıpkı bir kimyagerden tuzun ya da asidin, bir fizikçiden elektrik akımının, sesin ya da ışığın tarifini ister gibi istemeyecektir. Bunun anlamını, bizzat kendisi aramak durumundadır. Görülüyor ki natüralistler, ancak suçun tarifini yapabildikleri zaman bize göstermek istedikleri suçlunun kim olduğunu anlayabileceğiz. Bir kelime ile izaha mecbur olduğumuz şey doğal suçun tarif ve tespitidir. Ama her şeyden önce, acaba hakikaten doğal suç mevcut mudur? Başka bir tabirle her devirde ve her yerde suç olarak görülmüş fiilleri bir araya toplamak mümkün müdür? Pozitivistlerin yegâne kullanabilecekleri tümevarım yöntemiyle suçun derecesini bulmak mümkün müdür? İşte biz, hemen bu iki soruya cevap vereceğiz. Çağımızda ve toplumuzda suç sayılan bütün fiillerin her zaman ve her yerde aynı damgayı taşıyıp taşımadığını soracak değiliz. Böyle bir soru, çocukça olurdu.

Milletlerin tarih ve geleneklerini okuyanlar, bir cinayetin intikamı için işlenen diğer bir cinayetin yalnız tasvip ve takdir edilmekle kalmamış olduğunu, hatta maktulün oğlu için, bunun en kutsal vazife olduğunu hatırlamıyorlar mı? Düello bazen en ağır cezalara çarptırıldığı hâlde, bazen kanuni bir hak ve hatta hukuki en makbul delil mertebesine kadar çıkarılmamış mı? Falcılık, büyücülük, dinî inançlara saldırı ilk zamanlarda en utanç verici ve kötü suçlar değil miydi; buna rağmen bugünkü medeni milletlerin ceza kanunlarında eserleri kalmış mıdır? Bazı milletlerin kanunlarında kazazede bir yabancı geminin yağması meşru tutulmamış mıdır? Haydutluk ve korsanlık asırlarca çağdaş milletlerin geçim kaynaklarından biri değil midir? Avrupa medeniyet sınırlarından çıktığımızda, henüz vahşilerin sınırına girmeden önce, yeni doğmuş çocukları öldürmeyi, evlatlarını satmayı meşru gören ve zinayı şereflere boğan yarı medeni milletlere rastlamıyor muyuz?

Bütün bu şeyler, o derece hakikattir ki üzerlerinde fazla durmak zahmete değmez. İşte bunun içindir ki, soruyu başka başka bakımlardan tartışmaya mecbur olacağız. Böylece, sadece bugünkü mevzuatımızda mevcut olup da her devirde ve her yerde cezalandırılması zorunlu görülmüş suçlar mevcut mudur, değil midir bunları araştıracağız. Bazı korkunç ve tiksindirici suçlar akla geldikçe, sorunun cevabı olumlu olacaktır: Örneğin, ana baba katlini ele alalım ya da pusu kurarak öldürmeyi, öldürerek soymayı, işkenceyle öldürmeyi... Hâlbuki öyle hâller önümüze çıkıyor ki, hatta bu esas bile altüst oluyor!

Eski ve yeni seyyahlar tarafından, vahşilerin gelenekleri hakkında hazırlanan raporlar, bize birçok kabilelerde ana baba katlinin dinî bir âdet olduğunu öğretiyor. Soy bağları, Sardunyalılara, Slavlara, İskandinavyalılara, hasta ya da son derece ihtiyarlamış ana babalarını öldürme vazifesini veriyordu. Bu korkunç âdet, bugün bile Ateş toprağı [1], Fiji [2], Batta [3] diyarı, Kamçatka ve Yeni Kaledonya halkı arasında revaçtadır; keza, bugün şiddet ve işkenceyle adam öldürmek Avustralya, Yeni Zelanda, Fiji adaları ve Orta Afrika'nın birçok kabile şeflerine tanınmış bir haktır; hatta savaşçılara kuvvetlerini göstermek ya da çeviklik ve hünerlerini ispat etmek, kollarını ve silahlarını idman ettirmek için adam öldürürlerken toplum vicdanında en küçük bir isyan uyandırmamaktadır.

Tahiti Adası'nda ve daha başka yerlerde oburluğun şevkiyle insan eti yendiği hakkındaki rivayetler az değildir. Vahşiler arasında komşu kabilenin mallarını yağmalamak için adam öldürmek daima ilgi görmüştür.

Öyleyse, her devirde ve her yerde bütün bir insanlıkça kötü görülmüş ve cezalandırılmış fiillerin bir kataloğunu yapmanın imkânsız olduğu ve hatta doğal suç diye bir kavramın da bulunmadığı ileri sürülebilecek midir?

Buna inanmıyoruz; ama böyle bir esasa varmak için metodu değiştirmek, fiillerin tahlilini bırakmak ve hissin mecrasına kapılmak lazımdır.

Suç, gerçekten de daima zararlı bir fiildir, aynı zamanda da ahlaki anlamı ifade eden insanın anlayış tarzını yaralamaktadır.

Ahlaki anlamdaki anlayış tarzı insanda pek yavaş ortaya çıkar. Bu anlayış tarzı herkeste değişir ve gelişim göstermesi ırklara ve devirlere göre farklılık gösterir. Ahlaki anlayış tarzının gelişmesinin doğal hâlinde, bir kısmı kuvvetlenip serpilir, diğer bir kısmı ise zayıflayıp tesirlerini gittikçe kaybeder. Bundan dolayı,

1 Macellan Adaları Grubu. Amerika'da Macellan Boğazı'nın ayırdığı adalar grubudur. Şili ve Arjantin arasında konumlanmıştır.

2 Yahut Viti Adalar Grubu. Yeni Hebrit Adaları ile Tonga Adaları arasında 200 kadar adadan oluşmaktadır.

3 Sumatra Adası.

ahlaki ya da gayriahlaki fikirlerde sonradan büyük değişiklikler ortaya çıkar.

Zarar veren bir fiilin suç sayılması için, gayriahlakilik kavramındaki bütün unsurların fiilde bulunması çok önemlidir. Açılıp izah edilmesi gereken şey: Farklı bakış açılarına göre farklı takdir gören bazı fiillerin gerçekleşmesiyle tahrik edilen heyecanların muhalefetine rağmen, aynı şekilde takdir olunan eylemlerin kamçıladığı heyecanlarda asla bir tek vasıf ve karaktere rastlanmayıştır. Bu açıdan, harici şekil ve niteliklerde bir başkalık olduğunu, yoksa ahlaki ve vicdani derinlikte böyle bir değişikliğin mevcut bulunmadığını gösterir. İşte ahlaki kavrayış tarzının açıklamasıdır ki, ancak yolumuzu aydınlatabilecektir.

Darwin, ahlaki anlayışın temelini hemcinslerimizin içgüdüsel eğilimlerine ve ilgisine bağlamaktadır. Spencer ise bu anlayışı, muhakemeye (idrak veya akıl) dayandırmaktadır. O akıl ve muhakeme ki, insan anlayışının daha ilk merhalelerinde, hâl ve hareketin bazı zorunlu kurallarını bize anlatmakta ve anlayışlar bizde medeni alışkanlıklar hâlinde birleşip nesillerimize irsî olarak geçerek, doğal aktarımlar hâlinde ortaya çıkmaktadır. Öyleyse, bu derin vicdani sezişlerin neticesi: "Birikmiş fayda tartışmalarından doğmuş tecrübeler sonunda, tamamen organik ve irsî bir özelliğe bürünerek artık tecrübeden bağımsız bir varlık hâlini kazanmıştır... Gelip geçen bütün insan ırkının nesillerinden ortaya çıkıp art arda edinilmiş faydalı tecrübeler insan bünyesinde değişiklikler meydana getirmiş ve devamlı kimliğinin içine işleyerek ahlaki seziş kabiliyetlerine dönüşmüştür. İşte bu ahlaki seziş kabiliyetleri faydadan doğmuş şahsi tecrübelere dayandığına dair başka hiçbir işarete sahip olmayan iyi veya kötü hareketler dediğimiz eylemlere dönüşmüştür. Tercih ya da kabul ettiğimiz duyguların, atalarımızın yaptıkları hoşa giden ve gitmeyen eylemlerin zamanla organik bağlamda davranışlara dönüşmesinin sebebi bu genetik aktarımdır." [4]

---

[4] Spencer; *Evrimsel Ahlakın Esasları,* Bölüm 7.

Gerek bu yaklaşım gerek Darwin'in tezi ne olursa olsun, herkesin buluştuğu ortak nokta, bugün her ırk, doğuştan yani bireysel düşünce ve muhakeme tarzından ortaya çıkmayan ama tıpkı bağlı olduğu ırkın içinde taşıdığı fizikî özellikler gibi genetik olarak kazandığı içgüdüsel özellikteki ahlaki değerleri de taşımaktadır. İçgüdüsel olarak edinilen bu ahlaki değerlerin bazıları çocukluk çağından itibaren, akıl yürütmeye başlayınca, ama şüphesiz çocuğun küçük muhakemelere başlamasından önce, hemcinslerini sevmek ve onların mutluluk ve huzurları için çabalamak gayretinin doğrudan doğruya kişisel faydasını açıklayacak niteliktedir. Aynı genetik ahlaki duygudur ki, yüce bir fedakârlık ve feragati ancak ifade edilebilir; öyle feragat ve fedakârlık ki, insanoğlunu bazen vazife bildiği hususları yaralamamak için en hayati çıkarları tahrip edebilir. Güçlük çekmeden denebilir ki, gözü kapalı fedakârlık, en büyük bencilliktir!.. Fakat birçok durumda bencilliğin bizim için büyük faydalar temin etmesine de engel olunamaz. Zira, yaşanan zamanın, hatta gelecek kaygılarını kalbimize doldurmadan bizi üzüntü ve kederden koruyup kolladığı gibi, şiddetle arzuladığımız şeylere de bizi kavuşturur. Nail olunacak faydanın farkına varılmadan, mevcut bir felaketten korunma veya mükemmel bir nimetten faydalanmayı reddetme hâlinde, bizi bütün muhakemelerden uzaklaştıran duygunun gerçekliğine inanmak zorunluluğu vardır. Şahsen hiçbir ayrıcalığa sahip olmadığımız hâlde, genetik olarak bize geçen bu tarz duygular, açıkladığımız bu yaklaşıma göre uzak atalarımızın bakış açısında asla faydalı bulunmuyor.

Bu noktaya temas eden Darwin, söylediğimiz gibi, aynı sonuca varıyor:

"İnsan, atalarının sahip olduğu içgüdülerden birçoğunu kaybetmiş olması sebebiyle, devrimizde pek az içgüdüye sahip olsa da bu hâl onun bu içgüdüleri koruyamamış olmasına neden olmaz. Çok eski zamanlardan beri hemcinslerine bazı ruhsal yakınlıklar ve içgüdüsel aşk cazibelerini muhafaza ettiği bir gerçektir.

İster doğuştan isterse sonradan meydana çıkmış olsun, zorunluluk ve güç ifade eden (vazife) kelimesi, devamlı ve açıkça görünür bir doğal isteğin iç bünyesinde ahlaki kavramını ifade eder; bu doğal istek ona rehber olur. Fakat insanoğlu isterse bu içgüdüye itaatsizlikte bulunabilir."[5]

Diğer taraftan ahlak, kişisel muhakemenin bir meyvesinden başka bir şey değilse, bu takdirde en yüksek zekâya nail olmuş insanlar, mutlak surette dünyanın en namuslu ve faziletli şahsiyetleri olurlardı; zira, özgecilik duygusunu kucaklamak, pozitivistlere göre, bencilliğin son derinliklerinde bulunan mutlak ahlak esaslarını benimsemek, onlar için son derece kolay olurdu. Bunun aksi olacağını iddia etmeyeceğiz; ancak hakikat şudur ki, ne çok münevver ve zeki insanlar vardır ki aynı zamanda son derece ahlaksız ve bencildirler. Buna karşın son derece sınırlı bir zekâya sahip ve pek cahil ne çok insanlar vardır ki, ahlaken en sert prensiplerine bile en küçük bir aykırılık göstermezler. Niçin? Gerçekten de bu, orada dolayısıyla bir fayda elde ettiklerinden değil, görev bilinciyle saygı göstermek ve riayet etmek mecburiyetinde olduklarını hissettikleri içindir; hatta ne dinlerinin ne de yazılmış kanunlarının tesirine de tabi değillerdir.

Bundan dolayı diğer bütün duygular gibi başkalaşarak ve gelişerek meydana gelen ve genetik olarak aktarılan ahlak anlayışının psikolojik varlığını inkâr etmek bizim için mümkün görünmüyor. Ama bu ahlaki anlam bir kere yüce bir faaliyet hâline dönüşünce, bozulup kötü bir hâl alabilir; hastalıkların tesiriyle düşkün hâle gelebilir. Onu tamamıyla harcamak dahi mümkündür. Hatta doğuştan itibaren bütün bedenimizde ortaya çıkan zalim bir anormalliğin etkisiyle bu duygudan mahrum dahi kalınabilir. Bu hâl, daha mükemmel bir açıklama tarzı olmayınca, ecdada çekme, ecdat verasetine (müşabeheti ecdat: *Atavisme*) atfedilebilir. Bu yoksunluğun dereceleri "en gelişmiş iradenin en

---

5 Darwin, *İnsanın Aslı,* Bölüm 3.

yüce faaliyet tarzı ile ahlaki duygunun en mutlak anlamdaki yokluğu arasında)[6] farklılık gösterir.

O hâlde, ahlak seviyesi yüksek bir topluluk içinde, az veya çok miktarda, ahlaken feci surette düşük şahıslarla karşılaştığımız zaman, bundan dolayı hayretler içinde kalmamamız gerekir. Bu, tamamen akla uygun bir anormallikten ibarettir ki, aşağıdaki bölümlerde göreceğiz.

En doğrusu, araştırılması gereken yanı şudur: Ahlaki duygu, geçip giden zaman ve devirlere göre herhangi bir ölçüye tabi olarak değişir. Bizim Avrupalı milletlerde olsun, diğer medeni diyarlardaki ırklarda olsun, bu ölçü nedir ve ne olacaktır?

Şu konuları da araştıracağız: En eski insani anlayış tarzlarında yer bulmuş bir ahlaki gelişim gösterilebilecek midir? Geri bir medeniyet devrinde hâkim olan ahlaki yönelim nedir? O devirlerde henüz ortaya çıkmadıkları hâlde gelişerek zamanımızda kamu ahlakının temeli olan duygular hangileridir?

Haklarında hiçbir şey öğrenemeyeceğimiz tarih öncesi insanları, dejenere ya da gelişme ve olgunlaşmaya kapalı vahşi kabileleri bir yana bırakalım; zira, biz bunları insan türünün anormallikleri diye kabul edebiliriz. Ve nihayet denebilir ki, insanlığın medenileşmiş kısımlarında payidar olmuş ahlaki duyguları derecelendirmeye ve tespit etmeye çalışabiliriz ve buna çalışacağız. Bu ahlaki duygular ortadan kaybolmayıp daimî gelişme ve olgunlaşmaya tabidirler. O hâlde, biz bu tür ahlaki duyguları çürütüp, aynı zamanda topluma da zararlı etkileri olan eylemlere: Doğal suç: *Délit natürel* ya da: Toplumsal suç: *Délit social* diyeceğiz.

---

6 Maudsley; *Zihnî ve Fikrî Hastalıklarda Mesuliyet*, Bölüm I.

II

Etik Değerlerin Ortaya Çıkması ve Gelişimi

Şüphesiz ki, bütün bir topluma hâkim, ortak bir ahlak kavramını ele alabileceğiz. İçinde bulunduğu çevreye bakarak ahlaki değerleri zayıf insanlara rastlandığı gibi, ortalama ölçütün pek üstünde insanlar da görülmüştür. Ortalama ölçütün üstündeki bu insanlar ideal bir ahlak mertebesine, Spencer'a göre, tamamen hâkim bir biçimde ortaya çıkmış, akli ve makbul bir bencilliğin duygularıyla fethedilmiş faziletli bir hoşgörünün ve iyiliğin bütün topluma mal edebileceği, mutlak ahlaka erişmek için büyük bir gayretle kendi nefislerini zorlayanlardır. Yalnız, heyhat! Bu idealistler o kadar azdırlar ki ne yaşadıkları devrin öncüsü olabilirler ne de mükemmele doğru olgunlaşmayı ve gelişimi hızlandırabilirler. Bütün bir insanlığın, Allah'ın nezdinde bir tek aile olduğunu kabul eden Hristiyanlığın din ve ahlaki idealizmi, ancak Roma'nın, hemen bütün medeni milletleri bir tek imparatorluk altında topladığı ve aralarını kozmopolit bağlarla birleştirdiği bir devirde meydana çıkmış ve kökleşmiştir. "Bu şart olmasaydı, Hristiyanlık ahlakı kendi fikirlerini yaymaya ve sağlamlaştırmaya uygun bir zemin bulamayacaktı."[7]

Aynı yazar ilave ediyor: "Bir milletin ahlaki fikirlerinin tamamı asla herhangi bir felsefi sistemden doğmuş değildir; nasıl ki, ticari bir şirketin, ana mukavele hükümleri de böyledir." Ahlaki fikirlere özgü bu esas, bizden önceki yüzyılların eseri olup örf ve âdetten yardım gören irsiyetle bize geçmiş bulunmaktadır. İşte, her devirde, bireyi topluma kazandırmada ve uyarlamada etken göreceli bir ahlakın bulunması sebebi de bundan dolayıdır.

Her toplumda, toplumun her sınıfında daha ziyade nisbi ve göreceli bir başka ahlak da vardır ki, buna da özel âdet ve ananeler (*les nioeurs*) adı verilmiştir. Bir milletin, bir kabilenin ya da mensup olduğu sınıfın umumiyetle kabul edilmiş ahlaki gidişatına

---

7 Schaeffle, *İçtimaî Varlığın Yapılışı ve Yaşayışı*, Bölüm V, II.

ayak uydurabilen bir birey için, mutlak ahlakın korunan esaslarına rağmen, ahlaksız bir eylemde bulunduğu asla iddia edilemez. Bunun gibi, mesela esaret, bu kavramı içimizde tartarsak, gayriahlaki bir müessesedir; zira gelişmiş bir toplum bir adamın, kendi iradesi dışında başka birinin pasif bir âleti hâline gelmesine izin veremez. Ama eski devrin insanlarını, sırf esir kullandıkları için, ahlaksız oldukları neticesine varacak mıyız? O devrin bilince, yükselmiş ahlak anlayışına, bize, en insaniyetli efendilerin gayret ve fedakârlıklarını gördükleri ya da zekâ ve kavrayışları, ilim ve irfan dereceleri veya terbiye ve vasıflı olmalarıyla kendilerine yeryüzünde bir yol açarak mütevazı mevkilerinin üstüne çıkabilen esirlerini azat ettiklerini gösteriyor.

Başka başka milletlerde ya da bir milletin muhtelif devrelerinde, birçok hususlar hakkında, aralarında muazzam fark bulunan ahlak anlayışlarına ait örnekler saymak faydasızdır. Hatta eski ve muasır vahşi kabilelerini de zikretmek zarureti yoktur. Türü ve derecesi itibarıyla bugünkü medeniyetimize bu kadar yakın olan klasik devrin bazı âdetlerini hatırlamak yeterlidir. Bazı doğal gizemlerin hangi araçlarla tespit edildiği iyice hatırlanabilir: Venüs ve Priap[8] ayinleri; hamailler; Kıbrıs ve Lidya'da dinî mahiyette fuhuş; Roma'da, örnekleri görülmüş olduğu üzere, eşlerini bir dosta terk; eski Sparta'da çocuk yapmak gücü ve ehliyetinde olmayan erkeklerin eşlerinin zina etme hakları; kadim Yunan düşünürlerinin sadece müsamaha etmekle kalmayıp, aynı zamanda makbul ve makul gördükleri aynı cins insanlar arasında cereyan eden ilişkiler;[9] Firavunlar devrinde meşru görülmüş kardeş ve hemşire izdivacı gibi... Acaba Hazreti İsa'dan önce fenalığa iyilikle mukabele etmeyi, hatta düşmanlarımızın hayrını

---

[8] Priap, Yunan mitolojisinde Bacchus ve Venüs'ün oğlu olup bahçelerin, bağların, sürülerin, avcıların ve daha sonraları da bolluk ve bereketle nesil ve soyların Allah'ı telâkki edilirdi.

[9] Solon, hür olmayan aynı cins gençlerin (kız veya erkek) birbirleriyle sevişmelerini menetmişti; zira, o, bu tür aşkı şerefli ve çok mükemmel buluyordu.

dilemeyi mecbur kılan bir fikir var mıydı? Fakat, yazık ki insan doğasındaki nefret ve tiksinme duygusu yüzünden İncil'in bu prensipleri yeryüzünün hiçbir toprağına kök salamamıştır. Ama bu prensiplerin Hristiyanlık felsefesinde yaşadığı ve birçok seçkin ve önemli kişiler tarafından uygulandığı da inkâr edilmez bir hakikattir. Fakat, tarih ve coğrafyayı karıştırmaya ne gerek var? Devrimizin toplumlarına bir bakalım. Gözümüze ilk çarpan şey nedir? Birtakım hâl ve hareket kuralları ki, örf ve âdet adı altında toplanıyor. Bu hareket biçimleri, her sınıf, her tabaka ve her zümre için toplumsal veya hususi özellikte bağlantılar sunar. En resmî merasimlerden selâmlamaya ve giyinmeye kadar, belirli hâllerde sarf edilecek cümlelerden kelime hecelerindeki sesli harflerin ahenklerinin değişmesi suretiyle telâffuz edilecek tabirlere kadar, hepsi bir usul ve kurala bağlanmıştır. Bu kuralları çiğneyenlere bazen garip ve anlamsız, bazen da cahil, gülünç ya da fena terbiye görmüş düşüncesiyle bakılmıştır; gülme ya da acımaya maruz kalmışlar, hatta bazen de beğenilmeyerek uzak tutulmuşlardır.

Bir topluluk, bir sınıf için yapılması uygun olan ne çok şeyler vardır ki, başka yerlerde yasaktır. Zamana, yere, bulunduğu saate, toplantının maksadına tabi âdetler vardır. Bunun içindir ki, mesela, bir kadın akşam yemeği veya bir akşam etkinliği için daha açık giyindiği hâlde, gündüz yapacağı ziyaretler için iyice örtünmek vazifesiyle mükelleftir. Ancak aşkın genişlik ve cazibede zemin bulan ve başka hiçbir durumda cesaret edilemeyen kucaklaşmayı, aynı kadına, bir baloda bir başka erkek ile vals yapmasına izin verilmektedir. Tavır ve hareketlerimizin her biri, örf ve âdet tarafından yerleştirilmiştir; bazı esaslara ve kaidelere bağlanmamış hemen hemen hiçbir hareketimiz mevcut değildir. Bizi, sebep ve müsebbibini araştırmadan, itirazsız ve münakaşasız bu düsturlara boyun eğdiren kuvvet: Anane, tahsil ve terbiye ile devamlı örneklerdir.

Fakat bütün bu yüzeysel ve özel kanunların üstünde, gelişmiş toplumsal sınıfların ruhuna, iyice nüfuz etmiş daha kuvvetli kanunlar da vardır; tıpkı bir su yüzeyinin bütün yataklarına nüfuz eden güneş ışınları gibi. Ancak bu su yüzeyin bütün yataklarındaki yoğunluk farkı, ışığı nasıl değişken şekilde kırarsa, tıpkı onun gibi, bu özel kurallar da toplumun bazı tabakalarında önemli değişikliklere maruz kalır. İşte, asıl ahlak diye adlandırılan bu prensipler, zamanla çok yavaş bir biçimde değişir; öyle ki bu zıtlıkları tespit için, ancak bizden sonraki ya da zamanımızda yaşadıkları hâlde, medeniyetçe bizden çok ileri seviyedeki milletlerin anılarına başvurmak zorunluluğu vardır. Demiştik ki, aynı millet içinde ve aynı devirde, kuvvet ve şiddeti bütün toplumsal çevrelerde aynı olmasa da hükmü her tarafa nüfuz etmiş prensipler mevcuttur. "M. Bagehot, şayet, diyor, insanları birbirinden ayıran bazı şeyler mevcutsa, bunlar, o insanların gerçek hisleri ne olursa olsun görünüşe alınmayıp, ahlaki sezişteki incelik, kibarlık ve zarafettir. Bundan kendimizi emin hissetmek için vahşi insanların ülkelerine seyahat etmeye mecbur değiliz. Bunun için İngilizlerin fakir tabaka insanları ve kendi hizmetkârlarımızla hasbıhal etmemiz yeterlidir; bu temas bizi aydınlatır! Medeni memleketlerin aşağı tabakaları, tıpkı vahşi diyarlarda olduğu gibi, en kibar ve zarif hâl ve eylemlerden, ahlaki anlamda nitelendirdiğimiz bu duygulardan mahrumdurlar." Bununla beraber, sakın bu metnin ifade ettiği anlam istismar edilmesin. Yazarın aşağı tabakada eksikliğini ileri sürdüğü şey sadece ahlaki duyguların en ince ve zarif kısmıdır. Bu demektir ki, ahlaki duygu, ne derece az belirmiş olsa da her yerde mevcuttur ve toplumun aşağı tabakalarını oluşturanlarla, ahlaki yönden en yüksek tabakalara tırmanmışlar arasında karşılıklı bağlara sahiptir. Bunun sebebi bellidir: Ahlaki duygu bir olgunlaşma mahsulü olunca, diğerleriyle aynı geniş adımları atıp ilerleyemeyen ve bu sebeple ruhsal gelişimde onlara bakarak geri kalmış bir kısım toplumsal zümreler içinde çok az incelmiş ve yine pek az mükemmelleşmiş olması zorunludur. Ancak bu hâl, aynı içgüdülerin ilkel bir şekilde ortaya çıkmasına engel olmaz ve yine bu sebepten dolayıdır ki, bizim toplumumuzun aşağı tabakalarına bakarak daha ilkel kalmış bazı vahşi kabilelerde de henüz doğmamış özellikte bu içgüdüler mevcuttur. Bundan da (artık çıkarımlar yapabiliriz, zira gerçeği o kadar şeffaf görüyoruz ki örnekler saymaya gerek yok.) her ahlaki duygu özelinde birbirleri üzerine sıralanmış vasatları ayırt etmenin mümkün olduğunu, bütün bu vasatlarda ahlaki hissin hep aynı özelliği haiz bulunduğunu; ancak eksik ve gereksiz örtülerini atmak, devrimizin ve ırkımızın insanları ya da ruhsal bakımdan bizimkilere nazaran çok büyük farkları olmayan başka ırkların insanları arasında hayati bünyesini görünür kılmak şartıyla bu sonuca varılabileceğini çıkarıyoruz. Böylece evrensel, mutlak bir ahlak fikrini tamamen reddetmek suretiyle, insanlığın egemen olduğu geniş yeryüzünde bazı ahlaki içgüdülerin özelliklerini tespit edebileceğiz.

III

Ahlaki duyguyu oluşturan içgüdülerin incelenmesi: iki tipik içgüdü: Merhamet ve adalet. - İnsanlığın üstün ırklarında bu iki içgüdü hangi ölçüde bulunur? - Olumsuz şekline göre merhamet duygusunun evrensel ve değişmez, sabit karakteri. - Niçin bu yaklaşım gelişme ve ilerleme yaklaşımıyla zıt değildir? Doğruluk ve namusluluk içgüdüsü. - Dönüşüm ve doğrudan sapma. - Hangi ölçüde bu faziletin medeni bir ırkta bulunduğu söylenebilirdi?

Fakat her şeyden önce incelemeye mecbur olduğumuz ahlaki içgüdüler hangileridir? Ar ve hayâdan, dinden, vatanperverlikten bahsedecek miyiz? Bu son hisse gelince, zamanımızda, bu duygu şahsın ahlaki kıymeti için asla mutlak bir zorunluluğu ortaya koymamaktadır. Yabancı ülkeleri seviyor, millî renklerin önünde tatlı gözyaşı dökmüyor diye bir adam ahlaksız sayılmıyor. Bir kimse yaşadığı ülkenin hükümetine boyun eğmiyor, ecnebi bir hâkimiyette bir hizmet kabul ediyorsa, böyle bir adam ancak kötü vatandaş sıfatına layık görülmüştür; yoksa kötü bir insan olarak damgalanamaz. Bu suretle millî duygu ile bireysel ahlak anlayışları arasında bir ayrım yapma imkânı (ne Roma'da ne de Sparta'da böyle bir imkân mevcuttu) doğmuş olur.

Bu gözlemi dinî duygularda da aynen yapmak mümkündür. Medeni Avrupa kıtası, daha doğrusunu söylemek gerekirse, Avrupa ırkına mensup aydınların gözünde dinî esaslar tamamıyla kendi başına bir manzara arz etmektedir. Eskilerin dinî duyguları tamamen samimi ve şiddetli bir vatanperverlik duygusuna bağlı bulunurdu. Zira onlar vatanın selametini ilahi ibadete bağlı görürlerdi. Hristiyanların, Rabb'ın tek ve bir araya gelmiş ailesi olduğu fikrinin hâkim olduğu Orta Çağ'da, Hristiyan olmayanlar hakkında çok merhametsizce davranılmıştır. Küfür, dalâlet, dinî görüşlere saldırı, sihirbazlık ve hatta iman esaslarına aykırı bir ilim en ağır günahlar sayılırdı. Ancak günümüzde dinî esaslar, toplumsal hayatın koyduğu prensiplerden ayrılmaktadır; bu da medeni ahlakımızın kısmen, iyi insan olmayı emreden İncil'den ortaya çıkmış olmasına engel teşkil etmez. Ama imanını kaybetmiş bir kalpte iyi insan meziyetleri ve doğruluk faziletleri bulunabilir. Bu meseleye bir daha değineceğiz.

Namus gerçek bir insani içgüdü gibi görünüyor; ancak onun nasıl muazzam değişikliklere tabi olduğunu açıkladık. Buna, bazı kabilelerde çıplaklığın esas olduğunu ve hatta cinsel ilişkinin aleni yaşandığını da ilave edeceğiz. Bunun gibi daha birçok misaller sıralamak mümkündür. Xenophon kitabının bir yerinde aynı manzarayı kedersiz ve zahmetsiz temaşa eden Makedonyalıların karşısında Yunanlıların nasıl hayret içinde kaldıklarını mükemmel bir biçimde tasvir etmektedir.[10] Aleni ilişkiden kaçınan kadınlara gelince, bu bir içgüdüden ziyade, zevcelik veya aile vazifelerine olan hürmetten, genç kızlık şeref ve itibarından kaynayan duygudan, doğmaktadır. Genç bir kadının meftun olduğu bir erkeğin devamlı ricalarına karşı gelebilmesi pek nadirdir. Hatta

---

10 Xenophon, *Anabasis*, Bölüm V, fasıl XIX.

en haşin ailelerde bile, en mükemmel prensiplere göre yetiştirilmiş genç kızların şiddetli bir ihtirasın kasırgasına tutulduğu ya da usta ve ince bir cazibenin esiri olduğu görülmüştür.

İffet ve ismet içgüdüsü birçok kişide mevcuttur; ancak bunların istisna teşkil ettiğini kabul etmek gerekir. En fazla bilinen içgüdü insanları ihtiraslarını dindirmeye sevk eder. Serbest aşka engel olan kuvvete gelince, son derece temiz dinî hisler değilse, özellikle olduğu gibi bulunulan hâllerin özelliklerinden doğan çekinmedir. Bu çekinme ve hicap, mizaçtan gelmiyorsa özellikle şahsi ya da mensup olduğu ailenin menfaatine dayanır.

Şimdi, söylediğimiz duyguları bir yana bırakacak olursak, insani bir kavrayış tarzının ancak iyi insan olma içgüdüsüne dayanabileceğini, yani doğrudan doğruya başkalarının iyiliğini isteyerek, kendi menfaatimizi elde edebileceğimizi söyleyebiliriz.

İyi insan olma duyguları muhtelif milletlerde farklı derecelerde bulunduğu gibi, bir milletin muhtelif sınıflarında dahi farklı dereceler kaydeder; ancak bu duygulara her yerde rastlanır. Nizam altına sokulmuş bütün insan topluluklarında (belki de bazı küçük kabileler müstesna) bu duygular iki tipik içgüdü hâline inkılâp etmiş olabilir: iyilik ve adalet.

Bu iki içgüdü evrimci doktrine göre okunmak istenirse, egoist duyguların teferruatı hâlinde bulunan, ilkel hâllerine kadar çıkmak mümkün olur. Nefsin korunması içgüdüsü aileye kadar uzanır, sonra kabileye kadar genişler; bundan sonra hemcinslerimize karşı yavaş yavaş bir sempati taşmaya başlar; bu taşma önce aynı kabilenin insanlarını sarar, sonra aynı diyardaki insanları, daha sonra aynı ırk ve renk mensuplarını ve nihayet hangi ırktan olursa olsun, bütün insanlığı kucaklar.

İşte bu sebepledir ki, hemcinslerimize karşı duyulan aşk ve iyiliksever olma duygusunun ilk şekli egoaltüriste bir manzara arz eder. İlk şekliyle hemen hemen bizden bir parça olan öz evlatlarımıza karşı duyduğumuz büyük aşka inkılâp eder. Sonra ailemizin diğer fertlerine sirayet eder. Fakat hakikî bir iyilik ve fedakârlık için kan bağlarının mevcut olmaması gereklidir. Bunun sebebi ise, aynı sınıfın, aynı milletin ya da aynı ırkın içinde yaşayan insanların bedensel ya da ruhsal benzeyişleri, aynı ya da yakın dili kullanışlarıdır. Zira biz, bizden tamamen farklı hissediş ve düşünüş tarzlarına yabancı olduğumuz insanlara karşı bir yakınlık duyamayız. Darwin'in gayet güzel bir şekilde açıkladığı gibi, ırkların gerek görünüş ve gerek âdetleri arasındaki fark bütün cihanı kucaklayan bir iyilik duygusuna en büyük engellerden biridir. İnsanoğlunun herhangi bir ırk veya memleket halkını kendi hemcinsi gibi kabul edişi pek ağır süren zihinsel bir uygulama şekline bağlıdır. Ve nihayet hayvanlara karşı duyulan merhamet ve yakınlık duygusunun insanlarda yerleşmiş ruhsal bir fazilet olduğunu ve hatta zamanımızda bile ancak pek ince duygulu üstün kimselerde bulunduğunu kabul etmek lazımdır.

Fakat muhtelif derecelerini iyice seçebilmek ve ahlak için hakikaten en gerekli tarafı açıklıkla keşfedebilmek için bu hayırseverlik içgüdüsünü derinden derine tahlil etmek zorundayız.

Önümüze önce, bütün faaliyetini insanoğlunun refah ve mutluluğuna adamış, asla bir çıkar veya ihtiras peşinde koşmaksızın bütün ömrünü muhtaç ve muzdarip insanlığın, küçüklerin veya metruk ihtiyarların maddi ve manev yaşayış şartlarını düzeltmek için harcamış küçük bir topluluk çıkıyor. Bu üstün insanlar, menfaat ve ihtiras arkasında koşmaksızın, bilâkis kendi isimlerinin bile gizli kalmasını arzu ederek, fazla ve lüzumsuz şeylerden kendilerini mahrum etmekle kalmayıp, vazgeçmek suretiyle acısını çektikleri nimetlerden de feragat ederek bu uğurda çırpınırlar. İşte kelimenin gerçek ve berrak anlamıyla insaniyetperver: Philanthrope dediğimiz adamlar bunlardır. Bunlardan sonra karşımıza oldukça kalabalık, ikinci bir insan topluluğu çıkıyor. Bunlar bütün hayatlarını vakfetmiş olmadan, sadece fırsat zuhur ettikçe insanlığa bazı hizmetlerde bulunan zümredir. Onlar bu fırsatların peşinde koşmazlarsa da, buldukları zaman da hiç kaçırmazlar. Başkalarına biraz hizmet etmekten duydukları sevinç büyüktür. Bunlar da hayırsever ve cömert kimselerdir. Fakat asıl camiayı birleştiren zümre ise, herhangi bir musibet ve ıstırabın sebebi olmak istemedikleri hâlde ne diğerlerinin mutluluğunu arttırmak ne de felaketlerini azaltmak için asla bir çaba göstermeyen ve hiçbir fedakârlığa da katlanmayanlardır. Bunlar hemcinslerinin elem ve ıstıraplarına sebep olan eylemleri önleyebilmeyi çok isterler. Bu arzu, merhamet ya da insaniyet dediğimiz duygudan, yani hemcinslerimizin felaketlerini mucip olan zulüm ve vahşete karşı duyulan nefret ve tiksinmeden ileri gelmez. Spencer'ın dediği gibi: "Hayırsever ve yürekli bir hareket başkalarına ait bir hazzı nasıl nefsimize mal ediyorsa, tıpkı bunun gibi, başkalarının çektiği bir acıyı nefsimizde duyduğumuz içindir ki, merhamet duygumuz kabarır. Böylece, bu duyguların esası egoist bir kaynaktan fışkırır. Ama bu duygu öyle bir sevici tabu hâlini almıştır ki, hiçbir akli düşünceye başvurulmaz ve asıl hedefin doğrudan doğruya kendi hemcinsimiz olduğu kanaati hâkimdir. İşte iyilik denilen duygu budur ve bu duygu acıya karşı beslenen bir yakınlıktan ve sebebiyet verdiğimiz bir acı ve ıstırabın manzarasından kaçınmak için sarf edilen çabadan kaynaklanır. (...Acıya karşı duyulan sempati, tavır ve hareketlerde muhtelif şekillerde değişiklikler yapar. Önce acı veren bütün kasıtlı fiilleri cezalandırır. Bu netice farklı derecelerde ortaya çıkar. Farz edelim ki, diğer bir insana eziyet veren bir fiil gerçekleştirilmiştir. Hiçbir kin ve hiddet olmadığı hâlde, gaddar ve vahşiler hariç, diğer bütün insanlarda etki bırakır ve derin üzüntü yaratır. Bütün medeni insanlar, bedensel ıstırabın sonucunu bertaraf etmek için şiddetli bir arzu duyarlar. En yüksek bir temsili iktidarın payidar olduğu yerlerde hatta bedensel olmayan ıstıraplardan da nefret edilir. Başkasında etki yaratan bir söz veya hareketin kötü niyetli bir zihinde iyice tasavvuru dahi, bizi bu fena hareketten kısmen veya tamamen vazgeçirir.) [11]

(...Diğer bazı hâllerde merhamet, duyulan bir ıstırabı meydana getiren çabaları düzenler. Bir hastalıktan, bir kazadan ya da bir hainin zulüm ve vahşetinden ya da kalbinde merhamet duygusu yaşayan bir şahsın hiddet ve şiddetinden meydana gelen

---

[11] Spencer, *Ruhiyatın Prensipleri*, cilt 2, bölüm 2, Paris, 1875.

bir acı... Şayet düşüncesi canlı ise ve şayet önünde cereyan eden ve kendi yardımıyla hafifletebildiği bir ıstırabı iyice kavrayabiliyorsa, kendini uzaklaştırmak suretiyle huzursuz bir vicdandan yakasını sıyıramaz. Zira ıstırabın manzarası düşüncesini devamlı surette tırmalamaya devam edecek ve onu yardıma sevk etmek için sürekli tahrik edecektir...) [12]

Bu açıklamadan şu sonuç çıkarılabilir ki, hayırsever duygunun farklı ortaya çıkma derecelerinin mevcudiyetidir: Bedensel ıstırapları lanetleyen ve cezalandıran merhamet; olgun ıstırabı meydana getirebilecek hareketleri meneden merhamet; şahidi olduğumuz acıları hafifletmeye bizi iten merhamet; yalnız yaşanan zamana ait ıstırapları bertaraf etmek ve bedbahtların sürükledikleri perişan varlıklarını daha az hazin kılmak amacıyla bize hararetli ve mutluluk verici gayretler veren: hayırseverlik, cömertlik ve insaniyetperverlik hisleridir.

İlk iki duygu yasaklayıcıdır. Yani bazı fiillerin yapılmaması esasına dayanmaktadır. Diğerleri ise, bir çekimsenmeye değil, bir gayret ve faaliyete bağlıdır. Şimdi biz cezayı gerekli eylemlerin karakterinde ahlak dışı ve aynı zamanda topluluk için zarar meydana getiren kuramın zayıf tarafını açıkça görmüş oluyoruz. Bu çift karakter başkalarının acılarını hafifletmek için sarf edilen gayretin dayandığı hayırseverlik ve gerçek merhamet duygusunun bulunmadığı durumlarda dahi mevcut olabilir. Bir hastanın acılarını hafifletmeyi reddetmek ve bir fakirin yardımına koşmaktan kaçınmak suretiyle onlara büyük zararda bulunulabilir. Bu hâl diğer fedakârlık duygularındaki gelişmenin çok kısır olduğunu gösterir. Bununla beraber hiçbir devletteki kamuoyu bu gibileri suçlu görmemektedir. Niçin? Zira suç fikri yalnız zarar verici, yalnız ahlak dışı bir fiil olmaktan ibaret olmayıp en ahlaksız olan ve en aşikâr şekilde bir vasıf taşır. Böylece suç fikrinin bağlandığı fiil, üstün vicdanlarda en yüksek hâlini bulan muhteşem tahtına, bu irtifanın ilk merhalesi şeklinde ve henüz içgüdüsel olarak kav-

---

[12] Spencer, *Ruhiyatın Prensipleri*, cilt 2, bölüm 2, Paris, 1875.

ranabilecek bütün bir milletçe elde edilen vasat derecedeki hayırseverlik duygularını tahrip eden bir hareket özelliğini kazanır. İşte yasaklayıcı eylemlerde merhamet bulunuşunun sebebi budur. Ve bu his insaniyetin en yüce ırklarında veya medeniyet yoluna girmiş milletlere mensup insanların hemen hepsinde bulunur. Bundan da şu netice çıkıyor ki, suç dediğimiz anormal fiil, bizzat kendi ihtiyarımızla verdiğimiz bir acı ve işkenceye karşı kızgınlığa sıkı surette bağlı bulunmaktadır.

Evet, izah ettiğimiz gibi, bedensel bir acı veren eylemelere karşı beslenen nefret ve iğrenme birinci merhalede bulunan merhamet duygusundan ortaya çıkmaktadır. Olgun ıstıraba sebebiyet veren eylemlere gelince, bunları ayırmak lazımdır. Bilhassa bu olgun acıyı çeken şahsın hassasiyetine bağlıdır. Yüksek bir toplumsal mevkide bulunan ve mümtaz bir tahsil ve terbiye gören bir insanı büyük bir kedere sürükleyen aynı hakaret, alelade kaba bir insana hemen hemen hiç dokunmaz. Kamuoyunun gücü bu acının derecesini takdire yeterli değildir. İşte, içgüdüsel kalmış milletlerde ağır küfürler sarf edenlerle kaba tavırlar takınanların ve fikren yükselmiş milletlerde kanlı mücadelelere sebebiyet veren zarif ve iğneli sözleri sarf edenlerin bolluğu bundan ileri gelmektedir. İnce ve hassas ruhların ne dereceye kadar azap ve ıstıraba duyarlı olabilecekleri kolayca tahmin edilemez.

Biz, hastalıklara ve hatta ölümlere sebep olabilecek bu tür olgun acılarından bahsetmeyeceğiz. Bu tür acıların şekil ve mahiyetine sebebiyet verenlerin kasıt ve niyetine göre mevzu değişir. Olgun özelliği ve anlamıyla cisimlenebilse dahi, bunu herhangi bir fiilin faili gibi görmek hatadır. İşte bunun içindir ki, bazı müelliflerin bahsettikleri, manen (veya ahlaken) katil: *l'homicide moral*'in ceza ilmi için pratik bir önem ve anlamı olamaz. Böyle bir iddianın temeli yoktur, olsa olsa ham bir hayalden ibaret kalır.

Ama olgun acı bazı bedensel elemleri de içerirse iş büsbütün değişir. Hareket ve faaliyet hürriyetlerine engel olmak; bir kızın şeref ve itibarını rencide eden fiiller gibi... Ya da olgun acı; bireyin toplum içinde işgal ettiği mevkiyi sarsan bir hareket gibi: haksız fiiller (*diffamation*), iftira, fuhşa teşvik, ayırt etme gücü olmayan bir genç kızı kandırmak ve ayartmak fiilleri... Bu fiiller geri dönüşü olmayan felaketlere, çöküntülere sebebiyet verebilir. Kurbanları, toplumun reddettiği kötü sınıflara fırlatılabilir. İşte, bu sonuçların önceden hissedilişidir ki, evrensel olan ya da hiç olmazsa, insanlığın yüksek vasıflı ırklarında, vahşet ve cinayet serilerinden kurtulmuş bütün milletlerde duyulan insaniyetperver (*alturiste*) bir his bulabiliriz: Yasaklayıcı özellikteki merhamet duygusu.

Öyleyse, ortada belli derecedeki gelişmeye erişen milletler için asla değişmeyen sabit bir duygu mevcuttur. Yeryüzündeki insanlara kıyas edildikleri surette, pek ziyade sınırlı olan ve dağınık bulunan anormal ve garip diyebileceğimiz kabileler sayılmazsa, bu duygunun evrensel olduğu söylenebilir.

Böyle bir iddia ile asla evrimci doktrinle çelişkiye düşülemez. M. Aramburo böyle bir çelişkiden bahsederek bana itiraz ediyor: "Şayet ahlak evrimci ise, niçin sadece bir kısmı değişmeye mecbur olsun? Ve şayet ahlak belirli olan bir zamana kadar değişmeye tabi ise, niçin bu değişim duraklasın ve sonsuza kadar değişmesin?" [13]

Suç kuramıyla ilgileniyor olmasına rağmen bizzat Spencer kitabında buna cevap veriyor: "Diyelim ki, belirli duygular yüksek bir evrim tarafından meydana getirilemez; toplumsal refah ve mutluluğa belirli şartlar bulunamaz. Ama toplumsal ihtiyaçların zorunluluğundan doğan geçici tavır ve hareketler geçici haklılık ve haksızlık kavramlarını doğurabiliyorsa, belirli tavır ve hareketler de devamlı haklılık ve haksızlık kavramlarını doğurur.

Öyleyse, bu duyguların yaradılıştan geldiğini kabul etmek, bunların şekil farklarını bilmemek demektir. Devamlı bir tavır ve hareket türleri bulunduğu kimse tarafından inkâr edilemez. Bunun için içgüdüsel aşamadan kurtulmuş milletlerin kanunlarına bakmak yeterlidir. Duyguların bu değişiklikleri tahripkâr faaliyetlerin peşinden koşan toplumun içgüdüsel insanından huzur

---

[13] De Aramburo, *La nueva ciensia penal*, Madrid, 188, s. 101.

ve sükûn faaliyetlerinin peşinde koşan medeni insanına kadar birlikte bulunmasından doğmaktadır.

Medeniyet tarihinin en büyük filozofunun ağzından çıkan şu son kelimelerin, bize karşı öne sürülecek mühim bir itiraza cevap vermekte büyük yardımı dokunacaktır. Bize şöyle deniyor: "Siz ki, bu kitabın baş tarafında bize birçok eski milletlerde reva görülmüş baba cinayetinden, eşkıyalıktan, korsanlıktan, batan gemi yağmacılığından, Çin'de mübah görülen çocuk ticaretinden, esaret müessesesinden, Orta Çağ'ın canavarca ölüm işkencesinden, Hristiyanların dalâlete düşenlerle Araplara ettikleri korkunç zulümlerden ve keza İspanyolların Amerika yerlilerine ettikleri vahşetlerden bahsettiniz; nasıl oluyor da insanlık için içgüdüsel olan bir merhamet duygusundan bahsedebiliyorsunuz? Haçlı seferlerinin hunhar kahramanı Arslan Yürekli Richard'ın ziyafetlerinden bahsederken titrememeye imkân var mıdır?[14]

Bununla beraber ortada çelişki yoktur. Açıklamamıza karşı gelinmesi mümkün değildir. Biz merhamet duygusunun hangi sahaya kadar uzanıp yayıldığını gösterdik: Bu saha bizim hemcinslerimizdir. Biz şu konuyu de ilave ettik ki, başlangıçta bir kabilenin üyeleri hemcins kabul edilmişler; sonradan bu kavram bütün bir milletin bireylerine ve daha sonra bir iman duygusu peşinde koşanlara, aynı dili konuşanlara, aynı asıldan gelenleri kapsamıştır. Belki de yalnız bizim yaşadığımız devrin insanları bu anlayışı, hangi ırka, hangi dine mensup olursa olsun, bütün diğer insanlara uygulamıştır.

Daha ilk devirlerde bile merhamet duygusu vardı, ancak kozmopolit olmaktan çok uzaktı; bütün iddialara rağmen bugün bile tamamen kozmopolit sayılmaz. Bugün Avrupa camiası or-

---

[14] Teine, *İngiliz Edebiyatından*, cilt I, bölüm 11, s. 7.
Genç ve cesur bir düşman askeri öldürüldü. Eti kızartıldı, tuzlandı; kral yedi ve çok lezzetli buldu. Kral en asillerden otuz kadarının başlarını kestirdi. Bu başların, kızartılmasını aşçısına emretti. Sonra bunlardan her birini maiyetindeki bir elçiye ikram etti ve kendine düşeni de büyük bir iştahla yedi.

duları, hatta devrimizde bile savaşta insan haklarına hürmet ve riayet etmeyen milletleri cezalandırmaktadır.[15]

Nispeten karanlık kalmış bir devirde yerli Amerikalılar, İspanyolları insan kabul etmezlerdi. Daha birkaç yüzyıl öncesine kadar Maure,[16] Sarrasin[17] halkı bütün Hristiyan olmayanlarla dalâlete sapanlar, Albigeoi[18] tarikatına mensup bulunanlar kudurmuş köpeklere layık görülen merhametten daha fazlasına nail olamazlardı. Bunlar Katoliklerin hemcinsleri kabul edilmezlerdi. Onlar İsa'nın düşmanı sayıldıklarından köklerinin kazılması lazımdı. Buna sebep olan şey merhamet duygusunun eksikliği değildi. Merhamet duygusunun aslı olan ve onsuz bu duyguya imkân bulunmayan sempatiyi meydana getiren benzerliğin görülmemesindendi.

Victor Hugo'nun şu muzaffer, fakat abartılı insaniyet sayhasını duymak için XIX. yüzyılı bekleme zorunluluğu doğdu: (Cengâver olsa olsa bir tür katildir.) Duyguların olgunlaşma seyrini görmek için, bu sayhayı hattı mıhî ile yazılmış kitabelerle karşılaştırın; orada kral Assur Nazir Habal eline esir düşen düşman bir şehrin kumandanlarını toplayıp derilerini yüzdürmüş, bir kısmını diri diri mezara gömdürmüş ve birçoklarını da çarmıha gerdirmiş veya kazığa oturtmuştur.[19]

Tarih öncesi çağlarda sadece aile bireylerini kucaklayan sınırlı merhamet duygusu zamanla öyle gelişti etti ki, bu sınır şimdi in-

---

15 Bu konuda, *Tard'ın La Criminalité comparée* eserinin 188. ve 189. sayfalarında çok güzel bir parça vardır.

16 Fas, Cezayir ve Tunus'tan ibaret olup antik tarihte Moritanya adı verilen Güney Afrika Atlas Okyanusu sahiline ait parçanın eski sakinlerine verilen isimdir. Bugün buranın halkına Magrip veya Mağrep denmektedir.

17 Orta Çağ'da Batılılar tarafından Avrupa ve Afrika Müslümanlarına verilen isim.

18 11. yüzyılda Fransa'nın güneyinde Albi sahasında genişleyen tarikat mensupları. Bunlar iki yaratıcının mevcudiyetine inanırlar. Hazreti İsa'nın tecessüt vasfını inkâr ederler; tevellüdatın aleyhinde bulunurlardı. Papa III. Innocent bunlara karşı bir Haçlı Seferi emretti. (1209)

19 Maspero, *Eski Şark Milletleri Tarihi*, Bölüm IX.

sanlığı çevrelemekte ve hatta bu sınırı dahi aşarak Zoophilie dediğimiz hayvanlara karşı merhamet sahalarını da kapsamaktadır.

Ama insanda daima bulunan bu duygu, vahşi bir kabileye mensup insan grubunun derlenip toplanması, etrafında kendine benzerlerini görüp tanımasıyla meydana çıkmıştır. Bundan dolayı, bize atfedilen çelişki görünür olmaktan ileri geçemez. Bununla birlikte, izaha mecbur olduğumuz daha bazı şeyler kaldı: Yamyamlık, din uğruna baba katli, can fedaileri, çocuk alım satımı, yeni doğmuş çocukların öldürülmeleri...

Her gün gözümüzün önünde görev aşkıyla çırpınan ve cerrah dediğimiz insanların hâlini düşünelim. Bunlar zavallı bir hastanın, feryat ve figanlarını dinlemeden, acı iniltilerini umursamadan, vücudunu en merhametsiz işkencelere maruz bırakmıyorlar mı? Böyle olmasına rağmen, bu adamlar hiçbir kimseye en küçük bir haksızlık ve acı verme amacında değildirler. Fakat yapacakları korkunç pratikyatlar için daima can atarak aranmaktadırlar. Kendilerine bol keseden istenerek ücret ödenir, övgüyle göklere çıkarılırlar, şükran ve nimetlerle ödüllendirilirler. Ancak merhametin olgun bir duygu, derin ve beşer bünyesinden fışkıran bir fazilet olduğu neticesine varmaktan kaçınılmamalıdır. Niçin böyledir?

Çünkü, bu acı uygulamalarının amacı ıstırap vermek olmayıp, hastanın sıhhat ve selameti içindir. Doktorun elini sevk ve idare edecek bir merhamet duygusu çocukça ve ahmakça olurdu. Hastanın müstakbel acının tasvir ve tahayyülü suretiyle duyulacak hakiki bir ıstırabın yanında, pratik yapılmadığı surette ölmesi ihtimalinin tasvir ve tahayyülü hâkim olur ve bu güçlü hâkimiyet hastanın o andaki geçici ıstıraplarının tesirini bertaraf eder.

İşte, vahşi kabilelerde izleri hâlâ görülen bazı içgüdüsel, zalim ve tiksindirici âdetlerini bu yönüyle tahlil etmek lazımdır.

Bazen bu hâl, toplumun güvenlik ve selameti anlayışına dayanırdı: İnsanları kurban etmek gibi. Bazı defa bu, bizzat feda edilenin hayrı için olurdu: İhtiyarlamış ana babanın kendi evlatları tarafından öldürülmeleri gibi. Hurafeciliğin şiddeti bu hâllere karşı isyan etmeye engel olurdu. Bireyin vicdanında uyanan zorunluluk hissi; toplumsal, dinî veya üst soylarına karşı ailevi düşünceleri yok sayardı. İşte, bu gibi düşüncelerdir ki vaktiyle Peru'da olduğu gibi bugün de Dahomey'de[20] bu tarz örf ve âdetleri ayakta tutmaktadır. Agamemnon ve Jephte[21] kendi öz kızlarını tereddütsüzce kurban etmişlerdir.

Bütün bunlar, vatanperverliğe ya da dine bağlı bâtıl inançlardır. Bu âdetlerin, istifa veya nüfusun korku veren artışını önlemek zorunluluğuyla benimsendiği açıklanmaktadır. İşte bu zorunluluklardır ki, Japonya'da, Çin'de, Avustralya'da, Paraguay'da, Güney Afrika'da yeni doğmuş çocukların katline; Polenezya'da isteyerek çocuk düşürmeye, Lycurgue kanununa göre zayıf ve hasta bünyeli çocukların öldürülmelerine izin verilmektedir. Öyleyse, burada hâkim olan şey, içgüdüsel bir vahşet ve hunharlık olmayıp, karşı gelinemeyen toplumsal müesseselerin hâkimiyetidir. Bioyin bu müesseselere karşı duyacağı nefretin derecesi ne olursa olsun, direnmesi mümkün değildir. Alturizmin menettiği şey, şerre doğru çekilen zulümdür. Hâlbuki, bu memleketlerde özellikle zorunlu görülen bütün bu toplumsal müesseselere riayet etmemek korkunç bir zulüm sayılmaktadır.

Bahsi geçen bütün bu milletlerin kanunlarında uygun bulunan vahşet ve zulümlerden kalan izler sadece oburluk sebebiyle yamyamlık, şeflerin ve muhariplerin yalnız kudretini göstermek ve silahlarını tecrübe etmek için adam öldürme haklarından ibarettir. Nihayet, asla dinî veya vatani bâtıl inançları ya da toplumsal veya ekonomik bir müessesenin zorunlu kılmadığı, sadece

---

[20] Fransız Afrikası'nda, Kine'nin kuzeyinde konumlanan toprak. 1892'de Fransız müstemlekesi camiasına ithal edilmiştir. 1.500.000 kadar nüfusu olup ormanlık, sıcak, hastalıklı bir iklime sahiptir.

[21] İsa'dan on iki yüzyıl önce yaşamış Yahudi hâkim ve kumandanı. Maverayı Ürdün'ün sağ kanadında yerleşen ve Filistin halkından olan Ammonitlere taarruz etmeden önce, zafere ulaştığı takdirde, kendisini ilk karşılayıp selâmlayacak kızı Allah'a kurban edeceğini ahdetmişti. Lakin zaferden dönüşünde ona doğru ilk koşan kendi öz kızı idi; ve bedbaht baba Tanrı'ya verdiği sözü yerine getirmeye mecbur oldu.

merhamet duygusunun tamamıyla yokluğundan meydana gelen zalimane fiiller mevcuttur. Ama bu gibi alışkanlıklara sahip milletler pek azdır: Fijililer, Yeni Zelandalılar, Avustralyalılar, Afrika içlerinde yaşayan kabileler... Bu istisnai topluluklar, ortaya konan kuralları teyit etmektedir: Bir ırkın veya bir milletin içinde bireysel anormallikler ne ise, bütün bir insanlığın içinde toplumsal anormallikler de öyledir.

Bu mevzu üzerinde yeterli derecede durduk ve şu yönünü ispat edebildik ki, bütün bir insanlığa yol göstermek üzere yasaklayıcı özellikte, yani zalimane bazı eylemleri yasaklayan ilkel bir merhamet duygusu mevcuttur.

Kamuoyu, topluluğa zarar verici eylemleri yasaklayan merhamet duygusunu çiğnemeyi suç saymaktadır.

Şimdi, merhamet duygusunun en ziyade altürist şekline, yani ego-altürist duygularından ayrılan şekline geçebileceğiz. Ben burada adalet duygusuna yaklaşıp ondan bahsetmek istiyorum. Spencer diyor ki: "Adalet duygusu, alelade surette bir insanın duyduğu haz veya maruz kaldığı acının canlandırılmasına ve göz önüne getirilmesine dayanmaz; adalet bir insandaki hazları veya acıları defedecek fiilleri hakiki ve fiilî surette ya da gelecekte menetmeye kalkıldığı zaman vücuda yayılan heyecan ve isyan duygusuna dayanır. Başkasında meydana gelmeyen bu dönüşüm ve heyecandan adalet duygusunun oluşabilmesi için bu duyguya fazlasıyla sahip olmak lazımdır... Ayırt edilmesi oldukça kolay bu çok yüksek insaniyetperver duygunun sınırı nerede bitiyor, acaba? Bu, vatandaşın kendi hürriyetinden asla feragat edemediği sahanın dışında kalan ve diğer bir vatandaşın zorunluluktan dolayı istediği ve kendisinden alınmasını kolaylıkla tasvip edebildiği özgürlük alanıyla sınırlıdır. Dahası var, bu vatandaş, diğerinin şiddetle ihtiyaç hissettiği bu özgürlüğünden feragati kolaylıkla tasvip etmekle kalmaz, ama bu zorunluluğu kendiliğinden tanır ve istekle feragat eder.

Nasıl kendisi için zorunlu ve kutsal gördüğü bu hak ve hürriyetlerin tamamını ister, bu hürriyetlerin her türlü saldırıdan korunmuş olmasını diler ve her saldırıyı bütün şiddetiyle defetmek için mücadeleye girişirse, dünya üzerinde yaşayan bütün insanlığın aynı özgürlüklerle mutlu olmasını, aynı saldırıdan korunuyor olmasını can ve gönülden temenni eder."

Adalet duygusu o kadar yücedir ki, âdeta son derece nazik ve ince bir anlam taşımaktadır. Hiç şüphe yoktur ki, böyle hassas duyguya sahip olabilmek için ziyadesiyle üstün bir terbiyeye sahip olmak lazımdır. Her ne kadar, bu his çocuklarda, hatta ilkel kalmış milletlerde ziyadesiyle mevcutsa da kendi kişisel menfaatleri konu edilince bu duyguya sahip olduklarını gösterdikleri pek nadirdir.

Gerek çocuklar ve gerek vahşiler hangi şeylerin kendilerine ait olduklarını ve hangi şeylerin olmadıklarını çok iyi bilirler. Böyle olmasına rağmen, yanlarına konan her eşyaya sahip çıkmaya ve benimsemeye son derece meyillidirler. Bu da ispat ediyor ki, onlarda olmayan şey, adalet fikri değil, adalet hissidir. Medeni bir toplumun reşit bireylerine gelince, özellikle içgüdüyle sahip oldukları faziletler, bunları kendilerine ait olmayan şeyleri hile veya zorlamayla sahip olmaktan meneder. Mülkiyet egoistliğine uzanan bu insani duyguyu bir İtalyan filozofu[22] gayet güzel tarif etmektedir: Şahsın devamlılığı ve korunmasının ikinci bir şekli.

Altürist duygu bakımından fikren sahip olduğu her şeye hürmet ve riayet etmeyi ifade edecek anlamında ancak *probité*[23] kelimesini bulabildik.

Şu yönüyle doğrudur ki, bir topluluğun ortalama ahlak düşüncesi adalet duygusunun bütün inceliklerini içeremez. Zevklerin en tatlısı olan ince duygular (ya da adalet endişeleri): *la délicatesse*,[24] müstahak olduğumuza vicdanen kanaat etmediğimiz

---

22 Sergi, *Elementi di psicologia*, Messina, 1879, s. 590.

23 Hakşinaslık, namusluluk, istikamet kelimeleriyle tam anlamı verilebilir.

24 Bu kelime usulü fıkıh ilminde ıstılah olarak kabul edilenin (hüsnü hakikî) tam karşılığıdır. Ve zaten (hüsnü hakikî) fıkıh ilminde bizzat (adalet) anlamını ifade eder ki, bu suretle İslâm hukukunda "adalet" tabiri de bizatihi mahbup, müstahzen yani mutlak olan manevî ve kudsî güzelliği ifade etmektedir.

meziyetlerden dolayı bize karşı yapılan övgü ve senaları kabule engel olur. Fakat bu duygular ancak az bir kısım üstün insanlarda bulunabilir. Topluluğun ahlaki duygularının rencide edilmesi için, rencide edilen bu duyguların evrensel olması lazımdır. Ve biz adalette esas unsur olan doğruluk (*probité*) karakterini, daha önce söylediğimiz gibi, ancak fikri mülkiyet hukukuna bakarak bulabiliyoruz.

Bu bakımdan, alelade sahte bir borç ödeyememe *l'insolvabilité* bir suçtur. Zira bu hâl, tıpkı dolandırıcılık, herhangi bir sahtekârlık gibi evrensel bir ahlak anlayışını rencide eder. İnsanlığın bu merhaleye kadar yükselmesi muhtemeldir. Hatta belki de daha uzaklara kadar gideceğiz. Hukuk davalarında, rastlanılan muvazaa (*la simulation*) dediğimiz bütün aldatıcı fiiller, yalnızca başkasına zarar vererek ve haksız bir kazanç amacı güderek meydana geldiğinde her zaman suç kabul edilecektir.

Fakat belki de bu yolun yolcusu olmaktan tehlikeler doğacaktır. Her şeyden önce, hukuk davalarında hukuki inceliklere bürünmüş ve bu zarif peçenin arkasına gizlenmiş kötü niyeti görüp meydana çıkarmak son derece güçtür. Toplum bu tür sahtekârlıkların pek çoğundan haberdar edilemeyecek ve bu fiilleri suç kabul etmeyecektir. Nihayet unutulmamalıdır ki, doğruluğun (*probité*), merhamet duygusuna kıyasen kökü daha az derindir; iç teşkilatımızla alakası diğerine bakarak daha azdır; tahlil ve muhakememize, şahsi fikirlerimize göre pek fazla değişken ve içgüdüseldir. Merhamet duygusuna bakarak, doğal kalıtımdan daha az kaynaklanır; terbiye ve tahsilden, çevresel faktörlerden daha çok etkilenir. En büyük zorluk ise, herkesi kapsayan müşterek doğruluk (*la probité commune*) ile bir nebze bahsettiğimiz, adaletin asil ve yüce şekli olan üstün doğruluk (*La probité supérieure*) ya da en ince ve tatlı duygularla adalet endişesi (*La délicatesse*) arasına belli bir sınır koymaktır.

Sınaî taklitçiliğe, binek hayvanları, güzel sanatlara müteallik eşya satışlarında vs. gösterilen aşırı müsamaha; birçok sınıfların istismar ettiği haksız menfaatler düşünülürse, insan toplumunu teşkil eden topluluğun büyük kısmında, hatta umumi mahiyetteki müşterek doğruluk duygusunun mevcudiyeti hakkında şüpheye düşülür. Maalesef, ikiyüzlülük (*la duplicité*), iğrilik (*la déloyauté*), vurdumduymazlık (*l'indélicatesse*)[25] o derece yayılmıştır ki, böyle bir açıklama zaruri hâle gelmiştir. Bundan şu sonuç çıkıyor ki, zoraki bir istikametsizlik (iğrilik veya adaletsizlik: *L'imporbite*) şeklinin en kaba ve belirli sınırı mülkiyete saldırı görünür. Hâlbuki, bu açık şekil, eşyada olduğu kadar sınai ve edebi mülkiyet haklarında da mevcuttur. Kanunlar her ne kadar sahtekârlık suçunu -kalpazanlık- ağır cezalarla cezalandırmaktaysa da bütün bir âlemi servet sahibi yapan sınai faaliyette yayılan bir sahtekârlık, ahlak duygusunu daha az isyan ettirmez. Şüphesiz birinci tür sahtekârlık toplum için çok ağır bir tehlike olmakla beraber, istikametsizlik (ya da iğrilik veya adaletsizlik: *L'imporbite*) bakımından aynı karakterde olan her iki tür fiilden birincisini kalebentlik, ikincisini ise para cezasıyla cezalandırmakta toplumun duyacağı hoşnutsuzluk azımsanmayacaktır.

Vice versa[26] ve en güzel muhakeme tarzlarına rağmen, ne yapılsa hırsızla ona ortaklık eden veya bilerek hırsızlık eşyasını satın alan kimseye karşı duyduğumuz nefreti, kaçakçı ile kaçakçılıktan istifade edene karşı duyamayız.

---

25 Bu kelimelerin Fransızcalarını koymaktan maksadımız, tahlil edilen derin ve önemli bir konunun dokunduğu hukuki ve felsefi tabirlerin gerçek mefhumlarına vasıl olmaktır. Emin bulunuyoruz ki, bu tabirlere karşılık koyabildiğimiz kelimeler istenen kudret ve kuvveti ifade edememektedir. Bilhassa *l'indélicatesse* kelimesi sözlük anlamıyla asla yazarın meramını ifade edemez. O kadar çırpındığı en üstün doğruluk: *La probité supérieure* mefhumunu: İncelik, zarafet, ihtimam ve adalet endişesi anlamına gelen *là délicatesse* kelimesiyle adaleti ifadeye çalıştığı göz önünde tutulursa, bu kelimenin ifade ettiği anlamın tam zıddı olan *l'idélicatesse* kelimesine metinde verdiğimiz (vurdum duymazlık) anmak hazzı yanında cehaletin çamuruna bulandırılmak endişelerinden sıyrılmak cesaretini gösteriyor ve bu kelimeye adaletsizlik demekten çekinmiyoruz.

26 (Lat.) Buna mukabil, mütekabilen, karşılıklı olarak.

Zira, birinci hâlde, ortada sadece devlete ait bir vergiden, kendi parasını hazineye koymaktan kaçınma durumu vardır; ikinci hâlde olduğu gibi, bir başkasını soymak mevzubahis değildir. Kaçakçıya istenildiği kadar ceza verilsin veya damgalansın, bütün bunlar en namuslu insanları bile gümrüğü verilmemiş havana sigarasını içmekten asla men edemeyecektir.[27]

---

[27] Kaçakçılık, hükümdar ve millete karşı işlenen hakiki bir suçtur. Ancak, bu suçun cezası asla aza indirgenemez; zira toplum kaçakçıyı alçak ve rezil bir suçlu gibi görmez.
Lakin hükümdara karşı ve dolayısıyla bizzat millete karşı işlendiği hâlde, acaba bu suçun daha az mahiyette görülmemesinin sebebi nedir?
Buna cevap olarak diyeceğim ki, insanlar doğrudan doğruya kendilerine fenalığı dokunabileceğine emin olmadıkları suçlar için kamunun nefret ve öfkesini tahrikle ilgilenmezler. İşte, kaçakçılık da bu tür suçlardandır. Görünüşte kendilerine uzak işlenmiş olmaları itibarıyla, sonucundan etkilenmeyen insanlar, kaçakçılık suçlarında kendileri için hiçbir zarar görmedikleri gibi, bazen bundan istifade yolunu da bulurlar. Onlar bütün fenalığın sadece hükümdara dokunduğunu bilirler. Bununla birlikte, fenalığı kendilerine dokunur gördükleri bir hırsıza, bir sahtekara karşı beslemedikleri hürmet hissini bir kaçakçıya göstermekte bir mahzur görmezler.
Hissin bu tarz tecellisi şu esaslı prensibi veriyor ki, o da bütün hassas varlıklar ancak başlarına gelen fenalıklarla ilgilenirler.
Kaçakçılığı doğuran sebeplerden biri de bizzat kanunlardır. Zira, vergiler arttırıldıkça kaçakçılığın kârı da büyümekte ve dolayısıyla düşkünlük artmaktadır. Kaçakçılık sahası genişledikçe, gümrük vergisine tabi kaçak eşyanın hacmi küçüldükçe, kaçakçılık suçunun işlenmesi kolaylaşacağından bu suçu işleme girişimleri de artar.
Kaçakçının elinde yakalanan kaçak eşyalar ile birlikte ele geçen diğer bütün vasıta ve eşyanın da müsaderesi çok yerinde bir cezadır.
Gümrük vergisi azaldıkça, bu müsadere cezasının da etkisi artmış olur; insanlar giriştikleri bir işin başarıyla sonuçlanması hâlinde, ellerine geçecek nimetin büyüklüğü oranında tehlikeyi göze alırlar.
Öyleyse acaba müsadere edilecek hiçbir şeyi bulunmayan kaçakçı cezasız mı kalmalıdır? Hayır. Bazı kaçakçılık suçları vardır ki, devlet vergisinin bünyesini ilgilendirir; bu sebeple bu tür kaçakçılık suçları ağır cezalara çarptırılır. Bu arada bu tür suçlara hapis ve mecburi hizmet cezaları da hükmedilebilir. Ancak hapis hayatı suçun mahiyetine uygun düşmelidir.
Mesela, bir tütün kaçakçısının tabi olacağı hapis hayatı, bir caninin veya bir hırsızın hapis hayatıyla aynı olmamalıdır.

IV

Suçluluk çerçevemizi haklı gören muhakeme - Siyasi suç...

Geçen bölümde söylenen şeylerden şu sonucu çıkarabiliriz:

Zarar verici herhangi bir fiilin kamuoyunun gözünde suç olarak kabul edilebilmesi için ahlak dışı olması zorunludur. Bu ahlak dışı olma durumu ise, kökü derinlere dalmış iyilik duyguları içinde, yani merhamet ve doğrulukta bulunabilir. Bunun dışında, bu ihlal edici fiilin, en yüksek adalet duygularını rencide etmesine yer yoktur; bir topluluk tarafından benimsenen orta bir adalet duygusunu ve bireyi topluluğa mal etmeye yarayan zorunlu duyguları tahrip etmesi yeterlidir. İşte suç ya da doğal suç (*délit natürel*) olarak adlandırabileceğimiz fiiller bunlardır.[28]

Belki, bu suçun tam bir tarifi değildir. Olmasın. Fakat koyduğumuz sınır ve tarifin büyük bir önem taşıdığına da inanıyo-

---

Şüphesiz bu suçtan dolayı suçluya verilecek hapis rejiminin en uygun şekli, hile ile hırsızlığa kalktığı hazinenin yararına çalışmak olacaktır.
Beccaria: *Suçlar ve Cezalar:* Fasıl XXXI, s 325.

28 Kalplere nakşettiği adaleti yürütmek için tabiat, her devirde ve bütün insanlara hüküm icra etmektedir. İşte ben, kalplere tabiat tarafından nakşedilmiş esaslara doğal kanun diyorum. Hırsızlık, cebir ve şiddet, katil, ebeveyne yapılan nankörlük, bir masumu kurtarmak için olmayıp zarar kastı taşıyan yalan yere yemin, vatan aleyhine tahrik gibi suçlar her devirde nefret edilmişler ve korkunç ama daima haklı olarak cezalandırılmıştır.
Diğer taraftan ister rejimi devirmekten kurtarmak ister toplumsal ıstırapları hafifletmek için olsun, yaşanan zamanın ihtiyaçlarına göre yapılan kanunlara ise: Siyasi kanunlar derim... Kanlı bir politikanın eseri olan bütün kanunlar ancak bir devri kucaklayabilir. Bu tür kanunlar geçici olduklarından asla hakiki kanunlar gibi dikkate alınmazlar. Bu kanunlar uğursuz kıtlık dönemlerini andırırlar, öyle korkunç bir kıtlık ki, insan etinin yenmesi mübah görünür. Fakat bir kere ekmeğin mübarek çehresi göründü mü, artık insan eti yemek haram ve suç olur.
Voltaire'in bu izah tarzı yanında suç kavramının en makbul ve en ziyade vicdani teskin eden büyük cezacının bu tarifini idrak imkânı ne güzel aşikâr oluyor. -Ç.N.

rum. Ben şu zamana kadar ahlak dışı ve zarar verici her fiilin suç olduğu yolundaki tarifin yeterli olmadığını ispata çalıştım. Bu tarife eklenecek bazı şeyler var: Nev'i şahsına bağlı belirli karakterde bir ahlak dışılık...

Zararlı ve ahlaksızca oldukları hâlde suç sayılmayan yüzlerce fiil sayabiliriz. Çünkü, bu tür fiillerde mevcut olan ahlak dışılık unsuru ne gaddarlık (veya merhametsizlik ya da zulüm: *La cruaute*), ne de iğrilik (veya adaletsizlik: *L'imporbite*) hususlarını içermezler. Şayet bize belirli özelliklerde ahlaksızlıktan bahsedilecek olursa, o takdirde bu tür olgun unsur, kasıtlı olarak kanunlara karşı yapılan bütün fiillerde bulunacaktır.

Şüphesiz, iyilikseverlik (veya insaniyet), duygularını yaralasın veya yaralamasın, kanuna karşı yapılan bütün muhalefetlerin kanuni yaptırımlarla cezalandırılması zorunluluğunu kabul edenlerin başında gelenlerdeniz. Ancak bu takdirde bize (öyleyse bu ayrımınızın amacı nedir?) diye soracaklardır. Biz bunu ileride göstereceğiz; ancak şimdilik, başka bir bünyesi olan ahlaki bazı duyguları, suçluluk çerçevesinden ne sebeple çıkardığımızı söylemek suretiyle incelememize devam edeceğiz.

Gerçekten de hicap (ar ve hayâ, namus: *La pudeur*) hakkında söylediklerimiz, bu tarz fiillerin ahlak duygularını rencide ettiği hâlde, ne sebeple suçluluk sahasının dışında tutulduğunun ispatına yeterlidir. Hayâ ve namus aleyhinde[29] işlenen suçlardaki suçluluk duygusu bizzat hayâ ve namusun ihlalinden ileri gelmektedir. Bu duygu kişi hürriyetinin, merhamet duygusunun rencide edilmesi ve saldırıya uğramasında saklı bulunmaktadır. Hatta cebir ve zorlama olmasa bile, şayet bir hile, bir aldatma hâli

---

29 Ceza Kanunumuzda (Âdabı umumiye ve nizamı aile aleyhindeki suçlar: 414 - 428) diye vasıflandırılan bölümdeki suçlar. Hâlbuki gerek yukarıdaki açıklama ve gerek maddelerdeki unsurlar fasıl matlabının ne derece zayıf bırakılmış olduğunu göstermekte ise de bu fasıldaki suçluluk hassasının, bilhassa kişi hürriyetinin ve merhamet duygusunun çiğnenmesinde aranması zarureti karşısında bizi bu nokta üzerinde daha fazla ısrara mahal bırakmamaktadır.-Ç.N.

varsa suç mevcuttur. Zira, cebir ve zorlamanın mağdur üzerinde gerçekleştireceği üzüntü verici sonuçlar, olgun acı ve ahlaki hicap aynen gerçekleşmektedir.

Ancak genç kız, rızasıyla kendini vermiş ve aldatıldığından da bir şikâyeti yoksa artık namus ve haysiyet kırıcı fiilden kim endişe edecektir?

Her ne kadar bir kısım devletlerin ceza mevzuatı nesebin sıhhat ve selâmeti aleyhine işlenen bazı fiilleri suç sayarak ağır hapis cezasıyla cezalandırmışlarsa da aynı muhakeme tarzı bize, mağdurun açık ve sıhhatli rızasıyla de olsa ar ve namus aleyhine işlenen fiilleri suç silsilesine dâhil etmemize engel olmaktadır. Kamunun ar ve hayâ duygusu aleyhine işlenen suçlara gelince, hiç şüphe yok, bu duyguya derin surette hürmet etmek mecburiyeti vardır; ama pek çok değişken örf ve adetler karşısında bu mevzu için kesin bir kuraldan bahsetmeye imkân yoktur. Yalnız şunu söylemek mümkündür: Medeni bir toplum ne anadan doğma çıplaklığa ne de alenen cinsel ilişkiye tahammül edebilir. Bununla birlikte, bu türden manzaralar seyircilerin, ana, baba veya aile bireylerinden biri olmadıkça, hicabın hiddeti yerine kahkaha ile kendinden geçmelerini veya yüzlerini buruşturmalarını tahrik edecektir. Bununla beraber, ana baba veya diğer aile ferdi bile günahkârların ölümünü isteyecek kadar da ileri gitmeyeceklerdir. Onlar bir suç işlemiyor diye haykırmayacaklar, ama ortada bir edepsizlik ve hayâsızlık var diye köpüreceklerdir. Çünkü, bütün olan biten şeyin doğal nizama uyabilmesi için küçük bir değişiklik, evet sadece günahkârların korunaklı bir bölgeye çekilmeleri yeterli olacaktır. Bu tür fiiller için tarihte, devrine göre kırbaç, kısa hapis ya da para cezası uygulanmıştır. Tıpkı sarhoşlar için verilen cezalar gibi. Ama asla suçlara reva görülen cezalar düşünülmemiştir. Kamu vicdanı ancak bir tek uygunsuz hâl dolayısıyla bu tür fiilleri suç sayıyor: aleniyet.

Acaba, bu uygunsuzluk hâlinin ağır veya hafif oluşu keyfiyetinin suç yerinin tenhalık derecesine veya içinde işlendiği çalılığın sıklık ve seyrekliğine göre değiştiğini söylemeye gerek var mıdır?

İşte bu sebepten dolayıdır ki, kamuoyu bu tür fiilleri işlendiği yere ve Ceza Kanunundaki yaptırımına bakmaksızın kaballat sayar.

Şimdi biz, tarihte büyük bir ehemmiyet atfedilmiş bulunan başka duygulara geçeceğiz: aile duyguları.... Malumdur ki, aile kabilenin çekirdeği olmuş ve ahlaki duygular ailede, çocuklara karşı beslenen şefkat ve aşkla kendini duyurmuştur. Bu duygular ise, henüz hakiki insaniyet duygularını haiz olmamış, ama bencil insaniyet: Egoaltüriste duygu hâlinde kökleşmişti. İyilikseverlik (ya da insaniyetperverlik) duygusunun gelişme ve olgunlaşması dolayısıyla aile bireylerinin geniş sahasını daraltmış, önce ahlak anlayışı aile sınırlarını parçalayarak çıkmış, daha sonra kabile, kast ve nihayet millet sınırlarını da geçerek bütün insanlığı kucaklamıştır.

Her şeye rağmen aile, kendi doğal kavrayışlarıyla var olmakta devam etmiştir: İtaat, sadakat, karşılıklı hizmet ve yardım. Ama aile duygularına saldırı daima bir suç sayılmış mıdır? Hayır. Daha önce bahsettiğimiz insaniyetin ilk basit duygularına (*Les sentiments altiristes élémentaires*) da saldırı gerçekleşmiş olmadıkça suç sayılmamıştır.

Ebeveynine saygı ve şefkatle muamele etmeyen bir oğul, çocuklarını terk eden bir anne düşünülsün! Bu durumda hakiki surette rencide edilmiş olan duygu hangisidir? Bir rıza ve algılayış tarzı (*agrégation*) mı, bir teşekkül ve uzviyet (*organizme*) mi ya da kanla, bağlı olduğumuz şahıslara karşı fazlasıyla beslediğimiz merhamet duygusu mu rencide edilmiştir, hangisi?

Ebeveynimizi ya da çocuklarımızı sarmalayan merhamet duygusudur ki, başka insanlara karşı işlendiği durumda suç sayılmayan fiilleri cezalandırmaktadır. Buna karşılık aile birliği, örf ve âdet anlayışları, ceza mevzuatı ne olursa olsun, mülkiyet hukukuna vaki saldırılarda suçluluk duygusu görmemiştir: alt ve üst soy, karı koca, kardeşler arasında işlenen hırsızlık suçu gibi. Doğruluk (*probité*) esasını yenen aile duygusu değildir. Bu olsa olsa herkesin kendini sahip ve hâkim saydığı bir şeyde iğrilik (*improbité*) unsurunun bulunmamasındandır.

Baba otoritesine karşı gelme fiili, uzun zamanlardan beri suç olmaktan çıkarılmış bulunuyor. Ama zina Ceza Kanununda yerini daima muhafaza etmektedir. Zinanın aile nizamına zararlı ve bu mülâhazadan dolayı ahlaka aykırı olarak nitelendirilmesinde şüphe yoktur. Fakat, bazı hâller dışında, bu fiil insaniyetin ilk basit duygularını doğrudan doğruya rencide etmez. Bu, sadece bir görevin yerine getirilmeyişi, bir akdin ihlali ve bütün diğer görevlerin akdini ihlale bir girişim olarak görülür. Biz henüz bu mertebeye ulaşabilmiş değiliz.[30]

Fakat adalet tarihine baktığımız zaman, bu suça reva görülmüş olan cezanın zamanla hafifletildiğine şahit oluyoruz: Yahudilerin taşlayarak öldürme (*lapidation*), Almanların kırbaçlama (*fustigation*), Orta Çağ'ın teşhir (*pilori*) ve diğer işkence cezalarından sonra, zamanımızda sadece, birkaç aylık hapis cezasıyla cezalandırılmaktadır.

Özetle, hakka saldırı edilmedikçe ve ne merhamet ne de doğruluk duygularını rencide etmedikçe toplum herhangi bir fiili suç olarak nitelendirmeyecektir. Birden çok kadınla evlenmek ya da bir serserinin sahte meziyetler ve vasıfların maskesiyle şerefli bir aileye girmesi eylemlerinin verdiği ıstırapları bir düşünelim! Her iki hâlde de bir suç unsuru mevcut olduğu hâlde, böyle nitelendirilmemektedir. Bir hile ve dolandırıcılık sayesinde yapılan evlilik, yasak bir aşka karşı koyamayan bir kız hakkında duyulan nefretten daha fazla toplumun nefret etmesini gerektiren bir eylemdir. Zinayı, işlenmiş küçük bir hırsızlıkla mukayese etmek mümkündür. Aşk bir mülkiyet değildir; bir sözleşme ihlal edilmişse iddia edilebilecek şey, sadece o sözleşmenin iptalidir.

Zina, aile birliğinde işlenmiş bir tür siyasi suçtur. Belki bu tarifle siyasi suçu da karıştırdığımız iddia edilecektir. Gerçekten de bu mevzuda önümüze büyük engeller yığılmış bulunuyor.

[30] 765 sayılı TCK'nın 441. Maddesi 23 Eylül 1996; 442. Maddesi 23 Haziran 1998'de Anayasa Mahkemesi tarafından iptal edildi ve zina suç olmaktan çıkarıldı.

Şimdi bize: Nasıl olur! Bir milletin meşru hükümetine karşı suikast düzenlemek, isyan gibi eylemlerin suç olmadığını nasıl iddia edebiliyorsunuz? Üyesi olduğumuz bir topluluk için bundan daha ağır bir suç olabilir mi? Bu suçlar toplumun huzur ve selametine doğrudan doğruya indirilen en ağır darbeler değildir de nedir? diyeceklerdir.

Böyle olmasına rağmen hırsızlar, dolandırıcılar, sahtekârlar ve diğer hilekârlar hakkında beslenen nefret neden siyasi mahkûmlar hakkında duyulmuyor? Hatta onlara sempatik duygularla niçin bakılabiliyor?

Görülüyor ki ortada gayet açık bir fark vardır. Siyasi suç demelerini çok isterdim; fakat kısaca suçlar denirse bunun içinde birinciler yoktur.[31]

Toplum vicdanı, bu tarifi yapmaktan asla eksik kalmayacaktır. Buna bir örnek vermek için De Balzac'ın *Peau de chagrin* eserinde avare gençler arasında geçen bir diyaloğa bakalım:

-Ya! Öyleyse şimdi bize bir şey kalıyor...

-Ne?

-Suç...

-İşte öyle bir kelime ki yüksekliği darağacının tepesine kadar çıktığı hâlde, derinliği Seine Nehri'nin ta dibine varıyor.

-Oh! Sen beni anlamıyorsun. Ben siyasi suçtan bahsediyorum.

Evet, şüphesiz; bunlar öyle suikast girişimleri ki devlet süratle bastırmalıdır. Hükümetin bu hususta göstereceği zaaf büyük bir hata olurdu. Ama bütün bunlara rağmen, bu suçta nasıl bir ahlak dışılık mevcuttur? Vatanperverlik duygusunun eksikliği midir? Hatta, bazen bu fiillerde vatanperverlikten de ileri bir

---

31 Yazar, adalet için yapmış olduğu derin incelemelere ve *delicatesse* kelimesine verdiği yüce anlama ve koyduğu metin esaslara uyarak siyasi suçları doğal suçlardan ayırmak zorunda kalıyor. Bu dikkati göstermemiş olsaydı, insaniyetperverliğin esas unsurları diye tarif ettiği merhamet ve doğruluk mefhumlarını çiğnemiş olacak ve böylece müdafaa ettiği prensipler kendiliğinden yıkılacaktı. -Ç.N.

duygu bulunabilir: insanlık sevgisi! İktidardaki hükümete itaatsizlik mi? Bazen vatanperverlik duygusu bunu gerektirir! Bunun dışında ispat ettik ki zamanımızda vatanperverlik duygusunun eksikliği bir şahsa ahlaksızlık damgası vurmaya yeterli değildir. Böylece ortada bir tek unsur kalıyor: kanuna itaatsizlik, otoriteye karşı itaatsizlik.

Bazı suçlar vardır ki hem siyasidir hem de bizim için açıkça bir suçtur. Cumhurbaşkanına veya siyasi bir memura yapılan suikast gibi. Bir maden ocağını havaya uçurmak, bir şehri kundaklamak gibi. Zira, bu suçlar insaniyet duygusunu derin surette yaralamaktadır. Meşru müdafaa veya harp zorunluluğu olmaksızın birini öldürdüler mi, ya da öldürmeye teşebbüs ettiler mi? İşte ortada, sırf bu sebepten dolayı bir suç vardır. Şüphesiz kastına ve işlendiği hâle göre, suçun vasfı ağırlaşacak veya hafifleşecektir. Ama merhamet duygusuna indirilmiş *ağır* bir darbe ile katil fiili tam surette meydana gelmiş sayılacaktır; bu durumları ileride göreceğiz. Bize bu tür suçların diğerlerinden bir farkı olacağını ve suç işlemeye teşebbüs aşamasına geçmiş dahi olmadan sadece düşünce aşamasındayken gerçekleşmiş sayılacağını ileri sürecek değiliz.

Böylece açık bir biçimde suç olmadığı hâlde, devlet nizamı düşüncelerinin suç kabul edilmesine imkân verilebilir. İşte bu düşüncedir ki suça siyasi özelliğini vermektedir.[32]

Ortada öldürme, infilâk, yangın ya da bu suçlara girişim mevcut oldukça, faili tahrik eden sebep ne olursa olsun suç mevcuttur. Zira bu fiiller insaniyetperverliğin ilk basit duygularını,

---

[32] Büyük cezacının baştaki bazı sayfaları üzerinde durmaya ve bazı insafsızca kanaat, tahmin ve tahlillere sürüklenmeye yer yoktur. O, öncelikle suçluluk vasfı üzerinde durmakta, sonra da devlet düzeni zaruretine herkesten daha fazla inanarak siyasi suçun vasfını incelemektedir. Bununla birlikte, kendisinde vatanperverlik duygusu olmayan kimsenin sırf bu noktadan dolayı ahlaksız sayılamayacağını, zira bütün bir insanlığı kucaklayan sevginin vatanperverlikten de üstün olduğunu iddia etmesi öyle hasis düşüncelerin mahsulü değildir. Bu eseri haris ve aldatıcı maksatlar altında değil, ilmin meşalesi altında okumak ve anlamak lazımdır. -Ç.N.

merhamet ve doğruluk hislerini derinden sarsar. Daima aynı noktaya parmak bastığımızdan dolayı bizi mazur görmenizi dileriz. Gerçi bu can sıkıcı bir tekdüzeliktir, fakat amaca ulaşmak için bu zorunludur. Böylece, siyasi suç, topluluğun ahlaki düşüncelerini rencide etmedikçe, kanunlar tarafından cezalandırılmış olsa da doğal suç (*délit natürel*) sayılamaz.

Bir milletin varlığı tehlikeye maruz kalınca, bu suçun cezalandırılması bir zaruret olur. Harp, sulh ve sükûnla ilişkilendirilebilecek insanlık sevgisini ikinci plana atar. İstiklal bir milletin yegâne endişesi hâline gelince, bir vatandaş için en büyük ahlaksızlık vatanını yabancıya teslime gayret etmesidir. Bütün millet fertleri bu durumda asker olarak görevlendirilmelidir.[33] Bu takdirde örfi idare kanunu uygulanır. Sulh devrinde hüküm süren kanunlar uygulamadan kalkar. İşte bu durumda, asker kaçaklığı, vatan hainliği, casusluk hakiki suç olarak nitelendirilir. Zira bu suçların bir milletin mahvolmasına çalışan düşman millete büyük yardımları olur. Ama zamanımızda harp hâli kısa sürelerde kalmaktadır. Karmaşayı huzur ve sükûn takip eder. Harp ahlakı yerine sulh ve selâmet ahlakı hâkim olur. Ve işte harp, ahlakı yüzünden suç seviyesine yükselen fiiller ya siyasi suç seviyesine düşerler ya da büsbütün silinirler ve herhâlde doğal suç olma niteliğini kaybederler. İşte bu sebepten dolayıdır ki asker kaçaklığı farklı memleketlere göre değişik karakter taşımaya başlar; suikast düzenleme ve isyan suçları bütün bir milleti değil, sadece hükümet rejimini hedef tutar. Casusluğa gelince, bu fiildeki adaletsizlik (veya iğrilik) unsuru devamlı surette mevcuttur. Zira, şeref ve namusla ilişkilendirilen ve korunan bir sırrın ifşa edilmiş olmasıyla ahlak zedelenecek ve bu suretle de ortada daima doğal suç mevcut olacaktır.

---

[33] Bu derece vatanperverane duygular besleyen büyük yazarın ruhu rencide edilir endişesiyle bundan evvelki notumuza ekleyerek keskin zekaların müsamahalarını istirham ederiz.-Ç.N.

Diğer bazı suçlar da vardır ki siyasi özelliği olmadığı hâlde herhangi bir hükümete göre toplumun huzur ve sükûnunu tehdit eder. Bir kuruma saldırılar ve tahripler, grevler, hükümet otoritesine karşı ayak diremeler, bir vatandaşa verilmek istenen herhangi bir kamu hizmetinin reddi gibi fiiller. Burada, yalnız şu konuyu tekrarlayacağız ki toplumun ahlak duygularını rencide etmedikçe, kamuoyu herhangi bir suçu ne suç mahiyetinde görecek ne de faile suçlu damgasını vuracaktır.

V

Özet

O hâlde suçluluk çerçevemiz ne olacaktır?

Her ne kadar ceza kanunları belirli haklara özel saldırıları belirli başlıklar altında toplamış ve suç damgasını vurmuşsa da biz, suçun esas itibarıyla ilk iki insaniyet duygularından birine veya diğerine yayılmış olması bakımından suçluluk çerçevemize giren suçları iki geniş sahaya yaymış bulunduk.

Birinci gruba merhamet veya insaniyet duygularını rencide eden (*l'offense au sentiment élémentaire de pitié ou- d'humanité*) suçlar dâhildir: Bu gruba dâhil suçların başında, bireyin hayatına saldırı, vücut bütünlüğüne yapılacak her tür maddi zararlar: Yaralamalar, sakatlamalar, ebeveyne ya da çocuklara karşı özellikle karı koca arasında şefkatle bağdaşmayan muameleler, isteyerek bir kimsenin hastalanmasına sebebiyet vermeler, çocukların bünyelerini sarsacak ya da sıhhatlerini bozacak şekilde bedenlerinin zarar göreceği tarzda çalıştırmalar. (Ceza kanunları bu son hâli ya hiç düşünmemiş ya da kabahatler arasında kabul etmişlerdir.)

Bu gruba dâhil ikinci kısımdaki suçlara gelince, bunlar aynı zamanda hem bedeni hem de ruhu zarara uğratanlardır: Herhangi egoist bir duygu ile menfaat temini veya şehvet arzusuyla bir kimsenin hürriyetini elinden almak, bakireliğin bozulması, rızasız kız kaçırmak, zorla alıkoymak gibi. Ve nihayet iftira, hakaret, hile ile bir genç kızı fuhşa sürüklemek gibi.

İkinci sahaya dâhil suçlar grubuna gelince doğruluğun ilk duygularına saldırı (*L'offense au sentiment élémentaire de probité*) eden fiilleri sıralamıştık: Önce mülkiyete saldırı teşkil eden suçlar: Hırsızlık, gasp, tahrip, yangın. Sonra cebir ve şiddet olmadan, sadece emniyeti suiistimal yoluyla yapılan saldırılardır: Dolandırıcılık, ahde vefasızlık, isteyerek borç ödeyememek, iflâs, bir sırra ihanet, intihal, yazarların ve sınaî hak sahiplerinin hukukunu haleldar edecek her türden sahtekârlık. Ve nihayet mülkiyet hukukuna veya bireyin medeni haklarına açık ve resmî yalanlar sayesinde meydana getirilen zararlar: Yalan şahitlik etmek, resmî evrakta sahtecilik, bir çocuğun soyunu değiştirmek, nüfus kayıtlarında resmî olmayan değişiklik...

Bu kadromuzdan şu suçları hariç bıraktık: öncelikle devletin emniyetini tehdit eden suçlar: iki devleti birbirine düşman yapan fiiller, hükümetin müsaadesi olmadan asker yazmak, kanunlara karşı isyan etmek, zarar verici toplantılar, fesatçı çığlıklar, basın suçları, esas teşkilata muhalefet veya cemaat yapılanmasına teşvik, vatandaşları sivil muharebeye tahrik vs. Bunlar dışında toplumsal hayata yönelik olup siyasi bir amaç taşımayan fiiller: kanun adamlarına karşı gösterilen mukavemet (öldürme ve yaralamanın dışındaki) fiiller, unvanların gaspı, gayrimeşru menfaat temini maksadı bulunmaksızın rütbe ve memuriyet elde etme, devlete karşı mükellef olduğu hizmeti ifadan kaçınma, kaçakçılık, vs. Sonra toplumun huzur ve sükûnuna, vatandaşların siyasi haklarına, din özgürlüğüne, toplumun ar ve hayâ duygularına yönelik fiiller: konut dokunulmazlığını ihlal, alenen kavga ve düello, bir hakkı zorla ve kuvvetle kendiliğinden ihkak, heyecan verici yalan havadis yaymak, hapishaneden firar, otoritelere karşı tanınmış unvanlarda sahtekârlık, seçim hileleri, dine veya ibadete müdahale ve taarruz, keyfi alıkoyma ve tutuklama, alenen hayâsızca tavır ve hareketler, sürgün yerinden firar vb. Sonunda, bir devlete has kanuni mevzuatı ihlal: Mesela ruhsatsız silah taşımak, gizli fuhuş, demir yolu, telgraf, umumi hıfzıssıhha, nüfus, gümrük, kara, deniz avcılığı, orman, akarsu mevzuatına ve belediye nizamlarına aykırı fiil ve hareketler vs...

Bununla birlikte, bütün bu tür zararlı ve cezalandırılması gereken fiiller hukuk sosyologlarına bir çalışma konusu olamazlar; bu fiiller millete has şartlara tabi bulunurlar. Bu suçların faillerinde bir anormallik (*anomalie*) olduğunun göstergesi değildirler. Hiç şüphe yok ki yürürlükteki kanun faillerin hepsine aynı darbeyi indirmeyecektir. Ama hakiki ilmi ilgilendiren fiiller, bakış açımıza göre, ancak hakiki suçlar olacak ve onların doğal sebeplerini ve toplumsal devalarını araştırmak suretiyle bu hakiki ilim kurulacaktır.

Hakiki suçlar, milletlerin ilk ahlak anlayışlarına ters düştüğü hâlde, diğer suçlar bir topluluk için meydana getirilmiş ve her memlekete göre değişen nizamlara aykırı gelmektedir. Bundan dolayı biyolojik araştırmalara girişmek tamamıyla faydasız olacaktır. Bunların devasına gelince, korku verme ihtiyacının önemine göre değişken cezalara başvurmaktan başka çare bulunamayacaktır.

İKİNCİ FASIL

Hukukçulara göre: Suç

I

Zamanımız hukukçularına göre suçluluk hadisesinin anlamı. -Suçun muğlak ve eksik tarifi.- Bizim koyduğumuz prensibin hukukçulardan farkı.

Çağımızda suçlara ilişkin ilim, hukuk ilminin ancak bir dalı zannedilmekte ve böylece ceza ilmine kanuni bir karakter katmaktadır. Kanunların derlenmesi ve uygulanması için avukatlara başvuruluyor. Hukuk ve ceza davalarının muhakemesine dair ortada bir düzen mevcuttur ve duruşma salonları hemen hemen aynı manzaraya sahiptir: Siyah cübbeli adamlar, zabıt katipleri, avukatlar...

Böyle olmasına rağmen iki alan arasındaki ilişkinin hayali olduğu, aynı muhteşem binanın içinde, birkaç adım mesafede bulunan bu salonların arasında uçsuz bucaksız mesafelerin bulunduğunu kim bilebilir?

Hukuk yazarları ceza ilminin kurucusu kesilmişlerdir. Benim kanaatime göre, bu âlimlere bu derece geniş bir takdir sahası tanımakta haksızlık edilmiştir. Ceza ilmini onların bakış açılarına göre anlamanın ne dereceye kadar hatalı olduğunu ileride ispat edeceğiz. Şimdilik, sadece bunların suçtan neyi kastettiklerini göreceğiz.

Öncelikle bu âlimler için suçluluk (ya da mahiyeti cezaiye: *Criminalité*) nedir, acaba? Hiç! Onlar bu kelimeyi hemen hemen tanımıyorlar. Bu toplumsal meselenin doğal sebeplerini araştırmazlar, hiç meşgul değildirler. Bu bilgiler onlar için nihayet fanteziden ibarettir. Onlara göre cani, ruhsal bir anormalliğe sahip değildir. Onlara göre suçlu, kanunen menedilmiş ve ceza ile de müeyyidelendirilmiş bir fiili işleyen herhangi bir insandan farksızdır.

Bunun sebebi, hukukçunun, suçu harici şekline göre ele almasıdır. Deneysel psikolojiye (*la psychologie expérimentale*) göre hiçbir muayene ve incelemeye tabi tutmaz; bu kavramlarından nelerin dışında tutulduğunu araştırmaz. Onu meşgul ve cezbeden şey, sadece belirli suçların harici vasıflarının aynı olmasıdır. Onlarca bu araştırma, ancak tahrip edilen hukuki alana göre suçları konumlandırmak, toplumun felaketinin yükünü azaltan tecrübe edilmiş faydalı ceza yerine, işlenen suçla orantılı olan adil cezayı araştırmaktan ibarettir.

Şayet hukukçular ceza ilmine toplumsal bir afet (*comme mal social*) gibi bakmaya tenezzül etmiyorlarsa, hiç olmazsa bize suçtan neyi kastettiklerini haşin tabirlerle tariften kaçınsınlar.

Eski fayda okuluna göre suç: Bazı şerleri doğurduğu veya doğurabildiği için menedilmiş olan fiildir[34] ya da sadece: Kanunun menettiği fiildir[35] ve sonunda: toplumun hayır ve selâmeti aleyhine yöneltilmiş herhangi bir fiildir.[36]

---

34 Bentham, *Ceza Mevzuatı İlmî Eseri*, bölüm I.

35 Filangieri, *Mevzuat İlmi*, Birinci kitap, Bölüm 37.

36 Beccaria, *Suçlar ve Cezalar,* Bölüm VI.

Sadece, bir göz atmak suretiyle bu gibi tanımlarda ne derece belirsizlik bulunduğu anlaşılır. Bu tanıma her şeyi sokmak, herhangi bir vesile ileri sürülerek her fiilin topluma zararlı olduğunu iddia etmek mümkündür.

Şu zamana kadar bu tanım tek bir unsur adaletsizlik unsuru ithaline çalışıldı. İşte bunun içindir ki İtalya'nın en büyük yazarlarından biri, hür ve düşünme kabiliyeti mükemmel bir insanın başkalarını ve adaleti zedeleyen fiiline suç damgasını vurduğunu bize söylüyor.[37] Modern Fransız okulunun görüşü ise bize iktidar ancak zorunlu bir düzen için faydalı olup gerek topluma ve gerekse bireylere karşı konmuş bulunan bir görevi ihlal eden fiilleri suç sayabilir demektedir.[38]

Gayriahlaki bir fiilin suç sayılması ve cezalandırılması için toplumsal faydanın mevcudiyeti şartı her yerde kabul edilmiş bulunuyor. Bununla beraber, tarife başka bir unsur koymadan, genel surette ahlak dışılıktan ve adaletsizlikten bahsedilince, tarifin ne büyük bir alanı kapsadığı kolayca görünür. Bu konuda en çok başvurulmuş olan bir eserden örnek vereceğiz: toplumsal düzeni sarsıcı her fiil, ahlaken bir suçtur; zira bu sarsıcı fiil bir görevin ihlali, bireyin topluma karşı bir saldırıdır. Böylece adaletin cezalandırdığı fiiller iki kaynaktan ortaya çıkmaktadır: Ya doğrudan doğruya bir ahlaksızlığın damgasını taşır ya da bu ahlaksızlıktan uzak, ama ahlaki bir görevin ihlalinden ibaret olur. Bu iki hâlde de toplumsal suç (*délit social*) vardır; bu suçun esas unsuru doğrudan doğruya cezalandırma şartına veya işlenen fiilin özelliğine bağlıdır. Eşyaya ilişkin kabahatlerin büyük bir kısmı bu ikinci sınıfa dâhildir.[39]

---

37 Romagnosi, *Ceza Hukukunun Tekvini*, s. 554 ve devamı.

38 Rossi, *Ceza Hukuku Bilimi*, Kitap: II, bölüm: I. Bu tarif Fransa'da Ortolan, Trébutien, Guizot, Bertault; Belçika'da Haus ve Almanya'da Mittermaier tarafından savunulmuştur.

39 Chauveau ve Hélie; *Ceza Kanunu Nazariyesi*, Bölüm XVII.
Not: Yazar, Beccaria'nın suç hakkındaki tarifi için her ne kadar altı bölümü işaret etmekteyse de, bu fasıl (hapis ve mevkufiyet) bahsine tahsis edilmiş

Diğer bir izah şekline göre bu tez, meşru bir iktidarın me-

olup suç hakkındaki görüşünü açıklamamaktadır. Gerçi onun fikir dünyasından en geniş ve derin bir nehir azametiyle akan fikirler hemen her bahiste, ani bir metle mecrasından taştığı ve başka mecralara yayılarak her tarafı feyz ve nura gark ettiği sık sık görülür. Bu itibarla büyük filozofun suç hakkındaki bakış açısına az çok hemen eserinin her faslında rastlamak mümkündür. Lakin Beccaria suç hakkındaki düşüncelerini eserinin bilhassa cezaların aslı ve ceza vermenin, hukuki menşei: bölüm: II; suçla ceza arasında adil bir orantı bulunmalıdır: bölüm: XXIII; suçların ağırlığı ölçüsü: Fasıl: XXIV; suçların taksimi: bölüm XXV fasıllarında açıklamaktadır. André Morellet'nin vaktiyle yapmış olduğu bölümlemeler belki değiştirilmiştir, İtalya'da en son yayımlanan ve Piero Calamandrei tarafından vücuda getirilen 1950 tarihli *Suçlar ve Cezalar* celp edilmiş, keza 184. sayfada başlayan VI. faslın (Della Cattura) yani hapis ve tutuklamaya dair olduğu görülmüştür.

Şimdi Beccaria'nın suçtan neyi anladığını bu bölümlerde toplanmış fikirlerle göstermeli ki, iki zıt okulun korudukları esas temeller ortaya çıksın ve hakikatin hangi tarafa yöneldiğine açıklık getirebilsin. Bilhassa çağımız pozitivist okulun büyük etkisini idrak etmiş olduğu hâlde, neden hayran ve üzgün bakışlarla Beccaria'ya baktığını... Hülâsa iki büyük dünyanın nimetlerini, hayra ve şerre varan düşünceleri ayırt edebilelim. Biz bu tercüme vesilesiyle fırsat buldukça bu karşılaştırmaları yapmayı ve bizi düşündüren, haz veya acı veren durumları işaret etmeyi görev bileceğiz:

Bitmez tükenmez harp hallerinden yorulmuş, kesinlikle muhafaza edemedikleri için faydasız hâle gelmiş özgürlükten bezmiş insanoğulları, bu özgürlüğün bir kısmından tam bir emniyet ve açıklıkla faydalanmak için diğer kısmından vazgeçtiler. İşte, bağışlanan bu birtakım özgürlükler, millî hâkimiyetleri ortaya çıkardı... Ama bu millî hâkimiyeti meydana getiren vazgeçilmez bireysel özgürlükleri toplayıp bir makama bırakmak ve emanet etmek yeterli değildi. Ayrıca her şahsın, bu toplanmış özgürlük yığınından yalnız kendisine ait olanları değil, başkalarına ait olanları da çekip koparmak, istediği özgürlüklerin yeniden ele geçirilmesi ve gaspına da engel olmak, toplum hayatını eski karmaşık hale fırlatmak isteyen bireylerin baskı ve zorbalıklarını engellemek, etkili ve yetkin çarelere de ihtiyaç vardı. Böylece bu çareler, kanunları ihlal edenlere uygulanan cezalara yenilik getirdi. İşte, bu zorunluluktan dolayıdır ki, her birey aslında pek az bir kısmından vazgeçebileceği özgürlüğünün önemli bir kısmını topluma terk etmiş oldu; ta ki, kendisine kalan özgürlüğünü emniyet ve selâmetle bizzat kullanabilsin. Bu suretle, bireylerin kendi özgürlüklerinden feragat nettiği her fiilde ahlak dışılığın mevcudiyetini kabul etmektedir; zira, kanuna riayetsizlik mevcut olacaktır. Pekâlâ, mademki böyledir, bir fiilin suç sayılması için onda gayriahlakilik unsuru aramanın pratik nasıl bir faydası olabilir? Bundaki fayda nedir? Bir kere kanuna muhalefet gayriahlaki sayılınca, eski okula dönüş hepsinden daha faydalı olur. Çünkü, bu okul: "Kanunun menettiği fiil suçtur." diyerek işi kökünden halletmişti.

Ad. Franck ise, kendi önermesini Rossi tarafından öne sürülen tarifin yerine kullanmış bulunuyor. Rossi, bir görevin ihlalinden bahsediyor.

Toplum, bir fiili, bir görevi ihlal ettiği için değil, bir hakka zarar verildiği için suç mahiyetinde görebiliyor, demektir. Bu hak

---

ettikleri kısımların toplanması, toplumun ceza verme hakkının esasını meydana getirdi...

Tıpkı cisimleri kendine çeken yerçekimi kuvveti gibi, daimî ve gizli bir kuvvet bizi kendi refah ve saadetlerimize doğru itmektedir. Bu itme kuvvetini zayıflatacak olan, yalnız hukuki yaptırımlardır. İnsanoğlunun bütün değişik fiil ve hareketleri hep bu ruhsal eğilimlerinden doğmaktadır.

Böylece, suçların bir kısmı doğrudan doğruya ve kesin bir şekilde toplumun ya da bir topluluğu temsil edenlerin mahvedilmesi amacına eğilmektedir. Cemiyete en çok zarar veren suçlar en ağır suçlardır. Böylece, suçların bir kısmı, doğrudan doğruya ve kesin bir şekilde topluma zarar veren fiiller, en ağırından en hafifine kadar hepsi suç kavramına dâhil bulunmaktadır.

Garofalo ise, ilerleyen bölümlerde daha ayrıntılı göreceğiz, suçun tarifine değil, suçun bünye ve sebebine, dolayısıyla suçlunun bedensel ve düşünsel yapısına, ya da onun toplumsal çevre içindeki zarar derecesine önem vermekte ve bununla birlikte, suçluyu toplumun şerrinden koruma amacı yerine, toplumu onun verdiği zararlardan muhafaza ve müdafaa etme gerekliliğini ve yöntemlerini hassas kulaklara fısıldamaktadır.

Öyleyse suç tabirinin, suç tarifinin o derece önemi olmasa gerek; zira bunun bir faydası yoktur.

Asıl olan suçları önlemek, onu işlememek, toplumsal hayatı huzurlu ve mutlu kılmaktır.- Ç.N.

bireysel veya toplu olabilir. Bu hak, bizzat toplumun kendisi gibi, ahlaki kanuna dayanmaktadır.[40]

---

[40] Ad. Franck, *Ceza Hukuku Felsefesi*, Paris, 1880, s. 99.
Not: Büyük Fransız hukukçusu Ad. Franck'ın bu eserinde, Rossi'nin suçu ne sebeple (bir görevin ihlali) meydana geldiğini aşağıdaki tahlillerden anlamaktayız. Yine bu tahlillerden Rossi ve Kant arasındaki farkı da açıkça tespit etmiş oluyoruz.
Bahsi geçen parça eserin dördüncü bölümüne dahildir. Filozof bu faslı ceza hukukunun fenalığın fenalıkla izalesi tezini kurmak isteyen Cousin, Guizot, duc de Broglie ve Rossi'nin fikirlerini çürütmeye ayırmıştır. Biz, şu hayali dünyada, vakit bulur da ecelin kara kanatları üzerimizde açılmadan küçük hacimli, lakin bütün bakış açılarını birer birer tahlil ve aralarında hayran olunacak karşılaştırmaları tesis eden kıymetli eseri tercüme edebilirsek büyük bir sevinç duyacağız. İşte bu yüce hedefe varamamak ihtimalini hesaplayarak fırsat düşmüşken kitabın bu kısmından faydalı bilgileri toplamayı bir vazife bildik:
Ceza verme hakkı, toplumsal düzen ve toplumsal iktidar gibi meşrudur. İnsanoğlu için âdeta ahlaki bir kanundur. Beşerî adalet bir doğal kanundur; bu dünya içinde ahlaki sitemin vazgeçilmez bir parçasıdır... Tıpkı, fizik aleminin kanunu olup varlıkların fezaya uçmasına engel olan çekim kuvveti gibi... İşte, bu esastan yürüyen Franck: "Ceza verme hukuku, ya da ceza adaleti, şüphesiz suçları önlemek, suçluları terbiye edip gelişimlerini sağlamak, bunlara şahit olanları duyarlılığa davet etmek ve nihayet suçluları da az çok uslandırmak ve kefaretlerini ödetmek esasına dayanır. Lakin neticeleri fiillere karıştırmak doğru olamaz," diyor.
Rossi'ye göre ceza vermenin amacı açıktır. Bir suçla ihlal edilen toplumsal düzeni tekrar tesis ve hâkim kılmaktır. Yani diğer bir tabirle cezalandırmanın açık ve en önemli amacı bizzat ceza vermekten ibarettir. Kalan şeyler, tahsil ve terbiye, ar ve namus, kefaret, duyarlılık kendiliğinden meydana gelen davranışlardır. Özet hâlinde gördüğümüz bütün bu fikirler Rossi, due de Broglie, Cousin ve Guizot'dan, aynı okula mensup bütün bu bilgin simalardan ortaya çıkan fikirler hep aynı düşünürden kaynaklanmaktadır: KANT. Hukukun Metafizik Esasları unvanlı eserinde bu fikri ilk defa ortaya atan Kant'tır. Bu filozofa göre, bir suç için hukuki ceza, yani kanunun emrettiği ceza, asla diğer bir hayrın elde edilmesi için verilemez; hatta ne suçlunun ne de parçası olduğu toplumun çıkarına ve mevcut menfaatine yönelik olabilir; bu ceza münhasıran suçlunun işlediği fenalığın bedelidir. Alman filozofu ilave ediyor: Zira, bir adam diğer bir insanın mukadderatının vasıtası olamaz. Ve hakiki hukukun unsurlarından biri sayılamaz. Onun doğal

Belki de, ortada sadece bir kelime farkı vardır; Franck'ın başka bir esasın mevcut olduğunu ispat için bu gayreti göstermiş olması muhtemeldir. Hatta topluma karşı olan görevlerden bazılarını bize saymakta ve bu görevlerin ihlali hâlinde dahi, adaletin ne takibata ne de cezalandırmaya izin verdiğini bildirerek Rossi'nin düşüncesini eleştirmektedir.

Şimdi Franck'ın örneklerine bakalım: Bunlar kuvvet sayesinde kendiliğinden zorunlu olan görevler değildir. Öyle ki iki

---

kişiliği, hatta kendi hukuki kişiliğini kaybetmek pahasına dahi olsa, doğumundan ileri gelmektedir. Cezanın akıbeti gerek kendisi gerek vatandaşları için ne gibi hayırlarla sonuçlandığı asla düşünülmeksizin suçlu yargılanıp cezalandırılacaktır. Kant, düşüncesini hatta şu noktaya kadar vardırıyor: Hemen tahliyesi gereken bir adada bir idam mahkûmu olsa, topluluk adayı tahliye edip dağılmadan önce ilk görevi, bu idam hükmünü infaz etmektir. Zira, ancak bu sayede suçu cezasız bırakmak felaketinden uzak kalabiliriz. Ve yine bu sayede cemiyet bir suçlunun cezasını vermemek suretiyle suça iştirak etmekten kendini koruyabilmiş olur.

Hiç olmazsa, Kant'ın düşüncesine (neticesizdir!) diye çatılamaz. Şeri şerle izale, tamamlayıcı olarak değil, ahlaki kanunun bir kısmı gibi kabul görmektedir. Eşyanın evrensel nizamı içinde kesin ve vazgeçilmez bir yaptırımı olarak değil, doğrudan doğruya bir göreve ilişkin kanunun derhâl uygulanması veya onun dili ile söyleyelim, bir *impératif catégorique*, yani aklın beşer iradesine sevk ettiği mutlak bir nizam olarak kabul etmektedir. O, ne toplumsal düzenin ya da merhamet duygusunun düşüncelerini hesaba katarak cezalandırmak hukukunun ne sınırlandırılmasını ne de hafifletilmesini kabul etmez. Toplum ve bireyin elleri arasındaki bu hukuku birlikte tespit etmek mümkündür. Ceza vermek hukukunu belli bir çerçeve ve düzen içine almak bahanesiyle onu malûl hâle getirdiği ve yıktığı ileri sürülemez. Zira ceza hukuku, bir *impératif catégorique*'dir. L'eudémonisme refah ve merhamet fikirlerinden ilham alan düşüncelerin dar ve dikenli yolundan yürüyerek elde ettiğini iddia ettikleri nimetler için suçluyu cezanın bir kısmından veya tamamından sorumsuz tutan bedhahların vay hâline! Bu vecizelerin arkasındaki ikiyüzlü fazilet tüccarlarına da ne demeli bilmem! En iyisi, bir millet yerine, bir şahıs mahvolmalıdır; çünkü, adalet inkâr edilince, artık insanların yaşama sebepleri kalmaz.

Bu düşüncelerden sonra pozitivist okulun büyük kurucularından Garofalo'nun hakikate ne derece yaklaştığı daha kolayca takdir edilebilecektir kanaatindeyiz. -Ç.N.

tanım da aynı anlamaları taşımaktadır. Başka türlü de olamazdı. Çünkü hukuk (*droit*) ve vazife (*devoir*) kelimeleri aynı gerçeğe komşudurlar. Saygı duyulacak bir görev olmadıkça, ortada bir hukuk (veya hak) da mevcut olamaz. Bunun dışında, Franck'ın yeni tanımı öncekilere bakarak daha az belirsiz değildir. Doğrusu, kendisi gayet kolaylıkla şartlar koşuyor, sınırlar koyuyor.

İşte, bütün kuvvet ve zekâmızı kullanarak memleketimizde tesis ve kendimizi vakfedeceğimiz görev budur; vicdanımızın diğer insanlar hakkında bize emrettiği faziletler, merhamet eserleri, bize karşı yapılan taarruz ve hakaretleri af ve mağfirete eriştiren faziletler hep bunlardır.

Franck'ın tahlilinden, Rossi'nin tanımından bir unsuru unutmuş olduğu anlaşılmaktadır. Rossi, yalnız bir görevin ihlalinden bahsetmekle kalmamış, bu görevlerin zorunlu olduğunu da eklemiştir.

Kabul edilsin ki ortada öyle birtakım hukuk (veya haklar) var ki ihlal edildikleri surette suçlar zincirleme olarak oluşmaktadır. İlişkilendirildikleri görevlerin ifası için mutlak surette zorunlu olduklarından açıkça vasıfları tayin ve zorlamayla[41] talep edilmeleri mümkün kılınmıştır. Hatta daha uzaklara gidilerek bu haklardan birinin tahdidi, bir suçun meydana gelmesi için daima, evet yalnız bu tahdit dolayısıyla bir suç husule getirmez. Bunun için ayrıca birer cezaî müeyyidenin de mevcut ve müessir olması, bizzat bu

---

41 Metinde (*force*) tabiri kullanılmaktadır. Aslında kuvvet ve iktidar anlamına gelen bu kelimenin (hukuk) diye tercümesi Beccaria'nın olduğu kadar Ad. Franck ve Garofalo'nun da amacına uygundur. Beccaria, hukuk (droit) tabirinin güç (veya iktidar: *force*) kelimesiyle çelişkili olmadığını, daha doğrusu hukuk tabirinin kudret (veya iktidar) kavramının başkalaşmasından ibaret olduğunu, bu şekilde açıklanmasının en faydalısı olduğu ve bu sayede hayırhah bir sonuca ulaşıldığı ve iktidar'ın, bütün bireylerin ayrı ayrı kudretlerinin toplamını teşkil ettiğini, keza adalet (*la justice*) sözünden de ancak, bireysel menfaatleri birleştiren zorunlu bağlantıyı anladığım, zira, insanları eski tek ve başıboş hayatına dönmekten alıkoyanın işte bu bağ olduğu, ancak adalet kavramına maddi bir kuvvet (veya cebir) fikrini, keza canlı bir varlığı yaklaştırmanın zinhar doğru olmadığını ifade etmektedir.-Ç.N.

cezanın suç kadar kötü olmaması, ahlak ve örf esaslarını rencide etmemesi de lazımdır. Mesela evliliğin gerekliliklerini kocasına karşı yerine getirmek istemeyen bir kadın hakkında uygulanması mümkün zorunlu tedbirlerin hiçbirine başvurulamaz. Zira bu zorunlu muamelelerin doğuracağı ağır tehlikeleri hesaba katmadan bu görevin ihlalini suç olarak nitelendirmeye imkân yoktur.

Bununla beraber, sarf edilen bu kadar gayrete rağmen, bu tanım bütün alanı da kucaklayamamaktadır: Farz edelim ki borcunu edadan temerrüt eden bir borçlu var. Bu şahıs tarifi açıkça yapılmış ve hukuken da talebi mümkün bir hakkı ihlal etmektedir. Borçlu borcunu ödeyemiyorsa, suçlu sayılacak mıdır? Ne yazık, hayır! Hatta mevcut kanunlara göre bu duruma düşmesi ister borçlunun isteğiyle ister sahtekârlıkla olsun! Ebeveynin çocuklarını yanlarında bulundurmak hakları vardır; çocuklar baba ocağını terk ederlerse, onları cebir uygulayarak yuvaya getirmek mümkündür, ama ortada yine suç yoktur.

Bunun dışında, bütün kanunlara aykırı işlenen kabahatler, hatta resmî mercilerin emir ve nizamlarına riayetsizlik toplumsal bir suç oluşturur; şu şartla ki bu emir ve nizamların geldiği otoritenin (veya iktidarın) meşru olması, yani yaptığı şeyleri yapmak hakkına (veya hukukuna) bulunması gerekir. Bu suretle daima aynı noktaya gelinmektedir. Bu öyle bir batıl kıyastır ki bir taraftan kanunun hangi fiili suç sayabileceği aranırken, diğer yandan da kanunun menettiği fiilin suç olduğu düşüncesi öne sürülmektedir!

Suç nitelendirmesi böylece belirsizliğe yuvarlanıyor; toplumun büyük bir bölümünün suç saydığı eylemlerin zorunlu unsuru olan hususi bir tür gayriahlakilik *une genre particulier d'immoralité*[42] vasfının mahiyeti kesin olarak tayin edilmedikçe bu belirsizliğe yuvarlanış devam edecektir.

---

42 Yazar, eserinin dördüncü bölümünde zarar verici herhangi bir fiilin toplum tarafından suç olarak nitelendirilebilmesi için sadece gayriahlakilik ve zarar vericilik unsurlarının yeterli olmadığını, gayriahlakilik unsurunun nev'i şahsına münhasır belirli karakterde *une espèce déterminée d'immoralité* olması gerektiğini söylüyor. Bununla birlikte, yukarıda hususî bir tür

Böyle bir tahlil sayesinde, toplumun huzur ve emniyeti için cezalandırılmış büyük bir kısım suçun ceza kanunundan çıkarılması neticesine varılacağı ileri sürülmesin. Keza bundan böyle, biri doğal suçlara, diğeri kanunlara karşı her tür riayetsizliklere ilişkin ayrı bünyede iki ceza kanunu derleyebileceği düşüncelerine de yer yoktur.

Zira, biz daha önce, cezalandırılmış fiillerin vasıflarını değil, ama bütün dünyaca suç kabul edilen, yani vahşetten kurtulmuş bütün milletlerce ortalama ahlak anlayışına (*sens moral moyen*) saldıran fiillerin mahiyetini araştıracağımızı söylemiştik.

Bilimsel bir araştırma yapabilmek için doğal suçu ayırt etmeye çalıştık; ama ceza kanunlarında bütün suçlar karmakarışık bir nizam içinde sıralandıkça, bu ayrım imkânsız olacaktır. İşte bu ayrım yapılmış olmadıkça da suçun kanuni anlamı bize hiçbir fayda etmeyecektir.

Amacımıza ulaşmak için, insani olmayan bütün duyguları uzaklaştırdık. İnsaniyet duygularını ise iki başlığa indirdik. Ve nihayet bunlardan insaniyetin sahip olduğu orta ölçüyü (*Mesure moyenne)*[43] küçük bir topluluk oluşturan saygın insanların sahip oldukları en yüksek ölçüden[44] ayırdık.

---

gayriahlakilik tabirinin arz edilen anlama yakın ve hatta aynı özelliği taşıdığını kabul etmek zorunludur. Bizce bu tabirlerin lâfızlarından ziyade, yazarın ısrarla üzerinde durduğu ziyadesiyle hassas bir noktaya ehemmiyet vermek lazımdır. O da bu gayriahlakilik unsuru, umumî anlayışa göre düşünceleri işgal etmemelidir. Zira, zararlı ve ahlaksızca oldukları hâlde, suç sayılmayan yüzlerce fiil sayılabilir. Buradaki gayriahlaki hal iki özelliğe birden sahiptir: gaddarlık ve adaletsizlik. İşte bu gayriahlakilik bu iki vasfa birden sahip oldukça, bireyi topluma maletmeye yarayan zorunlu duygulara zarar verme davranışı daima mevcut olacak ve böylece meydana getirilen fiil daima doğal suç (*délit naturel*) özelliğini taşıyor olacaktır.-Ç.N.

43 Orta bir adalet duygusu: Kökü derinlere dalmış insaniyet duygusu olan (merhamet) ve (doğruluk) duygularının topluluğun ekseriyetinde mevcut vasatî şekli ki, yazar bize bunları (müşterek doğruluk: *La probité :commune*), tabiriyle tanıtmıştı.-Ç.N.

44 En yüksek adalet duygusu, ki, yazar bize bunu (üstün doğruluk: *La probité supérieure*) yahut da en ince ve tatlı duygularla Adalet endişesi anlamına gelen *la délicatesse* tabiriyle tanıtmıştı. -Ç.N.

Bir kelime ile söylemek gerekirse, doğal suç veya suçun gerçek anlamını bir hakkın (veya hukuk) ihlaline değil, bahsettiğimiz duygulara dayanması yerinde olacaktır. İşte bizim tezimizin hukukçuların ileri sürdükleri tezlerden nasıl tamamen ayrı olduğunun sebebi de buradadır.

Biz böylece, suçluluğu sadece kötü duygular taşıyan fiillerle ilişkilendirmek istediğimizi korumuş olmuyoruz; zira, biz esas ahlak duygularını ihlal eden bu fiillerin aynı zamanda topluluk için zarar verici olduklarını da ilave etmiş bulunuyoruz. Ve nihayet insaniyet duygusuna dayanarak kurduğumuz tarif, topluluk için zararlı olmalarına rağmen cezalandırılmamış olan bazı fiilleri de suçların arasında saymaya gayret ettiğimizi ileri süreceklerin bu iddialarını çürütmüş olacaktır.[45]

---

[45] Garofalo'dan bir yüzyıl önce İtalya ve beşer zulmetine, hatalarına, zulümlerine en parlak meşaleyi tutmuş olan Büyük Beccaria'nın suça verdiği anlamın derin ölçüsü bu bölümün tahlilinde açıklamamıştır. Suçlar ve Cezalar eserinin birbirlerinden ayrılmaz bölümleri arasında sabırlı ve müsamahalı bir kalp ve nüfuz etmesini bilen bir zekâ ile dolaşan sonsuz bir hayret ve hayranlık içinde kalacaklardır. Zira, o henüz yirmi dört yaşındaki muhteşem zekâ, suçu bütün bilinmeyenleri ve belirsizlikleriyle ile öyle bir yakalamıştır ki, kendinden önce ve sonra kurulan bütün doktrinlerin nimetlerinden asla mahrum kalmamış ve bizzat kendi fikir ve felsefesiyle de bu doktrinlere hayat vermiştir. Bu görüşümüzün ne kadar haklı olduğuna bir tek örnek vereceğiz. *Suçlar ve Cezalar* kitabının (XXXVII: Fayda Nazariyesinin esassız mülâhazaları) bölümünü ve bu bölümün sonuna koyduğumuz notumuzun okunmasını istirham ediyoruz. Ta ki, Beccaria'nın: "Kanunun cezalandırdığı fiil suçtur; cezalandırılması toplum için faydalı her fiil suçtur" gibi tezlerden ne kadar uzak kaldığını; ta ki bizzat Garofalo'nun istediği ve anladığı anlamda suçu vasıflandırdığı; mahza fayda bakışının nasıl aleyhinde olduğu açıkça bilinsin ve bu büyük ruh daha ziyade hürmete hail olsun: Şu konuyu tekrar arz edelim ki, yalnız bu parçayı okumakla onun bütün derinliğine varmak mümkün değildir. Bütün eseri, ayrı ayrı notlandırılmış olan bütün bölümleri okumak lazımdır. Ne yazık, Beccaria'nın dediği gibi bütün eser de onun bütün söylemek istediklerini içermiyor. "Her şey söylememi bekleyenler için hiçbir şey söylemiş değilim! Lakin biz daha iyimseriz. Zira, biliyoruz ki, karanlığa bürünmüş olsa da parlayan kısmı görmekle güneşi anlarız: Ceza kanunlarının zulüm ve öteki

sakıncalarının bazı umumî sebeplerini burada açıklamak zorunda olduğumu hissediyorum. Her şeyden önce kanun hükmünün fayda bakışına sırtını vermesi esasının saçmalığını anlatmalıyım. Genel sakıncalardan ziyade özel sakıncaları ele alan, duyguları canlandırmaktan öte ona uyuşukluk veren, anlamı sükûta davet edip, akla hükmetmeye kalkarak ona "esir ol!" emrini vermeye cesaret eden bu fayda düşüncesidir. Sakınca ya da az ehemmiyetli olan zarar ve ziyanların korkusuna binlerce kâr ve menfaatleri feda eden hep bu "fayda" düşünceleridir.

Yangın çıkıyor diye ateşi, sele sebebiyet veriyor diye suyu insanoğlundan esirgemek hakka ve mantığa uyar mı?

Bu prensip doğru ise, bu takdirde mesela silah taşımayı yasaklayan kanunların faydacı görüşe aykırı olduğu meydana çıkar. Zira, böyle bir kanun sadece çaresizlerin silahlarını ellerinden alabilmekte, en kutsal sözlere karşı gelen ve ancak en gaddarlara baş eğmeyi âdet edinen kanlı katillerin zehirli hançerlerine dokunamamaktadır.

Görülüyor ki, bu gibi sözlerin (yani toplumsal mukavele veya kanun) önemleri pek azdır, bu nedenle bunları ihlâl etmenin tehlikesi de azdır.

Diğer tarafta silah taşımayı yasaklayan kanunlar, müsamahasız ve şiddetle uygulanacak olsa bu kadar aziz kanun hükmü için bu derece saygıya değer bireysel özgürlükler ihlâl edilmiş olacaktır.

Ayrıca bu kanunlar ancak suçlular hakkında uygulanabileceğinden aramalara girişerek masum vatandaşları keyfi surette devamlı zahmetlere, eziyet ve üzüntülere maruz bırakacaktır.

Bu tür kanunlar katillerin sayısını arttırmaktan başka şeye yaramaz; bu kanunlar sayesinde müdafaadan aciz vatandaşlar, silahsız insanları büyük cesaretle vuran silahlı katillerin kucağına atılmış olacaklardır. Böyle kanunlar sayesinde, şeref ve namus sahibi insanların zararına olarak haydutlar himaye edilmiş olacaklardır.

Bu kanunlar, kefelerinden birine iyiliğin, diğerine kötülüğün konup tartıldığı teraziyi tutan, mantıklı tedbir ve tertiplerin mahsulü, amacı suçları önlemek olan sözleşmeler olmayıp yapay bir korku hissinden doğan, gürültü ve patırtılardan meydana gelen neticelerin eseridirler.

Yine bu fayda görüşüdür ki, hassas varlıklar olan insanoğullarını ancak cansız veya hayvanlara uygulanabilen, ahenk ve simetri düzenine sokmaya çalışıyor; insan üzerinde devamlı ve güçlü bir biçimde hâkim olan mevcut ve görünür etkenleri ihmal ederek, bunun yerine geçici ve pek zayıf bir tesiri olan hayali etkenleri ele alıyor.

Ve nihayet faydacılık bakışını, hakikat olan şeyleri, kelimelerin taşıdığı görünür anlamlara feda ederek, kişisel menfaatleri toplum menfaatlerinden ayırt ettiğinden dolayı da uydurma ve saçma bulmaktayım.

Toplum hayatıyla doğal hayat arasında şu esaslı fark vardır: Doğal hayattaki vahşi insan, ancak menfaati bakımından zorunda kaldığı surette diğerlerine zarar verdiği hâlde, toplumsal hayatın insanı, bazen kendisi için hiçbir zorunlu menfaati bulunmadığı hâlde sırf kötü yapılmış kanunların tahrikleriyle diğerlerine zarar vermektedir.

Zorba kişi, esirlerinin kalplerine korku serpmektedir; lakin bu korku hemen kendi üzerine aksederek kalbini doldurur ve yaptığı kötülüklerden daha müthişine maruz kalarak bizzat kendi felaketine sebebiyet verir.

Zulmü, sadece kendi aile fertlerine ve dostlarına gösteren insanın maruz kaldığı tehlike büyük değildir. Lakin zulüm büyük olur ve insanların büyük bir kısmına gösterilirse zalim korkusundan titremelidir; bu cesaretli hamlesinden üzüntü endişe duymalıdır.

Özellikle bezginleri kolaylıkla ayaklandırabilen, onların ruhlarındaki gizemli ümit ateşini yakabilen ve atılacakları tehlikelerin müşterek olduğunu ve sorumluluğun ayaklananların hepsine ait olduğunu telkin eden insanlardan çekinmelidir. Düşünmelidir ki, felaketzede insanlar kendilerini ezen kötülüğün yanında, hayatlarına tevcih edilen tehlikelere o derece önem vermezler.

İşte, suç ve günahları takip eden, yeni suç ve günahların gerçek etkenleri bunlardır. Zulüm ve kin devam eden duygulardır. Çünkü bu duygulara başvuruldukça kuvvet ve şiddeti artar. Hâlbuki üzüntüye düşen kalbimizdeki aşk ve şefkat duyguları sarf edildikçe söner.

Gerek bu bölümdeki açıklamalar ve gerek eserin diğer bölümlerine hâkim ruh açıkça gösteriyor ki, bazı muhterem hukukçuların zan ve iddia ettikleri gibi mutlak faydacı görüşün savunucusu Beccaria olmayıp bu okulun hakiki savunucusu büyük İngiliz filozofu John Locke'dur (1632-1704).

Locke'un sistemine meşru müdafaa (*Légitime défense*) sistemi de denilir. Beccaria'nın sistemi ise klasik fayda okuludur (*l'école utilitaire classique*).

Her iki sistemin de kökeni Jean - Jacques Rousseau'nun Toplumsal Mukavele (*Le Contrat Social*) adlı eserinde açıkladığı doktrin teşkil etmektedir. Ancak iki okul arasında çok ince, çok önemli bir fark vardır. Locke'un mutlak fayda ya da meşru müdafaa doktrinine göre, başlangıçta hür, müstakil ve münferit yaşayan insanlar diğer fertler tarafından şahıs veya mallarına yönelik saldırıyı meşru müdafaa yoluyla engelliyor hatta bunun için failin hayatına dahi son veriyorlardı. Failin zulmünü bertaraf için bir araya

II

İtiraz ve Cevap -Harp- Ölüm Cezaları

Tarde'ın bir müşahedesi dolayısıyla da birkaç kelime eklemek isterim; ona göre: Özellikle orta bir adalet ve merhamet duygusunu rencide etti diye, bir fiil suç sayılabilecek midir? Şayet, toplum saymıyorsa hayır! Bir tek cinayete bedel bir katliam, bir tek hırsızlığa bedel bir savaş daha büyük bir nefret ve şikâyeti celbeden ne birini ne de diğerini emreden kumandan suçlu değildir. Bir fiilin caiz veya caiz olmaması, ancak toplumun hâkimiyeti altında, parçası olduğumuz topluluğun takdirine bağlıdır. Aynı toplumun menettiği bir fiil, şu veya bu kimseler aleyhinde şu veya bu şartlar altında, işlenmesine izin verilmiştir.[46]

Pek güzel! Ahlak anlayışının aileden başlayarak bütün insanlığı kucaklayacak surette geliştiğini söylemiş olmakla yazarın öne sürdüğü son noktayı unutmuş olmuyoruz. Fakat orta bir ahlak duygusunu, kamuoyundan ne diye ayırmalı? Bu kamuoyu

---

gelerek anlaştıkları bir mukavele ile bu meşru müdafaa hakkını topluma terk etmiş oldular.
Beccaria'nın klâsik fayda okulu da bu izahı bu noktaya kadar korumaktadır. Ancak her iki doktrin görüşü saldırının gerçekleşmesiyle birlikte meşru müdafaaya geçerek saldırıyı cezalandırılacaktır. Toplum menfaati, derhâl cezanın tatbik edilmesine bağlıdır.
Hâlbuki Beccaria'nın doktrinine göre, ceza saldırıyı takip eder ve cezanın tatbiki de saldırının toplumun devamlılığı ve güvenliğine veya bireylerin hürriyetine zarar vermesine bağlıdır.
Bununla birlikte meşru müdafaa tezinde ceza saldırıya yani münhasıran fiile verilmektedir. Hâlbuki klâsik fayda tezinde ceza, topluma veya bireye verilen ve tahakkuk eden zarara verilmektedir. Sonuç olarak meşru müdafaada toplumun menfaati için ceza verildiği hâlde, Beccaria, toplumun müstakbel menfaatleri için cezaya izin vermektedir.
Bu suretle ceza vermek hukukunun esası her iki sistemde aynı olmakla beraber, cezanın amacı bünyesi ve infaz şekilleri arasında büyük farklar bulunmaktadır. -Ç.N.

[46] Tarde, *La criminalité comparée*, Paris, 1886.

denilen şey de zaten orta ahlak duyguları ölçüsünden başka ne işe yarıyor?

Kanaatimce, ortada sadece kelime farkı vardır. Katliamı yaptıran kumandanın suçlu sayılmaması fikrine gelince, bunun sebebi basit olup, hatta göstermiş olduğumuzu zannediyorum. Bu da suçludan önce, suç kavramının bilinmesi zaruretidir. Biz bu kavramı, bütün ayrıntılarını toplu bir hâlde vermiştik: Bu fiillerin korkunç ve adaletsiz olmaları yeterli gelmeyip ayrıca, topluma zararlı olmaları da lazımdır. Bu esastan yürüyerek örnekleri inceleyelim: Harp bir suç değildir. Hiç olmazsa dıştan görünüş itibarıyla toplumsal bir zorunluluk olup, amacı itibarıyla da millete zarar vermeyi değil, onun varlığını korumayı hedefler. Harp, bu bakımdan, toptan bir idam hükmünün infazıdır. Harp meydanlarında, kılıçtan geçirme bir katliamdır; millet hariç düşmanlara karşı kendi varlığını böyle korumaktadır; nasıl ki içindeki düşmanlardan da idam hükümlerinin infazı sayesinde kurtulmaktadır.[47]

---

[47] Caninin bir kalp ve ruh insanı olmayıp bir düşman, tıpkı harp meydanlarında yere yıkılan bir düşman olduğu düşüncesi, hukuk tarihinin diğer büyük simaları tarafından da ifade edilmiştir. Yine ne garip bir tecellidir ki, insanlığın bu parlak zekâları başka esaslardan yürüyerek, ilmin meşalesini çok yükseklerden insanlığa tutmuşlar ve aynı sonuca ulaşmışlardır. Henüz pozitivist okul mevcut değilken bu açıklama tarzı, başka bir açıdan görülebilmiştir. Bu zekâlar, muhteşem bir simanın, Beccaria'nın, muhterem hocalarıydılar: Voltaire, Montesquieu, Rousseau.

Rousseau İçtimai Mukavele'de Cemiyet hayatının tanıdığı hukuka saldıran failler bu caniyane fiillerinden dolayı vatana ihanet etmektedirler. Bu kanunları ihlal ettiklerinden dolayı toplumun üyesi olma vasfını kaybederler. Onlar, bu hareketleri sebebiyle, aynı zamanda mensup oldukları cemiyete karşı harp ilan etmişlerdir... Bunlar, sözlerine ihanet ettiklerinden dolayı da cemiyetten sürülüp atılmalı ya da kamunun düşmanları olarak idam edilmeleri lazımdır. Zira, böyle bir düşmanla asla bir kalp ve ruh benzerliğimiz olamaz. Bu adi bir şerirdir. Bu sebeple de harp kanunları uygulanarak mağlup düşman misali telef edilir." demektedir.

Montesquieu ise, Rousseau kadar ileri gitmemekle beraber, aynı sonuca varmakta ve ancak kanlı katillerin idam edilebileceklerini *Kanunların Ruhu*'nda ileri sürmektedir: "Başkasının hayatını izale eden bir vatandaşın da

Pekâlâ! Ancak, hatta nefsini savunma kaygısıyla dahi olsa, merhamet duygusunun zarar görebileceği ileri sürülemez. Zira, bu duyguya vaki saldırı, suçun umumi unsurlarından birini teşkil etmektedir. Biz, öne sürdüğümüz unsurun burada mevcut olduğuna dahi kani değiliz. Kitabımızı ilk sayfalarından itibaren özenle takip etmek zahmetine katlananlar için bu iddiamız garip görünmeyecektir. Bu kısımlarda sempatiden doğan merhamet duygusunun orta ve alelade ölçüsü görülmüştü. Keza bizzat sem-

---

hayatı izale edilebilir. Bu idam cezası âdeta cemiyetin hastalığına sürülen bir devadır."

Elbette ki Beccaria'nın bu husustaki kanaati üstadlarınkine bakarak son derece bilimse derin ve felsefidir. Bu konuyu ölümsüz eseri *Suçlar ve Cezalar*'da etraflıca açıklanmıştır. Ad. Franck *Ceza Hukuku Felsefesi*'nde bu hususa temas etmekte ve 17. yüzyılda büyük bir hâkim olan Augustin Nicolas'nın zulüm ve işkenceler için sesini yükseltmiş ise de, ne Westphalic muahedesi, ne de 18. yüzyılın en cesur dâhilerinden ne bir Voltaire, ne bir Montesquieu, ne de Rousseau'nun baş kaldıramadıkları zulümlere ilk cesur hamleyi yapma şerefinin beşerin kahraman savunucu Beccaria'ya ait olduğunu bildirmektedir. Bununla birlikte Beccaria ölüm cezasını esas itibarıyla kabul etmez ve toplumun buna yetkisi olmadığını, topluluğun müdafaasız bir kimseyi öldürmeye salahiyetli bulunmadığını acı acı müdafaa eder. Zira bu infazın bilimsel ve ahlaki hiçbir meşruiyet ve faydası olmadığını örneklerle kesin bir surette ispata çalışır. Ancak kargaşalık devirlerinde, yani normal zamanların kanunlarıyla devlet idaresinin, kamu emniyet ve nizamının temini mümkün olmadığı, dolayısıyla cemiyetin çökme ve yıkılma tehlikesi mevcut olduğu surette idam cezasını kabul etmektedir. Takdir buyurulur ki, Beccaria dahi bu noktada Garofalo ile iştirak eylemekte ve idam cezalarının cemiyetin harabiyetini ve milletin çözülüp mahvına sebep olanlara, dolayısıyla cemiyetin düşmanlarına tatbikinin gerektiğini savunmaktadır. Ancak Rousseau'dan tamamen başka bir tahlil ve araştırma ile. Ona göre, insanoğlu kendi hayatına tasarruf edemez. Zira, insan kendi hayatını kendi elinde tutamamaktadır. Binaenaleyh, canı istediği zaman bu hayatı tepemez, intihar edemez. Öyleyse, bizzat kendinin tasarruf edemediği bir hakkı nasıl olur da başkasına terk etmeye razı olabilir? Ondan nasıl vazgeçebilir ve ölümü önceden taahhüt eder? Şu hâlde hayat her tür saldırıdan masundur; ne fert ne cemiyet onu tahribe cesaret edebilir, zarar dahi veremez. -Ç. N.

pati dahi, hemcinslerimizi temsil etmek arzusundan ve duyulan hazdan meydana gelmiş bulunmaktadır.[48]

Zaten bunun içindir ki ahlaki bütün temayüllerden mahrum ve fazilet anlayışımızdan tamamen aykırı bir yoldan yürüyen bir kişinin bizi temsil etmesine ve bizden olmasına tahammül edemeyiz; bizden sayamayız. Bununla birlikte, böyle bir insana karşı sempatiden doğan merhamet duygusunu duymayız. Hayvanlar kendilerinden meydana gelen biçimsiz mahluklardan büyük bir dehşet ve iğrenme duyarak varlıklarından silkip atarlarken, insanoğulları uzvi kusur ve sakatlıklara karşı müsamahakâr davranırlar, hatta derin bir merhamet duygusuyla sahip çıkarlar. Ancak ruhsal anormalliktir (*L'anomalie psychique*) ki insanı diğer insanoğullarını hemcinsi gibi görmekten mahrum edebilir. İşte böyle bir seviyedeki alıklaşmış bir insan, sadık bir köpek veya asil bir kısrağı diğer insanların sevgi ve yakınlığına tercih eder. Zira onlar bu hayvanların faziletlerini biz insanların seviyelerine kadar çıkarmış bulunurlar. Bizimle ruhsal benzerlikleri, bir caninin uzvi başkalaşımından daha kuvvetli görünür. İnsana asıl gerekli olan da bu ruhsal benzerliktir. İşte bu hâl bize, iyilik seven ve lütufkâr kimselerin ve erkeklere nazaran daha ince bir hassasiyetle dolu olan kadınların hunhar bir katili darağacından kurtarmak istemediklerini ve hatta adaletin yerine getirilmesinden duydukları derin hazzı açıklamaktadır. Kamuoyunun mümessili olan otorite onlara suçun bütün vahamet ve dehşetini hissettirdiğinden bu mahkûmlar, varlığımızdaki sempatiden uzaklaşırlar ve böylece hiçbir suretle arada ruhsal benzerlikleri bulunmayan bir varlık için hiçbir merhamet duyulmaz.

Bu suretle her iki iş (suç ve ceza) arasında bir ilişki olmasına rağmen, tahrik edilmiş duygularda bu ilişki mevcut değildir.[49]

---

48 A. Espinas, *Les sociétés animales*, s. 1.

49 M. D'Aramburo, bu noktada bana karşı çıkar. O, İspanya'da her ölüm cezası mahkumiyetinin halk arasında büyük yankılar yarattığını ve halkın büyük gürültülerle mahkûmun lehine tezahüratlara geçmekte olduğunu, mahkûmun affa mazhar olması için yorulmak bilmeyen bir gayret sar fettiğini ileri

Harp meydanlarındaki katliam dahi aynı suretle açıklanabilir; şiddetle varlığını hissettiren zaruretle düşmana merhamet duymamanın etkeni hep aynıdır: Zira merhametin doğurduğu sempatiyi düşmana karşı duymayız. Yalnız bu akıbet ince bir hassasiyetten ortaya çıkmayıp, bilakis bir tür tarihî pişmanlıktan, hissiyatımızın arkaya doğru yaptığı haşin ve şiddetli bir hamleden, ancak aynı kabilenin ve şehrin insanlarını aynı cinsten sayan ilk ilkel devre rücu etmekten doğmaktadır. İnsaniyet duygularıyla asırlar boyunca yavaş yavaş geçilebilen devreler böylece bir darbe ile yıkılmaktadır; top sesleri bize ırk ve kabile devirlerinin kinini vermeye, asırlık bir evrimin neticesi insan sevgisini kalbimizden söküp atmaya yeterli olmaktadır.

III

Doğrudan doğruya suçluları inceleme zorunluluğu

Suç fikri hakkında yaptığımız tanımın önemi bu incelememizin sonucunda ortaya çıkacaktır. Mademki suç orta bir merhamet ve adalet duygusuna zarar verici bir fiildir; o hâlde, suçlu de kendisinde bu duygulardan biri veya diğeri mevcut olmayan veya zaafa uğramış bir kimsedir. Bu bir hakikattir; zira onlar yeterli bir seviyeye erişmiş bu duygulara sahip bulunsalardı, bu

---

sürmektedir. (La Nueva ciencia penal, Madrid, 1887 s. 238, 239.) Kendi hesabıma ben de İspanya halkından daha az medeni olmayan milletlerde tamamen farklı tezahüratla karşılaştığımızı ileri süreceğim. Belçika'da halkın kraldan Peltzer biraderlerinin idamlarını tasvip etmesi için gösterdikleri büyük tezahüratları hatırlamak yeterlidir. İstidayı yüz binlerce vatandaş imzalamıştı. 1882'de Cincinnati (Birleşik Amerika Devletleri'nde) şehrinin yollarını üç gün tıkayan halk, jürinin bazı katiller hakkındaki hafifletici nedenlere karar vermesini protesto etmiş ve mahkumları bizzat idam etmek için hapishaneye hücum etmişlerdi.

duyguları yaralamayacaktı ya da ancak görünür surette bu duyguları ihlal edebileceklerdi. Yani her iki hâlde de ortada hakiki bir suç bulunmayacaktı.

Şimdi bütün ahlak anlayışı temelini oluşturan bu duygulardan yoksunluk hâlinde birey toplumla uyuşamaz. Bireyi toplum hayatına intibak ettiren bu duygular topluluk için zorunlu görülmektedir. Bunun içindir ki yüksek ahlakiyatın zaruri olduğu, adalet duygularının, şeref anlayışının, hudutsuz kibarlık ve nezaketin kural olduğu dar bir muhitte bu faziletlerin eksikliği bir kimseyi o muhite sevdiremez, intibakı imkânsız hâle sokar. İşte bunun içindir ki bazı toplumlarda dinî veya vatani duygulara saldıran kaderi öldürücü olur; zira bu duygular o toplumun ahlaki anlayışının mesnedini teşkil etmektedir. Asıl büyük topluluk ise çok daha azla kanaat etmekte, hayatiyeti için zorunlu gördüğü sınırlı fakat en ziyade gerekli olan, en az ince yani bizim incelediğimiz ahlaki duygulara hürmet ve riayet beklemektedir. Bu da ancak, bu duygunun ayaklar altına alınıp çiğnendiğini gördüğü zaman, ortada bir suç olduğunu haykırmaktadır:

Şimdi biz artık kendimize mevzu yaptığımız iki sınıf suçların hangileri olduğunu iyice biliyoruz, demektir. Bu da hakikatte iki tür ruhsal (*psychique*) değişiklik, iki ayrı insan tipinin mevcudiyetine aittir:

Bir yanda, merhamet duygusundan mahrum insanlar, diğer yanda adalet duygusundan mahrum insanlar mevcuttur. Bizim onları doğrudan doğruya tetkik etmemiz ve hangi durumda suçlunun etkilenme kabiliyetinden mahrumiyeti dolayısıyla bahsedilen duygulara saldırdığı ve bu sebeple de anomalinin reddedilemez olduğunu tespit etmemiz lazımdır. Çağdaş bir filozofun [50] harikulade bir ifade ile gösterdiği gibi, anomali "Zihnin içinde öyle eksili ve boşluklar vardır ki tıpkı bedendeki bir uzuvdan mahrumiyete veya uzvî bir faaliyetten kötürüm kal-

---

50 Th. Ribot, Sorbonne'daki ders açış konuşmasından, Revue politique et littéraire, No:25

maya benzer. Bu sakatlığa sahip kimseler, insani duygulardan tamamıyla mahrumdurlar."

Diğer durumda, bu anormallikler azaltılabilir; zira tamamıyla bir yoksunluk olmayıp sadece, ahlaki duygu zafiyeti vardır. Toplum suçlu karşısındaki vaziyetini aynen muhafaza ettikçe arada bir mutabakat teminine imkân yoktur. Ama onu bu tehlikeli muhitten çekmek ve yeni bir hayatın şartlarına kavuşturma imkânı surette, bu uyum temin edilebilecektir.

İKİNCİ KISIM

SUÇLU

BİRİNCİ FASIL
Suçlunun Anormalliği
(*L'ANOMALIE DU CRIMINEL*)

I

Antropolojinin kaziyeleri. - Suçlu tiplerinin gösterdiği hakikatler. - Anatomik anormalliklerin gözlem önemi.

Bundan önceki bölümün sonunda, suç anlayışımızın doğal surette bizi suçlunun ruhsal anormallik düşüncelerine sevk ettiğini ifade etmiştik. Bu düşüncemizi eleştirenler bize, bunun farazi olduğunu, gerçekle ilişkisi olmadığını ileri sürebilecekler; ahlaki duyguyu rencide eden bir kimsenin mutlak surette diğer insanlardan farklı bir ruhsal bünyeye sahip olduğu sonucuna varılamayacağını, suçlunun da iyi bir insan olabileceğini, ancak bir an dengesini kaybedebileceğini ve bundan da büyük bir pişmanlık duyabileceğini söyleyeceklerdir.

Fakat biz, gayriahlaki fiillerin, o filleri işleyenlerin aynası olduğunu ve suçlunun rencide ettiği ahlaki duyguya sahip olmadığını ispata kalkmış bulunmuyoruz.

Keza her şeyi iradeye bağlayan natüralist düşünceye kendilerini tamamen kaptıranlar da şöyle diyebileceklerdir: "Çağdaş bir ruhiyatçının dediği gibi, iradi fiil, bendeki idraki meydana getiren bütün bilinç ve bilinçaltının belirsiz bir andaki birliktelik hâli olduğuna göre, bu bilinç hâli başka bir defasında birincisinin tam tersine iradi fiiller şeklinde tezahür edemez mi? Bugün suçlu dediğimiz insan, yarının faziletli adamı olamaz mı? Ahlaki duygunun tamamen eksikliği ya da vücut bütünlüğündeki kusur ve hatta insaniyetperverliğin ilk basit duygularından birinin veya diğerinin eksikliği neyi ispat edebilir? Farz edilen ruhsal bünyedeki değişiklik mevcut olmadığı hâlde, ahlaki duyguyu perişan edip yere sermiyor mu?"

Bu tereddütlere verilecek cevabımız şu olacaktır: Biz, suçluyu yalnız işlediği fiille tanımıyoruz. Biz, ondaki mizaçların, işlediği suçla orantılılık derecesini karşılaştıran bir seri müşahede ile onu öğrenip tanımaya gayret ediyoruz. Bundan da şu sonuca ulaşılır ki işlenen fiilin münferit bir olay (*phénomène isolé*) olmayıp ruhsal bir anormalliğin delilini teşkil etmektedir.

Suçun doğası (*L'anthropologie criminelle*) ve suç psikolojisi (*La psychologie criminelle*) ilimlerine hızlı bir bakış, bize bu noktayı hemen aydınlatacaktır.

Her ne kadar en eski devirlerden itibaren, bazı kötülüklerin bedensel göstergelerle uyumunun tespiti üzerine çalışılmışsa da zamanımızda suçlu değişik bir insan türü, ruhsal ve bedensel olarak bozulmuş başka bir ırk olarak kabul edilmiş bulunuyor. Gall'ün düşüncesi yeni insan doğası tarihi araştırmacılarının bakış açısından farklıdır. Bilinir ki bu parlak zekâ, her türlü bedensel bozukluğu, haricen kafatasında kamburlaşmış hâliyle belli olan beyindeki bir buruşma ve toplanışa atfetmektedir. Terazinin kefelerinden sarsılıp düşen her insanoğlunun bir kamburu vardır; der.[1]

---

[1] Doktor Gali, ceza hukukunun tedavi etme hakkına sahip olduğunu ve suçlunun bir hastadan başka bir şey olmadığını iddia eden ekoldendir. Adalet sisteminde mistik ve fatalist bir savunma sistemine son derece hassasiyet gösteren zekâlar az değildir. Bu açıdan yapılacak bir savunmanın ne

Ama Gali, asla suçluyu ayrı bir tip olarak tarif etmemiştir.

---

derece etkili olacağı ve bu bakışın bir hakikat olarak kabulü hâlinde muvaffakiyetin zirvesi kolayca düşünülebilir. Bu düşüncenin mutlak adalet veya ilahi adalet ve kefaret (Kant ve Joseph de Maistre sistemi) esaslarıyla karıştırılma imkânının bertaraf edilmesi zorunluluğuyla bu bakış açısının kısaca tarifini Ad. Franck'ın *Ceza Hukuku Felsefesi* adlı eserinden naklen arz etmeyi uygun bulduk: "Ortada hiçbir suçlu olamaz. İnsanoğlunu sevk ve idare eden bir cezalandırma kanunu, daha doğrusu bir İlâhi takdir ve hikmet kanunu hükmünü icra etmektedir. Mutlak adalet kurucuları, suçlunun cezasının Allah tarafından ve insan eliyle verildiğini iddia ederlerken, Gali, gerek Allah gerek insanların eliyle cezalandırılanların suçluları ne derece kötü olursa olsun, hepsinin sadece tedaviye muhtaç birer hastadan ibaret olduklarını söyler. Bu gibiler için adaletin şiddeti yerine, tıbbın müdahalesi faydalı olabilecektir. Meyillerimizin, insiyaklarımızın, duygularımızın ve nihayet fiillerimizin her biri maddi olarak beynimizin bir bölgesinden gelmektedir. Bu yer, kafatası içinde, eylemlerimizle orantılı bir yerdedir; tabiatın lütfettiği güç oranında bu merkez kuvvetli ve sıhhatlidir. Bu öyle bir kanundur ki, hiçbir fiilimiz bunun dışında kalamaz; hatta vicdan ve irade de buna dahildir. Zira bunların da kendilerine mahsus cihazları mevcuttur; tıpkı dünya ile temasımızı temin eden beş duyu organımız gibi. Bütün bu duygular beyinde toplanır; kafatasına biçim veren dimağ öyle bir hususiyet gösterir ki, tecrübe ve mahareti olan bir kimse, sadece kafatası üzerinde parmaklarını gezdirmek suretiyle o kimsenin meziyetlerini, iyi ve kötü meyillerini, istidadını ve fikri noksanlıklarını öğrenebilir. Dr. Oall'in dostu ve mesai arkadaşı Spurzheim, bu düşünceyi herkese kolaylıkla kabul ettirmek için tıpkı coğrafya haritasına benzeyen bir kafatası haritası yapmıştır. Bu haritada, her cihazın, her ihtiyarın sevk ve idare edildiği yer Fransa departmanları gibi ayrılmış, hudutlar gösterilmiştir. Bu hudutlar ruhumuzun ve düşünce yapımızın hakiki durumunu göstermekte, şurada burada boşluklar, ötede kabarıklar belli olmaktadır.

Bu düşüncenin ahlaki boyutunu takdir etmek güç değildir. Kafatası şekline göre insan düşüncelerini tanıma ilmi (*Phrenologie*) uzmanları bu görüşü onaylamışlardır. Bu düşünceye dayanarak denebilir ki, bütün irademiz ve iktidarımız beynimizdeki cihazın hacim ve genişliğine tâbidir, o hâlde bu ihtiyar ve iktidarlarımızdan hiçbiri bizim elimizde değildir. Hatta biz bu kudretlerimizi azaltıp çoğaltmaya da kadir değiliz. Tabiat bizi nasıl yaratmışsa öyle kalmaya mahkumuz, başka hiçbir şey olamayız. Şayet bizdeki kırıp dökme kabiliyetinin kaynağı olan beynimizdeki çıkıntı veya şişlik diğerlerini, yani vicdan ve din (evet dinin de çıkıntısı vardır) çıkıntılarını aşmakta ise, elimizde olmadan zorunlu olarak, mütecaviz, şedit ve katil

Bu vazifeyi, zamanımızda insanın suç doğası tarihi denilen ilmin

---

kimseler oluruz. Şayet aynı durum mülkiyet telakkisi şişkinliğinde de kendini gösterirse yine elimizde olmadan zengin olma hırsına düşer, akıbetimizi düşünmeden, hile ve dolandırıcılığa, hırsızlığa doğru koşarız. Bu ekolün büyük banisi Dr. Gali Dimağ Teşrihi adlı eserinde bizzat: "Hırsızlık eğiliminin yapıcısı, göstermekle övünmeyelim. Bu eğilim, çok büyük bir inkişafın ve mülkiyet hissinin pek ziyade canlı bir faaliyetinin sonucudur," demektedir.

Şayet derunumuzda, kafatası muhtevasından tamamen ayrı bu anormalliklerin varlığını aydınlatıp adaletin hayırhah sınırlarını bize gösterebilirse, kötülük eğilimlerinin gemlenmesi ve böylece etkilerinin azaltılması mümkün olacaktır. Lakin tekrar edelim ki, vicdanımız da, diğer ihtiyarlarımızın tabi olduğu şartlara bağlı bulunmaktadır. Bu sesin kuvveti, işgal ettiği yerin genişliğiyle yahut onu susturmak isteyen düşmanların işgal ettikleri çevrenin kavuşmasına tâbidir. Vicdan için söylediğimizi irade için de tekrarlıyoruz.

Öyleyse, hareket serbestisine sahip olmayan insanoğlunu cezalandırmak garip ve haksız bir iştir. Şu hâlde hangi prensibe dayanırsa dayansın, bütün ceza sistemleri kusurlu ve zalimanedir. Serbestiden mutlak surette mahrum bir kimse hakkında ne ceza ne kefaret, ne de ahlaki tazyik ve işkence söz konusu olabilir; bütün haksızlık tabiatta insan türüne lüzumlu olanı esirgemesinde veya fazla cömert davranmasındadır. Bir ayağı kısa olduğundan topallayanı, bakışları kayıyor diye şaşıyı, belkemiği eğri diye kamburu cezalandırmak veya ayıplamak ne ise, suçluyu da cezalandırmak aynı şeydir. Öyleyse, bunlar hakkında ne yapılacaktır? Hayır! Bunlar cezalandırılamaz! Bunları tedavi etmek lazımdır. Öyle âletler ve tedavi usulleri keşfedilmektedir ki, yavaş yavaş hasta bölgeye sıhhat ve kuvvet verilebilmekte, ya da tabiatın bir cilvesi olan noksanlıklar düzeltilmektedir. İşte tabiat tarafından bu şekilde yaratılmış insanları tedavi edeceği yerde, onları suçlu sıfatıyla cezalandırmaya veya ayıplamaya gayret sarf ediyoruz! Bu suçluların hastalıkları, bir dimağ parçasının fazla uzun, fazla kısa, büyük, küçük fazla kuvvetli veya zayıf, fazla geniş veya dar oluşundan doğmaktadır. Acaba vücudun diğer aksamındaki illetlerin tedavisi gibi, bu kısımdaki marazların da devası mevcut mudur? Evet, hiç şüphesiz ki vardır; şayet bu marazlar fazlasıyla derin değilseler! Zayıf ve kusurlu uzuvları kuvvetli hareketler ve enerjik hamlelerle canlandırıp geliştirmek nasıl mümkünse, aynı prensiplere dayanarak bazı sıhhi ve fenni sistemler sayesinde dimağı huzura kavuşturmak ve ihtiyacı olan sükûn ve istirahati temin ederek hastalığı önlemek mümkündür. Hayatiyet ve gürbüzlüğü az, zihinsel bir uzvu bütün tıbbi vasıtaları kullanmak suretiyle sıhhate kavuşturmak ve bu gibilerini toplum için tehlikeli yaratıcıları ifaya gayret etmektedirler.

Fakat en yeni araştırmalar, Thomson, Lacassagne, Mandsley, Benedikt, Virgilio ve bilhassa, Lombroso tarafından yapılanlar dahiciddi bir neticeye ulaşabilmiş midir? Acaba suçluyu aynı millet ya da aynı ırk içindeki diğer insanlardan ayıran vasıfları bulabilmişler midir?

Bir kere bu isimlerin her biri müstakilen çalışmışlardır; her biri kendi metodunun peşinde koşmuştur. Her biri muhtelif ve değişik sonuçlara ulaşmışlardır. Birçok noktada ise, tam bir anlaşmazlığa düşmüş bulunuyorlar. Bilhassa, temellendirmede tereddütlere düşülmüştür. Bütün yanlış anlaşılmaları bertaraf etmek için bu zamana kadar hukuki bir açıklamanın mevcut olmadığını belirtmemiz gerekir. Şayet bunu tespit etmek mümkün olsaydı, artık bu münakaşalara da mahal kalmayacaktı. Bu mümkün olsaydı, nasıl Moğol ve Malezya tipinde tereddüt edilmezse, bu hakikat üzerinde de aynı fikir selâmeti mevcut olurdu. Biz, bir tek fiziksel özelliğin suçluyu, suçlu olmayanlardan ayırt edebileceğine inanmıyoruz. Biz sadece, bazı fiziksel anormalliklerin ki bunlar namuslu farz edilen insanlarda da mevcut olabilir, bazen biri, bazen diğeri ve bazen da hepsinin toplu hâlde suçlularda bulunduğunu müşahede ettik. Avrupa'nın normal tipine ait yüz ve

---

olmaktan kurtarmak mümkündür. Bugün nasıl bedendeki biçimsizlikleri düzelten bir *orthopédie physique* hastaneleri varsa, yarın da ahlaki ve ruhsal aksaklıkları düzeltecek *orthopédie morale* sağlık merkezleri kurulacaktır. Bu takdirde hapishanelerin ve mahkemenin yerini bu hastalıkların tedavi evleri alacak, ceza kanunu ise yerini yeni sağlık bilimlerine ve tedavi sistemlerine terk edecektir.

Dr. Gall'in aşırı pozitivist bakış açısının esası budur. Bu düşüncenin kendilerine ait kısımlarını yazmayı faydalı bulmadık. Biz sadece Dr. Gall'in düşüncelerini aksettirmek istedik. Ceza adaleti için getirdiği faydaya gelince; Garofalo'dan beri ceza infaz sistemlerindeki büyük ıslah sistemi ve adli tıbbın açtığı yeni ufuklar bize bu düşüncenin pek de küçümsenemeyeceğini göstermekte, bu fikirlerin muzdarip insan türüne sükûn, huzur ve refah devalarını ihsan etmek isteyen parlak ve faziletli zekâlara kuvvet kaynağı olduğunu idrak ettirmektedir.-Ç.N.

kafatası eşkalinden sapmış bu türden insanların yapısında karşıt özellikler bulunmaktadır; yani alın küçük, dar ve belirsiz; kaş kemerleri çıkıntılı, çene uzun ve geniş, saçlar sık ve kıvırcık, sakalsızlık; bunun dışında çok sık olarak, ziyadesiyle uzun kollar, iki elini de kullanma kolaylığı...

Asıl göze çarpan özellikler, iki büyük suçlu grubunun, katillerle hırsızların mukayeselerinde görünür. Bu anormalliklerin bir kısmı birinci grupta, diğerleri de ikinci grupta daha fazla bulunmaktadır. Lombroso, hırsızlara ait kafataslarının katillerden daha az hacimli olduğunu bize temin ediyor. Ama bir parça şüphe ile karşılanan bu özellik bir tarafa bırakılırsa, hırsızlar grubu içinde *submicrocéphalie*, *oxycéphalie*, *trochocéphalie* adı altında birçok anormallikler keşfetmiş bulunmaktadır. Bunların fizyonomilerinin taslağını şöyle gösteriyor: Yüz ve el hareketleri pek fazladır; gözler ufak ve keskindir; kaşlar kalın, dar mesafelidir; burun kısa ve yayvandır; alın daima küçük ve belirsizdir. Katillere gelince, bunlarda da iri çene, kafatasına nazaran uzun çehre en bariz özelliklerdir. Ferri, bunları evrimci ekole göre pek güzel açıklamış ve bu hâlin, eski şekle dönüş olduğunu ve zira insan türünün evrimleştiği muhitlerde kafatasına nazaran çehrenin ve alt çenenin ufalmakta bulunduğunu delil olarak göstermiştir. Katilin çehresinde toplanan anormal vasıflar, hırsızınkilere kıyasen tamamen farklıdır. Lombroso, bu vasıfların taslağını şöyle yapıyor: "Bakışları soğuk, donuk; bazen gözlerinde kan izleri; özellikle gagamsı ya da çarpık, ama daima kocaman burun; uzun kulaklar; iri ve kuvvetli çene; elmacık kemikleri geniş mesafeli; sık ve kıvırcık saç; köpek dişleri fazla belirgin; ince dudaklar; özellikle yüz sinirlerinde titreme; çehrenin bir tarafında köpek dişlerini meydana çıkaran ve böylece tehdit veya alay ettiği hissini veren bir büzülme."

Bu antropologların buluşları yine kendi usulleriyle tetkik edilmek istenirse yapılacak iş gayet basittir: Sadece hapishanelere gidilsin; orada, örneklediğim belirtiler sayesinde, hemen ilk bakışta hırsızlıktan mahkûm olanlarla cinayetten hüküm giyenlerin birbirlerinden kolaylıkla ayrılabildiği görülecektir. Ben kendi hesabıma, yaptığım on tahminden yalnız ikisinde yanıldım. Şu konuyu de ilave edelim ki Lombroso ve diğerleri gibi, ben de ırz ve namus aleyhine suç işleyen mahkûmlarda dudakların daima iri ve kalın olduğunu gözlemledim.

Şimdi biz, bazı fiziki anormallikten uzaklaşmamak için, önce şu konuya değinebiliriz ki o da öne sürülen bu anormalliklerin diğer insanlara bakarak suçlularda daha fazla bulunduğudur. Bu oran %35 veya 40 olup, suçluların çoğunda bu fiziki anormallikler mevcut değildir. İşte Lombroso'ya yapılan en büyük itiraz budur. Mesela M. Bled, *La Revue des Deux-Mondes*'da Ferri ve benim adlarımızı öne sürerek ve Lombroso'nun antropolojik araştırmalarına minnet ve şükranlarını sunarak, şöyle soruyor: "Kendi gözlemleri bile 100 suçlu içinde 60'ının bu anormalliklerden uzak olduğunu gösterdiği hâlde, bu insanlar nasıl oluyor da hâlâ suçlu tipinden bahsedebiliyorlar?)"

Bu tür eleştiriler önceden de yapılmış, cevapsız kalmamıştı. Meselenin hayati noktası, fiziksel anormalliklerin suçlu olmayanlara bakarak aynı sayıdaki suçlularda daha fazla bulunuşunun ispatıdır. Bu alanda çalışan birçok kişinin bunca zahmetle yaptıkları araştırmalardan elde ettikleri sonuçlara göre, bu ispat artık her türlü şüpheden uzak bulunmaktadır. Biz, okuyucularımızı bu düşünürlerin gayretlerine iştirak ettirebiliriz. Fakat büyük farkları açıkça görülen bazı rakamları göstermeyi de faydasız görmüyoruz. Eski şekle dönüş özelliğindeki fiziki anormallikler için de Dr. Virgilio, yaşayan 100 mahkûmun 28'inde, idam edilen 100 mahkûmun kafatasında yaptığı incelemelerle bu oranı biraz daha kabarık bulmaktadır (%33). Hâlbuki, suçlu olmayanlarda bu anormallikler ancak %4'tür. Lombroso ise, 100 suçludan 66.9'unda alnın alt kısmının kaşlara ait kemerde çıkıntı hâlinde bir gelişim gözlemlemiş.[2]

[2] *Uomo deimquente*, 3. tabı, 1885, s. 173, 174.

Brodier ise, bu orana çok yaklaşarak %60 gösteriyor, Marro yaşayan mahpuslarda 100 de 18 buluyor.[3] Lombroso'ya göre I'eurygnathisme (elmacık kemikleri arasındaki mesafenin aşırı geniş olması) oranı %36'dır.[4] M. Marro bu oranı fahiş görerek bu anormalliği 141 suçluda aradığını, ama ancak 5 suçluda gözlemleyebildiğini, suçlu olmayanlarda buna hiç rastlamadığını söylemektedir.[5] Bu son yazar bize temin ediyor ki suçluların % 13.9'unda mutlak surette sakal bitmemektedir; buna karşılık suçlu olmayanlarda bu oran %1.5'ten den ibarettir.[6] Yine aynı düşünür, suçluların %41'inin küçük alınlı olduğunu, suçlu olmayanlarda bu oranın %15'ten ibaret bulunduğunu kaydetmektedir.[7] Lombroso, suçlularda kafatası küçüklüğüne (*microcéphalie*) rastlanıldığını ve birçoklarında da, kafa küçüklüğünden dolayı alıklığa (*submicrocéphalie*) müptela olduklarını gözlemlediğini zikretmektedir. Suçlu olmayanlarda bu illet son derece nadirdir.[8] Bu düşünür, suçlularda uzun çenelilik (*prognathisme*) oranını %60 müşahede etmiştir ki Avrupa ırkı insanları diğer ırklara nazaran en az uzun çeneli oldukları malumdur.

Mühim olan konu şudur ki ister kafatasına ister bedene bağlı fiziksel anormalliklerin suçlularda daha fazla olduğudur. Ferri, 711 askerle 699 hapis ve kürek mahkûmunu bir yere toplamış ve askerlerin %37'sinde hiçbir anormallik bulunmadığı hâlde, diğerlerinde bu oranın %10 olduğunu görmüştür. Bir veya iki bozuk çizgileri ise iki grupta da hemen hemen aynı oranda bulmuş, üç veya dört uygunsuz çizgiyi askerlerde %11 olarak görmüş, kürek mahkûmlarında ise bu oranın %33,2'ye kadar yükseldiğini tespit etmiştir. Ama bu uygunsuz çizgiler toplu hâlde askerlerde görül-

---

3 *Caratteri dei delinquenti*, 1887, s. 1.56, 167.

4 *Uomo delinquente*, 3. tabı, s.176.

5 *Caratteri dei deliquenti*, 1887, s. 128.

6 *Caratteri dei delinquenti*, 1887, s. 149.

7 *Caratteri dei delinquenti*, 1887, s. 125, 126.

8 *Uomo delinquente*, 1885, s. 232, 233, 240.

mediği hâlde, kürek mahkûmlarında bunlardan altısı, yedisi ve hatta daha da fazlası bir arada görülmüştür.[9]

Şimdi sorabiliriz: Kafatasının hususi yapısı ile anormal bir fiziksel özellik arasındaki ilişki nedir? Bu konu, bugün dahi esrar perdesinden sıyrılamamıştır. Biz, sadece fiili olayları açıklayacağız.

Suçluyla suçlu olmayanlar arasında fiziksel farklar böylece ispat edilmiş ve bu hâliyle inkâr imkânsızlığı da görünür kılındıktan sonra, artık halk içinde suçluyu kesin olarak ayırt edemediğinden bu ispatın pratik faydası olmamasının önemi yoktur.

Aynı büyük bir ırka mensup milletlerde de hâl aynı değil midir? Belirgin anatomik bir özellik göstermemelerine rağmen, herkes bu ayrımı kolayca yapabilmektedir. Örneğin İtalyan tipi ile Alman tipi[10] gibi.

Tıpkı siyahileri Malezyalılardan ya da Avrupa'daki Fin tipini Bask[11] tipinden ayıran vasıfların yanında öncekileri birbirinden fark ve temyiz eden bariz çizgiler nelerdir? Bunun hakiki cevabı verilemiyor. Bu birçok çizgilerin, çehreye hemen hemen tarif edilemeyen bir hususiyet vermekle beraber, aynı ırka mensup oldukları hâlde, diğer milletleri birbirinden ayırt ettirebiliyor. Mesela, aynı sayıdaki gruplardan ibaret Alman, Fransız, Slav ve İtalyanları birbirlerinden ayırt etmekte güçlük çekmiyoruz.

Tarde, *La criminalité comparée* adlı eserindeki parlak fasıllarından birinde, suçlunun antropolojik özellikleri hakkında bir-

---

9 Enrico Ferri, *Nuovi Orizzonti*, 1884, Bologna, s. 215. Enrico Ferri, ölmez eserini *Ceza Hukukunda ve Usulünde Yeni Ufuklar: NUOVİ ORİZZONTİ NEL DİRİTTO E NELLA PROCEDURA PENALE* adıyla 1880'de yayımladı. 1892 yılında Napoli'de üçüncü baskısında aynı adı küçük puntolarla muhafaza etmekle beraber, eserine Cürmi Sosyoloji: SOSİOLOGİA CRİMİNALE unvanını verdi. Bu tarihte ise, Pisa Üniversitesinde ceza hukuku profesörüydü.-Ç.N.

10 Bu mevzuda: *Topinard, l'anthropologie*, Paris, 1870, s. 409-470.

11 Fransa ile İspanya arasındaki Pirene dağlarının batı eteklerinde yaşayan ve tahminen 1.200.000 nüfustan ibaret; dil ve adetleri komşu milletlerden farklı; çalışkan, cesur ve hareketli insanlara ve onların vatanlarına verilen isimdir.-Ç.N.

çok tereddütler kaydettikten sonra sonunda, bu tipin hakikatini kabul etmiş bulunuyor. Yalnız bu tipi, normal insan tipinden değil de âlim insan, dindar insan, sanatkâr insan ve nihayet faziletli insan tiplerinden ayırt etmek istiyor.

Bütün bu açıklamalar bize şu neticeyi veriyor: Suçlu, suçlu olmayanlardan farklı bir tiptir. Maalesef, bu ayrımları bariz bir şekilde henüz bilmiyoruz. Biz sadece, şu ana kadar yapılabilen gözlemlerle sınırlı kalmaya mecburuz. [12]

Öyleyse, acaba suç antropolojisi (*l'anthropologie criminelle*), yolunu şaşırmış, delilleri şüpheli ve ciddiye alınması için ziyadesiyle belirsiz bir ilimdir, hükmünü verebilecek miyiz? İşaret edilmesi gereken bir şey daha var: Anormalliklerin sıklığı büyük suçlularca, [13] yani en kötü ve hunhar suçların faillerinde fazladır. Mesela, sirkat sebebiyle cinayet işleyen katillerde, kendilerini ilk insan tipine yaklaştıran bariz göstergelere sahip olmamaları pek nadirdir. Bunlar uzun çenelilik, belirsiz ve dar alın, çıkıntılı kaş kemerleridir.

Bu hâli inkâr etmek güçtür. Buna ait arzu edildiği kadar delilleri Lombroso, Marro, Lacassagne, Ferri'nin eserlerinden çıkarmak mümkündür. Benim şahsi tecrübelerim ise, bu inancı kuvvetlendirmiştir. Mesela bir defasında, kendilerini hiç tanımadığım azılı katillerden oluşan bir grubun dosyalarını okuyarak işledikleri suçların en küçük ayrıntılarına eriştim; sonra hapishanelerinde ziyarete gittim. Onları görünce, içlerinden tek

---

12 Lombroso, İtalyan suçluların Fransız ve Alman sulularına benzediğini, ama son iki milletin suçlularının kendi millî tiplerine daha az benzediklerini bildiriyor. Diğer yandan Heger, kendi gözlemlerinin bu iddianın aksini ispat ettiğini söylüyor. Ancak bu düşünür, incelemelerini özellikle kafataslarına hasretmiş olup harici özelliklerle çok az meşgul olmuştur. Kendi hesabıma bu mevzu üzerinde doğrudan doğruya bir inceleme yapmak imkânını bulamadım.-yn.

13 Benedikt, 1885 yılı eylül ayında Anvers şehrinde toplanan Phréniatrie kongresinde söylediği büyük nutkunda, şöhretli canilerde anatomik göstergelerin alelade suçlulara bakarak daha fazla bulunduğunu ilan etmiştir.-yn.

birinin bile anormalliği belirtilerden müstesna olmadığını açıkça gözlemledim.[14] Bu hakikatten emin olmak lazımdır. Emin olmalı, zira bahsedilen büyük canilerde doğal olmayan belirtilerin bulunmayışı ancak bir istisna olduğu artık cerh edilemeyecek bir esas olduğu ispat edilmiş bulunmaktadır.[15] Basit suçların faillerinde bu vasıfların az bariz oluşuna şaşmamak lazımdır. Bunun da sebebi şudur: Önce, kanuna göre suç sayılan bütün fiillerin faillerine, ruhsal incelemelerimize göre suçlu damgası vuramıyoruz.[16] Alelade suçlularda önemli anormallikler bulmak pek garip olurdu. Bu sonuncular, kolayca ayrılabilir tipler değildirler. Bu insanlar pek az ayırt edilebilirler; onların işledikleri suçlar bize insan doğasına ziyadesiyle zıt görünmezler. Suçlarından ürkmekle beraber, bazı durumlarda, aynı şartlar altında, bizim de onlarınkine benzer suçlar işleyeceğimize inanırız. Bu, zihnimizi meşgul eden bir fikirdir. Biz bu fikri büyük bir korku ile itmeye, bizden uzaklaştırmaya gayret ediyoruz. Faydasız bir haşyetle, çünkü karakterimiz icabı bu çekindiğimiz şeyden kendimizi kurtaracak iradeyi göstermeye yetkin değiliz. Ama sonuç değişmiyor, olay aynen gerçekleşiyor. Hatta bir an için dahi olsa; ortada olduğuna kanaat getirdiğimiz imkân sayesinde aramızda bulunan bazı suçluları, insan topluluğundan pek az uzaklaşmış olmalarına rağmen görüp tanıyabilmekteyiz. Peki, fiziksel olarak hiçbir tereddi belirtisi göstermeksizin bu suçluları nasıl ayırt edebileceğiz? Fakat anormallik istediği kadar az olsun, bu onun göze görünmediği anlamına gelmez. Kötü ifadeli, tarife sığmayan biçimsiz simalar hapishanelerde ekseriyettedir. Orada yakı-

---

14 1886 yılında Paris'te Teşrihi Ruhiyat Cemiyeti'nin bültenlerinde yayımlanan "Suçlunun Tipine Dair" inceleme yazımın okunmasını dilerim.-yn.

15 Belki de, silik ve dar alın, uzun çenelilik gibi, bazı mütereddi anormalliklerin ölmüş canilerde hayattakilere nazaran daha fazla bulunuşunun da sebebi budur. Zira, idam edilerek ölmüş bulunan bu mahkûmların hemen hepsi meşhur canilerdi. Hâlbuki, hayattakiler arasında hiç şüphe yok, büyük bir kısmı alelade suçlulardan ibaretti.-yn.

16 Bu kitabın birinci bölümünde açıklanıyor.-yn.

şıklı, düzgün çehreli, yumuşak ifadeli simalar pek nadirdir. Buralarda yaşayanlarda bilhassa çirkinlik göze çarpar; şayanı dikkat konu, bu özelliğin bilhassa kadınlarda bariz oluşudur. Hatırladığıma göre, bir hapishanede incelediğim 163 mahpus kadından düzgün ifadeli olarak ancak 3 veya 4 kişi, güzel denebilecek biçimde de ancak 1 kişiye rastlayabildim; bütün diğerleri, genç veya ihtiyar, hepsi de nefret edilecek derecede iğrenç veya çirkindiler. Hiçbir ırkta ya da muhitte bu derece düşük bir oran bulunamaz. Aynı gözlem Tarde tarafından da yapılmıştır: "Şurası muhakkaktır ki düz alınlı ve Yunan burunlu, sonsuz bir zarafetle kıvrılmış küçük ağızlı, ince ve düzgün çeneli, ufak ve şakaklara basık kulaklı güzel klasik baş, şimdi en bariz vasfı çirkinlik olan suçlu başla tam bir zıtlık teşkil ediyor. 275 suçlu fotoğrafı içinde, ben ancak bir tek güzel resmi görebildim. Bu bir kadın başı idi. Geri kalanı iğrenç ve korkunçtular." [17]

Dostoyevski ise, kürek mahkûmu arkadaşlarından birini anlatırken şöyle diyor: "Sirotkine, kürek mahkûmları içinde yegâne güzel adamdı. Kendi hususi şubesine mensup diğer arkadaşlara gelince; ki bunlar müebbet kürek mahkûmuydular, bu on beş kişi tüyler ürpertecek derecede çirkin, menfur çehreli, iğrenç kimselerdi." [18]

Bunun dışında, her ne kadar anatomik anormalliklerin meydana çıkarılması çok önemli bir keşifse de bu keşfi, tecrübelerimize göre, sarahatle tayin etmek imkânsızlığı bize, ruhsal veya zihinsel anormalliklerin mevcut olmadığına da işaret sayılamaz.

Benedikt şöyle diyor: "Ruhsal hareketler ancak kısmen ruhsal cihazların şekil ve yığınından ibaret olup büyük miktarda zerrelere bağlı olayları meydana getirir. Biz, bu zerrelere bağlı bir cihaza sahip olmaktan çok uzak bulunuyoruz. Böylece, mizaç meselesi esas olarak bir fizyolojik olay karakterinde olup anatomik değildir."

---

[17] G. Tarde, *La criminalité comparée*, Paris, 1886, s.16.

[18] Dostoyevski, *Ölüler Evi*, Paris, 1886, s. 57.

Şimdi, pek az cesaret edilebilecek bir fikri ileri süreceğim. Kanaatime göre, ruhsal anormallik (*l'anomalie psychique*), yaptığım tarife göre, suçlu denilebilecek herkeste az veya çok mevcuttur. Hatta özellikle çevresel şartlara ya da iklim, hararet, içki itiyatlarına atfedilen suçları işleyenlerde ve hatta bazı hurafelerden doğan bölgesel -*endémique*- denebilecek suçların faillerinde dahi mevcuttur.

II

Ruhsal Anormallik- Hâd ve ortalama hâller. -Suçluların duyguları- Ahlaki anormallikleri olmayan yegâne suçlular doğal suç işlemeyenlerdir.

Esasa aldığımız metodu aynen takip edeceğiz. Önce, suçluluk basamağının en yükseğinde bulunan en hunhar canilerden başlayalım: Lemaire, Lacenaire, Troppmann, Marchandon, evet ihtiyar kadın katileri, para ile tutulmuş caniler ve insanoğlunun boğazını sıkanlardan başlayalım. Bu insanların vicdan hissizliklerinden kimse şüphe edemez. Şayet bu tipler genç yaşta bulunuyorlarsa, hâl daha çok dikkate şayandır. Mesela, şu on altı yaşındaki Société de Psychologie physiologique'e sunduğum raporda bahsettiğim gence bir bakın! Sabahleyin uyanıyor, içinde küçük bir dilencinin barındığı ahıra giriyor, dilenciyi kolları arasına alıyor ve kendisini hemen oracıkta öldüreceğini söylüyor; çocuk yalvarıyor, acı gözyaşları döküyor, ama nafile! Kahramanımız, biçare dilenciyi bir kuyuya atmakta tereddüt etmiyor; ya şu henüz on iki yaşındaki genç kıza ne dersiniz? Son günlerde gazeteler ondan bir hayli bahsettiler. Bu kız Berlin'de küçük kız kardeşini pencereden fırlatıp attı. Hâkimin önünde de hayâsızca itiraflara girişerek bu küçük çocuğun canını sıktığını, ölmüş olmasından da son derece memnuniyet duyduğunu söylemekten de çekinmedi.

Bu tür olayların faillerinde ruhsal anormallik (*l'anomalie psychique*) pek belirgin olup bütün mesele şu sözlerle özetlenebilir: Acaba bu anomalinin bünyesi marazi (*pathologique*) midir? O da cinnet gibi bir illet midir? Acaba yeni bir nörolojik şekil ve usul zarureti mi ortaya çıkıyor: *La folie moral: La moral insahity des Anglais*. Bununla beraber şu konuya da değinmeli ki Maudsley ve Krafft-Ebing'in çok derin incelemelerine rağmen, böyle bir cinnet şekli tereddüt vericidir! Zira, öyle seçkin akıl hastaları (*les facultés intellectuelles*) mevcuttur ki bunlarda herhangi bir sarsıntı ve feveran göstermeye imkân yoktur ve bu gibi hâller nadir değildir. Çok kere bir cinnetin bazı izlerini bulmak için sarf edilen büyük gayretlere rağmen önünde durulan şahsın zekâsında bir kusura rastlanamadığı gibi, bedenen de herhangi bir hastalığa yatkınlığı bulunmadığı kararına varılmak zorunluluğu doğar.

Bu hâl, ahlaki duygunun kökeninden dolayı değilse ortada bir Fransız doktorun kullandığı tabirle, ruha bağlı klavyede bozuk bir nota, evet tek bir nota mevcuttur.[19]

Ne var ki bu meseleye sonraki sayfalarda temas edeceğim. Şimdilik, sadece hususiyle dokunduğum, ruhsal bir bünyeye sahip kimselerden, ayrı ayrı bahsedeceğim. Bununla beraber, büyük suçlular, evet doğuştan bir vahşetle dünyaya gözlerini açan çocuklar, en ziyade bariz vasıflarla göze çarpmaktadırlar. Suçluluk basamaklarından aşağı doğru inerken ruhsal anormalliklerin daha bariz bir hâl aldığı pek normaldir; ama böyle olmasına rağmen, bu tereddi hâli en son basamağa kadar devam etmek zorundadır. Natüra non facit sallum. Bu azalma, en aşağı derecelerde normal hâle öyle yaklaşır ki ayrım pek ziyade zorlaşır. Bu sebeple, basamakların aşağı kısımlarına inmenin faydası yoktur; ortadakilerle, örneğin, kalebentlik cezası giyen mahkûmlarla yetinmeliyiz.

Bu mahkûmların duygularının, hissizliklerinin, kararsızlıklarının, zevklerinin, kumara, içkiye ve eğlenceye karşı olan şiddetli ihtiraslarının tam bir tarifine sahip bulunuyoruz. Uzun za-

---

[19] Revue des Deux-Mondes, 1.11.1886.

mandan beri Despine tarafından işaret edildiği üzere, tedbirsizlik (veya ihtiyatsızlık: *imprudence*) ve gaflet (uzağı görememek: *imprévoyance*) bu sınıf mahkûmları diğerlerinden ayıran en belirgin özelliktir. Bu adamlar, halk huzurunda, ağır ceza mahkemelerinde suçlarını hayâsızca ve arsızca en küçük teferruatına varıncaya kadar itiraftan çekinmediklerini göstermek suretiyle ahlaki duygusuzluklarını ispat ve ilân ederler. Suçlarını itiraf eden bu katiller, hunhar cinayetlerinin ayrıntılarına girişirlerken en küçük bir dehşet duymazlar. Ailelerini örten hicap perdesine ve ebeveynlerinin çektikleri ıstıraba karşı tam bir ilgisizlik duyarlar. Bunlar hemen hemen vicdan azabı çekmeye yetkin değildirler; ama Lévy Bruhl'ün[20] dediği gibi: "Onlar, asla cezadan korku demek olmayan bu asil vicdan duygusundan mahrum olmakla kalmıyorlar, aynı zamanda bu cezayı özlüyor, istiyorlar; hatta kurbanlarından bahsedilirken işledikleri hunharlıktan nedamet ettiklerine, heyecan duyduklarına dair en küçük bir hareket göstermiyorlar."

Bu suçluların hayatları hakkında yabancı şahsiyetler tarafından yapılan incelemelerin hakikati üzerinde şüpheye düşülebilir; ama bu açıklamalar bize, uzun yıllar *Ölüler Evi*'nde (*Maison des morts)* bu mahkûmlarla ömür süren muhteşem bir yazar tarafından verilirse, artık bu şüpheye imkân kalır mı? Dostoyevski tamamen bir sanat eseri yaratarak, bize suçlu psikolojisini eksiksiz surette anlatıyor ve asıl hayret edilecek nokta, bir Sibirya hapishanesine kapatılmış Slav bir suçlu tipinin, Lombroso tarafından çizilen bir İtalyan suçluya benzeyişindeki mükemmeliyettir: "Bu garip kitleye şöyle bir bakışta, diyor, aralarındaki benzeyişin farkına varılırdı... Bütün mahpuslar tasalı, kıskanç, korkunç derecede kibirli, hodbin, parlamaya, çatmaya her an hazır... Metih ve kibir daima birinci planda gelirdi... Hicap ve nedametin en küçük bir emaresi görülmezdi... Uzun seneler zarfında ben, onlarda en zayıf bir nedamet şulesine, işlenen suçun en küçük bir ıstırabına rastlayamadım... Şüphesiz böbürlenme, fena örnekler, atıp tutmalar ya

---

20 Lévy Bruhl, *Mesuliyet Fikri*, Paris 1884, s. 80.

da sahte hicap az değildi... Evet, bu suçlularda şayet en küçük, en zayıf bir nedamet, bir vicdan azabı olsaydı, birlikte geçen bütün yıllar zarfında şüphesiz hissedecek, fark edecektim... Müsbet hiçbir şey göremedim... Muhtelif bakış açısı olmasına rağmen herkes şu hususu kabul eder ki hangi muhit ve hangi mevzuatın hâkimiyeti olursa olsun, her yerde suç telâkki edilen fiiller vardır ve insan, insan kaldıkça bu vasfı daima kabul etmiştir. Hayatımda yalnız kalebentliklerde en şeni ve en şayanı hayret suçların, çocukça bir kayıtsızlık ve arsızca kahkahalarla anlatıldığına şahit oldum. Bir baba katilini hiç unutmayacağım. Bu adam, asil bir aileye mensup idi ve memur bulunuyordu. Babasının bütün felaketi o olmuştu. Hakiki bir şımarık evlattı. İhtiyar adam, oğlunu, hızla kaymakta olduğu kötülüğe doğru durdurmak için nafile yere tekdir ve azarlara başvurmuştu. Fakat oğlan, ettiği borçların yükü altında ezilmeye başlayınca, herkesin varlıklı bildiği, sahibi olduğu çiftlikten başka saklı bir hayli de parası olduğu zannedilen babasını, bir an önce mirasına konmak üzere öldürmüştü. İşlediği suç ancak bir ay sonra meydana çıktı. Bu süre zarfında babasının kaybı hakkında adliyeye ihbarda bulunan katil, sefahat hayatı sürmeye de devam etmişti. Ancak polis, bu bir aylık sürenin nihayetinde cesedi tahtalarla örtülü olarak bir lâğımda keşfetti. Gövdesinden ayrılmış soluk baş, tamamen giyimli hâlde bulunan gövdeyi tamamlamakta idi. Başın altına istihza için olacak, bir yastık konmuştu. Genç adam hiçbir itirafta bulunmadı. Fakat iş anlaşıldı, rütbeleri alındı, asalet imtiyazlarından mahrum bırakıldı ve yirmi sene süreyle kürek cezasına mahkûm edildi. Onu tanıdığım, bütün bu uzun yıllar zarfında hep tasasız, son derece kaygısız gördüm. Ahmak olmasına rağmen, bütün ömrümce rastladıklarım içinde, bu adam kadar düşüncesiz ve itibarsızını görmedim, diyebilirim. Onda, asla aşırı bir gaddarlığa rastlamadım. Diğer mahkûmlar kendisiyle alay ediyorlar, hakir görüyorlardı. Bu hâl işlediği suçtan ileri gelmiyordu; ama kılık ve kıyafet düşkünlüğü buna sebebiyet veriyordu. Bazı defaları babasından dem vururdu. Yine bir gün ailesindeki genetik bünye sağlamlığını ele almıştı.

İlave etti: "Mesela, babamı ele alın bir kere, ölümüne kadar asla hastalık nedir bilmedi." Bu derece kuvvetli hayvani bir hissizlik insana imkânsız gibi gelir; hakikaten bu pek garip bir hâldir. Bu, alelade bir suçluluk hâli olmayıp, bu zamana kadar ilme meçhul kalmış bedensel ve ruhsal bir canavarlıktan, bir anormallikten doğmuş olması lazımdır.

Doğal olarak, ben bu derece hunhar bir cinayete inanmazdım. Ama suçunun teferruatını onunla aynı kasabada oturmuş ve işi bütün incelikleriyle bilen hemşehrilerinden dinledim.

Olay o kadar kötüydü ki gizlemeye kalkan budalalıktan beter olurdu. Bir defasında mahkûmlar onu, uykusu arasında bağırırken duymuşlardı: "Yakala! Tut! Başını kopar! Başını! Başını!"

Hemen hemen bütün mahkumlar uykuları arasında horlarlar ve sayıklarlardı. Rüya ve hülyalarını özellikle hakaretler, külhanbeyi tabirleri, bıçaklar ve baltalar doldururdu. "Biz vurucu kırıcı insanlarız; geceleri uykularımız arasında bağırmamızın sebebi budur," derlerdi. Bu vicdan ve nedamet duygusu, imkânsızlığı, övünüp böbürlenmeler, kılık kıyafete aşırı düşkünlük, bütün bu vasıflar üzerinde müşahitler birleşmişlerdir. Lombroso: "Bu özellikler suçluyu vahşi tipe yaklaştırır." der. Ama bu yaklaşmayı, bu benzeyişi tamamlayan ve bütün çocuklarda mevcut olan daha bariz vasıflar da mevcuttur: "Bayram günleri, kibarlar en yeni ve süslü elbiselerini giyinirlerdi; koğuşlarda çalım satarlarken görünmelerini pek isterlerdi. İyi giyinip kuşanma onları âdeta çocuklaştıracak kadar değiştirirdi. Velhasıl, birçok hususlarda, kürek mahkûmları çocuklardan farksızdılar. Ama, bu güzel elbiseler çabucak ortadan kalkardı; çok defa, satın aldıkları gün yok olurdu; sahipleri onları ya rehine koyarlar ya da bir iliç için satarlardı. Belli ziyafet fırsatlarını hiç kaçırmazlardı. Böyle bir gün ibadete kalkan mahkûm, Mesih'in tasviri önüne bir şamdan bırakır, dualarını yapmakla işe başlardı; sonra giyinir, akşam yemeğinin başına geçerdi. Eti, balığı, küçük böreklerini önceden satın almıştır. Bir öküz iştahıyla midesini doldururdu. Hemen daima ziyafete kendisinden başkasını çağırmazdı. İçlerinde arkadaşlarını davet edenler pek nadirdi. İşte bu zamanlarda, içki meydana çıkardı. Kürek mahkûmları, tıpkı fıçıya dolduruluyormuş gibi içerler, sonra sağa sola sendeleye sendeleye koğuşları geçerler, bütün arkadaşlarına sarhoş olduklarını göstererek bu durumda bir hürmete müstahak olduklarını ispata çalışırlardı."

Eserin biraz ilerisinde çocuklara has başka bir özellik daha görüyoruz: "Bir şey istemediği sürece, Petrof gibi bir adama, akıl ve muhakemenin hâkimiyeti düşünülebilirdi. Fakat bir kere, bir şeyi istedi mi, artık iradesinin önüne hiçbir engel dikilemezdi... Bu gibi adamlar, bütün hayatları boyunca, kendilerini sağa ve sola yuvarlayan belli bir maksatla doğarlar: Bunlar arzu ve ihtiraslarını şiddetle kamçılayan bir şeye rastlayıncaya kadar yuvarlanırlar, ama bir kere bu tesadüf olunca artık kafalarını çalıştıramazlar... Beni sevmesine rağmen, Petrof, birkaç kere öteberimi çalmış ve ben buna derin surette hayret etmiştim. O, bunu hiddet ve ihtiras amacıyla yapıyordu. Yine bir defasında İncil'imi çalmıştı. Kendisinden kitabı yerine bırakmasını rica etmiştim. Hâlbuki o, ancak birkaç adım doğru gitmiş, sonra yolunu değiştirerek bir müşteri bulmuş ve kitabı satmıştı. Paresiyle kendine şarap satın almıştı. Belki de o gün içmek arzusunun ateşiyle yanıyordu: Eh, bir kere de bu arzunun ateşiyle yanınca da istediğine nail olması lazımdı. Petrof gibi bir adam yirmi beş ruble için birini öldürmekten zerre kadar çekinmezdi, ona lazım olan yarım litrelik herhangi bir içkiydi; yoksa bu durumda yüz binlerce ruble umurunda bile değildi. Bu hırsızlığı yaptığı akşam suçunu bana itiraf etti. Ancak hiçbir nedamet veya mahcubiyet ve şaşkınlık göstermeden tamamen kayıtsız bir tonla, alelade bir olaydan bahsediyormuş gibi, yaptığı yasak fiili itiraf etti. Hak ettiği şekilde kendisini azarlamaya kalktım, çünkü İncil'imi kaybetmekle duyduğum üzüntü büyüktü. Beni öfkesiz, son derece sükunetle dinledi. O da İncil'in çok faydalı bir kitap olduğunda benimle hemfikirdi ve onu kaybettiğimden dolayı samimi bir üzüntü duydu; ama onu benden çaldığından dolayı hiçbir nedamet göstermemişti. Bana öyle bir emniyet ve metanetle bakmıştı ki daha fazla homurdanamadım.

Tekdir ve sızlanmalarıma hazımkâr davrandı; zira davranamayacağını muhakeme ediyor ve ancak bu sayede teselli bulabileceğimi düşünüyordu. Fakat ruhunun en derin köşelerinde ise, ciddi bir adamın, bütün bu budalalıkları söylemekten utanması lazım geleceğine hükmediyordu."

Hatta kendi hayatları, gelecekleri için hiçbir endişeleri yoktur; "Bir kürek mahkûmu evlense, çoluk çocuk sahibi olur ve aynı çevrede beş sene kadar otururdu. Ama birdenbire, hiç beklenmeyen bir gün karısını ve çocuklarını terk ederek ailesinin ve bütün civar halkın büyük hayretleri içinde ortadan kaybolurdu."

Dostoyevski, bize çok ilgi çekici bir hususu da işaret ediyor; yüksek ve sağlam vasıflara sahip iki üç mahkûmdan bahsediyor; bunlar candan dost, garaz ve kin beslemeye muktedir olmayan kimselerdi... Öyleyse! Öyleyse, ama onun bize yaptığı tahlil ve tarife göre, bu adamları küreğe götüren suçlar, tarif ettiğimiz mahiyetteki hakiki suç türünden değillerdir. Yazar bize önce, Staradoublu[21] dindar bir ihtiyardan bahsediyor. Bu adam mahkûmların kazançlarından biriken paraları muhafaza vazifesini yüklenmişti. "Bu ihtiyar," diyor, "tahminen altmış yaşlarında vardı. Ufak tefek ve ak saçlı idi. Daha ilk bakışta kendisine büyük bir yakınlık duymuştum; diğerlerine hiç benzemiyordu. Bakışları öyle yumuşak, öyle tatlıydı ki o saf ve berrak gözlere bakmaktan daima derin bir haz ve huzur duyardım. Özellikle kendisiyle hasbihal ederek, bu kadar iyi bir insanın kolay kolay bulunamayacağını düşünürdüm. Onun gibisine pek ender rastlamışımdır. Kendisini ağır bir suçtan dolayı küreğe mahkûm etmişlerdi. Buna da sebep şuydu: Bazı ihtiyarlar Ortodoks inancına sülük etmişlerdi. Hükümet diğer muhaliflerin de aynı yoldan yürümelerini ve aynı dine girmelerini temin için büyük gayret sarf etmişti. Ama bu ihtiyar ve diğer bazı mutaassıp dindarlar imanlarını müdafaaya karar verdiler. Ancak kasabalarında bir Ortodoks kilisesi inşaatı yükselmeye başlayınca işlerin rengi de-

---

21 Ukrayna'da Tchernigov şehri içerisinde bir bölge.

ğişti. Bu azimli ihtiyarlar birleşerek kiliseyi yaktılar. Bu kundakçılığın cezası sürgündü. Bu müreffeh burjuva -evet burjuva, çünkü ihtiyar o tarihte ticaretle iştigal ediyordu- böylece, karısını ve sevgili evlatlarını terk etmeye mecbur oldu; ama sürgün mahalline büyük bir cesaretle hareket etmişti. Zira o, bunu (imanı için) yaptığına emindi. Bu halim ihtiyarın yanında otururken, insan gayriihtiyari olarak kendi kendine şu soruyu sormaktan vazgeçemezdi: Bu isyanı nasıl oldu da yapabildi? Ben kendisini (imanı hakkında) birçok defalar sorguya çektim. Kanaatinden en ufak bir gevşeme hissetmedim. Bununla beraber, verdiği cevaplarda hiçbir kin de mevcut değildi. Böyle olmasına rağmen, bu ihtiyar bir kilise yakmıştı ve bunu da asla inkâr etmiyordu. Öyle anlaşılıyordu ki ihtiyar şuna inanmıştı ki işlediği suç bir şehadet idi ve bu fiilleri kahramanca mücadelelerden ibaretti.

Hâlbuki, arada mahkûm başka ihtiyarlar da vardı. Çoğu Sibiryalı idiler; fikren çok olgun, hakiki köylüler gibi ziyadesiyle kurnaz insanlardı. Kendilerine göre konuşkan ve prensiplerine şiddetle merbut ve münakaşaya da pek hevesli idiler. Ama büyük kusurlara da sahiptiler; azametlerinden geçilmez, burunları Kafdağı'nda, müsamaha, tahammül nedir bilmezlerdi. Hâlbuki, bizim ihtiyar bunlara hiç benzemezdi. Kitabı Mukaddes'i şerh ve tefsir vadisinde çok kuvvetli, bütün bu dindaşlarından daha kuvvetli olduğu hâlde münazara ve münakaşalardan şiddetle kaçınırdı. Hülyalı ve neşeli bir karaktere sahip olduğundan sık sık gülerdi; bu gülüş diğer mahkûmları küçük görmekten ve hayâsızlıktan ileri gelmezdi; bilakis öyle tatlı, öyle berrak gülerdi ki bu gülüşte en halis bir çocuk safiyeti ve samimiyeti hissedilir, bu kahkahalar miranı başıyla âdeta ahenktar olurdu. Belki yanılıyorum, fakat onun gibi gülen bir başkasına hiç rastlanamazdı. Şayet tanıdığınız bir kimsenin gülüşünden hoşlanırsanız, mert ve iyi kalpli bir insan gibi kabul edebilirsiniz. Bu ihtiyar topyekûn bütün mahkûmların hürmetini kazanmıştı. Ancak bundan dolayı asla şımarmıyor, şişmiyordu. Mahkûmlar ona büyükbaba diyorlardı. Ona karşı hiç kimse bir hakarete cesaret edemezdi. İşte ben böylece onun dindaşları üzerinde nasıl bir tesir ve nüfuz sahibi olduğunun farkına varmış bulunuyordum. Kürek cezasının mezahim ve meşakkatlerine metanetle göğüs geriyordu ama nasıl şifasız, derin bir acıyı içinde gizlediği de hissediliyordu. Onunla aynı koğuşta yatıyordum. Bir gece, sabaha karşı, saat üç sıralarında uyandım; kısık ve devamlı bir hıçkırık duyuyordum. İhtiyar sobanın kenarına ilişmiş, el yazması dua kitabını okuyordu. Gözyaşları ile şunları mırıldanıyordu "Rabbim, beni terk etme! Allah'ım! Bana sabır ve cesaret ihsan eyle! Benim zavallı yavrucuklarım! Benim aziz çocuklarım! Artık birbirimizi hiç görmeyeceğiz! Ah! O anda duyduğum acının büyüklüğünü asla söyleyemem."

Şimdi iyice düşünelim. Bu adamın suç sayılan fiilini tahlil ederken görüyoruz ki Dostoyevski, onun yüksek vasıfları karşısında haksız yere hayrete düşmektedir. Ortada yurdunun dinini, yeni bir dine karşı müdafaa etmek isteyen bir adam vardır. Bu fiil siyasi suçla aynı ayardadır. Bu ihtiyar sadece bir asi olup bir suçlu değildir. Ama yazarımız: "İyi ama o bir kiliseyi yakıp yıktı!" diye itiraz ediyor. Evet fakat yangının alevlerinde insan canına kıymadan, hiçbir varlığa en ufak bir fenalık vermek maksadı bulunmadan! Onun işlediği fiil hakiki bir suç ise en basit insanlık duygularından (*Les sentiments alturiste élémentaire*) hangilerine saldırmıştır? Din hürriyeti bu duygulardan biri değildir. Din son derece tekemmül ettirilmiş, incelmiş ve ulvî fikirlerin birleşmesiyle meydana gelmiştir; vasat seviyedeki bir toplumda bu inkişafa şahit olunamıyor. Bizim bakış açımıza göre, Staradoub kasabası kilisesini kundaklama fiili bir doğal suç (délit natürel) değildir. Kanunlar tarafından cezalandırılmış olmasına rağmen, sınır çizmeye gayret ettiğimiz suçluluk manzumesine giremez. İşte hakiki suçlu olmayan bu kundakçı ihtiyar, yazarımıza etrafını saran ruhsal çöküşlerin ortasında parlak bir istisna gibi görünmesinin de sebebi budur.

İkinci istisna olarak, melek yüzlü Alei adındaki bir Dağıstanlıyı gösteriyor. Onun suçu bir eşkıyalık olayına iştirakti. Bu suçunu hangi şartlar altında işlediğini yazardan naklen aktaralım: "Yaşadığı memlekette, bir gün ağabeyi kendisine yatağanını kuşanmasını, atına binmesini ve arkasından gelmesini emrediyor. Bu dağ adamlarında yaşça büyük kardeşe hürmet ve riayet pek önemli bir örftür. Hatta Alei ağabeyinden, bu seyahatin sebebini bile sormaya cesaret edemiyor. Hatta belki de bu konuyu düşünmüş dahi değildi. Kardeşleri ise bunu kendisine söylemeye gerek bile görmemişlerdi." Şüphesiz her şeye rağmen o, bir suçluydu. Acaba, bu adamın ruhu da yüzü kadar güzel miydi? Dostoyevski, onun için "müstesna bir mahluk" diyordu: "Öyle güzel tabiatları ve Allah tarafından lütfedilmiş öyle üstün vasıfları vardı ki onun karışıklık çıkarabileceği imkânsız gelirdi."

Bir başka istisna daha var. O da son derece namuslu, iyiliksever, doğru, az zeki, az muhakemeli ve fakat çok dakik, evet tıpkı bir Alman gibi bir insandı: Akim Akimytch. Yazar, bu adamı aslında çok saf gösteriyor: "Mahkûmlarla olan münakaşalarında, onlara yüzlerine karşı hırsız olduklarını söylüyor ve bu kötü huylarından vazgeçmelerini samimi nasihatlerle ihtar ediyordu... Onu ilgilendirmiş olmasa da bir kere adaletsizliğin kokusunu aldı mı, artık ortaya atılmayı vazifesi biliyor, kimseden çekinmiyordu."

Bu adam, böyle olsa da asla hakiki bir suçlu sayılamazdı. Kendisi Kafkasya'da ikinci mülazım olarak görev yapmıştı. İlk günden itibaren onunla dost olmuştuk. Bana hemen başından geçenleri anlatmıştı. Junker, gönüllü zabit olarak bir sınır alayına gönderilmişti. Epeyce zaman ikinci mülazımlığa terfisini bekledikten sonra, sonunda buna nail olmuş ve dağlık bir mıntıkadaki küçük bir kalenin müdafaasına kumandan olarak görevlendirilmişti. Çarlığa bağlı komşu küçük bir prens, klimanda ettiği kalesini kundakladı ve muvaffakiyetle neticelenmeyen bir gece baskınına teşebbüs etti. Akim Akimytch prens hakkında pek nazile davranarak, onun hücum teşebbüsünden haberdar olmamış gibi göründü. O, bu hareketlerin dağlara sığınmış eşkıyalar tarafından yapıldığı kanaatini görünür kıldı. Olaydan bir ay kadar sonra prensi bir nezaket ziyaretine davet etmişti. Prens, atına binerek tasasızca geldi. Akim Akimytch görevlileri harp divanı şeklinde topladı. Sonra davetlisinin ihanetini onlara açıkladı. Prense, bu hareketinden dolayı duyduğu hiddet ve üzüntüsünü izharla, kundak sokmanın utanç verici bir suç olduğunu ve bir küçük tabi prensin üzerine düşen vazifelerini sayıp döktü. Bu hitabesinin sonunda da prensi kurşuna dizdirdi. Bu idamı derhâl âmirlerine haber verdi ve bütün lüzumlu tafsilâtı saydı. Akim Akimytch derhâl tahtı muhakemeye alındı; harp divanına verildi ve ölüme mahkûm oldu. Fakat bu cezası değiştirildi ve ikinci sınıf kürek mahkûmu olarak Sibirya'ya gönderildi. Bu sınıfa on iki yıl kalebentlik cezası çekecekti. Kanunsuz iş yaptığını kendisi de kabul ediyordu; doğrusu prensin, usulüne uygun muhakeme edilmesi gerekirdi. Hâlbuki o, kendiliğinden hemen oracıkta bir harp divanı kurmuştu. Bununla beraber, fiilinin bir suç olduğuna kanaat getiremiyordu. Kendisine yaptığım itirazlara ise şöyle cevap veriyordu: "O, benim kalemi kundakladı, başka türlü hareket edebilir miydim? Ona teşekkür mü edecektim?"

Akim Akimytch haklıydı. İdama mahkûm etmekle prens hakkında harp hukukunu uygulamıştı. Mahkûm da ölümü hak etmişti. Fakat bilgisizliği yüzünden kendi başına bir harp divanı kurabileceğini, eşkıyayı muhakeme edip mahkûm edebileceğine inanmıştı. Muhtemeldir ki usulüne tevfikan harp divanı kurulmuş olsaydı, aynı mahkûmiyet hükmü verilecek ve prens de kurşuna dizilecekti. Fakat ikinci mülazımın suçu, bilgisizliği yüzünden harp divanını kanuna uygun bir şekilde kurmamış olmasıydı.

İşte aldanmıyorsam, Dostoyevski'nin uzun seneler zarfında zindanlarda tesadüf ettiği müstesna üç mert ve namuslu insan...

Nefret etmediği, dost edindiği, diğerlerinin arsızlık ve ahlaksızlıklarından uzak sadece bu üç insanı bulabilmişti. Bunlarda suçluluk vasfı yoktu. Sebebi de basitti; onlar sadece kanuna itaatsizlik etmişler, ama tezimize göre, tarif ettiğimiz hakiki bir suç asla işlememişlerdi. Bu istisnaların kaideyi nasıl teyit ettiği görülüyor; doğal suç (*délit natürel*) ve suçlu tipi (*type criminel*) hakkındaki düşüncemizin sadece kuvvetlendiğini görüyoruz.

III

Genetik ve doğuştan gelen suç yatkınlıkları

Biz, aslında psikolojik türden olan, özel hassasiyetteki eksiklik, maddi acılara karşı duygusuzluk, faaliyet gevşekliği gibi bazı belirtiler üzerinde durmayacağız; bütün bu teşhis alametleri üzerinde, henüz çok az kişi incelemeye tabi tutulmuş bulunuyor. Fakat, gittikçe gelişen bu araştırmaların, düşüncemizin ispatında büyük yardımları olacağı gün uzak değildir.

Cezaevlerindeki mahkûmların vücutlarına yapılan dövme nakışlarından dolayı cerrahi acılara gösterdikleri metanet, onlardaki hassasiyet derecesinin ne derece az olduğunu ispat ettiğine işaretle yetineceğiz.

Şimdi biz, reddolunamayacak bir hakikate temas edeceğiz: İrsiyet. Bu mevzuda şayanı dikkat ailelere rastlanmaktadır: Mesela, Lemaire ve Chrétien ailelerine, keza Yüke ailesine bakalım. Bu son aile şeceresinden 75 yılda 200 hırsız ve katil, 90 fahişe çıkmıştır; ataları olan Max bir ayyaştan ibaretti.

Thomson, 109 mahkûmdan 50'sinin birbirleriyle akraba olduklarını tespit etmişti; bunlardan 8'i babaları başka bir sabıkalı olan aynı ailenin çocukları bulunuyordu. Virgilio, 266 suçludan 195'inin dağılmış ailelerin mensupları oldukları, sıraca, kemik veremi, nekroz, akciğer veremi hastalıklarına genetik olarak sahip olduklarını tespit etmiştir. Fakat bu gözlemlerden en önemlisi şudur ki yapılan tetkikatta mahkûmlardan %32,24'nün kan ve civar hısımları olarak suçlu atalardan gelmiş olmaları, yani doğrudan doğruya genetik suçluluğa geçmeleri keyfiyetidir.

Şimdi gerek uzak gerek yakın akrabalar üzerinde yapılacak ince araştırmaların zorluğu ve keza büyük babadan önceki atalar üzerinde yapılacak gözlemlerin hemen hemen imkânsızlığını düşünecek olursak bu rakamların, suçluluğun genetik intikali kanununu nasıl ispat ettiğini anlayabiliriz. Fakat dahası var: İsmini söylediğimiz aynı düşünür, 48 sabıkalıdan (ki çoğunluğu hakiki suçlulardır) 42'sinin genetik olarak mütereddi özelliklerle doğmuş olduklarını tespit etmiştir.

M. Marro, bize son derece şayanı dikkat gözlemler ilave ediyor: Suçsuz 100 kişiden 24'ünün, suçlulardan da %32'sinin ihtiyar ebeveynden doğmuş olduklarını söylüyor. Tasarlayarak cinayet işleyen katiller için bu oran %52, alelade katiller için %40, dolandırıcılar için %37 olduğunu, hırsızlarla ırz ve namus aleyhine suç işleyenlerde ise, bu oranın yarısından daha aşağı olduğunu ilâve ediyor.

Marro, bu orantısızlığın zorunlu olarak çocuklara aktarılarak onları fena meyillere kabiliyetli ve ilgili yapan geç yaşlara has ruhsal karışıklık ve değişimden, büyük bencillikten kabaran hesabi hareketlerle, hasislik ve menfaat düşkünlüklerinden doğduğunu söylemektedir. İşte, bunun içindir ki tasarlayarak adam öldüren katilerle, alelade katillerde şefkat ve merhamet duygusu pek azdır; ihtiyat ve ikiyüzlülüğe ziyadesiyle ihtiyaç hisseden dolandırıcılarda bu oran pek ziyade yükseldiği hâlde, hırsızlarda bu oran çok azalmaktadır. Zira, hırsızlık meyli, daha ziyade zevk ve eğlence arzusundan, işsiz güçsüz kalmaktan ileri gelmektedir ki bu etkenler de sıcak ihtirasların hüküm sürdüğü gençlik çağlarının mahsulüdür. Aynı yazar, 100 suçludan 41'inin sarhoş oğula sahip olduğunu ve suçsuzlarda bu oranın %16'yı bulduğunu bildiriyor; yine bu 100 suçludan 13'ünün mahkûm kardeşe sahip olduklarını, hâlbuki ikincilerde bu oranın %1 olduğunu ilave etmektedir.

Bize lazım olan, kesin sonuçlara ulaşabilmektir. Bozuk (mütereddi) özelliklerin genetik intikali fikrine nasıl karşı olunabilir; hatta pozitivizmin muhasımları bile şu yönünü kabul etmişlerdir: İrsiyet. "Olgular vücut yapısına yaklaştıkça, etki daha kuvvetle hissedilir."[22]

---

[22] Caro, "Essais de Psychologie sociale", Revue des Deux - Mondes, 15 Nisan 1883.

O hâlde, suçun genetik aktarımı bütün anlamı, bir idealist tarafından çizilen şu açık ve belirli sahaya bağlı kalmış oluyor. Şayet suç, bu kısım ruhsal duygunun eksikliğini, yani bu ruhsal tarafın, az belirgin, safiyeti pek az, zarafet ve hassasiyeti sakat, bedenle olan bütünlüğü pek bariz olduğuna delalet ediyorsa, suça eğilimin genetik sayesinde, bütün diğer hasletler gibi, kolayca geçebileceğini kabul etmek gerekecektir. Bu eğilim, en yüksek hassasiyet (*sensibilité supérieure*) hâlleri için olmayıp, özellikle en ziyade müşterek olan ruhsal hassasiyet (*la sesibilité morale la plus commune*) için geçerlidir; bu duygudan tamamen mahrum ana babadan doğan çocuklarda ise, en ziyade müşterek olan ruhsal hassasiyet duygusunun bulunmaması bir zaruret olmaktadır. Şayet, bütün canlı varlıkları bünyesinde toplayan biyolojik bir kanuna istisnalar getirilebilirse örneğin, veraset kanunu gibi, söylemek lazımdır ki bu istisnaları tam bir inançla burada bulmaya imkân yoktur.

Bizim istatistik bilimimizden mahrum eski tarihli, sözel, büyük doğal kanunlara vâkıf bulunuyor; bizden daha akıllı olarak ondan faydalanıyordu. Birçok aile bireyi, toptan bulaşık ve kötü diye ilân ediliyordu. İncil'de beşinci şecereye kadar uzanan beddualar olduğu hatırlanır. Çağdaş bilim bu sınırlamaları tasvip etmektedir zira bu bilim bize hayırda olduğu gibi, şerde de pek aşikâr ruhsal özelliklerin, ailenin beşinci şeceresinden daha ileriye uzanmadığını ispat etmektedir. [23]

Suça eğilimlerin doğuştan getirilen özellikleri böylece tespit edildikten sonra, sabıkalıların korkunç sayısından hayrete düşmemek gerekir. Hâlbuki cezaevlerini birer ıslah yurdu yapmak isteyen correctionnaliste okul, pek safiyane olarak, bunun sebebini cezaevlerinin bulunduğu şartlara, hapishane teşkilatı sisteminin bozukluğuna atfetmektedir. Bu hatalı görüş, cezaevlerinde sakıncalı hâllerin giderilmesine rağmen, aynı oranın hemen hemen değişmediği anlaşılıncaya kadar devam etti. Hâlbuki sabıkalı ol-

---

[23] Ribot, *L'Hérédité psychologique*, Paris, 1882.

maları asıl kural olup suçlunun ıslahı hal etmiş olması pek nadir bir istisnadır. Resmî rakamlar bize bütün hakikati gösteremiyor; zira, suç işlemeyi meslek hâline sokmuş kimseler, adaletten yakalarını sıyırmayı da pek güzel becerebilmekte olduklarından, adları hemen hemen gizli kalmaktadır. Bunun dışında, ceza kanunları sabıkayı sadece bazı özel durumlara bağlamıştır; yalnızca bu hususi sabıka hâllerini kabul etmekte, diğer hâllere de ancak bir seneden aşağı olmayan hapis cezasını veya sadece ağır ceza mahkûmiyetlerini sabıkaya esas tutmaktadır.

Bütün bunlara rağmen, kanuni sabıkalıların oranı Fransa'da %52, Belçika'da %49, Avusturya'da %45'tir! Bir yazar ise "Bunlar daima aynı suçları işleyen aynı kimselerdir." diyor.

IV

Hangi anlamda kaza ve kader suçlu yoktur diyebiliriz. - Hastalıklı hâller. - Tamamen ahlaki anormallik - Acaba bu çeşit anormalliğe de hastalıklı bir karakter verebilir miyiz? - Hayatın esaslı şartları. - Suçlu ancak medeni insana nazaran anormaldir. - Hastalıklı olmayan anormallik - Meşru ölüm cezası.

Bugün genetik suç yatkınlıklarının (*les penchants criminels innés*) varlığına inanan düşünürler pek azdır, ancak bu meyilleri bazı hastalıklarla ilişkili (*pathologique*) hâllerle bağdaştıranlar çok fazladır ve bu düşünürler, suçluların çoğunluğunun sadece bedensel değil, bedensel ve zihinsel rahatsızlıklarının olduklarına inanmaktadırlar.

Bize gelince, biz dış etkenlerin önemini inkâr edemiyoruz. Bu etkiler, suç azminin (*la détermination*) dahi doğrudan doğruya etkeni bulunuyorlar. Bu etkenler: toplumsal çevre, maddi ve ahlaki şartlar, örf ve âdetler, emsal, iklim, alkolizm vs. Fakat biz, suçlunun kendisinde, başka insanlardan farklı, genetik bir unsurun daima mevcudiyetine de inanmış bulunuyoruz. Tesadüfi suçlu denmesindeki amaç, ruhsal ve ahlaki mükemmeliyette olmasına rağmen bir kimsenin, bağlayan dış etkenlerle suç işleyebilmesi ise, bu türden suçluların mevcut olmadığına inanıyoruz. Doğrusu, 100 kişi aynı etken karşısında bulunsa, aralarında ancak bir kişi suça sürüklenebilir; şimdi şu konuyu iyice itiraf etmeli ki bu şahıs, aynı etken karşısında diğerlerinden farklı bir etki almıştır; öyle ise, o insanda uyumsuz ve uzlaştırılamaz bir hâl, kendi şahsına has bir şey, hastalıklı bir mizaç (veya hastalıklı istidat: *Diathèse*) mevcuttur.

İşte, sefalet içinde yüzen bazı sınıflarda bir kısım şahısların işlediği suçları ele alarak, bu sefaletleri suçun dayanağı gibi gösteren bir kısım düşünürlere bu suretle cevap vermek mümkün olacaktır. Fakat, bir kere, sefaletten aynı derecede mustarip bu tabakaları teşkil edenlerin hepsi suçlu değildirler; bunlar daima çok küçük bir bölümü teşkil ederler. Bu zümre, olsa olsa, Lacassagne'nın dediği gibi, içinde birer mikrop olan, suçluların geliştiği bir vasattan ibarettir. Bu mikroplar, başka şartları haiz bir vasatta, belki de meçhul suçlular olarak faaliyetsiz kalacaklardı. O hâlde, suçluları iki ayrı sınıfa ayırmak, anormal suçlular, tabii suçlular demek mümkün değildir. Suçluları, ancak mensup oldukları gayritabiilik (*anomalie*) derecesinin kuvvetli veya zayıf olmasına göre sınıflandırmak mümkündür. İşte ben, eserlerimde bahsettiğim insiyaki suçlular (*les délinquants instinctifs*) ve tesadüfi suçlularla (*les délinquants fortuits*) anlatmak istediğim budur. Birinciler ruhsal seziş ve insiyaki egoizm gücünden mahrumdurlar; ikinciler ise M. Benedikt'e göre, maddi bir zevke müptela, ruhsal bir nevrasteni, yani dış âlemin tahrik ve tazyikine direnmeye yetkin değildirler. Birinci sınıfta, önce bazı patolojik hâlleri ayırmak lazımdır, budalalık, delilik, histeri, epilepsi gibi suça tahrik ve tazyiklere yardımcı olan bu hâller, aileden ya da sonradan kazanılmış olabilir. Bunlardan sonra bazı ruhsal olan anormallikler (*l'anomalie exclusivement morale*) gelir, bundaki özellik bozulmuş veya basit ruhsal insiyaklardan tamamen mahrumiyettir ki, bu bir sakatlık değildir.

İşte, bu son nokta üzerinde büyük şüphelere düşülmüştür. Aleyhimizde önce suça meyillerin ya da içgüdülerinin esiri olan bir iradenin kaderine inanmayanlar bulunuyor; bunlar ancak bir vücut yapısının hususiyeti düşüncesiyle, bir insanın suça itilebileceğine inanmaktadırlar; onlarca bu hâlde zekâ asla rol oynayamaz ve mevcut sakatlık iradi hareketlere hiçbir surette imkân veremez. Meseleyi bu umumi düşünceye göre tartışmaktan kaçınıyoruz, şayet bütün suça meyillerin, zorunlu surette fiiliyata inkılap edeceği fikrinde bulunduğumuz zannediliyorsa, biz sadece ortada bir yanlış anlama bulunduğunu söylemekle yetineceğiz. Bilâkis, biz bunun aksine inanıyoruz ve bu suç meylinin izharı hâlinde, harici sayısız iyilik hâlinin birleşmesiyle ve hatta genetik olarak ruhsal içgüdüleri bozulmuş kimseler tarafından bile bastırılabileceğine inanıyoruz.

İrade ister birçok kudretlerin sonucu olsun ister genetik bir ruhsal hareket teşkil etsin, güvenli olan husus şudur ki suça sürüklemelerden daha etkili bir şey kabildir: Örneğin, giyotin korkusu ya da suçtan hasıl olacak menfaatlerden daha fazla menfaatlerin kaybedilmesi ihtimali.

Şu konuyu de ilave etmeli ki ahlaki anlayışın kökeni, suçun belirli olan bir zamanda meydana gelmesi için şart olup, yoksa bu hissin yokluğu suçun mutlaka icrasını gerektirmez; nitekim bundan mahrum niceleri vardır ki asla suçlu olmazlar, arzu ve ihtiraslarını, başkalarına en küçük bir zarar vermeden bastırırlar. İşte, suç içgüdüsüne sahip meçhul kimselerin hayatları boyunca namuslu kalışları bundan dolayıdır; zira, işleyecekleri suçlardan bekledikleri menfaatleri temin edebilecek anla asla karşılaşmamışlardır. Ama, bu fazileti iradesine medyun görüp, bulunduğu şartlara bağlamak istemeyen de bu inancında serbesttir!

Şimdi tamamen başka cepheden gelen, çok farklı diğer itiraza geçiyoruz. Pek çok psikiyatrist, suçlulardaki anormallikleri ruhsal delilik (*la folie morale*) adıyla deliliğin şekilleri arasında sıralamaktadırlar. Biz, bunun eksik ve yanlış bir tabir olduğuna inanıyor ve bu tabirin bilimsel sözlüklerden tamamen silinip atılmasını zaruri görüyoruz. Çünkü bu tabir her şeyden önce yanlış anlaşılmaya yer vermektedir; zaten hep bu tabir yüzünden değil midir ki kurduğumuz okula, cinayet vakalarından delilik konusuna ait bir bölüm meydana getirmek istediğimiz iddia edilerek hücumlara kalkışılmıştır. Bunun dışında, cinnet (*folie*) kelimesi, zihinsel delilik (*aliénation mentale*) tabiriyle de eşanlamlıdır. Şimdi, gerek düşünce (veya akıl), gerekse his kudretleri aynı sinir sisteminde bulunmalarına rağmen, her iki faaliyetin birbirlerinden tamamen farklı olduklarını, bunlardan birinin, düşünce kudretinin mükemmelen teçhiz edilmiş olduğu hâlde, diğerinin hislere ait kudretinin ise, anormal bulunması mümkündür. Ve nihayet (*folie*) ya da (*aliénation*) kelimesi bir maluliyet anlamına da gelmektedir; zira Despine'in ileri sürdüğü hastalık olmayan cinnet kabul edilmemektedir. O hâlde, bizim insiyaki suçlular hasta kimseler değildirler. İşte bu noktada bir parça durmak zorunda kalıyoruz:

Suçluların sinir bozuklukları hakkında az önce taslağını göstermeyi denediğimiz bedensel ve ruhsal özellikler dışında, teşhis imkânları mevcut değilse, ne fikirsel kudrette en küçük bir karışıklık ve ne de başka çeşit bir belirti yoksa, mesela, histeri veya epilepsi gibi, acaba bu takdirde ortada patolojik bir hâl vardır, denilebilecek midir?

Hastalık ve anormallik kelimeleri belli ve bariz vasıflarını muhafaza ettikçe ancak, olumlu cevap verilebilecektir. Bu vaziyete göre, bütün beşerî sapıklıklar, bütün bedensel teşekkül bozuklukları, bütün karakter, garabetleri, bütün mizaç özellikleri birer hastalıktan ibaret olsaydı, fizyolojik ve patolojik hâller arasında bir ayrım yapmaya imkân kalmayacaktı.

Şimdi bir kere düşünelim, bedensel veya ruhsal hususiyetler arz etmeyecek dünyada hemen hiçbir birey bulunmadığına göre, sıhhatli olma hâli bir hayalden ibaret kalırdı ve bu kelimenin etkeni hiçbir anlamı olamazdı. Hâlbuki gerek bedensel ve gerek ruhsal bir sağlık hâli mevcuttur; keza her iki merhale arasında aracılık eden bir sağlık sahası dahi vardır; ancak akıl hastalıkları bize bu sahanın tam bir tarifini henüz vermemiş bulunuyor. Böyle olmasına karşılık, bu hâl her olayda deli ile normal adamı ayırt etmeye engel değildir.[24]

Anomali ile sakatlık arasındaki ayrım yeni değildir, bunun ispat delilleri çoktur. Bunlardan bir örnek veoyim: Digeste, bir esirin satışına ait sözleşmenin butlanından bahsederken, vitium'u morbus'ten ayırt etmektedir: "Uiputa si quis balbus sit, nam hunc vitiosum magis esse quam ınorbosum."

Sabinus ilave ediyor: Dilsiz, bir alildir; ancak güçlükle konuşmasına rağmen meramını anlatabilen kimsc alil değildir... Bir dişi eksik kimse alil değildir (*Paulus*).[25] Biz de aynı şeyi söyleyeceğiz, bir kısım içgüdülerden mahrum kimse, anormal (vitiosus) bir insan olup hasta (*morbosus*) değildir. Bir İtalyan akıl hastalıkları uzmanının sözleri öne sürülerek bu fikre itiraza kalkışılabilir: "Maluliyet, sadece anormal şartlara bağlı bir hayat tarzıdır. Ve bu düşünceye göre, sıhhatle hastalık arasında bir zıtlık mevcut değildir.[26]

Biz kendi kendimize şu hususu sorabiliriz, acaba bilim, insanlığın bunca zaman asla üzerinde akıl yürütmekten kendini alamadığı, bazı kelimelerin anlam ve açıklamalarını fesh ve ilgaya yetkili midir?

Hastalık ve maluliyet kelimeleri, daima uzviyet cihazının veya sadece musap olduğu kısmın çöküş hâlini ifade etmektedir; zarar yoksa iyileşme var demektir, her zaman birçok anomalilerde olduğu gibi devamlı bir istikrar olamaz.

Fakat maluliyeti hayatın bütün anormallik şartlarına yaymak fikrini kabul edersek, ileri sürdüğümüz bakış açısında hiçbir şey değiştiremeyiz. Doğrusu, anormal şartlardan neyin amaçlan-

---

24 Taylor, *Traite de médecine, légale*, Kitap: XI, Bölüm: LXI, Paris, 1881.

25 Digeste, XXI.kitap, I. Bölüm, bkz: Fioretti, *Polémica in difeşa della scuola criminale positiva*, 1886, s. 254.

26 Vigilio, *la Fisiología et la Patología della mente*, Caserta, 1883.

dığını bilmek için, hayatın tabii şartlarını tespit ve tarif etmek gereklidir. Acaba bu şartlar denince bir milletten, bir ırktan ya da bütün bir insanlıktan mı bahsediliyor?

Fakat şu husus esastır ki fizyolojik veya patolojik hâller denince, bütün ırklardan bağımsız ve bütün insanlığa özgü mefhumları anlamak gereklidir. Kırçıl saçlar, kısa ve yayvan burun, uzun çene bizim ırkımızın anormallikleridir; ancak bunlara hastalıklı bir vasıf verilemez, zira bu insan tipinin bir bozukluğu değildir; bu anormallikler, hatta bazı aşağı ırkların bariz vasıflarıdır. Anormallikler, beden cihazının faaliyetlerini ne aksatırlar ne de bozarlar. Aynı şeyi ruhsal özellikler için de söyleyemez miyiz? Hissizlik, basiretsizlik, kararsızlık ve vefasızlık, vahşet ve gaddarlık bizim ırkımızda istisnai vasıflardır; ama başka ülkelerde bizim gibi karşılamayanlar olabilir. Öyleyse, genus homo ile ilgili bir anomali yok demektir, bu ilişki veya nispet ancak medeniyete kavuşmuş milletlere mensup kemale ermiş (*perfectionné*) insan içindir. Şimdi, yaptığımız ayrımı daha iyi takdir etmek için, başka türden olup doğuştan gelen şu ruhsal bozukluklara dikkat etmek yeterlidir: Düşünceleri tevhit ve tanzim etme kudretinden yoksunluk, hafıza yokluğu, dil tutukluğu, bütün dışsal tembih ve tahriklere karşı tam bir ruhsal alakasızlık, işte şüphesiz olan bu malûliyetler... Zira, bunlar kendi türlerine göre birer anormalliktirler: Doğrusu, bu gibi hâllerden dolayı arızalı olan böyle bir düşünce cihazı, bir ırka has, bir hususiyet değildir; bu hâl, bu cihazın ruhsal bir gelişim seviyesini göstermez, çünkü, insanın doğumu ile bu arıza esasen mevcuttur. İnsiyaki tereddi ile ruhsal anlayış arasında ne büyük fark!

İkincisinde bedensel cihazda herhangi bir bozukluk yoktur, hayat için zaruri fizyolojik şartlar aynı kalmaktadır, bundan sadece şu sonuç çıkar ki o da birey içinde bulunduğu çevre ile uyum sağlayamaz. Ancak bu uyum sağlayamamak keyfiyeti o muhitin müteaddit ailelerden oluşması hâlinde gerçek olup, şayet bu muhit bir tek aileden ibaretse, uyumsuzluk sorunu olamaz, zira tek aile de hâkim olan hissin bencillik olduğunu ve bu hissin o ailelerin saadetine yettiğini daha önce görmüştük.

Ve bunun dışında, bu aileler birliğinin vahşet hayatı sürmemeleri gerektiğini de eklemeye gerek var mıdır? En büyük vahşet ve şiddetlerin, en çılgınca şehvet ve behimi şenliklerin hemen hemen doğal karşılandığı kabileler olduğu görüldü. Bazen zevk için adam öldüren Yeni Zelandalılar ve Fijililer her türlü merhametten mahrumdurlar ya da daha doğrusu bu içgüdüsel merhameti sadece kendi aile fertlerine karşı duyarlar. Buna rağmen bu insanlar hasta değildirler; onlar da her fırsatını buldukça hırsızlıktan kendilerini alamayan Afrika siyahilerinden daha az sıhhatli sayılmazlar.

Ne bizim ırkımıza bakarak anomali arz eden bazı vasıflar, ne de psişik evrimin durduğunu gösteren bazı nişaneler bir kimseyi hasta olarak nitelendirebilir. Doğrusu, bu nişaneler bazı vahşi milletlerde müşterek vasıf olduğu gibi, suçlu tipinde de mevcut bulunmaktadır. Altürist duygunun her tarafa uzanmamış olmasının önemi fazla değildir. İnsanlığın tamamen ilkel bir devresi yaşanmıştır; yani bu zamanın insanları ancak kendi ailelerinin ve çok nadir olarak da kabilelerinin hudutlarını aşabiliyorlardı. Ama şayet, bu geri devre insanları sıhhatliyseler, onlara o kadar benzeyen ve belki de esrarlı bir atavisme (ecdat veraset ve müşabeheti) ile atalarından almış oldukları ve bugün için moral birer anormallik telakki olunan çizgileri taşıyan suçlu tipler niçin sıhhatli olmasınlar?

Etik anlamda bir maluliyet telakkisi karşısında, şu mutlak mantıki sonuç meydana çıkar: Aynı malûliyet az veya çok vahim olabilir ve toplumsal şartların mükemmeliyet derecesine göre büsbütün izale edilebilir; şu suretle ki aynı şahıs, medeni bir memlekette ağır hasta, yarı vahşi diyarlarda endişe verici şekilde hasta, ve fakat Fiji, Yeni Zelanda adalarında, veya Dahomey'de tam sıhhatli telakki edilebilecektir!

Böyle bir anlayış tarzı manasız ve gariptir; patolojik hâllerden bahsedilince insanın modern olup olmadığı düşünülmez, keza o insanın Taş devrine oranı tartışılamaz; Malezyalı, Polonyalı ve Anglo-Sakson olup olmadığının da önemi yoktur. Zira, insan hayatına ait esasi şartlar hep aynıdır, bu şartlar bir devreye, şu veya bu ırka göre değişmez. Sonuç olarak, ancak patolojik olmayan ve moral vasıflar taşımayan anormallikleri kabul etmek mümkündür. Çağdaş bir akıl hastalıkları uzmanı bunu çok güzel ifade etmiş bulunuyor: "Buna sebep, duygularla gayriahlaki eylemler arasındaki mevcut münasebeti ve keza beden cihazının bazı hususiyetlerini anlamak istemiyorlar. Hâlbuki, bu münasebet ve hususiyetin vasfı olan ifade ve çizgiler, ancak bariz olduğu takdirde, bunlar birer hastalık göstergeleri gibi kabul ediliyor." [27]

Biz ruhsal bir cinnet kabul etmiyoruz. Hiç şüphe yoktur ki hakiki patolojik mahiyette son derece tereddi (ahlaki bozukluk: *Perversité*) hâlleri vardır. Fakat bu ifrat, epilepsi ya da histeri gibi, sinir hastalığının ya da bir çeşit cinnet olan melânkoli, ileri kötürümlük ve budalalık (*imbécilité*) gibi bir cinnet türü olmaktan başka bir şey değildir. Hâlbuki, fizyolojik faaliyetlerin bozukluğu bulunmadıkça, bireyin toplum muhiti ile zıddiyeti ne olursa olsun, ortada bir maluliyet yoktur.

İşte meseleyi tamamen halleden bir gözlem.

Dış alemi idrak, deli ya da budalada abartılı bir duygu hâli yaratır. Bu intibalar da dışsal etkenlerle uyumlu olmayan, ruhsal bir silsileye (*processus psychique*) sebep olur; böylece bu etkenlere delinin gösterdiği tepkiler arasında bir irtibatsızlık oluşur. İşte alelade bir hissin etkisiyle korkunç bir cinayetin işlenmesi bundandır... Hatta karşısında bulunan bir kimsenin yüz çizgilerinden sıkılarak bile aynı cinayeti işleyebilir. Grandi adında yarı budala bir şahıs, atölyesinin önünde gürültü patırtı çıkaran komşu çocuklarından kurtulmak için, onları sıra ile dükkânının dibine sürüklemiş ve gece oluncaya kadar hapsetmiş, ama karanlık basınca diri diri oracığa gömmüş; rahatça çalışabileceğini hayal ederek çocuklardan on ikisini öldürmüştür. Bu cinayetlerin başkaca bir

---

[27] Buonvecchiato, *Il Senso morale e la Follia morale*, Padoue, 1883, s. 228.

etkeni yoktu. Edgar Poe tarafından anlatılan bir deli, şaşı bakışından sıkıldığı için amcasını boğmuştur. Diğer hâllerde, patolojik bir hazzı tatmak amacıyla da cinayet işlenir; Maudsley'nin anılarında bahsettiği deli, "Öyle sevimli, sıcak ve gürbüz şeyler ki!" diyerek küçük kız çocuklarını boğazlamıştır.

Hakikat şudur ki ahlaki anlayışın kökeni, her suçun meydana gelişini her zaman ifadeye yeterli değildir. Bazen, belirsiz bir hastalığı şiddetle hissettiren kabarmış bir nefis, insana musallat olur. İşte bundan dolayıdır ki T..., uşağının kendisini, terk etmesine gücenerek, pusuda beklemiş ve onu bir kurşunla öldürmüştür. Bu bedbahtın hareket tarzı bir başkasını ancak pek hafifçe sinirlendirebilirdi. Fakat o, bu terk yüzünden kendinin hacilâne terk edildiği düşüncesiyle, ancak kanlı bir intikamla onurunu kurtarabileceğini kararlaştırmıştır. Bu gibi durumlarda, düşünceyle netice arasında orantısızlık olduğu söyleniyor. Bu iddia tarzı, filozof gibi düşünülürse anlamsızdır; zira bu oran her zaman bulunmaz. Zaten saikin her zaman biricik kıstas olacağına inanmamanın sebebi de işte budur. Yapılacak şey, yetersiz saike, abartılı bir özsaygı sebebiyle yok olan ahlaki duyguyu, ileri bir böbürlenmeyi, aşırı bir alınganlığı, mahiyetlerini tahlil ve bilhassa suçlularda ne kadar çok olduğunu gördüğümüz bütün bu vasıfları ilave etmekten ibarettir.

M. Tarde, ruhsal cinnet ile içgüdüsel suç arasındaki farka ait fikirlerimi kabul ediyor ve bu farkın çok esaslı olduğuna dair şu dikkate değer açıklamada bulunuyor: "Deli için fenalık yapmak bir faydadır ya da Maudsley'nin düşüncelerine göre söylemek gerekirse bir haz vasıtasıdır." Bir katilin idam hükmünü infaz edenin kalbine, karşı konulamaz bir hastalıklı baskı dolayısıyla teskin ve teselli duygusu yayılır. Fakat bu hazzın tabiatı anormaldir ve işte bu suça dair bir hazdır ki suçluyu deliden ayırır.

"Suçlunun ruhsal (veya hissî *Affective*) anormallikleri olduğu doğrudur fakat o, kısmen veya tamamen, bazı duygusal (*Symphatique*) ıstıraplardan, namuslu insanların aşağılanmasına engel olan bazı kuvvetli tiksinmelerden mahrumdur. Hastalıklı bir letafet ve cazibenin tesiriyle suça itilme, başka şey olduğu gibi, dışsal ayartmalardan sıyrılmaya engel olan iç varlığının hamlesinden yoksunluğu dahi başka şeydir."

Belki de bizim anomalide olduğu kadar, hastalıkta da bir bedensel özü (*substratum somatique*) kabul ettiğimiz dikkate alınarak, zannedilebileceği gibi, ortada basit bir kelime işi mevzubahis değildir. Ceza bilimi bakımından, bu farkın önemi pek büyüktür; bu fark, ölüm cezasının meşruiyetini ispata yaramaktadır. Zira, şayet suçlular acı çeken birer hasta olarak kabul edilirlerse ölüm cezası faydasız ve sebepsiz olacak ve bu sona sürüklenenler ise merhamet ve sempatimizi kazanacaklar; çünkü işledikleri cinayetler, maluliyetleri sebebiyle meydana gelmiş birer kazadan ibaret kalacak, yoksa karakter ve mizaçlarının bir neticesi olamayacaktı. Zihinsel cinnet Shakespeare'in dediği gibi: "Zavallı Hamlet cani olmuştu... Bu illetle öyle perişan düşmüştü ki, onu görenler de öylece perişan oluyorlardı." Karakter, mizaç ise bilâkis, şahsın moral çehresidir; bunlar idrakin ta kendisidir.

Bunun dışında bu ayrım, anormallikleri aşırı derecede olmayan suçluları, tasavvur edecekleri suçları işlemekten menedecek muhitleri araştırmaya ya da namuslu faaliyetlerin onlara kötü faaliyetlerinden çok daha fayda getireceklerini göstermeye imkân verecektir; öyle olacak ki ahlaki kötülükleri gizli kalacaktır. Delilerde ise bu gayretlerin faydası yoktur; çünkü onlar iç âlemlerinin itme kudretine karşı koyamayan acizlerdir.

İşte bizim tehlikeler saklayan ruhsal cinnet tarifini yıkmak isteyişimizin ve suçluyu deliden açıkça ayırt etmek için didinmemizin sebebi de budur.

V

Tipik suçlu - Böyle bir suçlu, bir vahşi ile karşılaştırılabilir mi? -- Atavizm ilkesi.

Tipik suçlu, özellikle anatomik ve ruhsal anormallikler gösteren, işaret ettiğimiz mütereddi vasıflarla telif olan ve bir evrimin mahsulü bulunan, altürist duygulardan tamamıyla mahrumdur.

Tam ve mükemmel bir egoizm mevcut olunca, yani hayır severlik ve merhamet duygusu bulunmayınca, artık adaletin izlerini araştırmak faydasızdır; zira adalet duygusu daha sonra gelen, ahlaki bir gelişim ve evrimin mahsulüdür. Aynı suçlu, fırsatını bulunca hırsız ve katil olur; başkalarının malına nail olmak, mirasına konmak için; karısından kurtulmak ve başkası ile evlenmek arzusu ile öldürecektir. Ya da bir şahitten yakasını sıyırmak için, ya da pek ehemmiyetsiz ve belirsiz bir haksızlığın intikamını almak için ve keza hünerini, keskin bakışını, kuvvetli yumruğunu, jandarmalardan yılmadığını ve nihayet bütün bir sınıftan nefret ettiğini göstermek için öldürecektir!

Acaba bu tipik suçlu tarih öncesi insanı (*l'homme préhistorique*) mı temsil ediyor? Modern vahşilerle kıyas edilebilir mi? Lombroso'nun bu fikri Tarde tarafından yıkılmış bulunuyor. Ben bu fikrin ne lehinde ne de aleyhinde deliller ortaya atacak değilim. Fakat ben sadece, şu konuya işaret etmekle yetineceğim: Şayet biz evrimci düşünceyi kabul edecek olursak bu tipin, münferit yaşayan ve hakikî insaniyet duyguları olmayan, tarihten evvelki zamanlara ait insanı temsil etmesi fikrini kabulde zorluk çekmeyiz. Bununla beraber şu hususa işaret etmek lazımdır ki bu insan, toplumsal hayatın şartlarından mahrumiyeti dolayısıyla kendisinde insani duygular gelişememiştir; hâlbuki suçluya gelince, o daha doğuştan itibaren toplumsal hayatın şartları içinde olduğu hâlde, bu insani duyguları hissedebilmek kudretinden mahrum bulunuyor. Anatomik vasıflara gelince, en çok dikkati çekecek benzerlik bazı Neanderthal[28] kafataslarında görülen ölçüsüz orandaki uzun ve yayvan çenelilik tir.[29] Ancak Topinard'ın dediği gibi, bu özellikler kesin bir sonuca varmaya yeterli değildir.[30]

Delillerin hepsi elimizde değildir; böyle olmasına rağmen, prognathisme'in mütereddi bir vasıf olmasında endişeye yer yoktur. Zira, uzun ve çıkıntılı çene, Afrika ve okyanusların siyahi ırkının belirgin vasfı ve Avrupa ırkında ise tesadüfi olduğu kabul edilmektedir.[31] "Kelimenin herkes tarafından bilinen basit anlamı ele alınınca beyaz ırkın asla uzun ve yayvan çeneli olmadığı söylenebilir; san ve siyahi ırklar ise muhtelif derecelerde bu hususiyeti haizdirler."[32] Fazlasıyla mütereddi olan topluluklarda ise, Hottentotlar (Boschimans ve Namaquois)[33] gibi, prognathisme son derecede yaygındır ve bu hususiyet bütün bir insanlıkça bilinir.[34]

Öyleyse, ilk atalarımızın bu vahşi insanlardan daha fazla uzun çeneli oldukları düşünülebilir ve Neanderthal kafataslarının, Mamouth[35] devrinin istisnaları olabileceğini kabul ederek,

---

28 Neanderthal: Almanya'da Rhein Nehri mıntıkasında, Dusseldorf şehri vadisinde bir kasaba olup bu civarda dördüncü devre ait insan kalıntıları bulunmuştur. İşte bu keşif dolayısıyla Neanderthal insan denir ve burada bulunan kafatasları en eski insan tipine ait olmak üzere pek bariz surette çıkıntılıdır (Dolichocéphale).

29 Lombrosa'ya göre, prognatisme oranı suçlularda %69'dur. Marro alt çenenin aşırı gelişme oranının %52 olduğunu, lakin kanlı katillerde ise bu gelişme oranının %66'yı bulduğunu söylüyor.

30 Topinard, *Anthropologie,* Paris, 1879, s. 451 ve 452.

31 Topinard, *Anthropologie,* s. 284.

32 Topinard, *Anthropologie,* s. 390.

33 Boschimans ya da Beojesmans ve keza Buchnien denilen Güney Afrika'nın vahşi insanlarına verilen isimdir. Bunlar Orange'ın ve keza Cap müstemlekesinin kuzeyine yayılmışlardır. Namaquois'lılar ise Güney Afrika'da, Namaqualand protektorasında yaşarlar. Bütün bu vahşiler Hottentot'ların esaslı şubelerini teşkil ederler.- Ç.N.

34 Topinard, *Anthropologie,* s. 289 ve 290.

35 IV. devirde Avrupa ve Asya'da yaşamış çok iri ve uzun tüylerle kaplı bir tür fil.

Topinard gibi, onların da atavizm yolu ile üçüncü devre[36] ait bir ırkın mümessilleri olabilirler.

İşte böylece, suçlularla insaniyetin mütereddi ırkları arasındaki yakınlaşma esasına temas etmiş oluyoruz. Anatomik vasıfları bir tarafa bırakarak, Tarde, bize itirazla, alicenap vahşilerin de bulunduğunu söylüyor. Bu iddia doğrudur, ancak yine de ayrım yapmak lazımdır. Birbirlerinden farklı yüzlerce vahşi ırk vardır, bir kısmı toplumsal şartlar bakımından diğerlerinden çok daha ilerlemişlerdir. Hiç şüphesiz içlerinden kimse tarihten önceki insanı tam temsil edemez. M. Bagehot bu meseleyi çok mükemmel bir biçimde aydınlatmaktadır: "Bazı hâllerde, diyor, tarihten önceki insan, modern bir vahşiden çok daha farklı olması lazımdı."[37] Acaba XVIII. yüzyıl filozoflarının yaşadığı bir devrin vahşisi hakikaten sükûn ve huzur bakımından ilk atalarımızdan bu kadar ileri midir? "Özellikle hayatı bin bir çeşit garip itiyatların esiri, zihni bin türlü acayip hurafelerle dolu, kalbi ise bâtıl inançların korkunç baskısıyla kaplanmış hâldedir."

İlk atalarımıza gelince, "Onlarda, çağdaş vahşilerin tabi oldukları sabit inançlar yoktu. Ancak onların da bugünkü vahşiler gibi, kuvvetli ihtirasları, zayıf bir zihinleri vardı. Vahşiler gibi onlar da geçici olan şiddetli bir hazzı, sükûn dolu ve devamlı bir sevinç ve neşeyi tercih ederlerdi; onlar da hali istikbale feda edebilmek kudretinden mahrumdular, bugünkü vahşiler gibi, onların da çok ilkel, fazlasıyla eksik moral anlayışları, vardı."[38]

Şimdi bu ortak özelliklerin yanında, büsbütün farklı vasıflar da vardır. Keza suçlularla çocukların doğal istekleri arasında benzerlikler de görülmüştür; ama bu konudan dolayı, tam bir mutabakat olduğu iddia edilecek kadar da ileri gidilmemiştir; ancak bu ortak özellik ve çizgiler mütereddi diye adlandırılmakta ve zira, insani başkalaşım ve evrime bakarak çok az bir gelişim kaydet-

---

36 Miocène ve Pliocène devirleri.

37 Bagehot, *Lois soientifiques du développement des nations*, Paris, 1882, s. 131.

38 Bagehot, *Lois soientifiques du développement des nations*, s. 123.

mektedir. Ben, benzerlikler üzerinde fazla durulmaması kanaatini taşıyorum. Pek çok suçluda öyle vasıflar vardır ki bunları atavisme isnat etmek kabil değildir ve hakikatte bu vasıflar anormal bulunur: İşte Tarde'ın vardığı neticeleri kabul edişimin sebebi de budur. Şu konu malûm olsun ki suçlu, "Bir dev, bir ucubedir; ucubeler gibi onda da tereddi çizgileri, geriye ait mazinin ırk ve insanlarının vasıfları mevcuttur. Fakat bu ucube maziye ait bu vasıfları muhtelif şekillerde nefsinde toplamaktadır. Bundan dolayıdır ki atalarımızı bu numunelere benzetip öyle tasavvur etmekten sakınmalıyız." Aynı yazar daha ileride şunu söylüyor: "Atavizmin tezahürüne zaman zaman, tıpkı bir taşın suyu sathına değip sekerek gitmesi misali, uzak ve genetik faktörlerle meydana çıkışına, bu tezahüre ait olup suçlu doğanlara has bu belirtilere hiçbir itirazım yok. Hayatında, kendisine görünmeyen bu ucubelikten bazı unsurlar alıp benimsemesi lazımdır, yaratıcı muhayyelenin nadiren açık bulundurduğu hazineden bir dehâ yaratmış olması hâli müstesna, ama bir ucube, bir canavar, bir suçlu veya bir deli fırlattığı takdirde asla elde edilemeyecek olan bu elemanları, bünyesinin hâtırasında bulunmuyorsa, onları nereden bulacaktı?"

"Bu ucubelikleri nereden alıyor?" sorusuna M. Sergi tereddütsüz cevap veriyor: "İnsani olmayan aşağı hayvaniyetten," diyor. Morfolojik anormallikler içinde insani olmayan atavizmin mevcudiyeti kabul edildiğine göre, karşılıklı eylemlerde bu hâl niçin bulunmasın? Bu düşünce, insani tipi hayvani tipten alçaltan bazı doğal dürtülerin anahtarını verir ve biyolojik olarak ruhsal faaliyetler üzerinde doğrudan doğruya müessir bazı azanın gelişmesinin duruşunu açıklamaya imkân verir.

Böylece en korkunç vahşet ve şiddetin etkeni hayvani atavizm ile meydana çıkmış olacaktır; insanların şekil değiştirme düşüncesini kabul edenler için bu tez en küçük bir çekince ileri sürülmeden benimsenir. Bu takdirde, müstesna birer hilkat olan suçluların herhangi bir zamanda ve yerde işlemeye mecbur oldukları vahşet ve zulmün karşısında hayretlere düşmeye gerek yoktur.

Tipik suçlular en kötü vahşilerden daha beterdir, hiç olmazsa berikilerde bir moral vardır, çok aşikâr tereddi çizgileri mevcuttur; aşağılık suçlularda ise bilâkis bazı hâllerde vahşilerden çok daha fazla gelişim göstermiştir.

Nihayet tipik suçlular, kendilerini aşağı hayvaniyete tenzil eden mütereddi çizgileriyle ruh hâlleri bakımından bir ucube, bir canavardırlar; eksik ve aşağı suçlular, ruhsal bir cihaza ve onları vahşilere yaklaştıran atavizm çizgilerine sahiptirler.

VI

Alt tabaka suçlulardan iki sınıf. - Mahalli ve taklidi suçluluk. - Hırs, itidal ve dış etkenler. - Farklı ruhsal unsurun aşikâr varlığı. - Cibilli ve sonradan kazanılmış istikametsizlik. - Moral nevresteni. - Gayriahlaki içgüdülerin devamı.

Şimdi artık insan topluluğundan en az uzaklaşan şu sonuncuların [1] moral ve fizik bünyelerinin incelenmesi sırası geldi. İşte iki sınıfın birbirlerinden açıkça ayırt edildiği görülür: Biri hayırseverlik (*bienveillance*) ve merhamet (*pitié*) hislerinden, diğeri ise doğruluk (*probité*) duygusundan mahrumdurlar; doğal suçların ayrımında da aynı şeyi yapmıştık.

Birinci sınıfta önce şahısların aleyhine işlenen suçların faillerini buluruz, bu suçlar bir memleketin mahalli ve daimî (*endémique*) suçları diye adlandırılabilir. Zamanımızda, mesela, Napoli Camorriste'lerinin [39] intikamları ya da Romanya, İrlanda veya Rusya'da kurulan siyasi teşkilatlardaki intikam suçları gibi.

Burada çevrenin büyük bir etkisi olduğu şüphesizdir; bunlar özellikle şan ve şeref, siyaset veya dinî inanç ve anlayışlardır. Bazı

---

[39] Napoli Kraliyeti zamanında cani ve şerirler tarafından kurulmuş olan bir cemiyete (Camorra)mensup kimselere verilen isim.-Ç.N.

memleketlerde ise, bu milletin umumi karakteri, ırkın doğal ya da medeniyetin veya hassasiyetin aşağı derecedeki gelişimidir ki en sudan bir haksızlığın intikamı için şahsı kanlı suçlara sürükler. İşte bundan dolayıdır ki Avrupa'nın bazı güney ülkelerinde, hatta hukuk davalarında şahadet edenler bu hareketlerini hayatlarıyla ödemek tehlikesine maruz bulunurlar; keza sahibine daha kazançlı şartlar göstererek bir başka kiracının yerine çiftliğe yerleşenin akıbetinin bir kurşun olması çok muhtemeldir.

Suçluluk üzerinde hangi etkenlerin müessir olduğu biliniyor: Sihirbazlık, büyücülük, mal occhio,[40] sınıf veya toplumsal zümrelerin taşıdıkları bazı fikirler, bazı ileri şan ve şeref endişeleri, bazı batıl inançlar.

İtalya'nın güneyinde genç bir kızla cinsel temasın bazı malûliyetlerin iyileşmesine sebep olacağına inanılır; işte, buralarda ırz ve namus aleyhine suç işlemenin sebebi özellikle bu inançtır: Napoli'nin ayak takımı halkı, din adamlarının haiz oldukları ilahi bir bağlılık sayesinde çekilecek piyangonun hangi numaraya düşeceğini bildiklerine inanırlar; işte bu sebepten dolayı zaman zaman din adamlarını yakalayıp hapsederler ve ilhamlarını ifşa etmeleri için bazen işkenceye kadar giderler; hatta bu bedbahtlardan Frate Ambrogio maruz kaldığı acı ve eziyetlere dayanamayarak telef olup gitmiştir.

Aynı sınıfta, şan ve şeref endişesi de vardır: Münasebet tesis ettiği bir kız tarafından terk edilmek büyük bir hakaret sayılır. Zavallı gafil kızın akıbeti, bu hareketinin silinmez izini taşısın diye, yüzüne atılan bir usturadır... Fransa'da iş tersinedir: İhanete uğrayan kadınlar aşıklarının yüzüne zaçyağı atarlar; öyle zamanlar idrak edilmiştir ki bu tarzı hareket hakikî bir salgın hastalığı hâlini almıştır.

Örnekleri artırmak mümkündür; ama burada durmayı tercih ediyoruz. Bu örneklerden çıkan sonuç şudur ki şahısların hayat ve hürriyetleri üzerinde suç işlemede, başkalarını taklit etme halk

---

[40] Nazar.

üzerinde çok önemli bir etkendir. Acaba bundan suçluların normal insanlar oldukları ve suçun ise, içinde yaşanan çevrenin verdiği örnekten ibaret olduğu sonucu çıkarılabilir mi?[41] Şayet böyle olsaydı, suçlular toplum hayatı içinde zayıf bir azınlıktan ibaret kalmazdı ve suç istisnai bir fiil olmaktan çıkardı. Bu söylediğimiz suçların failleri, bir milletin ekseriyetini teşkil eden insanlarının orta bir oranda sahip oldukları merhamet duygusundan hemen hemen mahrumdurlar. Hatta ima ettiğimiz asgari bir hassasiyet ya da medeniyete mensup milletlerde dahi, katil ve bu tür suçlar anormal (veya istisnai) eylemlerdir. Bu tür mahalli ve daimî suçluluk ancak pek mahdut kimseleri kapsar ve bu kimseler de kendi vücut yapılarında bu eylemlerin etki ve cazibesine karşı, yeterli derecede bir direnme unsuru bulamayanlardır. Onlarda merhamet denen olgun duygu hemen hemen yok denecek derecededir.

M. Benedikte: "Acı ve nahoş duygulara karşı olan ailevi hassasiyet zatından neşet eden bir eksiklik, kalbin kırılması kabiliyetinin mahrumiyetine bağlı bulunmaktadır." diyor. O, bu ismi, cerh ve darbın sonucunu hesaba katmamak kabiliyetinde olan bazı insanlara veriyor. Bunlara dair hayret verici bazı örnekler öne sürüyor ve bu insanların kendi kendilerini imtiyazlı sandıklarını, hassas ve ince insanlarla alay ettiklerini ve aşağı yaradılışta gördükleri bu çeşit insanları hırpalamanın onlar için haz ve saadet olduğunu ilâve ediyor. Taklitten doğan bu suç sınıfında ihtirasın baskısıyla işlenenleri takip etmek lazımdır. Bu hâl Benedikte'in

---

41 Suçlu doğmuş, ya da anadan doğma suçlu (*criminel-ne*) insanlardan bahsediliyor, lakin bütün suçlular suçlu doğmuşlardır! Onları suça iten kendi yapılarıdır; nasıl ki bir sanatkârı, güzel sanatlara iten kuvvet de onların hususî yapılarıdır. Raphael sanatkâr doğmuş bir insandır. Ayrıca fırsatların büyük payı vardır; Raphael, sanata derin bir ihtirasla dolu olmasaydı, bu kadar kısa bir ömür içerisine bu derece mebzul şaheserler sığdıramazdı. Anadan doğma bir kabiliyet ve yetenek dahi ne fırsatların etkisine ne de ihtiraslara yabancı kalabilir. Bu hakikat hayırhah işlerin başarılması kadar, şerlerin işlenmesine de sebep olur.
Birinci Cürmî Antropoloji Kongresinde M. Benedikt tarafından söylenen nutuktan, "Kongre Vesikaları", Roma, 1887, s. 140.

dediği gibi itiyadi ve mizacidir ya da bazı dış etkenlerle, mesela alkollü içkiler, iklim şartları ya da tesiri o kadar kuvvetli olmasa da her şahsın hiddet ve şiddetini tahrik etmeye muktedir hakikaten fevkalâde hâllerdir.

Bu son hâlde, suçlu normal insana yaklaşabilir, hatta fark hissedilmeyecek kadar da olabilir; mesela, hiç beklenmeyen bir anda son derece ağır bir hakarete maruz kalma hâli, hatta bu gibi hâllerde, haddizatında tüylerini ürperten cinayete kadar sürüklenebilir. Herhangi bir haksız fiil, şiddetle kınanmadıkça cinayet aşırı bir mukabele teşkil eder; işte bu orantısızlık dahi pek zayıf derecede de olsa, katilde bir ruhsal anormallik (*anomalie morale*) olduğunu ispat eder.

Bundan dolayı, farklı bir ruhsal elemanın daima mevcudiyetine inanıyoruz. Mesela, iklim şartlarından meydana gelen devamlı bir ihtiras hâlini tahlil edelim. Burada gazap olsa olsa ruhsal faaliyetlerin bozukluk ve kargaşalığının tezahürünü teşkil eder; öyle ki bu kargaşalıkta dimağ, anormal bir yörüngenin içinde, dışsal tembih ve tahriklerin zebunu olur ve Dr. Virgilio'nun ifade ettiği gibi, özellikle dimağ cihazını yeterli derecede gelişmemesinden ya da genetik sebeplerle sinir sisteminin fazlasıyla zafı mütevellit, mütereddi vasıflar irat eyler.

Şimdi acaba bu iklim şartları yalnız başına hunharca işlenmiş bir suçun saiki olmaya yeterli midir, diğer bir tabirle hiddet içinde kan döken bir katil, suçlu olmayan bir başka insan kadar insaniyet duygusuna sahip midir?

Ben bu kanaatte değilim. Doğrusu, şiddetli bir tahrikin hiddetine maruz kalan kimse, özellikle saldırganı eliyle dövmeye kalkarsa da bıçağını karnına saplamaya kalkışamaz. Hiddet ancak mizacı tembih ve tahrik eder, gerçi suçun tasmiminde etkindir, ama bu tasmimini ancak insani bir duygunun mahsulü olan, moral mukavemet kuvvetine sahip olmayan kimselerde yapabilir. Söylemeye gerek yoktur ki hakiki bir patolojik hâl bundan istisna edilmelidir, zira mesela, bir *névrose* veya *phrénose* gibi hâllerde görülen hiddet ve şiddet ancak bu hastalıkların belirtilerinden ibarettir.

Şimdi yukarıda söylenen hususla alakalı bir soruyu cevaplandırmak lazım, acaba dışsal etkenler namuslu bir insanı suç işlemeye sevk edecek derecede şiddetli bir arzu ve ihtirası doğurabilir mi? Karşılaştırmalı istatistik ilmi bize gösteriyor ki cinayet sahasında en yüksek irtifada bulunan milletlerde, alkollü içkiler pek az kullanılmaktadır; bilâkis adam öldürme suçunun pek nadir işlendiği diğer bazı milletlerde ise, bu kötü itiyat keza ziyadesiyle yayılmıştır.[42] Hiç şüphesiz sarhoşluk ruhlara kolaylıkla etki eder; özellikle, tartışma ve dövüşmelerin sebebi doğrudan doğruya sarhoşluktur; bununla beraber, suçlu mizaçlı sarhoşlar ancak boğazlaşmak veya yaralamak için ortaya atılırlar; işte bu hâllerde bıçak ya da tabancalarını kullanırlar; suçlu mizaçlı olmayan sarhoşlara gelince, bunlar öldürücü bir gayz ve hiddet göstermeden yumruklaşırlar; bütün istedikleri basımlarını yere sermek, İngilizlerin dediği gibi, *pull him dovra*'dır. Bir kere basımlarını yere yıkınca artık arzuları kalmaz, hatta hemen hasmının doğrulması için yardımdan bile çekinmezler. İtalya'da bir meyhanede çıkan ehemmiyetsiz bir kavga hemen özellikle kan akmasına sebebiyet verir; hâlbuki İngiltere'de bu sonuç hemen hiç olmaz. Acaba bu, genetik özelliklerden mi, yoksa medeniyet seviyesinden mi veya moral evrim ve gelişimden midir?

Bunu ileride göreceğiz, şimdilik, şarabın bu türden suçlara çok az etkili olduğunu söylemekle yetinelim; benim şahsi tecrübe ve gözlemlerim adam öldüren sarhoşların hemen hepsi bu cinayetlerinden önce hunharlıklarıyla tanınmış kimseler oldukları ve yine önceden aynı tür suçlardan sabıkalı bulunduklarıdır.

İklime gelince, hava değişiklikleri, sıcaklık farkları, aynı diyarın insanlarına aynı derecede etkili oldukça, bu etkenlerin tesirleri ancak iki memleket arasında yapılacak karşılaştırmalı suç istatistiklerinde görülebilir. Şüphesiz sıcak iklim, Avrupa ve Amerika'da cinayetlerin fazlaca işlenmesine sebep olmakta, buna

[42] Bu mevzuda, M. N. Colajanni'nin çok ilgi çekici bir monografisi vardır: "L'Alcoolismo, sue conseguenze morali, e sue cause", Catania, 1887.

karşılık kuzey ülkelerinde mülkiyet aleyhine işlenen suçlar, diğerlerine nazaran daha yüksek bir mertebede bulunmaktadır. M. Tarde, bu münasebetin tamamen iklime has bir hususiyet olacağına inanmıyor; iklim şartları medeniyetin yayılışına büyük etkileri olmasına rağmen, çok güçlü bir incelikle bize işaret ediyor ki bu medeniyet zamanımızda kuzeyi aydınlatmaktaysa da eski zamanlarda güney diyarlarını nurlandırmaktaydı. Fakat o da iklimin coğrafik bazı zıtlıklarının sebep olduğu ve yüksek sıcaklıkların sağlıkla ilgili bazı ihtirasları tahrik ettiğini kabul etmektedir. Hele aynı memlekette, aynı coğrafik diyarda, senenin yaz aylarında mülkiyet aleyhine işlenen suçlar azaldığı hâlde, cinayetlerin arttığı ve kış aylarında ise aynı oranın tersine döndüğü göz önünde tutulursa, artık iklim şartlarının etkisini inkâr etmek imkânsız olur. M. Ferri, birçok yılların değişik sıcaklık dereceleriyle, her yıl içinde işlenen ırz ve namus aleyhindeki suçların karşılaştırmasını yapmış ve doğrusu aradaki müspet oranı tespit suretiyle bu kanunu kabul etmiş bulunuyor. [43]

Malûmdur ki Buckle, çok daha ileri giderek fiziksel çevrenin bir milletin mizaç ve karakterlerine ziyadesiyle etkili olduğunu savunur. Fakat ortada diğer etkiler mevcut oldukça fiziksel çevrenin etki derecesi nasıl ölçülebilecektir?

Acaba bir ırkın karakteri diye anılan özellikler, esas itibarıyla, iklim şartlarından mı yoksa irsiyetten mi doğmaktadır? Antropoloji bu son fikri kabul etmektedir, bu kanaatine en büyük yardımcı, tarih bilimidir. Doğrusu bu bilim, en eski bazı milletlerin mizacında hiçbir değişime uğramadan devam ettiğini ve hatta aynı diyarda yaşayan yerlilerle başka ırklara mensup yabancı azınlıklar arasındaki büyük mizaç farklarının asla azalmadığını ispat etmektedir.

Bunun dışında, iklim medeni bir milletin hayatından ayrılmaz surette bağlı bir unsurdur, suçlar üzerindeki tesiri irsiyet gibi aşikârdır. Bir milletin haiz olduğu karakterin esas unsuru ırk veya

---

[43] Bu düşüncenin bir eleştirisi Colajanni'nin *Archives d'Anthropologie Criminelle* (1886) eserinde vardır.

iklim dahi olsa, bu sorunun halli bizim için faydasızdır, çünkü her ikisi de fertler üzerine değil bütün bir milletin hepsini birden kapsamaktadır. Bizim için asıl mühim olan konu, milletlerin karakterlerinin hususiyet ölçüleri olmayıp aynı milletin kucağında yaşayan fertlerin karakter özelliklerinin tespitidir. Bu sebeple bize düşen şey, fertleri birbirlerinden tamamen ayırt eden dış etkenleri, mesela, bireyin aile örf ve ananeleri, aile hayatı, tahsil ve terbiyesini, bulunduğu ekonomik şartları, mensup olduğu dini, bir kelime ile özetlemek istenirse, toplumsal çevre (*milieu social*) dediğimiz hususu tetkik ve tahlil mecburiyeti karşısındayız. Biz dış etkenlerin yukarıda bahsettiğimiz suç türlerine müessir olduklarını söylemiştik; bu etkenlerin diğer mecburiyetlere de mülkiyet aleyhine yönelen suçlara dahi, çok şiddetle etkili olduklarını da göreceğiz. Ayrıca bu dış etkenler suçlunun varlığında eskiden beri mevcut olup doğrudan doğruya ondan zuhur etmeyen şahsi bir elemanın ayrımına engel olmaz. Şüphesiz doğruluk (*probité*) duygusu, merhamet (*pitié*) duygusuna nazaran çok az içgüdüseldir ya da daha doğrusu, bu doğruluk duygusu, beden cihazına bağlı mahdut bir hâlde bulunmaz, bu duygu çok muasırdır; üst üste yığılmış his tabakaları hâlinde bulunur, hemen hemen yüzeysel bir vasıf taşır, ancak irsi surette intikali pek nadirdir. Nihayet bu duygu, ailevi değildir, tahsil ve terbiye eksikliği hâlinde bu duygunun gelişmesine imkân yoktur.

Böyle olmasına rağmen, hakiki surette pek aşikâr doğuştan iğrilik (veya istikametsizlik: *İmprobite*) hâlleri vardır. Çok defa, namuslu bir ailenin kucağından, hırsızlık temayülü kuvvetli bir evlat doğabilir. Bu temayülü kardeşleri ve hemşireleriyle beraber gördüğü tahsil ve terbiyeye atfetmek mümkün değildir; daha ilk çağlarından itibaren bu küçük varlık sanki doğuşunun amacı, sadece ailesini hicap çamuruyla lekelemekten ibaret olan bu kötü niyetli insan kırıntısı, aile dostlarının, hatta hizmetçilerin eşyasını çalmakla işe başlar; bu mesruk eşyayı saklar ve arzularının tatmini için de bazen onları satar. Bu çeşit bir içgüdünün Cleptomanie tabir edilen bir delilik şekliyle hiçbir benzerliği olmadığı aşikârdır; çünkü bu son hâlde, hatta bizzat çalma fiili, -ki patoloijk bir hazdan doğuyor,- hırsızın biricik maksadıdır. O, bu fiilinden hiçbir fayda beklemez, aldığını da saklamak endişesiyle çırpınmaz, keza çaldıklarından istifadeye çalışmaz, onları hatta kendiliğinden sahiplerine iade eder. Hâlbuki, doğuştan istikametsizlikte ise vaziyet tam tersidir, hırsız özellikle hile başvurur ve yakalanmasın diye başkalarına iftira etmekten hiç çekinmez. Şayet böyle bir meyli fena örneklerin eseri veya kan irsiyetiyle açıklamak kabil olmadığı takdirde, zorunlu olarak bu meyil ancak atavizm ile açıklanabiliyor. Doğrusu suçlunun mensup olduğu aile mizaçlarıyla taban tabana zıt böyle bir tereddi doğal içgüdüsünü atavizme izafe etmekten başka çare de kalmıyor.

Bununla beraber, şu konuyu kabul etmek lazımdır ki istikametsizlik eğilimi doğrudan doğruya kan bağıyla geçmekte ve çocuğun ebeveyninden gördüğü fena örnekler ise bu doğal mirasın devamını temin etmektedir. Böylece, içgüdü (*l'instinct*) aynı zamanda hem doğuştan hem de sonradan kazanılmış bir vasfa sahip bulunmaktadır, uzvi etkiyle dışsal etki öyle iç içedirler ki onları birbirlerinden ayırmaya imkân yoktur.

Ve nihayet, ailenin dışında ve çocukluğun daha ilk çağlarında teşekkül eden içgüdüler üzerindeki ailenin tesirinden bilhassa yırtıcı, haris içgüdülerin gelişmesine yarayan çevreler mevcuttur. Ancak bu çevreler pek az ve sınırlı olup, bazen birkaç kötü niyetli insandan ve hatta bir tek tehlikeli dosttan ibarettir; işte bu dar muhit, bir insanı mülkiyet aleyhine suçlar işlemeye sevk etmeye yeterlidir. Doğrusu bu tür suçlar, bütün bir millet ya da bütün toplumsal sınıflar tarafından kabul edilen batıl inançlar veya gelenekler tarafından asla reva görülmemiş, meşruiyeti hemen hemen tanınmamıştır; bunlarda şahısların hayatı aleyhine işlenen suçlar gibi mahalli ve daimî (*endémique*) bir vasıf gözlemlenemez. Zaten bundan dolayıdır ki hırsız -daha çocukluk çağında bariz bir eğilim gösterme hâli hariç-, içinde yaşadığı etrafını sıkıca saran, kendi hususi çevresinin etki ve baskısıyla uyum hâlinde bulunmaz, tahsil ve terbiye burada asıl etkin rolü oynarlar. İstisnalar pek azdır: mesela, eşkıyalık bazen belli memleketlerde mahalli ve daimî bir vasıf taşımaktadır: Yunanistan'da, Calabre'de[44] olduğu gibi... Fakat buralarda eşkıyalar birer hırsız olmaktan ziyade birer âsi gibi telakki edilmişlerdir, eşkıyalık sosyal iktidarla açıkça harp hâli demektir; elinde silahıyla bu sosyal iktidara meydan okumaktadır, hayatını her an tehlikeye adamıştır, öyle bazı şövalyelik hâlleri vardır ki felaketlerini acımasızca gösterdikleri topluluklara dahi sempatik olurlar. Bazen bütün bir milletin haydutluğa sürüklendiği de olmuştur: Orta Çağ'da Normandiyalılar, son asırlarda ise İskoçya Highlands[45] klanlarında olduğu gibi. Bu hâllerde mevzubahis olan şey suçluluk olmayıp, bir milletin ya da henüz sulh ve selâmet içinde yaşamaya alışamamış bir kabilenin çapulculuk hayatıdır. Suç fikri, bireyin mensup olduğu toplum için daima zararlı bir fiile bağlıdır; bu, bireyin az veya çok istisnai ve kınanmaya lâyık bir fiilinden ibarettir, asla bütün bir toplumun benimsediği bir fiil suç olamaz. Bu husus için ısrar zarureti karşısında bu noktayı belirtmek lazımdır.

Bugünkü toplumumuzda hırsızlık meyli, hemen daima işsizlik ve bireyin sahip olduğu imkânları aşmak arzusuyla birleşmiş bulunmaktadır. Bu çeşit suçluların ruhsal anormallikleri M. Benedikt tarafından çok güzel tarif edilmiştir; bu gibilerde "ruhsal nevrasteni, uzvî nevrasteni ile imtizaç etmiş hâldedir." ve bu imtizaç "İâdî ya da çocukluğun daha ilk devrelerindeki iktisap eseridir."

Esas unsur ise çalışmaktan ikrah ve nefrettir ki ta isyana kadar dayanır ve bu hâl çocuğun asabi yapısından doğar... "Şayet

---

44 İtalya yarımadasının güneybatısında, yani çizmenin burun kısmı üç bölüme ayrılmıştır: Yukarı Calabre, merkezi Cosenza; Uç Calabre, merkezi Reggi ve Aşağı Calabre, merkezi Catanzaro'dur. 1873'te gerçekleşen bir yer sarsıntısı, buradaki 300 köy ve kasabayı yıkmıştır. 1905 yılında bir hafta devam eden yeni bir sarsıntı 5000 kişinin ölümüne sebep olmuştur. Dağlık ve ağaçlı bir bölgedir ve uzun yıllar eşkıyalara sahne olmuştur.

45 Highlands: Dağlık İskoçya arazisine verilen isim olup burada yaşayanlara da Highlander denir. -Ç.N.

bir kimse, daha çocukluğundan beri, ani isteklere dirençsiz, tahriklere karşı itaatsiz ve esas itibarıyla bu tür ruhsal mücadeleler onun için elim ve vahim ise, işte böyle bir kimsede bir ruhsal nevrasteni vardır.

Böyle bir adam, zamanla bütün ruhsal mücadeleleri verir, kaybolur ve bu ruhsal nevrasteninin tahakkümü altında düşünecek, duyacak ve faaliyet sarf edecektir. Zamanla onda ruhsal mücadeleye karşı duyduğu ikrahın felsefesi yerleşecek ve gelişecektir."

M. Benedikt, serserilik (veya avarelik: *Vagabondage*) hâlinin sadece uzvi nevrasteniden (*névrasthénia simplement physique*) doğduğuna inanır. "Bir saldırı olmazsa, serseri, bütün hayatı boyunca asla bir suç işlemez." Fakat eğer uzvi nevrasteni kuvvetli bir yaşamak zevkiyle imtizaç eylerse, bu zevke nail olmak, bu hazla doymak arzusuyla yanarak tehlikeli bir hâle gelir ve eğer şahıs bir ruhsal nevrasteniye müptelâ ise, artık her türlü direnci kırılır ve elindeki imkânlar ihtiraslarının teskinine yeterli gelmezse ister istemez suçlu olur... Bu tarz ve bu ahenk hırsızların, kalpazanların ve sahtekârların ruhiyatında büyük bir rol oynar...

Nevrastenik suçlular yapacakları hareketlerin muvaffakiyet şansını mükemmelen hesaplamaktadırlar; toplumun üstün kuvvet ve kudretini hemen ayırt ederler. Fakat ahenkli ve devamlı bir çalışmaya kabiliyetleri olmadığından, geçici nimetlerle kanaat ederler ve herkes gibi şanstan ziyade muvaffakiyet ümidinin peşinden koşarlar. Bütün bunlara bir de haiz olunan maharetin hepsi ilâve edilmek ve hünerlerinin son merhalesine kadar çıkılmak ve böylece herkesin gözünün kamaşması sevdası ilâve olunur. "Ruhsal nevrastenik kimse, etrafındakilerin gafletinden, safiyetinden, mahcubiyetinden istifade edebileceğini hisseder etmez, haiz oldukları hileleri hemen uygulamaya koyarak mükemmel bir suikastçı olmak sevdasının cazibesine bile mukavemet etmek istemez. Bir kere muvaffak olunca da bu muvaffakiyetin sadece, maddi nimetlerinin hasılatından memnun olmakla kalmaz, ayrıca başardığı hile ve oyunların gülünç sonuçlarını da tatmış olur ve kendisini, kurbanlarının çok üstünde görerek gurur ve sevinçlerin içinde yüzer... İşte bu maharet oyunları ve iğfal sanatı azılı hırsızların, sahtekârların, hilekârların, dolandırıcıların ve şakilerin ruhiyatında çok mühim rol oynar."

Bu tarif iki sınıf suçlu arasında, yukarıda bahsettiğimiz büyük suçlu sınıfı ile merhamet duygusundan mahrum suçlu sınıfı arasına mühür koymuş oluyor. Öyleyse, artık hırsızların, sahtekârların, dolandırıcıların, şahısların hayatları aleyhine suç işlemek kudretinden özellikle mahrum oluşlarına ve hapishanelerde cinayetten yatmayıp hırsızlıktan yatmakla iftihar etmelerine hayret etmememek lazımdır. Buna karşılık diğer sınıfa mensup

Suçlular da bütün moral duygulardan mahrum büyük caniler hariç, intikam, kıskançlık şeref ve namus saikiyle işlenen cinayet ve cerh faili şiddetli bir ihtirasın veya içkinin tesiriyle hırsızlık yapmamış olmakla böbürlenir.

Bu kimse hatta doğruluk (*probité*) duygusunun en son derecesine vasıl olabilir, yalnız sadık olmakla kalmayarak âmirlerine, iyilik gördükleri kimselere bütün hayatlarını vakfedebilirler, en küçük bir iğfale muktedir değildirler. Bu hususiyet şu konuyu ispat eder ki suçluluğun en aşağı derecelerinde moral duygunun toptan eksikliği mevzubahis olmayıp sadece esas insaniyet duyguları olan merhamet ya da doğruluk duygularından birinin ya da diğerinin yokluğu veya zaafıdır.

Söylediklerimizi özetleyelim: Bir sınıf suçlular vardır ki ruhsal anormallikler ve özellikle hastalıklı olmayan anatomik anormallikle malûldürler, ama bu anormalliklerin vasfında bozukluk veya tereddi ve bazı defa da çarpıklık mevcuttur; bu hâllerde, düşünce tarzları normal olduğu hâlde ruhsal gelişim ve evrimlerinde bir duraklama olduğunu ispat eder; onlarda, vahşilerde veya çocuklarda bulunan şiddetli bazı içgüdüler ve ihtiraslar mevcuttur ve nihayet bu tip suçlular bütün diğerbin (*altüriste*) duygulardan tamamen mahrum olup faaliyetleri tamamen arzu ve ihtiraslarının kumandası altındadır.

Bu tiplere hiçbir olgun telkin ve tesir olmaksızın, asla toplumsal çevrenin iştiraki bulunmaksızın, bazıları bencilce saiklerle en korkunç cinayetleri kolaylıkla işlerler. Onların anormallikleri tamamen doğuştandır (*congénitale*); toplumun onlara karşı yapacak hiçbir vazifesi yoktur. Toplumun, bizzat kendi varlığının bekası için bir vazifesi vardır ki o da kendisiyle hiçbir yakınlık ve sevgi rabıtası kuramayan, bütün faaliyetlerinin kaynağı bencillik olan, intibak kabiliyetinden mahrum ve toplumu teşkil eden bütün fertler için devamlı bir tehlike olan bu çeşit suçluları silip süpürmektir.

Diğer iki sınıfa gelince; yani yeterli derecede merhamet duygusu bulunmayan suçlular sınıfı ile doğruluk duygusundan mahrum suçlular sınıfında ruhsal anlayış az veya çok zayıf ve noksandır. Birincilerde zalimane eylemler için çok kuvvetli bir tiksinti bulunmaz, onlar toplumsal, siyasi, dinî veya kendi hizip ve sınıflarının telâkki ve tesiri altında aynı türden fiilleri işleyebilirler; keza bunlar doyumsuz bir mizaç veya alkolün etkisiyle bu türden suçlara sürüklenebilirler.

Bütün muvaffakiyet ümidi ancak şu noktalar için mümkün olabilir: Suçların aşikâr faillerini ister muhiti ıslah suretiyle olsun isterse o muhitteki suçluyu kaldırıp, onun hayat şartları itibarıyla kötü işlere nazaran daha kolayca ve daha faydalı olarak şerefli faaliyetlere sevk edebilecek muhite kavuşturmak suretiyle yok etmek lazımdır.

İşte sonraki bölümlerde izaha çalışacağımız fikirler bunlardan ibaret olacaktır. Bununla beraber, henüz şüphe bulutlarını tamamen dağıtmamış antropolojinin netice ve delillerini bir tarafa bırakmış olmamamıza rağmen, ruhsal anormalliği (*l'anomalie psychologique*) yeterli derecede izah ve ispat ettiğimize inanmış bulunuyoruz.

İKİNCİ FASIL

Suç İçgüdüsü Üzerinde Eğitimin (*Education*) Etkisi

I

Gençler üzerindeki eğitim derecesinin ölçülmesindeki zorluk. - Muhtelif fikirler. - Bundan meydana gelen sonuç - Bir kere teşekkül eden bir karakter üzerinde moral tahsil ve terbiyenin aczi. - Islah edici cezalar doktrininin düştüğü hatalar.

Geçen bölümlerin incelenmesinden sonra, kurduğumuz kuramın çıkaracağımız sonuçları hesaplamak kolaydır, ancak biz bu sonuçları kitabımızın üçüncü bölümüne tahsis etmiş bulunuyoruz. Zira, bu sonuçlara varmadan önce ileri sürmüş olduğumuz fikirleri, muhtelif bakış açılarından tartışmaya mecbur oluyoruz.

Doğrusu, ruhsal anormallik (*l'anomalie psychologique*) prensibinin tamamen reddedilemeyeceği dikkate alınarak kabulü mümkündür. Birçok filozoflar var ki talim ve terbiye (*éducation*) veya çevresel faktörlerin etki ve baskısıyla duyguların tadiline ve keza devlet kudreti sayesinde de toplumsal çevrenin tebdil ve ıslahına kani bulunuyorlar. Bundan iki mesele çıkarılabilir: Birisi ruhsal, diğeri toplumsal ve bilhassa ekonomik olup her iki mesele derin bir araştırma ve incelemeye muhtaçtır.

İşte şimdi biz önce eğitimin suça eğilim üzerindeki etkisini araştırmakla işe başlıyoruz; böylece, ıslah edici (*correctioualiste*) ceza fikirlerini de takdir etmek mümkün olacaktır.

Doğrusu, çocukluk çağından henüz çıkmış bir kimsenin karakterini ilim ve irfan (ya da tedrisat: *Ensignement*) yolu ile tebdil etmek mümkün olsaydı, eğitim meselesinin ceza ilmindeki önemi çok büyük olurdu.

Maalesef, ispat edilmiştir ki endüksiyon, hayatın ilk senelerindeki tesir ve etkenlerden ancak birisidir, veraset ve gelenekte olduğu gibi, o da karakterin gelişiminde ancak yardımcı bir unsurdur. Karakter bir kere teşekkül ettikten sonra, uzvi fizyonomi gibi, artık bütün ömür boyunca ne olacağı meselesi kalıyor. Hatta noksan olan ahlaki bir içgüdünün çocukluk devresinde eğitim sayesinde yaratılabileceği dahi şüphelidir. Önce, şayet çocukluk mevzubahis ise, eğitim kelimesini pedagojik anlamına ithal etmemek lazımdır, bu takdirde bu kelime daha ziyade, bütün dış etkilerin bir arada toplanması hâlini, çocuğun devamlı surette içinde yuvarlandığı manzaraların genel yapısını ifade eder; bu hâl ve manzaralar ise, çocukta ahlaki anlayışları dokur, muhtelif hâllerde ne tarzda hareket edilmesini hemen hemen irade dışı surette deneyimsel olarak öğretir. Bunlar ailede alınan örneklerdir ki ilim ve irfan müessesesinden çok daha ziyade fikre ve kalbe hâkim olur. Fakat *éducation* kelimesine bu kadar geniş bir anlam verilirken ve bağdaştırıldığı sonuçlar meçhulken ve hatta bu neticeler malum olsa bile kapsadığı alanın ölçülmesi mümkün olmayacaktır.[46]

---

[46] Eğitim bütün tesirlerini haiz olabilmesi için, hiçbir teşekkül noksanını (veya sakatlık: *Vice de conformation*), hastalıklı hiçbir hal, nesiller boyunca devam eden ve bazı sinir merkezlerini hissiz bırakan genetik şartların mevcut olmaması lazımdır.

Şimdi bize, hemen bütün çocukların, hayatlarının ilk devrelerinde etik duygudan tamamen mahrum oldukları, hayvanlara karşı olan zulümleri, hele başkalarına ait olan mallara bağlı hırsları, arzularını teskin sahasında tamamen egoist oldukları, başkalarını kıvrandıran elem ve ıstırabın tüylerini bile kıpırdatmadığı hususları öne sürülebilecektir.

Bütün bu duygulardan çoğu ergenlik devresi yaklaştıkça değişir. Fakat acaba bu ruhsal gelişimin eğitim tesiriyle olduğu iddia edilebilecek midir?

Yoksa dalla doğrusu, bedenin doğal gelişimi, tıpkı cenine (*foetus*), en ilkel şeklinden en mükemmel bir insan bedenine kadar, hayatiyetin muhtelif şeklini veren embriyonun oluşumu misali, basit bir hadiseden mi ibarettir?

Bedensel biçimin, insan cinsinin gelişimine sebep olduğu fikri müdafaa edilmiş bulunuyor.[47] Nitekim, ruhsal cihaz içinde en önce içgüdüler oluşur, bunların da oluşum tarzları bir sıraya bağlıdır. İlk içgüdüler hayvanlara has olanlardır, bundan sonra ilkel insana has en fazla egoist olanları, bunları da takiben, ego-altürist ve nihayet altürist duyguları gelir. Bu duygular ise, önce mensup olunan ırkta, sonra ailede ve sonunda çocuğun ana babasında meydana gelir. Bu öyle yan yana sıralanmış içgüdüler ve duygulardır ki eğitim sayesinde ve toplumsal çevrenin etkisiyle teşekkül etmeyip, sadece genetik olarak aktarılmışlardır. "Müfekkire, tıpkı uzviyet gibi ve onun yaptığına bağlı olarak, fikir ve karakterin ezelden takdiri şekillerinden ibaret olan yetenek ve kabiliyetleri içinde hapseder; bu fikir ve hareketler, uzvi geçiş devresinin karanlığı içinde bir an ışığın kaybolmasına maruz kalmış, düşünürün eserlerinden ibaretse de yavaş yavaş örnek olma ve eğitim sayesinde bir gün şüpheye yer vermeyecek derecede benzer özelliklerle birlikte yine ortaya çıkar. Bir nesil, düşünüre geçen ve bölünerek meydana gelen bir çoğalma olayından ibarettir.[48]

Les actes du I. er congrès d'Anthropologie Criminelle adlı eserde M. Sciamanna tarafından verilen rapor, Roma, 1887, s. 201.

[47] Hackel, *Anthropogénie*, Paris, 1877, s. 48.

[48] A. Espinas, Des Sociétés Animales, Hatime, s. 2.

Bu varsayıma öyle inanılmayacak gibi değildir, ama tam bir şekilde ispatı da mümkün değildir; çünkü, bu takdirde çocukluk devresindeki ahlaki gelişim ve evrimin hangilerinin genetiğe ve hangilerinin eğitime ait olduğunun ayrımı imkânının mevcudiyeti dahi zorunlu olacaktır. Her iki etken, aynı ana babadan çocuğa geçtiğine göre, hemen hemen aynı istikamette olan bu etkilerin ayrımı nasıl yapılabilecektir? Bir kere aile içindeki eğitim, verasetin devamından başka bir şey değildir; uzviyetle geçmemiş olan vasıflar, irade dışı bir şekilde örnek olma yoluyla geçecektir. Bu iki etkenden birinin yardımı olmaksızın diğerinin etkisinin hesaplanması asla mümkün olamayacaktır.

İşte Darvin'in ileri sürmek cesaretini gösterdiği misali dahi ayakta tutan kuvvet de bu zorluklardır. Şayet, diyor, İrlandalı ve İskoçyalı insanlardan bir zümreyi aynı memlekete götürüp yerleştirirseniz, birkaç zaman sonra İrlandalı olanlar on misli çoğalmalarına karşılık İskoçyalılar da haiz oldukları genetik özellikler sayesinde hükümetin başına geçerler ve sanayiye hâkim olurlar. Fouillée ise, bu teze karşılık: "İrlandalı çocukları İskoç çocuklarının beşiklerine yatırın, ancak bu değişimden ana baba haberdar edilmesin, çocukları İskoçlular gibi büyütün, neticeyi büyük hayretle görürsünüz: İrlandalı çocuklar bir İskoç olarak büyüyeceklerdir.[49] Ama bu ikinci deney henüz yapılmamıştır ve öyle zannediliyor ki bu türden deneyler asla yapılmayacaktır. Şüphesiz ana babaları tarafından büyütülmemiş binlerce çocuk vardır, ama bunlar çok defa meçhul döllerden ibarettir. Ve nihayet henüz etrafındaki zulmeti yırtamamış atavizmin payını da dikkate almak lazımdır.

Anadan alınan örneklerin babaya ait içgüdüleri etkisiz bıraktığı vakidir; başka defasında da aksi gerçekleşmektedir. Ama bu hâl eğitimin etki derecesinin ispatına hizmet etmez; zira hakikate tamamen uygun bir açıklıkla ispat edilebilir ki bu üstünlüğün se-

---

49 "Fouillé, La philanthropie scientifique au point de vue du Darwinisme, Revue des Deux-Mondes", 15 Eylül 1882.

bebi, sadece iki taraf genetiğinden birinin daha üstün olmasıdır. Tasvip ve tasdiki kabil konu şudur ki eğitimin ahlaki içgüdüler üzerindeki etki ve nüfuzu şüpheli ve ancak itiyatlar ve örneklerle bu etki ve nüfuzu fikre mülâyim geldiği hâlde verasetin bu husustaki etkisi ve hâkimiyeti ispat edilmiş bulunmaktadır. Eğitimin etki ve nüfuzu yaş ilerledikçe, zayıf telâkki edilmektedir; o ancak karakteri tadil edebilir, yani ruhsal cihaz içinde saklı duran bozuk karakteri sadece hafifletebilir, asla kökünden söküp atamaz. İşte, atavist olması mümkün, sapkınlığın (*perversité*) daha küçük yaşta çocukta belirmesinin, ebeveynin ve yakınlarının en faziletli tavrı hareket örneklerine, en muntazam ve özenli eğitime rağmen ıslahı hal edememesinin sebebi de budur.

Buna karşılık emin olunan konu şudur ki fena bir eğitimin tehlikeli etkisi ya da karmaşa içerisindeki bir çevre, bütün bir moral duyguyu yıkabilmekte ve bunun yerine kötü içgüdüler ikame edebilmektedir. Böylece, yapay surette elde edilen hayırhah bir karakter pek az olduğu hâlde, bu suretle teşekkül eden fena bir karakter devamlı kalmaktadır. Bu hâl, M. Ferri'ye göre şu hususu kolaylıkla ifade eder ki muzır tohumlar, ya da insaniyetin en ilkel dönemine has asosyal içgüdüler (*Ies instincts anti - so- ciaux*), ruhsal cihaza derin surette kök salmıştır; zira, bu kötülükler ırkın en eski tarihine kadar çıkmaktadır.

Bununla birlikte kökleri çok derinlerde bulunan bu karakterler, gelişim ve evrimin halefiyet (*substitution*) kabiliyetinden çok daha kuvvetlidir. İşte vahşiyane içgüdülerin (asla zeval bulmayışının, toplumsal çevre ve hayat şartları fırsat verir vermez şiddetle püskürtmesinin sebebi budur. Çünkü, Cariyle diyor ki "Medeniyetin örttüğü insanlığın vahşi mizacı cehennemi bir yangını körüklemeye daima muktedirdir" [50]

Şimdi, mademki moral duygu bakımından eğitimin etkisi, hatta çocukluk devresi için dahi şüphelidir, öyle ise, bu devreden sonra bu duygunun akıbeti acaba neye bağlı bulunuyor?

---

[50] E. Ferri, *Socialismo e criminalitâ*, s. 104.

M. Sergi'ye göre, bir kimsenin görünen karakterinin üst üste yığılmış tabakalardan teşekkül ettiğine ve bu tabakaların ise asıl doğuştan gelen karakteri tamamen örtmüş olduğuna ya da daha doğrusu gizlediğine kanidir; etrafı saran muhit, deneysel eğitim, hatta ilim ve irfan dahi yalnız çocukluk devresinde değil insanoğlunun bütün hayatı boyunca yeni karakter tabakaları yaratabilir.[51]

Bu düşünce, fikrimce kabule şayan olamaz, zira en yeniler (*conches*) bile karakteri oturmuş bir kimseyi değiştiremezler. Şüphe edilmez ki ruhsal cihaz, ancak fiziksel cihazın gelişim ve evrimini takip eder. Karakter, tıpkı çehre gibi, ta çocukluktan itibaren ifadesini göstermeye başlar, çok yumuşak veya çok sert olabilir; mihrak noktalarını törpüleyerek köreltmesi veya incelterek sivriltmesi ve böylece hayatın alelade şartları içinde gizlenip kalması mümkündür; fakat kendi tipini kaybetmesi nasıl olabilir?

Doğrusu, karakterinin dışında, yalnız başına kalmış bir tip, en ilkel moral duygulardan mahrum kalmış bir insan demektir. Bu veraset, atavizm veya patolojik hâllerden meydana gelen uzvî bir kusur, bir eksikliktir. Şimdi dış etkilerin bu doğuştan noksan veya kusuru izale edebileceğine nasıl ihtimal verilebilir? Bu bir hiçlik ibdaı,[52] bir ırka has yapay bir ahlaki duygu çıkarımıdır ki bunlarla kuşandığı iddia olunan birey ise hakikatte onlardan tamamen mahrumdur!

İşte, ortada çocuk mevcut olmadığı durumda, bu düşüncenin kabulünde sıkıntılara uğranılmasına, hatta bunun imkânsız görülmesine sebep budur. Bu eğitimin güç ve nüfuzunu inkâr demek değildir. Şu sefih ve müsrif çocukların karakterlerini ıslah etmek, onlardaki mevcut duyguları inceltip tembih etmek, bir kelime olarak, yetenek ve kabiliyetlerini geliştirmede eğitimin etkisinden kim şüphe edebilir? Onda görülmeyen güç, sadece yokluktan bazı varlıklar yaratmaktadır.

---

[51] G. Sergi, *La stratificazione del carattere e la delinquenza*, Milano, 1883.

[52] La création extanihilo.

İşte bu nokta üzerinde büyük ruh bilimci Dr. Despine, bana son derecede hayret verici bir şekilde, aksini ileri sürmektedir. Biz onun sayesinde bir sürü anomali türüne vâkıf bulunuyoruz, hatta yalnız soğukkanlı canilerde değil diğer büyük suçlularda dahi moral duygunun bulunmadığına dair düşüncemize en yakın fikirleri öne süren de kendisidir.[53] Yine kendisi şu hususu teyit etmiştir: "En iyi benimsenen eğitim dahi, yeni kabiliyetler yaratamaz; o, ancak hiç olmazsa tohum hâlinde mevcut olanları takviye eder. İlim ve marifetin verdiği kabiliyetler, ruhsal yetenek ve kabiliyetlerden meydana gelen içgüdüleri yaratamaz; onların böyle bir gücü yoktur." Keza, onca "Ruhsal kabiliyetlerde, muhtelif hâllere göre işlenen fiilin kafalarda yer eden esbabını tespit etmek kolaydır."[54] Ve nihayet bütün muhakeme, bütün entelektüel fiiller, asla görev duygusunun mevcudiyetini ispat etmezler; keza şefkat ve merhameti, korku ve endişeyi, ümit ve teselliyi ne de ulvi duyguların yansıması değildir."[55]

Bununla beraber, aynı yazar, suçlulara bir ıslah ve tedavi sistemi uygulanmasını tavsiye etmektedir; bu sistemin özeti şöyledir: Kötülük içindeki kimselerle her türlü ilişkiyi kesmek, onları kendi âlemlerindeki münzevi yaşamalarına izin vermemek, çünkü onlar vicdanlarında hiçbir nedamet ve kefaret eserine sahip değildirler. Onlar, kendilerine nezaret etmeye muktedir, ahlak sahibi kimselerle devamlı temas hâlinde bulundurmalı, içgüdüsel bünyelerini inceleyerek bu özellikleri üzerinde müessir olarak, düşünürlerine hayırhah bir istikamet vermeye cesaretlendirilerek salim ve ahenkli fikirler aşılamalı ve onlarda çalışmanın haz ve itiyadını yaratmalı...

Bu sebeple devlet, suçlular hakkındaki bütün zaruri özeni kendi üzerine almalıdır; onların gelişme ve olgunlaşmasına nezaret edecek ve tıpkı bir lisede genç talebeler üzerinde gösterilen

---

53 Despine, *De la folie au point de vue philisophique*, Paris, 1875, s. 39.

54 A.g.e. s. 40.

55 A.g.e. s. 46.

dikkat ve basireti gösterecektir. Örnekler ve tecrübeler sayesinde, ilim ve irfan yoluyla karakterlerini yumuşatacak, onları müşfik, namuslu, merhamet ve gayret faziletleriyle donatacaklardır.

Binlerce mahkûm hakkında böyle bir özen ve tedavi sistemi uygulanmasını isteyen sistem, pratik olarak, bir hayâlden ibaret kalacaktır. Zira bu sistemin uygulanması için mahkûmun iki yanına bir hayır meleği yerleştirmek lazım gelecektir. Böyle bir hizmete davet edilecek insanların en asil ve en ulvi meziyetleri, nefislerine hâkim olmaları lazım gelecektir; sabır, basiret, metanet ve insan kalbine ait derin bilgilerle donanmış, hudutsuz bir ilim ve fedakârlık servetine sahip olacaklardır. Bu durumda sayısız ruh doktorları nasıl tedavi edilebilecektir? Bu sistemin, gerektireceği mali külfeti taşıyabilecek hazine nerede bulunabilecektir? Fakat bir an için bu zorlukların halledilebileceği düşünülse bile, acaba bu sistemin verebileceği neticeler ne olabilecektir?

Bütün bir toplumdan tamamen soyutlanmış ve normal hayatın devamlı tahriklerinden kurtulmuş kimse, artık kalbinde suça itici bütün baskılardan da yakasını sıyırmış olur. Artık, onun için suç etkenleri mevcut değildir; suç tohumu bünyesinde gizli olarak kalmaya devam eder ve yaşadığı serbest hayatın şartlarına dönünce aynı etkenlerle ani biçimde tekrar püskürmede asla gecikmez. İşte böylece, ıslah edilmiş hâli göze çarpmış olsa da bu hâl sadece zahiri olmaktan kurtulamaz. Acaba deneysel bir pedagojiden bahsedilebilir mi?

Fakat beşerin ahlaki içgüdülerini, binlerce asırlardan beri geleneği olan ve atalarımızın verdikleri faydalı örneklerden meydana geldiği bir hakikat ise nasıl olur da bu ahlaki içgüdüler geçen nesillerden miras kalan meyveler olmaz da bu kadar kısa ömrü boyunca yapay provalarla kökleşebileceği hayal edilebilir?

O zamandan beri en pratik düşünceleri ortaya atmak için pek çok gayret gösterilmiştir. Bir kere Despine'nin kurduğu hayale dayanarak ahlaki bir tedavi şekliyle doğrudan doğruya pratiğe girişmek, faydasızdır; ama iyi bir ceza infaz rejimiyle bu ahlaki tedavi kendi kendine husul bulacaktır. Soyutlanma, sükûn, sükût, çalışma, tahsil, tövbe ve istiğfar hayırlı azim ve kararların ortaya çıkmasına hizmet eder ve bunlar da mahkûmda selamete erdirici bir iyileşmeye zemin hazırlar. Fakat soyutlanma konusuna gelince, Mittelstadt'ın açıkça dediği gibi: "Çaresiz, bedbaht, toplumun gözünden düşmüş insanoğlunun kaybı, toplumdan ayrılmış olmasından değil, bilâkis ondan ayrı düşmüş olması, onun aşk ve şefkatinden mahrum bulunmasından ileri gelmektedir."

Çalışmaya gelince, aynı yazar ilave ediyor: "Bizim ıslah edici okulda şimdi kalan tek şey, ümit kıran garip bir kıyastır ki şuna dayanmaktadır: Mahpusların terbiyevi çalıştırılmaları. Acaba bunun amacı mahkûmların ahlaki anlamda iyileşmeleri midir? Öyleyse, onların cebir ve zorlama olmadan çalıştırılmaları ve hapis hayatları yerine hürriyete nail olmaları lazımdır. Eğer maksatları onları cebir ve zorla çalıştırmak ise bu takdirde de, eza ve cefa dolu hapis hayatı yeniden zaruret oluyor ve ıslah etmek amacı ortadan siliniyor."[56]

Islahatçılar (*Correctionalistes*), buna cevaben, "Fakat cebri çalışma fikir ve kalp terbiyesini terkip eder ve okullar sayesinde de kaba ve cahil mahkûmlar, öğrenecekleri ilim ve irfan sayesinde iyi ve kötüyü fark ve temyiz etme hassasiyetini gösterebilirler." demektedirler.

Maalesef biraz sonra göreceğimiz gibi, tecrübeler göstermiştir ki okulların bireyin ahlakı üzerindeki etki ve nüfuzu hemen hemen sıfırdır.

Moral duygunun bir kısmı olan merhamet içgüdüsünden mahrum, yetişkin bir suçluyu ele alalım; bu içgüdüyü eğitim sayesinde kafasına nakşetmeye çalışılıyor, yani ona insanoğlunun

[56] Mittelstadt, Gegen die Freiheitstrafen,1880. Bu mevzuda Spencer, *Morale des Prisons*'da şunları söylüyor: "Bu, mahkûmu çalışmaya mecbur etmek için mahdut işaretlerdir. Mahkûm kendi kendini serbest görür görmez, tekrar eski vaziyetini takınır. Hapishanenin dışında da kudretini hissettirmek için itme (*impulsion*) içselleşmiş olmalıdır." Ve Lord Stanley, parlamentodaki bir nutkunda şöyle haykırmıştır: "İnsanoğlunun ıslahı hal edişi asla fiziksel bir eylemden ileri gelemez."

bir vazifesi de hemcinslerine karşı rahîm ve şefik olduğu, ahlakın insanoğlunu fenalıktan koruduğu ve daha birçok güzel ve ulvi şeyler mütemadiyen tekrarlanıyor...

Lakin, işte böyle bir gayret dahi, şayet moral esaslara göre eylemlerini tanzim etme faziletinden esasen mahrum bulunuyorsa, mahkûma hiçbir şey kazandıramaz. Bir kelime ile bu gayret sebebiyle, mahkûm ulvi fikirleri öğrenebilecek fakat ulvi duyguları asla kazanamayacaktır.

Peki sonra? İyi insan, fikir ve düşüncenin değil, içgüdünün eseridir. İşte bu içgüdüden mahrum insanoğlunun bu eksikliğini nasıl tamamlamalı, acaba?

O insanoğlu ki iyiyi görecek, ancak kötüyü işleyecektir; zira, kendisini okşayan ve hoşuna giden hep o kötülüklerdir.

Video meliora, proboque,
Deteriora sequor.

Ona siz istediğiniz kadar topluluk menfaatinin birey menfaatinden çok üstün olduğunu, hatta birey menfaatinin dahi toplumsal menfaatin bünyesinde bulunduğunu ve toplumun birer üyesi olan bizlerin bazı durumlarda kendi bencilliklerinden yine kendi menfaatimiz için feragate mecbur olduğumuzu anlatın. Ya da dinî bir esasa dayanarak ona faziletli bir insanın özel hayatındaki saadet ve nimetleri ve yolunu şaşıran biçarelerin karşılaşacakları cehennem azabını tasvir ve telkine çalışın!.. Nafile!..

Nihayet bütün bunlar şu muhakemeye varıyor: Şayet bu çeşit bir fiil işleyecek olursan, felakete açık olursun. Öyleyse bu akıbetten sakınmak için, bunu zinhar işlemeyeceksin!

Fakat mahkûm bütün bu esaslara sırtını çevirip kendi ihtiraslarının teskinini tercih edecek olursa, bu takdirde ne ümit ne de muhakeme kendisi için bir anlam ifade etmeyecektir. Onu, yeni bir suç işlemekten menedecek şey, başkalarının gözünde, evet kendi gözünde değil, daha üstün görülen bir menfaat karşılaştırması değildir. Bu, ancak diğerlerinin suça karşı duydukları nefret ve ikrahı onda yaratmakla kabil olacaktır; zira insani bir hareketin bütün etkeni ve sebebi ancak onu işleyenin mizaçları ve duygularıdır.[57]

Öyleyse, bir muhakeme (veya düşünce: *Raisonnement*) asla bir içgüdü yaratamaz.[58] Bu içgüdü ancak doğal olarak ya da genetik olarak veya bilinçdışı olarak toplumsal çevreden herhangi bir fırsatla elde edilebilir.

İşte böylece ileri sürdüğümüz iki temel etkenle tekrar karşılaşıyoruz: Kalıtım ve çevre. Eğitim, talim ve tahsilden ibaret kaldıkça neticesi sıfırdır ya da çevre aynı kaldıkça, yani suçlu, cezasını çektikten sonra, önceden içinde yaşadığı aynı çevreye düştükçe, netice yine aynı olacaktır. Küçük siyahilerin hikâyesi malûm: Bu siyahi çocukları Avrupa'ya getirilerek özenli bir eğitime tabi tutulduktan sonra kendi milletlerine medeniyeti öğretmek üzere yine Afrika'ya götürülmüşler; ama onlar yurtlarına kavuşur kavuşmaz işler değişmiş, öğrendiklerini, iyi tavır ve hareketlerinin hepsini unutmuşlar, giyindikleri kıyafetleri de fırlatmışlar ve yüzlerini görmedikleri babaları misali ormanlara koşarak vahşet hayatına başlamışlardır! İşte Correctionalist'lerin savundukları sistemin akıbeti! Elde etmiş oldukları neticeler üzerinde de durulabilir: Münferit hücre sistemi, Auburn veya İrlanda sistemi vs.[59] Sabıkalıların sayısı her memlekette cezaların hafifletildiği ve hürriyetleri tahdit eden ceza sürelerinin azaltıldığı durumda ters orantılı olarak artmaktadır. Fransa'da 1851'de sabıkalı oranı yüzde yirmi birken, 1882'de bu oran suçlarda %44;

---

57 Ribot, *Les maladies de la volonte*, Paris, 1883.

58 Despine, *De la folie au point de vue philosophique,* s. 39.

59 İngiltere'de İrlanda cezaevleri infaz sistemi sayesinde sabıkalıların gittikçe azalmakta olduğu gözlemlendi. Ama sonradan anlaşıldı ki, bu gözlemin sonuçları doğru değil. Çünkü aynı tarihte pek fazlalaşan göçmenlerin sayısı hesaplanmamıştır. Beltrani Scalia, La riforma penitenziario in İtalia, s. 192 ve 194.

%33'ten %52'ye yükselmiştir.[60] 26 Mart 1886 tarihli raporda, "Sabıka dalgası yükselmeye devam ediyor!"[61] denmektedir.

Belçika'da sabıkalıların oranı 1870'te %56'yı bulmuşken, 1873'te bu oran %52'ye düşmüştür. 1874 tarihinden 1876 tarihine kadar bu düşüş devam etmiş, 1879 da bu oran %49 gibi tehlikeli bir rakamda durmuştur.

İtalya'da, 1876'dan 1885'e kadar, cinayet mahkemelerinde mahkûm edilen sabıkalıların oranı %10,3'ten %34,71'e yükselmiştir. Aynı durumu İspanya'da da görüyoruz. Keza, daha az bir terakki seyri takip etmekle beraber Avusturya'da da aynı şeyi gözlemliyoruz.

Bütün bu sonuçlar deneysel olarak, Correctionalistes'lerin kurduğu ekolün ya da izahlarının kofluğunu ispat etmektedir. Başka türlü de olamazdı zaten; zira koydukları esaslar beyninde çok açık çelişkiler bulunmaktadır.

Doğrusu, bir yandan ceza vermenin amacını mahkûmun ıslahı hal etmesine istinat ettirirlerken, diğer yandan her suç için belirli bir ceza müeyyidesi, yani birkaç ay veya birkaç sene hapis kabul ediliyor. Bu tıpkı Hâkim Willert'ın dediği gibi, bir doktorun, hastasını belirli süre için bir hastaneye yatırmasına benzer, ama o süre zarfında hasta iyileşmiş veya iyileşmemiş![62]

Okyanusa gömülen bu hatalar gemisinden bütün kurtarılabilecek şeyler, sadece terk edilmiş çocukların ve kötü temayüllerini açığa vuran gençlerin koruma ve savunma kuruluşları kurmak zorunluluğu hakkındaki düşünceden ibarettir. Yetişkin kişilere gelince, bunları faaliyet tarzları ayrı yeni bir muhite sevk etmektense, onları kendileri için daha faydalı olan ve bu sebeple devamlı olmasını arzulayacakları yeni bir hayatın şartlarına uyma alışkanlığıyla donatmaya gayret etmelidir. İşte ancak bu sayededir ki tamamen dejenere olmayan mahkûmların topluma

---

60 Journal officiel, 13 Mart 1884.

61 Journal officiel, 29 Mart 1886.

62 Willert, Das postulat der Abschaffung des Strafmasses mit der dagegen erhabenen Einwendung.

zararlı olmalarının önüne de geçilebilir. Bu da ancak sürgün ya da anayurdun pek az meskûn yerlerinde ziraî sahalar tesisi sayesinde mümkün olacaktır; şu şartla ki bu tür sürgün hayatı devamlı olmalı, ya da hiç olmazsa sürgün süresi önceden tespit edilmemiş bulunmalıdır. Ancak bu şartladır ki bünyesindeki kötülükleri devamlı çalışmalarla giderebilen pek nadir mahkûmların kurtuluşları mümkün olacaktır.[63] Ancak bunlar istisna olaylardır; zira alelade hâllerde az veya çok uzun bir süre zarfında, değiştikten sonra tekrar kendi yaşadığı küçük vatanına dönen bir suçlunun önceden kendini suça itmiş olan aynı etkilerden korunacağı düşüncesi hiç de makul olamaz.

II

Zorunlu Eğitim - Toplumsal Eğitimin Suçluluk Üzerindeki Etkisizliği- Din Eğitimi - Bu Eğitimin Suç İçgüdüsü Üzerinde Herhangi Bir Tadil ve Islah Yapamamasının Saiki.

Şimdi de kötü içgüdüler üzerinde en etkili olabilen eğitimin iki unsurunu görelim: Genel ve dinî eğitim. Bu iki müessesenin bir milletin ahlakiyatını kurduğu yolundaki fikir pek ziyade yayılmış bulunuyor. Bu düşünceye göre, bir milletin moraline yön vermeye yetkin bu iki müessese, devlet tarafından geliştirilebileceği veya köstekleneceği göz önünde tutulursa meselenin önemi ortaya çıkar. Bununla birlikte, bu iki unsurun suçluluğun toplumsal yönüne etkisinin önemi üzerinde durmanın gerekli olduğu açıkça görülüyor. Hakikatte, genel eğitim hakkında söyledikleri-

---

63 Ceza sürelerinin peşinen tespit edilmemesi fikrini 1880 senesinde *Criterio positive penalità* eserimle ben ileri sürmüştüm. O sene, Dr. Kraepelin, Die Abschaffung des Strafmasses (Leipzig, 1880) eserinde aynı fikri ileri sürmüştür. Aynı tezi Prof. Liszt, Marbourg Üniversitesindeki derslerinde savunmuştur.-yn.

mizden sonra, bu bölüm belki de bir parça dağınık ve lüzumsuz görülecektir. Lakin, şüphemizi gizlememekle beraber çocukluk devresinde ahlaki içgüdüler harici, büyük üzüntülerle meydana gelebileceği ve karakter yapısının tam olarak oluşmasına yardımda bulunabileceğini inkâr etmiş de değiliz; işte bu sebeple bu büyük moral kuvvetten birkaç kelime ile bahsedeceğiz.

Öncelikle genel eğitimden bahsedelim. İstatistik bilimi bize, bu kuvvetin suça düşman olmadığını gösteriyor.

İtalya'yı ele alalım, burada eğitim 1860'tan beri yayılmaya başlamış, keza suç da bu tarihten itibaren tehditkâr rakamlara doğru yükselmiştir. M. d'Haussonville'in elde ettiği istatistikler Fransa'daki hâli gösteriyor: "1826'da, 100 suçludan 61'i okuma yazma bilmiyordu, 39'u ise eğitim nurundan az veya çok nasibini almıştı. Bugün ise oran tersine dönmüş bulunuyor, yani 100 suçludan 61'i okuma yazma bildiği hâlde 39'u tamamıyla cahil bulunuyor.[64] Tarde'a göre: "İspanya'da okuma yazma bilmeyenlerin oranı üçte ikidir; nüfusun hemen yarısı suç sahasına girip çıkmaktadır."

Bu açıklamadan ilmin suç açığını büyüten bir yönü olduğu yanılgısına kapılmayınız. Biz sadece elimizdeki istatistik bilgilerle ispat etmek istiyoruz ki açılan her okulla bir hapishanenin kapanacağı düşüncesi, suçun diğer unsur ve etkenleri karşısında direnç gösteremez.[65]

---

[64] Revue des Deux-Mondes, "Le Combat contre le vice", Nisan 1887.

[65] Büyük hukukçu ve filozofun bu konu hakkındaki düşüceleri, kurduğu güçlü tezle elbette ki tenakuz teşkil edemezdi. İlmin meşalesiyle aydınlanan düşüncesi elbette ki bu meşalenin söndürülmesini arzulayamazdı. İnsanoğlunu suça iten etken, ruhsal ve bedensel anormallikler atavizm ise; hemcinsini dolandırmanın, çalmanın, emniyeti suiistimalin, sahtekârlığın, kalpazanlığın nedeni doğruluk veya adalet duygusunun kalplerde yerleşmemesinden; kendi benzerini dövmenin, yaralamanın, öldürmenin nedeni merhamet ve şefkat duygusunun keza kalplerde yerleşmemesinden mütevellit ise, bu noksanlığın telâfisi elbette ki bazı etkenlerle: Terbiye, ahlaki telkin, ilim ve din sayesinde kısmen olsun mümkündür. Zaten bu tezi baştan başa dikkat ve ihtimamla okuyanlar için bu açıklamamız fuzulidir. Ancak büyük fikirler ihtiva eden, hacimli eserleri baştan sona kadar okumaya

Şimdi de dinî eğitimin bireyin ahlakı üzerindeki hakiki ve

---

vakitleri veya sabırları olmayanlar için, ilme, evet insanlığın bu en lâtif ve faziletli hazinesine en küçük bir toz kondurulması ihtimalinin korku ve endişesiyle çırpınmaya mecbur oluyoruz.

Bu mühim esasta pozitivist okulun bu parlak zekasıyla eski klâsik okulun muhteşem kurucusu Marki Beccaria arasında tam bir mutabakat vardır, denilebilir, kanaatindeyiz. Beccaria: "Hürriyet, ancak ilmin meşalesinde yürüdükçe insanoğluna huzur ve saadet verebilir. İlim bazı mutlulukların sebebi oluyorsa, buna sebep aydınlattığı sahanın küçüklüğüdür. Bir kere bütün gösterişiyle meydana çıkar ve cehaletin en ücra köşelerini dahi aydınlatırsa, artık o, bütün hayır ve saadetlerin biricik kaynağı olur." diyor.

İşte GAROFALO'nun fikri de budur. Merhamet veya adalet duygusundan, hatta bazen her ikisinden de mahrum bir bedbahtın en büyük ihtiyacı zulüm ve işkence vermek, en kanlı suçlara koşmak olduğu hâlde onu sadece ilkokula verip ona okuma yazma öğretmekle, yaradılışına hâkim kötülüklerden halâs edemeyiz; sadece bu zayıf, nahif vasıta ile korkunç ejderlerin dolaştığı cehennem denizini aşıp sahili selâmete vardıranlayız. Öyleyse, ilmin yardımı iki şarta bağlı bulunmaktadır:

a) - Derin, yani ruhu, fikri ve vicdanı dolduran hakiki bir ilim,

b) - Mümkün olduğu kadar yayılmış ve milleti kucaklayabilmiş bir ilim.

Bu iki şartı toplayabilmiş milletlere ne mutlu! Bir kere gözümüzü İzlanda adasına çevirelim: İngiltere'nin kuzeyinde buzlu sahalara dalmış ancak haricen Danimarka tarafından temsil edilen 105.000 kilometrelik rutubetli, soğuk bir iklim, volkanik, kayalıklı coğrafi yapısı olan ve bütün servetini balıkçılık teşkil eden bu adada 120.000 kadar nüfus yaşar. Adanın hükümet merkezi olan Revkjavilc şehrinin nüfusu 20.000 olduğu hâlde, bu küçük şehir insanlarının evlerinde bulunan kütüphanelerdeki kitap adedinin Danimarka'nın başkenti Kopenhag'ın 800,000 nüfusuna tekabül eder! Diğer taraftan Danimarka Devleti Avrupa'nın en medeni ve suça en az sahne olan bir devleti iken, İzlanda adasındaki huzur ve sükûnu arzulamakta, oradaki insaniyeti, doğruluğu, şefkati örnek göstermektedir.

İlim insana yalnız ulvi duygular aşılamakla kalmaz; kötülük, zaaf, korkaklık, işsizlik ve fakirliklerin hâkimiyet kurmasına engel olur ve bu hâkimiyetle sefil bir hale düşen biçarelerin de elinden tutar; ona sonsuz imkânlar bahşeder, suçtan uzaklaştırır.

Öyleyse, çevresel şartlar değiştirilmedikçe, sathî eğitim sistemi yükseltilmedikçe, çarpık ve mahdut bir eğitimin kurtuluş ve çıkış yolu gösterebileceği hakkında ileri sürülebilecek fikirlerin beşere hiç de faydalar sağlayamayacağı tezi en büyük hürmete lâyık olsa gerektir. Peygamber Efendimizi temyiz eden bir sıfat dahi ilim ve irfana duyduğu sevgidir. Asrı saadette ümmeti ciddi etkilerini görelim.

Şüphesiz çocukların ilk devresinden itibaren aşılanan dinî heyecanların tesiri küçümsenemez. Bu devrede körpe bünyenin alacağı dinî heyecan hayat boyunca hafiflerse de, asla zeval bulmaz; hatta imanın ve itimadın en harap anlarında bile. Dinî esrar ve füsunun verdiği intibalar zihinde o derece canlıdır ki ilahiyatla bağdaştırılan ahlaki tavrı hareketlerin içgüdülerini dahi yaratabilir; zira Darwin'in dediği gibi: "Hayatın ilk yıllarında, dimağın en körpe ve dış etkilere en açık ve hassas bulunduğu devrede, inat ve ısrarla, tükenmeyen bir sabır ve sebatla mütemadi surette tekrarlanan iman ve itikat telkinleri içgüdüler yaratabilir kanaatindeyim ve zaten içgüdülerin de hakiki cevheri, akıldan müstesna olarak faaliyet hâlinde bulunmaktadır.[66]

Spencer'a göre: "Bir ahlak kitabının tesir ve nüfuzu, ondan beklenen faydaların uyandıracağı itaat duygusundan ziyade, kapsadığı emir ve esasların yarattığı heyecana bağlıdır. Toplumsal ve dinî müeyyidelerin çocuklukta uyandırdığı intihaların etkileri, çocuğun ahlaki gidişatında o derece müessirdir ki özellikle huzur ve

---

İslâmiye'nin makamı olan Medine-i Münevvere, Mekke'nin sukutundan sonra yalnızca Araplar için değil, hariçten gelenler için de bir ilim ve irfan merkezi teşkil ediyordu. Acemler, Yunanlılar, Suriyeliler, Iraklılar Medine-i Münevvere'ye geliyordu. Peygamber Efendimiz buyuruyorlardı ki: "İlmi öğreniniz, çünkü Allah uğranda ilmi öğrenmek bir basenedir... İlimden bahsetmek namı Hûda'yı teşbihtir... İlmi aramak cihattır... İlmi tahsil etmek ibadettir... İlmi talim etmek sadakadır... İlim Allah yolunu tenvir eder... Çölde enisimiz ilimdir... Yalnızlıkta, dost ilimdir... Arkadaşlardan mehcur kaldığımız zaman en vefakâr refik ilimdir... İlim bizi saadete isal eder, sefaletten vikaye eder, nefsimizi şeametlerden halâs eder... İlim ziynetimizdir... Düşmanlarımıza karşı, silahımız ilimdir... İlün'le kul, Allah'ın hayır ve-salâhın şevahikine itilâ eder, saadeti uhreviyesini temin eyler... İlmi Çin'de bile olsa talep ediniz... İlim uğrunda, vatanını terk eden, vatanından ayrılan Allah yolunda adım atar... İlim uğrunda seyahat edene Allah cennet yolunu gösterir..." Diğer taraftan İslâm'ın dördüncü halifesi Hazreti Ali de: "İlimde terakki, terakkinin en faziletlisi ve yükseğidir. İlme hayat veren hiçbir vakit ölmez. İnsanın en büyük ziyneti ilimde tebahhurdur." buyurmuşlardır.-Ç.N.

66 Darwin, *İnsanın Aslı*, Bölüm 3.

saadete erişmek endişesiyle ahlaki esaslara riayet çaresi, son derece zayıf kalır. Zaten bu tür müeyyidelerin intibaları bir kere mevcut olmayınca, artık fayda mülâhazasına dayanan iman ve itikat, umumiyetle itaat ve riayeti husule getirmeye muktedir olamaz. Hatta en ziyade yükselmiş milletlerde bile böyledir... Hemcinslerine karşı yakınlık ve sevgi duyguları uzvi bir derinliğine nüfuz etmiş yüksek insanlar, kısmen dinî müeyyidelerden doğan toplumsal müeyyidenin tesiri altında tamamen insani esaslara kendiliklerinden riayet etmektedirler; böylece, toplumsal müeyyide, insaniyetperverlik esasları üzerinde büyük bir hâkimiyet tesis eylemiş bulunmaktadır. Ve nihayet bu müeyyidenin ayrıca fikren az yükselmiş insanların hareket tarzları üzerinde de büyük bir nüfuzu vardır."

Aynı yazar din esaslarına aykırı hurafelerin ve ulûhiyeti sarsan batıl inançların zararlı tesirlerine de işaret etmektedir. Toplumun sadece ahlaki esaslarla teşekkül ve pâyidar olabileceğine inananlara hitap ediyor: "Genetik olarak aktarılmış olmadan insanların, hangi hâllerin şer getirici, hangilerinin hayır verici olduğunu bilip anlamaları ve ona göre muhakemelerine lüzumlu kudreti verip hayırhah yolu önlerine sermeleri; her türlü birbiriyle karışmasından azade neticelerin, kendilerinin, başkalarının ve toplumun üzerindeki hakiki tesirleri nasıl ölçülebilecektir?"

Şu hâlde, pozitivistler için, din müessesesinin eğitimin en müessir kuvvetlerinden birini teşkil ettiğinde hiç şüphe yoktur. Fakat bunun için iki şart zorunludur: Birincisi, şahsın henüz çocukluk devresinde bulunması, ikincisi de dinî eğitimin hakiki amaçlarını ahlaki eğitimin teşkil etmesidir. Maalesef Katolik dünyasının ekseri diyarlarında bu amaçtan saptığı görülür.[67]

---

67 Yazarın bu yüksek fikirleri, İslâm dininin buyurduğu esaslara ve beklediği gayelere hayret edilecek derecede yaklaşmaktadır. Pozitivizmin deneysel ve gayrikabili esaslarından biri olan din etkenler, İslâm dininin teolojik binasının kudret ve metanetini de göstermektedir. İslâm'a göre: Din Rab tarafından vaz olunan bir kanundur ki, insanlara yaradılış amacından bahseder, insanlara hidayet ve saadet yollarını gösterir, insanları güzellikle hayır olan umura sevk eder.- Ç.N.

Aymaz rahiplerin, hele köy papazlarının bütün dinî gayret ve faaliyetleri hemen hemen ibadetin şekil ve merasimiyle sınırlıdır; bu faaliyet tarzında ise, hiçbir ahlaki salâh imkânı yoktur. İncil'in en yüce sayfaları ihmal edilerek sadece halktan daha büyük bir itaat istihsaline gayret edilir.

İşaret edilecek bir nokta daha var; o da suça eğilimi olan (*les penchants criminels*) kimselerin ahlakiyatı üzerinde dinin hâkimiyet tesis edememesidir. Fakat bundan daha doğalı de olamaz! Çünkü, dinî eğitim için heyecan esas olduğuna göre, ruhsal sakatlığıyla malûl ve bu sebepten normal insanlara nazaran ruhsal hassasiyetleri pek cılız bir kimsede heyecan yaratmak nasıl mümkün olacaktır? Ve bu gibi kimselerin saf ve temiz bir ulûhiyet duygusunu idrak edebilmeleri nasıl temin edilebilecektir?

Belki de; bize, bunun da ne önemi var, denecektir! Başka bir âlemde verilecek ceza korkusuyla titreyen pek çok insanlar vardır ki dinin gerçek amacına göre yetiştirilmemişlerdir. Bu tarz düşünce, pratik, sakin ve hesabi insanlar için, hakiki bir etken olabilir; ama suça yatkın karaktere sahip kimseler böyle bir endişeden uzaktırlar; zira bu gibilerinin karakterlerindeki belirgin vasıf; tedbirsizlik, ihtiyatsızlık, basiretsizlik ve hoppalıktır. İhtiraslarını teskin etmek fırsatı karşısında ertesi gününü düşünmeyen birinin başka bir âlemi hesaplaması mümkün müdür?

Diğer suçlulara gelince, onlar bir kuvvet tarafından itilen veya dafi (*impulsif*) dediğimiz sınıfı teşkil ederler. Bu sınıfa mensup olanlar hiddetli veya nevropatik ya da alkolizme yatkın mizaçlarının baskı ve müsademesiyle suç işlerler; işte bundan dolayıdır ki darbelerini indirecekleri anda, dinî müeyyidelerin zihinlerine hücum eylemesi az muhtemeldir. Ve sonunda diğer bir sınıfa mensup kimseler de ahlakı nevrasteniye sahip olduklarından, bulundukları çevrenin zevk ve tahriklerine karşı dirençleri yoktur. Bu gibilerine yürürlükte olan dinî eğitimle kuvvet ve cesaret vermek, mümkün olacaktır.

Suçlunun üzerinde yapılan deneysel tetkikat, bu sebepten dolayıdır ki bütün ümitleri kırmakta ve umumi surette eğitimden bahsederken açıkladığımız sonuçları doğurmaktadır; yani mevcut bir karakterin mükemmelleştirilmesi mümkünse de bir kere ruhsal yapıda boşluk mevcut olunca -mesela hayırseverlik duyguları gibi- artık onu yeniden elde etmek ve bu boşluğu doldurmak imkânı çok şüphelidir.

Acaba topluluğun en büyük kısmının benimsemiş olduğu böyle bir din, suçluyu korkunç bir tehdit altında bulundurur mu? Hayır! Zira, ona Rabb'ın merhamet ve gufranını da anlatmış bulunurlar, o da böylece bilir ki her an ve mekânda edeceği nedamet, kötülüklerle geçen bir hayatın kefaretini teşkil edecek ve böylece ilahi azaptan kurtulacaktır! İşte haydutlarla canilerin özellikle Meryem Ana'ya ve Azizlere son derece bağlılık göstermelerinin sebebi de ancak bununla açıklanabilir. Çok farklı olan başka bir hâl de bu tarzda izah olunabilir: Pek çok dindar kadınlar vardır ki bütün ömürlerini fuhuş ve zina içinde geçirmeleri mümkündür. Bunlar kilisede, haçın önünde diz çöküp gözyaşı dökerler. Onlarca, şehvet ve zinanın kin ve zulüm gibi öldürücü bir günahsa da bir ruhaninin takdis ve dualarıyla her şey af ve mağfirete nail olacaktır. Şimdi bana şu cevap verilecektir: Bu gibilerin dinî duyguları hakiki değildir, bunların duydukları hurafelerden öteye geçmez!

Fakat topluluğun en büyük kısmının dinî duyguları başka şey midir? Hangi dine bağlı olurlarsa olsunlar, halk tabakaları nezdinde insanlaştırılmış bir Allah fikri vardır. İşte bundan dolayıdır ki gayet güzel ifade edildiği gibi: "Namuslu ve halim insanların Allah'ı aşk ve mağfiret dolu hâlde, kötü ve ahlaksız kimselerin Allah'ı korkunç ve intikamcı bir edaya bürünür." [68]

Acaba, ancak pek faziletli insanların sahip olabildikleri hakiki din duyguları olmadan dahi, suç işlemekten kaçınılabileceği, hatta iman ve itikat sahibi olmadan da namuslu insanların bulunabileceği mümkün müdür?

---

[68] E. Ferri, *Katillerde Din Duygusu, L'Archivio di Psichiatria, Scienze penali,* Turin, Fr. Bocca, 1884, Cilt: III, s. 276-282.

Her şeye rağmen, şu konu kabul edilmelidir ki eğitimin etkili olduğu hâllerde, din iyi bir yardımcıdır; çünkü din nurlu filizleri geliştirmeye ve zayıf karakterleri kuvvetlendirmeye muktedirdir. Bundan dolayıdır ki, uyanık bir hükümet, ahlak yapıcısı olan bu kuvvete yardımcı olmalı ya da hiç olmazsa kösteklememelidir; bu kadarlık gayret de hiç de büyük bir fedakârlık sayılmaz.

Şüphe ve tereddüt içinde bocalayan bir memlekette ise, bütün bu gayretler sonuçsuz kalır; iman aşkının duyulmaya başladığı bir milletin bağrında, bu faaliyetler en bereketli mahsullerini idrak etmekte asla gecikmez. Bir devletin şiddetle sarıldığı öyle resmî dinler görülmüştür ki bir çırpıda ezilip yok olmuştur; Hristiyanlık, Roma İmparatorluk Putperestliği'ni, keza Buddha dini de bütün Güney Asya'yı kolaylıkla istila etmiştir. Zamanımız hükümetleri ise, ancak milletin benimsediği dinlere müzahir olabilirler. Tıpkı bunun gibi, ana baba, çocuklarına, her an dinin ve yüksek esasların emirlerine en derin bir itaatle bağlı olduklarını göstermedikçe, aile içindeki bütün ilim ve irfan cehdinin hiçbir tesiri olamayacaktır. Devlet ise en açık örneklerle genel ahlakın ıslahına yardım edebilir.

En açık örnekler ise en şiddetli, en bitaraf ve en kolayca istihsal edilmiş adaletten ibarettir.

ÜÇÜNCÜ FASIL

Ekonomik Etkiler

Şimdi ikinci etkene geçebiliriz; bu etken olmasaydı, asıl ekseriyeti teşkil eden, tesadüfi (*fortuit*) suçlular mevcut olmazdı.

Şayet bu tesirler olmasaydı bu sınıf suçluların kaderlerini değiştirmekten başka amacı olmayan bu ilim şubesine de gerek kalmaz, kriminolojinin bütün iştigal mevzuunu suç içgüdüleri teşkil ederdi.

Lakin, acaba yürürlükteki kanunun koyacağı mahirane ve hâkimane ahkâm sayesinde, içinde yaşanılan muhiti tamamen tebdil mümkün müdür?

Bu soruya mutlak surette müspet cevabı ancak sosyalistler verebilmekte; bir kısım sosyologlar ise, bazı şartlarla aynı fikre katılmaktadırlar.

I

SEFALET

"LA MISERE"

Suçun toplumsal endişenin bir yansıması olması. - Proletarya mevcudiyetinin suçluluğun esas etkenlerinden olduğu düşüncesinin doğru olup olmadığı. - Menfi cevap. - Özel ruhsal şartların suçu meydana getirmesi. - Ekonomik huzursuzluğun bütün toplumsal sınıflarda mevcudiyeti. - Bu huzursuzluğun esas etkeni nedir? - İstatistik ilmi bize proletaryanın diğer toplumsal sınıflardan daha fazla oranda suça sürüklenmediğini ispat ediyor. - Suçluluğun bazı istisnai hâlleri üzerinde çevresel faktörlerin etkisi nasıl açıklanabilir? - Çıkan neticeler.

Bilinir ki sosyalizm ekolü tek değildir; bu mesleğin diğerlerinden farklı temayüller telkin eden muhtelif mezhepleri vardır. Ancak hepsi de iktisadi müsavatsızlığı suçun başlıca kaynağı olarak göstermekte müttehittirler.

Bu düşünürlerin bazılarına göre, suç iktisadi adaletsizliğin bir yankısından başka bir şey değildir. Eşit olmayan gelir dağılımı milleti sefalete mahkûm etmekte, tahsil ve terbiyeden de mahrum ederek onu gaflet ve dalâlete yuvarlamaktadır. Kanunların müeyyidelerle sağladığı iktisadi adaletsizlik hakiki bir suçtur ve işte bu hakiki suç, tasvip etmemiş olsa da diğer bütün suçları tevlit etmektedir.[69]

---

[69] Avrupa sosyalizmine ait bu fikirlerin aslı, 11. inci yüzyılda Tsong ailesinin saltanat sürdüğü Çin'deki bir tarikattan alınmıştır. Bu tarikat şöyle diyordu: "Toplum kanunlara dayanıyor, kanunlarsa adaletsizlikler ve hilelerden ibarettir; bunun dışında, toplum mülkiyet hukukuna dayanıyor; hâlbuki, mülkiyet hukuku ise, tagallüp ve irtikâbın eseridir." (Revue des Deux- Mondes, 15 Şubat 1880, s. 923)

Şu hâlde birinci suçlu, bizzat toplumdur: İnsanoğlunu hayat ziyafetinden kovan, altın yaldızlı muhteşem salonlardan atan, sonra da onları inzivanın hazin uçurumuna ve zulmetin çamurlu yollarına fırlatan ve böylece kendilerini suça iten hep odur, toplumun ta kendisidir.

Hakikatte ise zamanımızın en ciddi sosyalistleri böyle düşünmüyor, bu neticelere varmıyorlar. Bununla beraber, hepsi de hemen daima suçu toplumun yapay ve hileli teşkilatına atfetmektedirler; öyle bir teşkilat ki bir kere tadil ve ıslah edilir ya da daha doğrusu esaslı olarak yeniden kurulursa, suç oranı ziyadesiyle azalır, gelişim ve evrim sayesinde, hatta suçluluğu hemen tamamen ortadan kaldırır.

Bu neticeyi beklerken de suçlunun da toplumun mazlum bir sınıfa mensup olduğunu ve o da elindeki bu vasıta ile topluma isyan ettiğini izahtan kendilerini alamazlar; hatta özellikle, bu isyana karışmayıp, mukadderatlarına boyun büken bu sınıftan olanlara karşı en büyük bir istihfafı göstermekten de çekinmezler. Parlak bir risalenin yazarı: "Elbette, diyor, hatta en menfur ve merdut tabakalarda bile kurbanlar vardır; Mukadderata boyun eğmiş, son derece budala, taarruza muktedir olmayan, kendilerini ezen tokmağı takdise müheyya biçareler!.. Bu çeşit insanların, kendilerini istismar eden burjuva ideali olduğunu kolayca kavramaktayız. Ama onların bu mutavaattan bize asla fazilet örneği olamaz. Bunun gibi, kendi emeğini gülünç bir ücret için

---

Bakounine, Rus nihlistlerinin programları, ve keza İspanya'daki "Kara El" teşkilatı bütün toplumsal müesseselerle amansız bir mücadeleye atılmışlardır: "Toplum gülünç ve meş'um bir tarzda vücuda getirilmiştir. Başkalarının faaliyetinden kazanılan her çeşit mülkiyet gayrimeşrudur. Bütün zenginlerin sürgünde tebah olmaları lazımdır... Onları devirmek için başvurulacak her çeşit vasıta aziz ve zarurîdir: Kelepçe, yangın ve hatta iftira bile!"

Programme de la Main noire. - Laveleye, Le Socialisme contemporain, s. 275, Paris, 1883.

Keza, A. Zorli'nin, *Emancipazione económica delle classi operaie*, Bologne, 1881.

satan işçi, bütün diğer işçilerin ücretlerini düşürür; bu sebeple de nev'i şahsına bağlı bir ihanette bulunmuş olur ve böylece kendine indirilen darbeyi meşru kılar. Bir kere imtiyaz denilen müessese toplumda tahtını kurunca, artık bütün haydutluklar beşerî bir olgu hâline gelir ve bu olgular insani duygularla tetkik ve tahlil edilmek gerekir; böylece bu olgular suç menfur şekilde ortaya çıkınca, faydalı araz ve alâmetler gibi gösterilerek birçok esaslı soruların halline girişilir."[70]

Konuya girerken, suçluluğu bu tarzda açıklamanın kolay olmadığına, işçi ve köylü sınıfının her türden suçlu vasıftaki tahriklere maruz bırakılmış bulunmadığına işaret etmek isterim. İmtiyazlar aleyhine yapılacak acayip bir ayaklanma zalimler kadar mazlumları, en menfur zenginler kadar biçare yoksulları da ezecektir.

Bununla birlikte biz, aşağıdaki meseleyi hemen tetkike başlayacağız: Acaba "iktisadi adaletsizlik", vatandaşları mülk sahipleri (*propriétaires*) ve işçiler (*prolétaire*) diye iki sınıfa ayırmaya sebebiyet veren bu toplumsal şart hakikaten suçun asıl etkeni midir ya da suçu husule getiren sebeplerin en önemlisi midir?

Kariler "suç" kelimesini hangi anlamda kullandığımı bilmektedirler; şimdi bize "*prolétaria*" kelimesinin anlamını izah kalıyor; öyle bir kelime ki hazin bir zaruret dolayısıyla, suçların en büyük kısmına etken gösteriliyor.

Prolétaire, gayrimenkul mülkiyetinden mahrum, bütün maişet vasıtası el emeğinin karşılığı olan ve umumiyetle yevmiye şeklinde ödenen ücretten ibaret bulunan kimse, demektir. Tasarruf etmek suretiyle elde edilen her tür sermaye, işçiyi (*prolétaire*) mülk sahibi sınıfının şartlarına kavuşturmaya hizmet eder.[71]

Öyleyse, işçi sınıfının diğer bütün bioylerden daha ziyade açlık tehlikesine maruz kalabileceği inkâr edilemez; onun biricik

---

70 F. Turati, *Il Delitto e la Questione sociale*, Milan, 1883.

71 Block'un *Dictionnaire de la politique*'deki tarifi böyledir. -Ç.N.

maişet vasıtası olan gündeliğini hatta bir gün için dahi olsun, kazanamadı mı açlığa maruz demektir.

Bu sebepten dolayı, işçi, gerek kendisinin, gerek aile fertlerinin açlığını giderecek bir ekmeği elde etmek için hırsızlıktan bile çekinmeyecektir. *Sefiller* romanındaki "Jean Valjean"ın hâli budur. Bir Fransız düşünürü gibi düşünmüyorum. Ona göre, "Jean Valjean" şu yeryüzünün hakiki insanlarından biri değildir; "Bütün Fransa'da Faverolles gibi bir kasaba olmadığı gibi, bu muhayyel yerde hayırhah faaliyeti, bir dul ve hemşiresinin öksüzleri için hayatını vakfetmekle tanınmış olduğu hâlde, en muhtaç bulunduğu ivedi bir anda hiçbir yardıma nail olmamış bir amele dahi Fransa'da bulunamaz."[72]

---

[72] A. Franck, *Philosophie du droit penal*, Paris, 1880, s. 147.
Not: Dünya ceza adaletinde derin akisler yapmış ve hatta cezanın büsbütün kaldırılmasını meşrulaştırmış bir mevzunun büyük Fransız hukukçu ve filozofu Â. D. Franck'ın meşhur *Ceza Hukuku Felşefesi* eserinden tetkikini, karilere bu hususta geniş malûmat vermeyi ve V. Hugo'nun "Bireysel ceza mesuliyetinin cemiyete intikali" tezinin tenkit şeklini nakletmeyi vazife telakki ettik.
Eserin 1864 yılı baskısının "Bireysel ceza mesuliyetinin cemiyete intikali: V. HUGO tarafından müdafaa edilen tez" başlıklı 5. Bölümün 202 ve müteakip sayfalarına göz atalım:
"V. HUGO'nun bütün eserlerinde, şiirde olduğu kadar nesirlerinde de değişmeyen ahlak anlayışını daha önce açıklamıştık. Buna cemiyete karşı sonsuz bir adalet ve onun sinesinden fırlatıp atılan biçarelere derin bir merhamet ve şefkat ilâve ederseniz, işte *Sefiller*'in gayesine varmış olursunuz...
Burada müdafaa edilen tez, erkeklerin işledikleri suçlarla kadınların maruz kaldıkları hicap ve şerefsizliğin, toplumsal nizamın bize sunduğu müessese ve umumî tartışmalardan doğduğuna dayanmaktadır. Doğrusu, eserin kahramanları kimlerdir? Bunlardan bir erkek var ki, kürek cezasının demirleriyle damgalanmış, bütün ömrü boyunca yırtıcı bir canavarmış gibi takip edilmiş, feragatin müstesna bir örneği olmuş, fedakârlığın, merhametin ve faziletin en metin ve istekli havarisi kesilmiştir. Ya kadın! O da öyle; şehvet kadehini son damlasına kadar boşaltmış, lakin asla doğruluğundan bir şey kaybetmemiş, ruhunun derinliklerinde kadınlığın en temiz ve ulvî duygularını ve anneliğin en hararetli sevgi ve heyecanını ihtimamla muhafaza etmiştir. Duyduğumuz hayranlık ve heyecanın tesirine kapılmadan bu

Ben o fikirde değilim, bunun gerçek olabileceğine inanmıyo-

---

kahramanların nasıl müdafaa edildiğini ve hakikati ne dereceye kadar kucakladıklarını tahlil edelim: Jean Valjean, Faverolles'da namuslu bir işçidir. Bağ budayarak yeğenlerini ve kardeşinin dul karısını besliyor. Bir gün, iş bulamadığından eve ekmek girmiyor. Jean Valjean, yetimlerinin apliğiyle kalbi parçalanmış ve ölmeleri ihtimaliyle gözleri kararmış olarak bir kış akşamı evden dışarı fırlıyor, bir fırıncının raflarından birinin canımı kırıyor ve bir ekmek çalıyor. Suçüstü yakalanarak cinayet mahkemesince beş sene küreğe mahkûm ediliyor. Ceza kanunu sarih: Ortada şiddet istimali suretiyle ve geceleyin, kapalı bir binada işlenmiş sirkat suçu var. Bağ budayıcısı gittiği kürek mahallinde, derin ıstıraplarla kıvranmaktadır; Hep yüzüstü bırakılan zavallılarını düşünür. Vicdanında mahkemenin bu merhametsiz kararına karşı büyük isyanlar duyar ve bu eleme tahammül edemeyerek müteaddit defalar firara teşebbüs eder; her defasında ele geçirilerek cezası arttırılır. Böylece, on dokuz sene kürekte kalır. Hürriyete kavuşunca artık en tehlikeli bir haydut olmuştur. Dışarı çıktığı gün hiddet ve ıstırabı son dereceyi bulmuştur. İş yok, sığınacak yer yok, başını koyup dinlenecek yatak yok; hatta parasını ödemeye âmade olduğu hâlde en adi bir lokantaya bile kabul edilmiyor. İşte bu şartlar içinde hiçbir suçtan göz kırpmamaya karar veriyor. Aynı günde ikisini birden işliyor; hem de öyle suçlar ki, daha alçakçası işlenemez: Kendisini evinde misafir eden bir piskoposun gümüş takımlarını çalıyor; sonra bir çocuğu soyuyor, evet, biçare Savoyard'ın bütün servetini teşkil eden iki frangını zorla elinden alıyor. Lakin muhterem din reisinin af ve mağfireti onu bütün kötülük duygularından kurtarıyor. Valjean, aziz ihtiyarın nuranî yüzünü görünce ve onun İncil'e has sözlerini duyunca, bronzlaşmış kalbi birdenbire yumuşamış, varlığı baştan başa değişmişti; öyle başkalaşmış, öyle yükselmişti ki, namuslu bir insanın da fevkine çıkmıştı. Şimdi o, bir aziz, bir kahraman mertebesini bulmuştu. Ruhaninin sözleri onu saadetlere nail eylemişti. Artık talihi değişmişti. Servete kavuşmuştu. Küçük bir kasabada, bütün memlekete refah getiren tesisler vücuda getirmişti. Artık kasabalıların en büyük yemini, onun adı idi, en faziletli sima kendisi idi. Ancak o, ismini değiştirmişti. Bu değişme sayesinde, şehrin belediye reisliği hamailini taşıyordu. Evet, şimdi o, Montreuil- Sur-Mer'in muhterem belediye reisi idi. İsteseydi zaferleri sayesinde, kendisine Legion d'honneur nişanının Chevalier rütbesinin tevcihi işten biliş değildi. Lakin bu kadar gayretle; kendini halâs ettiği uçuruma birdenbire yuvarlanmıştı ve buna da kanuna itaati vazife bilmesi sebep olmuştu. Bir biçareyi, Jean Valjean -kürek kaçkını, korkunç insan!- zannıyla tutuklamışlardı. Bu bedbaht nerede ise hüküm giyecekti; hem de müebbet kürek cezasına! Hakiki Valjean gelerek adaletin huzuruna çıktı, adını söyledi, hüviyetini rum, ama şüphesiz çok nadir olarak Kont Tolstoy, Moskova'nın

---

ispat etti. İşte o andan itibaren sürgün hayatına yeniden başladı. Onu, can çekişen bir kadının başı ucunda tutukladılar. Tekrar küreğe gönderdiler. Ancak faziletli bir hizmette bulunabilmek için yine firar etti. Merhametsiz bir polis tarafından yine takibe başlandı. Menfa hayatı yeniden başladı. Fakat hilenin kuvveti, sabır, cesaret, gayret sayesinde mukaddes emeline hail oldu: Bir anne şefkat ve sevgisiyle zavallı öksüz bir kızı hayatın türlü müşkülâtlarından halâs ederek yetiştirdi, evlendirdi.

Şimdi soruyorum, bu hadiselerin gerçekleştiği memleket neresidir? Hiç şüphesiz bu memleket Fransa değildir; zira, evvelâ Fransa'da Faverolles gibi küçük bir kasaba yoktur; öyle bir şehir ki, gayretiyle tanınmış namuslu bir işçi, kendini öksüz yeğenlerine, dul yengesine hasretmiş liyakatli bir insana, muzlar ve felaketli bir anda en küçük bir yardım ve himaye göstermesin! Keza açlığın ve sefaletin tesiriyle, bir fırının rafından bir tek ekmek hırsızlığı için beş sene kürek cezası veren memleket yine Fransa değildir. Asla bir Fransız yahut İngiliz jürisi, böyle gülünç ve menfur bir karara imzasını basamaz. Asla, mutaassıp bir hayranı olmadığım herkesçe bilinen, Ceza Kanunu ne kadar az mükemmel olsa da hiçbir zaman bu kadar şiddetli ve gafilâne tefsir edilmemiştir. Deniz harp divanlarının şiddetine rağmen ne Fransa ne de diğer medeni bir memleket mevzuatı beş senelik kürek cezası süresini, disiplin sebepleriyle on beş seneye çıkaramaz. Bana bu şiddette bir misal gösterilemeyeceğine emin bulunuyorum. Hülâsa ettiğim diğer kısımlar da inanılacak gibi şeyler değildir. Nasıl? Öyle mi! Pekâlâ, işte bir adam ki, geçmişini bin türlü fazilet, bin hayırlı hizmetler, sayısız insanları sefaletten çekerek onları, refah ve saadete kavuşturmakla satın alıyor. Kahramanlık denebilecek en yüksek bir adalet ve namusluluk duygusu bu adamı bir masumu kurtarmaya ve onun yüz kızartıcı mevkiine, 20 sene önce terk ettiği yere oturmaya sevk ediyor. Acaba, hangi hâkim böyle bir insan hakkında takibatı reva görür ve Ceza Muhakemeleri Usulü Kanununun 638 inci maddesi muvacehesinde bu takibata cevaz verir? Doğrusu bu madde ağır cezayı müstelzim bir suçun dava zamanaşımının on sene olduğunu sarahaten beyan eder. Bir kere bu faraziye yıkılınca eserin bütün tertibi dağılmakta ve dokunan uzun ve ürkütücü kumaş kendiliğinden paramparça olmaktadır. Jean Valjean bizzat tesis ettiği hastanede, üzerinde henüz belediye riyaseti alâmetlerini taşıdığı bir sırada tutuklanamazdı. Medeni haklardan müebbet mahrumiyet cezasının korkusuyla servetini gömmeye mecbur değildi. Polisin takibatından kurtulmak için üstüne paçavralar giyip, avcının köpek sürüsünden vahşi bir hayvan gibi o inden bu ine kaçmak mecburiyetinde değildi. Hayır! Cemiyet bu derece vahşî, gözümüzün önüne serdiğiniz derecede adaletsiz, hissiz değildir; hayır! Ne kadar eksik çok fakir evlerini dolaşmış, iki gün açlık çeken tek bir kadına

---

olsalar da, bu kanunlar bu derece merhametsiz değildirler; hayır! Bu hâkimler birer cellat olamazlar; vicdani kanaatleri bu, derece kararmış, adalet müesseseler! Yalnız demirden inşa olunmamışlardır. Öyle anlatıldığı gibi, kötülerin taltif ve iyilerin zincirlere vurulduğu her zaman vaki değildir. Kadına, Fantine'e ait mülâhazalar da öyle inanılır gibi değildir; onun da yakalanması, hemen mahkûmiyeti ve hapishaneyi boylaması vb.

V. Hugo, cemiyete iftira etmiştir; yalnız cemiyete iftira etmekle kalmamış, bireyi, yani insanın tabiat ve mizacına da iftira etmiştir. Çünkü o, bu tezle insanoğlunun müstahak olduğu saadetleri ondan esirgemiş ve ettiği kusurların mesuliyetini de tanımamıştır. Keza insanoğlunun mayasını teşkil eden vicdan ve hürriyeti de ondan nez etmiş, ona tanımamıştır. Onca, hangi hal olursa olsun, bir kere ortada, şeref, namus, iyi niyet, ar ve haya fedakârlığı oldu mu, suçlu mutlaka cemiyettir.

Acaba, hangi mucize fert yerine cemiyeti mahkûm edebilecektir? Mücerret, mevhum bir varlık olan cemiyetin tıpkı insan gibi bir vicdanı, bir özgür iradesi var mıdır? Bu tez, böylece bizzat kendi kendini cerh eylemektedir. Her noktasıyla savunulması mümkün olmayan ve bütün serzenişlerinde haksız olan V; Hugo'nun tezi böylece ayakta duramayıp çökmektedir.

Bu donuk tablolar arasında *Sefiller*'in müellifi yalnız bir hakikati önümüze sermektedir: O da adaletin mahkûm ettiği bir kimseye karşı, kamuoyunun reva gördüğü şiddettir; artık onlar için bütün kalpler taş kesilir, bütün kapılar menfur bir inatla sıkı sıkıya kapalı kalır; onlar şayet kendiliklerinden iyi yola girmek isteseler de, aşılması imkânsız bu mânilerin önünde mıhlanıp kalırlar. V. Hugo'nun bu adaletsizliğe feveran etmesi tamamen haklıdır. Yeryüzü cehenneminde yanan bu bedhahlar için bütün, kalplerin teesürle titremesi yerindedir; zira, onlar işledikleri günahlarını hiçbir fazilet mukabilinde satın alamıyorlar, hatta nedamet etmelerine dahi imkân bırakılmıyor. Binaenaleyh, onlar için mücadele etmesinde, azametli olduğu kabul edilen, bütün gücü ve yeteneğiyle, dünya insanlarının şefkat ve merhametini toplayarak imdatlarına koşmasında pek çok haklıdır. Lakin, onlara yardım edecek diye, tepeden tırnağa bütün İçtimaî nizamı devirmeye, kanunları, hükümetleri, müesseseleri, inançları tebdil ve tağyire gerek var mıydı? Hayır, bilâkis giriştiği müdafaayı ancak bu kuvvetleri yardımına çağırmakla faydalandıracak ve bu çağırışı ne derece tevazu ve itidali ihtiva ederse, beklenen faydalar o oranda hızla ve emniyetle husul bulacaktı."

Biz bu faslın baş tarafını yani 186'dan 201'e kadar olan sahifeleri tercüme etmedik. Bu kısımda V. Hugo'nun öne sürdüğü tezin esas ve esbabı yazılıdır. Gayemi zarurî hal, mücbir sebep, tahfif edici haller gibi dünya ceza mevzuatına büyük esaslar vazetmiş (Ağır ve muhakkak bir tehlikeden rastlamış. İvedilikle yardıma muhtaç hiç kimse ile karşılaşmamış.

---

muhafaza etmek zaruretinin bâis olduğu mecburiyetle (765 sayılı T. C. K. 49/3; haksız bir tahrikin husule, getirdiği gazap veya şedit bir elemin tesiri altında: T. C. K.50/1) muhteşem bir eserin mevzuumuzla rabıtasını tahlil ve muhakeme edebilmek, bir kısım pozitivist ve sosyalistlerin cemiyet için ileri sürdükleri fikirlerin ölçüsünü sezmekte deliller göstermektir.
Eserin diğer faziletleri ve sanat değeri hakkında söz hakkı elbette ki edebiyata mensup zevatı muhteremeye düşer.
Ancak Ad. Franck'm, realizmi ne derece okşamış ve pozitivizmi ne kadar takviye etmiş olursa olsun, pek sert bir eda ile yapmış olduğu bu tenkidini aynen gösterirken; beşeriyeti, ahlakı, ince duyguları, rahim ve şefkati, ulvî aşkı, sonsuz bir samimiyet Ve hararetle müdafaa etmiş yeryüzünün en parlak zekâlarından biri olan V. HUGO'nun ahlak gelişim ve sanatı hakkında Sorbonne Edebiyat Fakültesi meşhur hocalarından GUSTAVE LARROUMET'nin (1852 -1903) merhum Ali Kemal tarafından *Edebiyatı Hakikiye Dersleri* adlı eserinde naklettiği edebi tenkidini de göstermeyi vecibe bildik: "1885'te V. HUGO Belçika'dan İngiltere'ye giderken Vaterlo'ya uğrar, o harp meydanını ziyaret eder. Bir piskopos ile kesbi muarefe eyler, bir fabrikacı ile tanışır. Bu sıralarda Belçikalı bir tâbi (Piskoposun hatıratı) diye şairin bir büyük eserinin kariben enzarı umumiyeye konulacağını ilân eder. İşte Sefiller kitabı... Eser, bu hakayik üzerine mebnidir. Şu eşhası hakikiye bu eserde büyük birer zemin hazırlamıştır. Hugo gençken pek mesuttu. Bildiklerinden bir kızı sevdi, kalbinin var kuvvetiyle sevdi; almak istedi, önce vermediler. Fakat şan ve şeref bir hümmayi saadet gibi şairin başına konunca, verdiler... Mesut bir ömür sürdü.- 1840'tan 1850'ye kadar bu saadete bir büyük devlet adamı olmak mefhareti de inzimam eyledi. İşte hayatının bu çehresini müellifin' şu eseri harikulâdesinde bulursunuz... Dün Encümeni Dâniş (Fransız Akademisi) de Hugo'nun halefine-bir halef, yani Leconte de Lisle'in yerine Arşene Houssaye kabul olunurken, hayaliyun şairleri bedayii ahlakiyeye o kadar merak etmedikleri hâlde, Leconte de Lisle'in bu mesleki münifi hemen icat etmiş, her fikrine bir nuhbei ahlakiye ihfa eylemiş olduğu söylendi. Ne büyük haksızlık! Lamartine gibi bir şairin sözlerinde, bahusus Hugo'nun asarında mealii ahlakiyeden eser görmemek nasıl olur? Bu şairi ilzamın şu yoldaki hidematına Sefiller güzel bir nümunedir... Hugo, fikrini daima bir' nuhbei ahlakiyeye atfetmişken, hayaliyunun asarında ahlaka hizmet endişesini görmemek kavli, mecruhtur. Sefiller bu hakikati ayanen meydana koyar. Hugo'da bir da cem'i ezdat, yani sanatı tezad meyli vardır. Sefiller'in eşhası esasiyesinden birini Jean Valjean'ı alınız. Hugo'nun fikrinde bu şahsın timsalini peyda eden, deminden zikrettiğimiz gibi, vaktiyle Belçika'da gördüğü fabrikacıdır. -Ne

"Nasıl ki aramızda da az veya çok iyi, az veya çok kötü, az veya çok mesut, az veya çok bedbaht insanlar vardır. Yalnız bu insanların hususiyetleri bedbahtlıkları harici hâllere bağlı değildir; çün-

---

derece ezdat! Evvelâ, biçare adam öksüzlerini sefaletten, açlıktan kurtarmak için bir ekmek çalıyor, zindana gidiyor, sonra kaçıyor, bir haydut, bri cani oluyor. Derken ilkaâtı diniye ile tariki sevabı-buluyor; cihanın en salih, en hayırperver adamları sırasına geçiyor. Hasenat ile seyyiat nasıl yekdiğerini takip ediyor! Zıddiyetler daima göze çarpıyor. Fakat Fuko'nun tezadları lâfızdan ziyade fikre, manaya ve şahsa racidir.
Yine Sefiller'den Çosette'in sergüzeşti ne kadar kalbe, dikkate çarpar: Bir gün Hugo, akşamüstü Paris'te bir sokaktan, geçerken, şöyle bir yak'ya rastgelmiş: Bir kız, bu diyarda ekseriyetle görüldüğü gibi, gece gündüz kaldırım çiğneyerek müşteri, arayan alûde damen bir kız, kendi hâlinde yoldan geçerken arkasından bir erkek hızla gelmiş, kafasına vurmuş; kız mukabele etmiş. Aralarında böylece bir münazaa çıkınca öteden polis memuru gelerek erkeğe ilişmemiş, kadını tutuklatmış, karakola getirmiş.-Kadın: "Benim hiçbir kabahatim yok, o bana taarruz etti." diye, feryat etmişse de bu tazarruun tesiri olmamış, mevkuflar meyanına konulmuş. Hugo bu olayı, bu kızı takip ile karakola gelerek, hüviyetini bildirmiş, âdilâne şehadet etmiş. O zaman memurlar şaşırarak kızı tahliyeyle beraber Hugo'dan da istifayı kusur eylemişler; işte *Sefiller*'deki Fantine levhai hazinâverin esası bu vaka imiş. Lakin şair, ne büyük maharetle bir ateşpareden böyle bir yangın icat eylemiş... Çosette'in necabeti fıtratı ile sefalet hali arasındaki zıddiyet ne kadar hazin!
Bir fahişeyse de günün birinde valide oluyor. Çocuğunu, küçücük bir kızını beslemek için ne bataklıklardan geçiyor! Dişlerini döküyor, saçlarını kesiyor, satıyor, ciğerparesini besliyor. Şairin efkârı hayal meyal Rousseau'nunkine benzer. Felsefesi öyledir: "İnsan fıtraten masumdur, neciptir. Haleti içtimaiye, bu ismet ve necabeti ihlâl etmiştir."
Sahamızdan biraz fazlaca taştığımızın farkına varmakla beraber, tahassüs ve tenkit görüşünü yukarıya geçirdiğimiz muhterem Prof. G. Làrroumét'den sonra yine Sorbonne'da Profesör René Jasinski'nin 1947 senesinde neşrettiği *Fransız Edebiyatı Tarihi* aldı eserinin ikinci cildinin 452. sayfasında Sefiller hakkındaki fikrini "Bu eseri uzun boylu tenkit etmek mümkündür. Lakin bütün bu tenkitlerden sonra geriye kalacak kısım: İhtişam ve mehabettir." sözleriyle bitirdiğini de ilâveden kendimizi alamıyoruz.
Böylece, insan adaletinin getireceği saadet ve felaketi aksettiren ve ceza kanunlarında derin izleri görülen mehip bir eserin iki cepheden de bünyesini biraz olsun deştik, gördük. -Ç.N.

kü onlara herhangi bir kâğıdın temin edebileceği lütuf ile saadet vermeye ve yardımda bulunmaya imkân, yoktur.[73]"

Buhranlı zamanlar bir tarafa bırakılırsa, bulunduğumuz medeniyet seviyesinde, hüsnüniyet sahibi hemen her insan kendine bir iş bulabilir ve şayet bulamamak talihsizliğine maruz kalırsa, hemen her zaman, etrafındaki insanların yardımsever ellerinin uzandığını görür. Diğer yönden, kendi kusuruyla olmaksızın, açlıktan ölmemek ve kuvvetini toplamak için bir parça ekmek çalan bir adam haydut sayılabilir mi? Şüphesiz, bizim "doğal suç: *Délit natürel*" hakkında ileri sürdüğümüz fikirlere göre, böyle bir soru yersiz olduğu gibi, hatta, yürürlükteki ceza mevzuatımıza dayanarak bunun "mukavemet edilmeyen kuvvet: *Force irrésistible*" kabulü de mümkündür.

Şüphesiz mutlak bir yoksulluk mevcut olabilir, ama etkeni her zaman cesaretsizlik ve gayretsizliktir; bu hâllere bezginlik ve gevşeklik de inzimam ederek bedbaht adamın "hayvani bir varlığı sürüklemekten başka bir arzusu kalmaz."[74]

Bu hâli umumiyetle suç değil, ama dilencilik takip eder; çünkü suç için bazı hamleler lazımdır, hâlbuki bütün kuvvet ve gayretlerden bitap düşmüş kimseler bu hamleleri yapamazlar.

Amele sınıfının muazzam ekseriyeti, böyle bir mahrumiyetle malûl değildirler. Onları asıl iğneleyen açlığın ıztırabı olmayıp, yoksulluğun acılığını daha ziyade hissettiren, başkalarının zenginliğine karşı duyulan haseddir.

Fakat böyle bir duygu yalnız *prolétaire* sınıfından meydana gelmez. İhtiyaçlar arzulara müzaf ve arzular da bioyin tabi bulunduğu şartların hususiyetine göre değişir: Yevmiye ile çalışan kendini iş sahibine nazaran yoksul hisseder. Küçük mülk sahipleri büyük mülk sahiplerini, küçük bir memur âmirini kıskanır. Toplumsal seviyenin basamaklarına çıkıldıkça üst basamaktakiler alttakileri daima hasede sevk eder. Bir milyon serveti olan kimse, yılık geliri

73 Tolstoy, *Que faire?* Paris, 1887.

74 Eug. Beret, *De la misère des classes laborieuses*. Brüksel, 1842.

bir milyon olanın yerinde olmaya can atar. Hatta aynı hırs ve aynı tamah alelade bir çiftçi ile bir yarıcı arasında da cereyan eder.

İşte bu hırs ve haset köylüyü orman hırsızlığına, yancıyı mülk sahibini aldatmaya, muhasebeciyi ihtilâsa, zengin bir tüccarı hileli iflâsa ve bir mülk sahibini de sahte bir vasiyetname ile bir milyonerin terekesine el atmaya sevk ve tahrike yeterlidir.

Hırs ve tamah, az veya çok oranda herkeste mevcuttur. Ancak bu duygunun şahsı suça itebilmesi için, o kimsenin hususi bir iktisadi şart içinde bulunması değil, tamamen hususi bir ruhsal şart içinde bulunması gerekir; öyle istisnai ruhsal bir şart ki doğruluk içgüdüsü (*l'instinct de probité*) yokluğu ya da bu içgüdüden mahrum oldukları hâlde, gerek onura yönelik endişeleri ya da menfaat temini düşünceleriyle suça mukavemet edebilen birçok kimsenin asla fariğ olamadıkları şeref ve şöhrete karşı bir ilgisizlik duygusu mevcut olmalıdır.

Bununla birlikte, bu tamamen hususi ruhsal şartlar, sefaletten büsbütün kurtulmuş bulunmasına rağmen, bir bireyde mevcut olabilir. Bu takdirde suçun toplumsal etkeni, başka birtakım şekillere bürünerek yeniden meydana çıkar. Bugünün başıboş hırsızı, yarının işsiz kalmış amelesi olarak tekrar karşımıza çıkar.

İnsanlar tarafından vücuda getirilen bütün kanunlar, yine o insanlar tarafından ustalıkla bertaraf edilebilir. - Fourier'nin phalanstère sistemine ya da Cabet'nin zirai ve sınai teşkilatlarına bağlı tedvin edilecek kanunlarda, paranın şekline bürünmüş olmasa da başkalarının zararına bazı menfaatler istihsali için çareler bulunamayacağına inanmak için fazla saf olmak lazımdır. Marx ve Lassalle'in amele birliklerinden ise bahse gerek görmüyorum. Modası geçmiş bir komünizmin yerine geçen muasır sosyalizm, artık bir insanın diğerinden daha fazla kazanabileceğini kabul etmektedir; bundan dolayı da iktisadi bir müsavat tesisinin mümkün olmadığım teyit ve bu prensibin yerine, iş dağılımı adaleti prensibini ikame eylemiş bulunuyorlar. O hâlde, yine aynı netice! İktisadi müsavatsızlık, şerefli faaliyetlerin yanında şerefsiz gayretlere de cevaz verecektir. Kazanca susayış, suça düşkünlüğe kâfi gelecektir.

Acaba paranın yerine emeğin karşılığını kapsayan iş bonoları ihdasla ameleler ellerindeki bu bonolarla hakları olan emtiayı umumi mağazalardan alabilseydiler, bu takdirde serseri ve atıl insanların dertlerine çare bulunmuş olur mu? Hayır! Zira, bu sınıf kimseler atıl ve serseri mizaçlarıyla, ihdas edilecek iş bonolarını temin imkânından mahrum olduklarından, ister istemez yine hile ve desiselerle ya da cebir ve şiddetle ele geçirmeye çabalayacaklardır. Herkesin kendi oranında istihlâkte bulunabileceği prensibi ihdas edilirse, yine pek çok kimseler yaşamak kaygısıyla başkalarının mesaisini istismara kalkmayacaklar mıdır? Bu hâlde de gayrimemnunlar ve biçareler yine mevcut olmayacak mıdır?

Bütün bu düşünceler bize pek makul olarak ispat ediyor ki sefaleti ortadan kaldırmak mümkün olsa da, suçların kaynağı olan hırs ve tamah (*la cupidité*) kurutulmadıkça suçları önlemeye imkân yoktur.

Fakat sefaletin izalesi, hiç olmazsa suç oranını azaltmaz mı? Bu mevzuda sosyologlar kararsızlık içindedirler. Hemen hepsi de sefaletin suç olabileceğini kabul ederler. Ferri: Ferdi mülkiyet ilga edilmiş olsa da, hırsızlığın ortadan kalkacağından şüpheliyim" diyor.[75]

Proletarya, toplumsal bir şarttır; tıpkı bu şartın fevkindekiler gibi. Mahrumiyeti mutat hâle getirenler için, servetin mutlak kökeni devamlı bir iktisadi şarttır ve bu hâl hiç de anormal sayılmaz. Bu mahrumiyet, sadece serveti arzulayanlar ya da günlük emeklerinin ücretiyle ihtiyaçlarını gideremeyenler için bir iktisadi sıkıntı (*gêne économique*) meydana getirir.

Lakin, aynı tarz muhakemeye bağlı olarak bu sıkıntının hatta kapitalist sınıfına mensup kimselerde de bulunabileceği mümkündür; bunun için de yevmiye (*salaire*) yerine gelirin (*revenu*) mevzubahis edilmesi kâfidir. Arzu ve onun teskini imkânı arasındaki oranın en mütevazı sınıfa mensup insanlarda çok daha fazla olduğu hakkında elimizde hiçbir delil yok. Tolstoy, bize, şayet

---

[75] E. Ferri, *Socialismo e Criminalità*.

zenginler iyi yiyip içiyorlarsa "bu hâl onların bedbaht olmalarına engel değildir. Onlar da bulundukları hayat şartlarından müştekidirler; mazilerini hasretle anarlar ve sahip olmadıkları şeylere şiddetli bir iştiyak duyarlar. Haricî görünüşlerinin fevkalâdeliği, tıpkı Rijanoff'un evinde (dilenciler evi) yaşayanların çektikleri acı verici hayattan, mümkün olduğu kadar az çalışmak ve başkalarının emeğini istismar etmek isteğiyle çırpındıkları hayattan farksızdır."[76] diyor.

Göründüğüne göre, proletarya ile sermayedarların arasındaki uçurumu aşabilenler, kavuştukları zenginlik oranında hırsları artmaktadır; çünkü, servetin hacmi büyüdükçe refah ve ihtişamın zevk ve süslerine eğilimleri artmakta, hayatın nimetlerinden daha geniş bir surette istifade için lüzumlu gördükleri bütün vasıtaları elde etmenin alevleri yükselmektedir.

O hâlde, izafi bir anlam taşıdığı anlaşılan ekonomik sıkıntı yoksullukla bağlantılı olarak artmıyor, demektir; böyle olunca, bu sıkıntının zengin sınıfa nazaran, fakir sınıfta daha ziyade faal bir suç etkeni olarak kabulü için hiçbir sebep kalmıyor.

Şurası hakikattir ki mülkiyete en ağır ve aşikâr bir saldırı şekli olan hırsızlık, toplumun en aşağı sınıflarında çok yayılmıştır; fakat yüksek sınıflarda işlenen sahtekârlıklar, hileli iflaslar, irtikâp ve ihtilâslar muvazeneyi tesis etmektedir. Bu kötü hâller de aynı doğal suçun muhtelif şekillerinden ibaret olup, toplumun yarattığı değişik şartları içinde vuku bulmakta ve yine buradaki hırs ve tamah, hırsızlık suçundaki tazyik ve itme kuvvetine muadil bir orana vasıl olmaktadır; böylece bu tür suçlar da diğerinin tabiatında olup ve mütevazı bir mizaç mahrumiyetinden tevellüt eylemektedir. Halk dili, hukuki tabirlerden daha mükemmel surette kamu vicdan ve kanaatine tercüman olarak bütün bu bedhahlara, bir saat çalan zavallıya olduğu kadar hazinenin parasını aşırıp sıvışan kimseye, müflis tüccara, adaleti ya da devlet nüfuzunu satan hâkim, belediye reisi veya müsteşara hırsız lâkabını takmaktadır.

---

76 Tolstoy, *Que faire?* Paris, 1887.

Şayet, bu bedbaht hırsızlar fakir değillerse ortada hileli müflis bir tüccar, sadakatsiz bir adalet memuru, sahtekâr bir noter veya avukat var demektir.

İşte, sosyalistlerin sefil tabaka içine geniş bir surette yayıldığını müşahede ettikleri hırsızlık suçunun sefaletin giderilmesiyle tamamen önlenebileceği yolundaki kuramları kendiliğinden ayakta duramayıp çökmektedir.

Onlar, bize proletarya yerine ekonomik sıkıntılardan (*malaise économique*) bahsedeceklerdi. Bu ekonomik sıkıntı ise, dünya nimetlerinin eşitsiz dağılımından meydana gelmemekte, beslenen arzularla, bu arzuların tatmin ve teskini arasındaki istisnaî orantısızlıktan tevellüt eylemektedir; bu istisnaî orantısızlık ise, bütün toplumsal tabakalarda mevcuttur.

Şu hâlde, hicap verici faaliyetler faydalı oldukça, yani bir kazanç istihsal edebildikçe her sınıf içinde, hemen hemen eşit oranda bulunan düşük seviyeli ahlaktaki insanlar asla suçtan uzaklaşamayacaklardır. Bir kere bu laubalilik, sınırlı olmayıp kökü derinlere nüfuz ettikçe suç daima işlenecektir.

Acaba bu düşüncenin hakikatini ispat edebilecek olgular nelerdir?

Şayet proletaryanın suçluluk istatistiğini haiz olsaydık, bu olayların tam bir tablosunu yapmak mümkün olurdu. Bu takdirde rakamların belagati, bu derece yayılmış bu fikrin hatalı olduğunu ispat için bizi uzun nutuklar vermekten belki de kurtaracak ve böylece sefaletin en başta gelen suç etkenlerinden biri olduğu kanaati kendiliğinden yıkılacaktı.

Lakin, maalesef bu unsurlardan mahrum bulunuyoruz; ancak nisbi bir hakikate ulaşmak için istikra (induction) metodunu kullanabiliriz.

Mesela, şimdilik sadece etkeni doğrudan doğruya hırs ve tamah olan suçluluğun en aşağı tabakaya mensup olanlarla daha az sefil olan tabaka arasındaki mukayeseyi yapabileceğiz. Bu hususta, İtalya istatistiğinin 1880 yılına ait bazı donelerini vereceğim.

Bu sene zarfında Yargıtay'ın (*La chambre d'accusation*) itham ettiği suçlar arasında şunlar görülüyor: 123 soygunculuk ya da haydutluk, 919 yağma, 195 aynı tarzda suça teşebbüs, 11.616 mevsuf sirkat, 700 hırsızlığa teşebbüs ve nihayet 971 hırsızlığa yataklık. Böylece toplam: 14.524 suç.

Gasp ve yağma her ne kadar yoksul olmayan, haydut çetelerine mensup olanlar tarafından işlenmiş bulunmasa da, bu suçların çoğunun proletarya tarafından işlendiği düşünülebilir.

Bu suçların yanında da şunları görüyoruz: 230 zimmet, ihtilâs ve irtikâp, 507 kalpazanlık, 642 resmî ve hususi evrakta sahtekârlık, 154 taksirattı iflas, 470 ticari hile, 10 askeri eşya suiistimali ve aleni ihaleye fesat karıştırmak ki toplam 2011. Bu suçlarınsa gerek bünyeleri ve gerek işlenmelerindeki hususi engeller dolayısıyla, umumiyetle muhtaçlara (*proletarya*ya) atfı mümkün olamaz.

Ama bütün bu son suçlar, hırs ve tamah (*cupidité*) mahsulünden başka bir etkenle açıklanamaz; tıpkı gayrin malına en sefil bir tarzda tesahup etmeye verilen hırsızlık, haydutluk ve gasp unvanları gibi. O hâlde bu iki türden suçlar birbirleriyle bağdaşıktırlar.

Öyleyse, bir tarafta proletarya'nın14.524 suçu; diğer tarafta da varlıklıların 2011 suçu vardır. Şu hâlde oran aşağı yukarı 88'de 12'dir.

Şimdi, acaba takribi olarak proletaryanın bütün İtalyan nüfusuna oranı nasıl tespit edilebilecektir?

1871 nüfus tahriri, mülk sahiplerinin (veya sermayedarlar, dolayısıyla yoksul sayılmayanlar) sayısını 2,276,633 olarak gösteriyor. Ama gerçek rakamın daha fazla olduğu sanılmaktadır.

Doğrusu, 1881 nüfus sayımından elde edindiğim bilgiye göre, kendini mülk sahibi kaydettirenlerin sayısı üç milyonu aşmaktadır. 1881 tarihindeki İtalya nüfusu 28.459.451 olduğuna göre oran hemen hemen 90'da 10'dur.

Öyleyse, 100 kişiden 90'ı fakir ve 100 suçtan 88'i kazanç hırsı saikiyle yoksullar tarafından işlenmiş olması gerekir.

Bu oranlar bize doğrudan doğruya, iktisadi etkenlerle işlenen suçlarda da, proletaryanın verdiği oranın diğer sınıflardaki orandan daha yüksek olmadığını açıkça göstermiyor mu?

Bu hâl, sefalet (*la misère*) dediğimiz etkenin ekonomik sıkıntı hâlinde yüksek tabakalarda da şiddetle hissedildiğine bir delil değil midir?

Lakin, şimdi biz proletarya sınıfındaki iktisadi sıkıntıların mülkiyet aleyhine işlenen suçların belli başlı etkeni olduğunu ve hatta diğer sınıflardaki aynı sıkıntının o sınıflara has suçlarda da çok mühim bir rol oynadığım inkâr edersek bu takdirde bazı sosyalistlerin gerek can masuniyeti aleyhine işlenen gerek diğer bütün suçlara sefaletin etken olduğu hakkındaki tezlerine ne diyeceğiz?

Onların bu sahadaki gayretleri çok açıktır. Bizzat kendileri şu konuyu öne sürmektedirler: "Şahsın masuniyeti aleyhine işlenen suçlarda, toplumsal teşkilatın tesirleri çok az bellidir."[77]

Fakat böyle olmasına rağmen "sefaletin hassas tesiri münasebeti bütün suçlara nüfuz eder. Öyleyse, yalnızca harici münasebetlerin üzerinde durup kalmamalıdır."

Sefalet ise, hemen daima fena bir eğitimle baş başa gider, "kötü misaller, gayretsiz namusluluk, asap zafiyeti, vazi ihtiraslara tahrik, teemmül ve teessür iktidarsızlığı, hayati hazların hissettirdiği devamlı eksiklik, işte bütün bu etkenlerden suç mayası gizli ve gayriihtiyari bir şekilde akar."

Ben daha önce eğitimin ahlak üzerindeki tesirini açıklamış ve bu arada birçok düşünürlerin fikirlerine işarette dahi bulunmuştum; bu düşünürler eğitimin bozuk (*dégénéré*) bünyelere tesir icra edemeyeceklerini sadece vasat bünyelere faydalı olabileceğini, yani ne iyi ne de fena olmayan bünyelere tesir icra edebileceğini kabul etmişlerdi. Şu konuyu da ilave etmiştim ki diğer bir kısım düşünürler ise, eğitimin karakter üzerinde etkili olarak yeni meyiller yaratabileceğine ve bu yeni meyillerin kökü derinlerde

---

77 Turati, *Suç ve Cemiyet*, s. 96.

olan genetik ve atavist meyilleri külleyebileceğine inanmaktadırlar. Ve nihayet bu son tartışmaların hangi şartlarla ve vasıtalarla gerçekleşebileceğini göstermiş şartın çocukluk çağı olduğunu ve vasıtaların ise, aile içindeki örnek hâl ve hareketler ya da karşı konulamaz ahlakın esaslarını talim eden bir dine iman ve itikattan ibaret bulunduğunu ilâve etmiştim.

O hâlde, milletin çoğunluğunu teşkil edenlerin karakter temeli, daha önce söylemiş olduğum moral insiyaklara dayandıkça, bu insiyaklar genetikle nesillere geçecek, fakir veya zengin, münevver veya ümmî olsun, bütün insanlarda aile terbiyesi (eğitimi) sayesinde ortaya çıkacaktır.

Burada mevzubahis olan şey, ne küçük bir topluluğun haiz olduğu ahlaki kurallar, ne de asil ve alicenap duygulardır; maksat sadece muarız bir vasfa sahiplik, gayriahlakiliği bütün dünyaca, yüksek tabakalarda olduğu kadar, milletin aşağı tabakalarında da kabul edilmiş bazı belli fiil ve hareketlere karşı nefret beslemekten ibarettir. Şayet ahlaki içgüdülerin, geçmiş nesillerin faydaları belli olmuş sayısız tecrübelerinin gelişimi ve evriminden ibaret bulunduğu bir hakikat ise, öldürme, hırsızlık ve buna benzer diğer suçlar insaniyetin en hakir ve mütevazı sınıfları kadar, en mümtaz sınıfları içinde de işlenmiştir. Merhamet ile doğruluk içgüdüsü, çok kaba bir tarzda, en ilkel milletlerde de hissedilmiştir. Kan, şiddet ve tuzak fiillerine olan nefret duygusu, toplumun en yüksek tabakalarında olduğu gibi, aşağı tabakalarında da mevcuttur. Bu duyguların ilkel şekillerinden mahrum insanlar pek nadir olup böyle insanlar anormal bünyelere sahiptirler. Hiç şüphe yok ki sefalet iyi bir terbiye için aşılmaz bir engeldir; terbiye mahrumiyeti ise, ahlakiyatın gelişimine set çeker. Fakat sefalet, bazı ilkel şekildeki bencil duyguların, merhamet ve doğruluk duygularının, tamamen veya kısmen kendisiyle birlikte girmesine engel olmaz.

Bu hakikati daha önce ispat etmiştim; bilhassa en çok inkâr edildiği sahada, yani doğruluk duygusu ile ilişkili hâllerde.

Şimdi başka rakamlarla suçluluğun en büyük oranının toplumun en aşağı tabakalarında yaşayanlara isabet etmediğini ve suçluluk için en büyük etkenin sefalet ve eğitim olmadığını ispata çalışacağım.

1880 yılına ait İtalya Ceza İstatistik ilmi, bize o sene içinde asliye ceza mahkemelerinin 17.293 mülk sahibi ve 98.224 malsız mülksüz kimseleri muhakeme ettiğini gösteriyor.[78]

Bu rakamlardan, zenginlerin yoksullara oranının %71 olduğu ve bundan da sanıkların altıda birini zenginlerin teşkil ettiği anlaşılıyor. Hâlbuki mal mülk sahiplerinin milletin ancak %10, ya da %11'ini teşkil ettiğini yukarıda geniş tutulan bir hesapla görmüştük. Öyleyse, cünha suçluları oranının %16'sını teşkil etmeleri gerekmektedir!

Bu da birinci sınıfın %17'si oranında yani sanıkların toplamının altıda birini teşkil ettiğini gösterir. Hâlbuki, birinci sınıf, yani mülk sahipleri milletin %10 ya da %11'ini teşkil ettiğine göre, cünha suçlularına nazaran oranı %16 olmak lazım gelirdi!

Ağır ceza mahkemelerinin rakamları yukarıdaki miktara bakarak biraz azdır; zira, mülk sahiplerinin miktarı %10 olduğuna göre, 943 adet birinci sınıftan ve 8131 ikinci sınıftan olmak lazımdır. Ancak, şu konuya işaret etmek faydalı olacaktır: Bu rakamlar sadece gayrimenkul sahiplerini ilgilendirmektedir; bu rakam, muhakeme edilenlere değil, mahkûm olanlara aittir. Mülk sahiplerine ait bu rakamların kendi görüşüme göre; çok farklı bir anlamı vardır. Şu konu daima ispat edilmiştir ki zengin bir sanığın en güçlü avukatlar arasından seçtiği müdafii, parlak hitabeti sayesinde jürileri çok kolayca kendi tarafına cezbedebilmektedir; hele en utanılacak konu sanığın altın tuzağı ile bu neticeye varmasıdır.[79]

Şimdi biz, daima yoksullukla birlikte yürüyen fena terbiyenin neticelerinin neler olacağım bilmek istersek, toplumsal şart ve

---

[78] Üçüncü bir sınıf insanlar var ki, bunların malî durumları meçhuldür; lakin bu sınıf insanların diğer iki sınıfa taksimi mümkündür; ancak bu husus üzerinde durmak istemiyorum. -Ç.N.

[79] Maalesef, bugün jürilik mesleği mevcuttur. Öyle yerler vardır ki, bu meslek alenen icra kılınmaktadır. Hatta bazı jüriler ücretlerinin tarifesini dahi yapmışlardır. -Ç.N.

bireysel kültürle alakalı suçluluk hadisesinin sayısız müstakil delillerini elde edebiliriz. Bu delillerden birkaçını intihap edeceğiz.

İhtirasları göz önünde tutularak, cünha suçundan itham edilenleri sıralayacak olursak, İtalya'da en zavallı ve en cahil kategoriyi köylülerin teşkil ettiğini görürüz. Bu kategorinin oranı %25,39'dur; hâlbuki, kültürlülerin, tüccarların, sanayicilerin, bir meslek sahibi olanların, sanatkârların, talebelerin, askeri ve mülki memuriyetlere mensup olanların oranı %13,58'dir. 1880 yılında asliye mahkemelerince muhakeme edilenlerin oranı ise, pek az farklı olarak, %68,9'dur. Ağır ceza mahkemelerinde mahkûm edilenlerin oranı ise daha az olup %66,72'dir. Bundan da şunu istihraç etmelidir ki sadece alfabe tahsili İtalya'da, şu ana kadar ne faydalı ne de zararlı bir etki icra etmiştir. Buna benzer müşahedeler Fransa'da dahi yapılmış bulunuyor.

Lakin, ileri derecede tahsil görmüşler hakkında tetkikata girişecek olursak, vaziyetin aynı olmadığı görülür.

Serbest meslek erbabından mahkûm olanların umumi oranı 345'te 1 olduğu hâlde, çiftçi sınıfa ait oran 428'de 1'dir.[80]

Görülüyor ki aradaki oran oldukça hissedilecek derecededir; diğer memleketlerde ise, bu oran daha da büyüktür.

Mesela Prusya'da, serbest meslek erbabının umumi nüfusa oranı %2,2 olduğu hâlde, suçlulara nazaran bu sınıfın oranı %4'tür.[81] Fransa'da, tacirlerle serbest bir meslekle iştigal edenlerin teşkil ettikleri sınıfın mevsuf sirkat suçları hariç, en ağır suçları işlemekteki oranı, çiftçilerle fabrika işçilerinin sayısını pek ziyade aşmaktadır. 1879 yılında çiftçi sınıf umumi nüfusun %53' ünü teşkil ettiği hâlde, katil ve tasarlayarak adam öldüren katillerin ancak %49 unun bu sınıfa mensup oldukları görülmüştür. Serbest meslekle iştigal edenler ise, umumi nüfusun %4'ünü teşkil ettiği hâlde, bu cinayet işlerindeki oranları %7'ye kadar yükselmiştir.[82]

---

[80] Lombroso, *L'homme criminel*, s. 287.

[81] Lombroso, *L'homme eriminel*, s. 289.

[82] Ferri, *Socialismo e criminalitâ*, s. 80.

Ne gariptir ki M. d'Haussonville[83] hapishanelerde bulunan az miktardaki mahkûm adedine bakarak yüksek kültürün tesir ve nüfuzunu göklere çıkarıyor; hâlbuki bütün bir millet içindeki bu çok kültürlüleri hesaplayarak oranı kurabilmiş olsaydı bu hataya düşmezdi!

Ama müşahedemizi teyit eden başka veriler da mevcuttur. Fransa'da 1853'ten 1871 tarihine kadar amele ücretleri %45 oranında yükselmiştir. -Ekmek istihlâki bu zaman zarfında %55 artmıştır.- 1829'da etin yılık sarfiyatı adam başına 20 kilo olduğu hâlde, 1862'de bu miktar 25 kiloya çıkmıştır.- Diğer yandan ilkokulda okuyan öğrencilerin sayısı 1832'de 1000'de 57 iken 1877'de 1000'de 122'ye yükselmiştir.[84]

Pekâlâ! Acaba bu kültür ve refah seviyesindeki yükselişin suçluluk sahasındaki etki ve neticeleri ne olmuştur?

"Aynı süre zarfında, hatta mevzuatta geniş ıslahata geçilmiş olmasına rağmen, suçluluk sahası %254 genişlemiştir."[85]

Acaba, bu sonucu refah ve kültüre atfetmek caiz midir? Şüphesiz ki böyle bir neticeye varmak tehlikelidir.

Lakin, hiç olmazsa bu rakamlar bize açıkça ispat ediyor ki cehalet ve yoksulluk suçluluğun esas etkenleri değildirler.

Ancak, burada, bir itirazın yükseleceği kolayca sezilebilir.

Şayet, suçluluk proletaryanın iktisadi şartlarından müteessir olmuyorsa, bu takdirde hırsızlık rakamlarıyla istihsal ve hububat maddeleri fiyat artış rakamları arasındaki münasebete ne diyebileceğiz?

---

83 Fransız siyaset adamı Comte d'Haussonville'in oğludur (1843 - 1924). Tarih ve edebiyat âleminin parlak zekâlarından biridir. 1888'de Fransız Akademisi'ne ve 1904'te Moral İlimler Akademisi'ne seçilmiştir. -Ç.N.

84 E." Ferri, *1286'dan 1878 Tarihine Kadar Fransa'da Cürmî İstatistik*, Roma, 1882.

85 E. Ferri, aynı eser, s 20. "Bilhassa çocuklar hakkında işlenen ırz ve namusa tasaddiyi mutazammın fiil ve hareket suçları" 1825'te 100'ken 1874'te bu oran 579 olmuştur.

Doğrusu, bu şaşmaz münasebet iyice bilinmekte, kesinliği mükemmelen ispat edilmiş bulunmaktadır. Mesela Bavyera'da hububat maddeleri fiyatında görülen her altı kreutzer artış 100.000 nüfus üzerinden bir hırsızlık vakasının artmasına sebep olmaktadır; buna karşılık fiyatta görülen her aynı miktardaki eksiliş, bir hırsızlık vakasını azaltmaktadır.

Bununla beraber şu konu unutulmamalıdır ki birinci olay ile aynı zamanda başka bir olay da vuku bulmaktadır: O da bir taraftan mülkiyet aleyhine olan fiillerin arz ettiği grafiğin yanında, şahsın hayatına yönelik fiillerin tam aksi bir grafik kaydettiğidir; yani Bavyera'da fiyatlar indikçe, cana kast suçları artmakta ve fiyatlar yükseldikçe bu suçlar da azalmaktadır. [86]

Aynı münasebet Prusya'da da müşahede edilmiştir; 1862 de yiyecek maddelerinin birçoklarında fiyatlar yükselince, mülkiyet aleyhine işlenen suçların oranı 44, 38 ve şahsın hayatı aleyhine işlenen suçların oranı 15,8'ken; fiyatlar düşünce, birinci türden suçların oranı 41'e inmiş ve ikinci türden suçların oranı 18'e yükselmiştir.

Fiyatların artış ve azalışına bağlı bu münasebet yalnız bir seneye bağlı olmayıp, uzun devirlerde tekrarlayan surette devam etmekte ise, o hâlde, suçluluğun bu kanuni dalgalanmayı kabul etmek gerekir.

İnhimak, arızi sebep ve saik yoksa hırsızlık da olmaz; ama mevcut toplumsal gayriahlakilik bu hâllerden dolayı düzelmez; kötü niyetli faaliyet göstereceği yerde, çok farklı başka bir şekle bürünmüş olur. Aşırı bir bolluk içinde istihlâk edilen gıda maddeleri ve içki, şahsı suç işlemeye tahrikte çok müsait hâle sokar. Doğrusu, şahsın hayatı aleyhine suçların büyük çoğunluğu bireyin tahrikine bağlıdır ve akıbeti çok vahim olmaktadır. Ertesi gününü kendini maddi refah emniyeti içinde gören bir amele, hemen eğlence, sefahet arar ve bazı duygularını teskine koyu-

---

86 Mayr, *İstatistik ve İçtimaî Hayat*, s: 556-557, İtalyanca 2. baskı, Turin, 1886.

lur: Bütün bunlar ise, ne kadar çok kavga ve mücadele, intikam alma sevdası yaratır.

Nitekim, Fransa'da, ücretlerin artışı; ekmek, şarap ve alkollü içkilerin fazla tüketimi yüzünden toplumsal refahta görülen yükseliş, [87] mülkiyet aleyhine işlenen suçların sayısını indirmeye sebep olmuş ve bu tür suçlar beşte bir oranında azalmıştır (1836'dan 1869'a kadar). Hâlbuki aynı süre zarfında, şahsın hayatına yönelik suçlar üçte bir oranında artmıştır. [88]

Bu, şu ciheti ispat ediyor ki tabiatı itibarıyla daima mütehavvil olan, iktisadi muvazeneye ait dalgalanmalar, suçun gerçek etkeni olmayıp sadece suçun büründüğü şekil tahavvülüne saiktir.

İktisadi dalgalanmaların dengelenmesi, toplumsal bünye içinde, tıpkı sıhhatli bir vücuda kazara arız olup onu sarsan ve harabiyete sürükleyen trişin ya da mikrop afetiyle benzetilemez. Onu daha ziyade, irsi verem illetini müzminleştiren soğuk rüzgârlara ya da rutubetli meskenlere benzetmek doğru olur; hayat yollarını tıkayıp koparan kuvvetli bir sadme ya da kötü bir heyecana dahi benzetmek mümkündür. Bu şeametler, olmasa bile, hasta birkaç sene daha fazla yaşayabilmiş olmasına rağmen, er geç yine tebah olup gidecektir.

İşte bundan dolayıdır ki hayatı kolaylaştıran ve zorlaştıran hâller, ancak belli bir zaman için ve değişik şekiller altında gayriahlakiliği gizleyebilmekte, ama eninde sonunda bu bastırılan suçluluk bir şekilde ortaya çıkmaktadır.

Toplumsal çevrenin değişikliği ve iktisadi temevvüçler, suçluluk mevzuunda, Büyük Okyanusların med ve cezir olaylarına benzer. Zira, med ve cezir hadiseleri asla bu suların miktarını değiştirmez; sadece birbirini takip eden alçalmalar ve yükselmeler vardır. Tıpkı bunun gibi, iktisadi dalgalanmaların tesiriy-

---

87 1829'dan 1869'a kadar şarap sarfiyatı iki misli olmuş, alkollü içkiler ise 1829'dan 1872'ye kadar üç mislini bulmuştur. -Ç.N.

88 E. Ferri, *Cemiyet ve Suç*, s. 80.

le, belli zamanlarda, mevsimler gibi, suç faaliyetleri azalmakta ya da çoğalmaktadır.

Hayata karşı işlenen suçların yazın arttığı ve kışın asgari düzeyde olduğu ve bunun mal aleyhine işlenen suçlarla bir tenazür teşkil ettiği uzun yıllardan beri müşahede edilmektedir (Quetelet).[89]

Halin ihtiyaçlarıyla tahrik edilen suç eylemi, ihtiyaçları gideren şeylerden yalnız birini intihap ve tercih ederek diğerlerini ihmal eder. İşte bazı suçların artmasıyla diğerlerinin azalması ancak bu suretle açıklanabilir.

Hakikatte, hemen hemen gayriahlakilik en iptidai ahlaki içgüdülerden yalnız birinin noksan olmasıyla teşekkül eder; işte eğrilik (*J'improbité*) ve zulümün (*l'humanité*) aynı insanda toplu bir hâlde bulunuşunun sebebi bundandır.

Sabıkalıların istatistiği en iyi delilleri veriyor; doğrusu, bu ilim, bize sabıkalıların birbirini takiben başka başka suçlara sürüklendiklerini, ceza kanunlarının bazıları özel sabıkayı dikkate almasını isteyen bütün ceza kuramlarının âciz kaldığını gösteriyor.

Mevsim değişmesi, istihsal bolluğu veya kıtlığı, dolayısıyla fiyatların değişkenliği suçluluk sahasının daralıp genişlemesini, suç şekillerinin başkalaşmasını intaç eder.

Bunun dışında, muhtelif yıllara ait değişiklikler, devamlı fiyat artışı veya tenezzülü müşahede edilmiştir.

Doğrusu, Fransa'da umumiyetle etin, ekmeğin en düşük fiyatlar kaydederek refahın yükseldiği, müteakip beş senelik bir süre zarfında, adam öldürme, ırza geçme ve yaralama suçlarının devamlı bir surette arttığı müşahede kılınmıştır.[90]

---

89 Lambert - Adolphe- Jaques Quetelet, - Meşhur Belçikalı riyaziyeci. 1796'da Gand şehrinde doğmuş ve 1874'te Brüksel'de ölmüştür. İstatistik ilminin büyük âlimlerindendir. Optik bahsinde birçok mühim araştırmalarıyla tanınmıştır. -Ç.N.

90 1848- 1852 arası, Ferri, *Suç ve Cemiyet*, s 77.

Böylece, bütün bunlar sosyalistlerin kurdukları hayalleri yıkmaktadır. En kolay geçim şartları, aşağı tabakaya temin edilecek en müreffeh ve rahat bir ömür suç kasırgasını sindirmeyecek, bu tepenin yükseltisini alçaltmayacaktır. Hatta bilâkis, bu son yarım asır zarfında meydana gelen ücret artışları, tahsil sahasının genişlemesi bazı ağır suçların sayısını arttırmış bulunmaktadır.

Bir Fransız düşünürün dediği gibi: "Hırs, zenginlikle orantılı olarak artmakta ve buna mütenazır olarak şehir hayatında terakkiler kaydetmekle, cinsî rabıtaları daha serbestleştirip çoğaltmakta, behimi ihtirasları kamçılamakta, ahlak ve adaba ilişkin suçları müthiş surette kabartmaktadır. Dünyada bu istatistik hakikatine yaklaşacak hiçbir şey yoktur."[91]

Buraya kadar söylediklerimizden şu iki sonuç çıkarılabilir:

1 - Halin ekonomik düzeni, yani servetin dağılış şekli umumiyetle suçu etkeni değildir;

2 - Ekonomik düzen içindeki mutat dalgalanmalar, bir kısım suçluluğu arttırabileceği gibi bunun tersine bir kısım suçluluğu da azaltabilir. Şu hâlde bu etkenler, ancak bazı nev'i şahsına bağlı suçluluk için varittir.

İnceleme konusu olarak kıtlığın, sellerin, ticari krizlerin ve ihtilallerin anormal tesirleri kalıyor. Hayatın mutad şartlarını kökünden sarsıp değiştiren bu hadiseler, öyle zannedilir ki suçluluğun bünyesinde hakiki tesirler yaratan geçici sebepleridir; zira, başka zamanlarda, normal şartlar altında, belki de hiçbir şey izhar etmediği hâlde, bu gibi fevkalâde hâller, suçluluğu büyük tezahürlerle ortaya koymaktadır. Şu durumda, sıradan hâller, toplumsal çevre, aynı ahlaki kökene ait bireyi, suça sürüklemeye yeterli itiş kuvvetine sahip bulunmuyor, demektir.

İlk bakışta, tecrübeler bize bu mülâhazayı teyit etmektedir. Çünkü bu gibi kargaşalık zamanlarını hemen adam soymalar, cinayetler, kaçakçılık olayları takip etmektedir.

---

[91] G. Tarde, Son yarım asrın suçluluk istatistiği (Revue philosophique, Ocak 1883).

Bununla beraber, işi pek yakından görmek arzusu izhar edildiği surette, çok muhtemeldir ki bu fikirden vazgeçilecektir. Bu gibi hâllerde, istatistik ilmi en ağır suçların en yüksek rakamlarını verdiği şüpheden bağımsız bir keyfiyettir. [92]

---

[92] Büyük düşünürün ekonomik sahadaki derin ilmini ve toplumsal hayattaki birçok hurafatı tahrip eden büyük eseri *La Superstition socialiste'den* parlak sayfalar okumaktayız:

(...

Daha 1885 yılında, *Criminología* adlı eserimde, sefaletin suçluluk için yeterli bir etken olmadığını savunmuştum. Şüphesizdir ki, sonsuz bir sefalet olsa olsa, gayretsizlik ve kaygısızlığın bir belirtisi yahut da Prof. Benedikt'in dediği gibi ruhsal nevrasteninin bir delilidir ki, müntehası dilenciliktir. Öyleyse, âkıbeti suç olamaz; zira suç için mutlaka bazı faaliyetlere gayretlere gerek vardır; hâlbuki açlığın ıstırabıyla kıvranmış bir ruh bu gayrete muktedir olamaz.

Aşağı sınıfları teşkil eden insanların çoğunluğu maddi surette açlığın acısıyla muzdarip değildirler. Mutlak bir sefalet pek istisnai hâldir.

İşte bunun içindir ki, adı geçen eserimde: "Ücret alan bir kimse efendisine nazaran kendisini yoksul hisseder; küçük mülk sahibi, büyük emlâk sahibi yanında, küçük bir memur âmirine bakarak fakirliğini görür. Bir milyon serveti olan, senelik geliri bir milyon olanın seviyesini bulmanın hasretini çeker.

İşte, böyle bir ihtiras, köylüleri ormanda hırsızlığa, ortakçıyı arazi sahibini aldatmaya, tahsildarı ihtilasa, zengin tüccarı hileli iflâsa, mal mülk sahibini milyoner birinin mirasına konmak için sahte vasiyetname tanzimine sevk eder, onları kuvvetle iter."

Ve netice olarak, istatistiklere dayanarak, yoksulluğun mülkiyet aleyhine işlenen suçların yegâne etkeni olmadığını ispat etmiş bulunuyordum Fail de moral bir hususiyet olduğunu, bu hususiyetin de doğruluk içgüdüsünün kökeni ile, bir servet demek olan bizzat kendine ait itibara omuz silkmekten ibaret bulunduğunu açıklamıştık. Bu moral şartlar herhangi bir toplumda ve toplumda yaşayan bireyde mevcut olabilir.

Adı geçen eserin 1895 tarihli Fransızca tercümesinden iktibas edilmiştir. s. 130-133-Ç.N.

Kont Leon Tolstoy, bir gün Moskova'nın çok fakir insanlar tarafından meskûn bir mahallesini ziyaret eder. Bütün tahkikatına rağmen, iki günden beri aç kaldığını söyleyen yalnız bir kadına rastlayabilir. Ayrıca ani bir yardıma muhtaç tek bir kişi bulamaz. "Orada, tıpkı bizde olduğu gibi, diyor, çok iyi veya çok fena, az veya çok mesut, az veya çok bedbaht insanlar

Fakat burada da olsa olsa bir şekil değişikliği mevcuttur. Fikrimce ne kıtlık ne bir sel felaketi suçluları suça itecek derecede kuvvetli tesirleri haiz olabilir; ancak bu hadiseler sadece alelade bir hırsızı, yankesici ve dolandırıcı yapar. Keza bir ihtilâl veya harbin bütün marifeti, hırsızı eşkıya hâline sokmaktan ibarettir.

Ancak bu gibi hâllerde, istisnai bazı suçların arttığı, diğer bazılarının azaldığı bir gerçektir.

Şüphesizdir ki toplumsal, siyasi ya da ekonomik bir buhran, herhangi bir suçun geçici bir etkeni olabilir; zira, bu gibi hâllerde, hayatın devamı için yapılan mücadeleler ziyadesiyle artmaktadır. Böyle olmasına rağmen, moral içgüdülerin kökeni, belli zamanlarda, hayatın istisnai şartları içinde de görünür olmakta, suç olayını tevlit ve izhar eden tahrikler dahi meydana çıkmaktadır.

II

TERAKKİ VE MEDENİYET
"*LE PROGRES ET LA CIVILISATION*"

Medeniyetin terakkisi. - Şerefli ve kötü faaliyetler arasındaki oran - M. Poletti ve M. Tarde'ın aksi iddiaları.

Sosyalistlerin tezini tartıştık ve vardığımız neticelerin onlara tamamen karşıt olduğunu gördük: Sermaye ve tasarruf eksikliği anlamında ya da en doğrusu proletaryanın yaşadığı ekonomik şart olan yoksulluğun, suçluluk üzerinde hiçbir tesiri olmadığına inandığımızı izhar ettik.

---

bulunuyor. Onların felaketleri dışındaki hallerden meydana gelmiyor; onların bu ıstıraplarını para vermek suretiyle teskin ve teselliye imkân yok." diyor, o hâlde ne yapmalı?

Garofalo, *La Superstition socialiste,* s. 164. -Ç.N.

Fakat, karilerimizin zihinlerini hemen hemen zıt bir tezin tırmalayabileceği dahi mülâhaza edilebilir: Acaba, refahın, iş hayatının, ticari muamelelerin, medeni bir toplumdaki faaliyet hacminin artması, suçluluk rakamlarını da arttırmaz mı?

Bu öyle bir düşüncedir ki taraftarları mevcuttur ve bu bakış açısının esası, kötü niyetli faaliyetle (suç) hayırhah faaliyet (ticaret, sanayi, her tür iş hayatı) arasında mevcut olan tenasüptür.

Bu oran öyle bir prensibe dayanıyor ki hayırhah faaliyet arttıkça diğer faaliyete de zorunlu surette tazyik icra etmekte ve görünür olarak suçluluğu arttırmaktadır.

Bu prensibe dayanan M. Poletti, medeniyetin övgüsünü yaptıktan sonra, Avrupa'nın hemen her yerinde, 1826'dan beri Fransa'da, 1865'ten beri İtalya'da suçluluğun artmasına, bu medeniyetin neden olduğunu ifade etmiştir.[93]

Bu fikirler tamamen yeni sayılmaz: Uzun seneler var ki biraz farklı olarak öne sürülmüş ve çürütülmüştür.

1828'de Lucas şöyle diyordu: "Hürriyetin gelişiminden ibaret olan medeniyet, hürriyetin suiistimalini arttırıyor; zira, bu suiistimal onun kullanılış tarzının genişliğinden ileri gelmektedir... Her ikisini birbirlerine muarız kılmaktansa, terazinin bir kefesine, bizzat suiistimalin yanı başına, hürriyetin hayırhah istimal tarzını koymalı ve böylece, hürriyetin ahlaki anlamına erişilmelidir. Şimdi medeniyetin ahlaki anlamını takdir ve ona vasıl olmak için zorunlu kuralı açıklıyoruz: Hürriyetin suiistimal, istimal sahasının genişliğiyle ölçmek lazımdır". Ve bir kere bu prensip vazedilince de artık İspanya'ya kıyasen bazı suçların Fransa'da daha çok işlenmesinden dolayı teessüre kapılmamak gerekir; "Çünkü," diyor; "ancak medeni ve müreffeh milletlerde işlenebilen ve beşerî hürriyetin gelişiminden meydana gelen bazı suçların, cahil ve fakir milletlerde işlenmemesinden, hayvani bir hayat ve faaliyet misali sadece bazı mahdut ve belli suçların işlenmesinden dolayı onları göklere mi çıkaracağız?".

---

93 Gelecek fasıllara bakın. -Ç.N.

Romagnosi, bu teze şiddetle itiraz ederek, suçları arttırabilen bir medeniyetin, hakiki medeniyet sayılamayacağını ileri sürmektedir. Onun medeniyet anlayışı, bu tezi kabul edemeyecek oranda ileri ve derindi. Ona göre, medeniyet, ahlak, tahsil ve terbiye, ihtiram ve faaliyetten ibarettir. Medeniyet asla "bir memleketteki, rahat ve ihtişamlı odalar, zarif ve kıymetli elbiseler, büyük ve bol eğlence yerleri, her çeşit sanayi vs. ile kıyas edilemez. Ancak ahlaki, iktisadi, siyasi evrim, hakiki bir medeniyete vücut verebilir. Şimdi, suçların etkeni medeniyete izafe edilirse, bu faziletlerin medeniyetin gelişimiyle teşekkül edeceği ve gelişeceği tezi nasıl telif edilebilecektir? Kelimelerin kuvvetini anlayabilenler için, böyle bir iddia, kudsiyetin terakki ve gelişmesiyle günahların da artacağı; vücut sağlığının doğal gelişimiyle maluliyetin çoğalacağı ve nihayet insanları gayretli, halim ve munis yapmak için, tembellerin ve başkalarının huzur ve hürriyetine saldıranların sayısını arttırmak gerekeceği iddiasıyla aynı olacaktır."[94]

Zamanımız için, şüphesiz bu cevap yeterli değildir. Zira, bu derece yüksek anlam taşıyan bir medeniyetin, umumi bir tabirle suçluluğu arttırıp geliştirebileceği tasavvur ve tartışılamıyor. Şimdi sadece, insanların ahlakiyatından, müstakil olabilen ekonomik gelişmeden bahsediliyor; suçluluğun artması sebeplerini içeren ticaretin gelişimine, sanayinin büyümesine ve millî servetin artmasına ait istatistik rakamları öne sürülüyor. Bu iki unsurun gelişimi arasındaki münasebetin ispatına çalışılıyor.

Fransız istatistikleri ispat ediyor ki 1826'dan 1878'e kadar suçlarda %254 oranında bir artış vardır. Bu oran suç sayısına dayanıp suçların türlerine ait değildir. Suçların türlerine göre artışını tespit için, bu suçla ilgili tezayüt gayretlerini diğer gayretlerle karşılaştırmak lazımdır; bu gayretler de aynı etkenlerin tazyiki altında bulunan toplumun bekasını temin ve muhafazasını emniyete almak için sarf edilen büyük faaliyetlerden ibarettir. Suç

94 Romagnosi, 1827 yılı zarfında Fransa'da cürmi adalete dair istatistik müşahedeleri.

faaliyeti, olsa olsa istihsali çoğaltan, muhafaza ve emniyeti temin eden, ahlakı ve adaleti yükselten bütün gayretlerden hasıl olan toplumsal faaliyetlerin tortusundan ibarettir. Bu son gayretlerin nâmahdut rakamlarını, hatta nisbi şekilde dahi olsa, tespit ve tayine imkân yoktur. Fakat bu gayretlerin neticelerinin en hakiki ve en önemli olanlarının tespiti mümkündür.

İşte bu esastan yürüyen düşünür, Fransa'da 1826'dan 1878'e kadar olan cürmi tezayüdü, aynı devre içindeki istihsal ve emniyet faaliyetlerinin artışı ile karşılaştırmaya girişmiştir. Şu sonuçlara ulaşmıştır:

1 - Aynı zaman zarfında Fransız ithalatı %700 artmıştır; 2 - İhracat dahi hemen aynı oranda yükselmiştir; 3 - 1826'da verasetle geçen gayrimenkullerin kıymeti 1 milyar 346 milyonken 1869'da bu, 3 milyar 646 milyona ulaşmıştır; 4 - Gayrimenkullerin kıymeti iki misli olmuştur; 5 - Hayır müesseseleri 1833'ten 1876 tarihine kadar eskisine nazaran dört misli yardımda bulunabilmişlerdir; 6 - Senelik buğday istihsali 1825- 1829 da 60 milyon hektolitreyken 1874'ten 1878'e kadar 104 milyona yükselmiştir; 7 - İşçi ücretleri 1853'ten 1878 tarihine kadar hemen hemen yarı oranda (%45) artmıştır; 8 - Ekmek sarfiyatı üçte bir oranında, alkollü içkiler ise, iki misli fazlalaşmıştır; 9 - 1841'den 1878 yılına kadar suçlar oran itibarıyla %200 arttığı hâlde, devre zarfında toplumsal huzur ve emniyet hemen hemen aynı kalmıştır.

Bu veriler, -yazar ilâve ediyor- bize cerh edilemeyecek bir delil veriyor ki o da, 1826 - 1878 devresinde, Fransa'nın toplumsal faaliyetlerinde bolca bir gelişimin gerçekleştiğidir; hatta bu gelişim eskisine nazaran üç mislidir, denebilir.

Doğrusu vergi hasılatı %300 artmıştır. Yakıcı ya da cürmi faaliyetlere gelince, bunlar bu devre zarfında aynı oranda yükselmemiştir; ancak artış %254'tür.

İtalya için manzara şöyledir: 1863'ten 1879'a kadar suçtan mahkûm olanlar %70 artmıştır. Buna muvazi olarak İtalya ticaret hacmi 1862'den 1879'a kadar genişlemiş olup, bu süre zarfında ithalât %149 ve ihracat % 183 oranında fazlalaşmıştır; - milli vergi 1866'da 617 milyonken 1879'da 1 milyar 228 milyona ulaşmış, şehir insanlarının vergisi iki misli, köylülerin ise dört misline kadar artmıştır; - hayır müesseselerinin mal varlıklarını arttırmışlar; tasarruf hesapları 1863'de 188 milyonken 1881'de bir milyara yaklaşmıştır.

Gayretli bir tahavvülün husule geldiği şu son yirmi sene içinde, bu tahavvülün sebep olduğu pek çok istisnai hal suçluluğun gelişimine yardım etmiş ise de, bu inkişaf (artış) tahavvülle mütenasip değildir. M. Poletti, bu misallerin içinde, şerefli faaliyetlerin artış kanununu görmek istemektedir. Bu sürece cürmi devre adını vermekte ve bu devre zarfında, suç türlerinde ancak %10 fazla veya eksik bir tahavvül olabilmektedir; hâlbuki faziletli faaliyetlerin gelişim devrelerinde suçluluk oranları yavaş ama artan bir faaliyet göstermektedir.[95]

İşte bundan dolayı yazara göre, fikri gelişimler, ekonomik faaliyetler ve toplumsal inkılâplar suça mukavemet istidat ve kabiliyetini arttırmakta, kuvvetlendirmektedir. Hiç olmazsa, şu konu her gün daha büyük bir vuzuhla ispat edilmiştir ki kötü beslenme şartları Kuzey İtalya'da pellagre hastalığının sebebi olmakta, suça sürüklenmemek için göç ve intihar sellerini insanlarla doldurmaktadır.

Bu kuram son derece cazip görünmekte ve kendi mülâhazalarına delil arayanlar için müstesna hakikat ışıkları hâlinde ışıldamaktadır. M. Polatti'nin delillerini dikkatle gözden geçirirken görülür ki bütün, muhakeme tarzı ziyadesiyle keyfi bir fikre dayanmaktadır; yani ona göre hayır ve şeref tevlit eyleyen amellerin, suç teşkil eden eylemler ile değişmeyen bir oranı vardır. İstihaleler ve toplumsal buhranlar hariç, bu oran daima bellidir ve ortadadır. O, bu kanununu şöyle tarif ediyor: "Bir toplum, daima eşit ve değişmez şartlara dayandıkça, suç oranı da daima aynı kalır... Suç oranı, toplumsal faaliyetlerin heyeti mecmuasıyla daima bir olgunluk hâlinde bulunur."

---

95 Poletti, *Il sentimento nella scienza del dritto penale*, Bölüm 8, Udine, 1882.

Peki ama bu oranı hangi memleketlerde araştıracağız? Acaba, İtalya ve İspanya'ya bakarak ekonomik gelişimi daha büyük ve suçluluk oranı pek düşük olan Fransa'ya mı bakışlarımızı çevireceğiz? Ya da nüfusunun şayanı hayret derecede artmasına ve her tür iş hayatı hacminin büyümesine rağmen, suç faaliyetlerin gittikçe azaldığı İngiltere'ye mi bakacağız? Avrupa kıtasının başka bir diyarı mı, fakat hangisi?

Yoksa acaba bu oran, muhtelif memleketlere ve bunların maruz kaldığı toplumsal şartlara göre mi değişiyor? - Ama bu takdirde milletler arasında herhangi bir mukayese yapmaya imkân kalmayacak ve hakikati tezahür ettirecek hiçbir vasıta elde edilemeyecek ye bu suretle Poletti'nin kanununu vuzuha götürecek bir yoldan mahrum kalınacaktır.

Diğer taraftan bir suçun ekonomik ve ahlaki olan faaliyetle mukayesesine de imkân kalmayacaktır.

M. E. Ferri: "Birbirine benzemeyen faaliyetleri yüzdelik oranlarla ve istatistik rakamlarıyla mukayese etmek hiç de doğru olmasa gerekir, diyor. Ticaret hacminin altı defa büyümesiyle suç faaliyetlerinin üç misli olacağını kim temin edebilecektir? Ben bu hususta mütereddit ve ihtiyatlı bulunuyorum. Bence, suç faaliyetlerinin %10 artışı, toplumsal bakımdan pamuk ve hayvanat ihracatında vuku bulacak %30 tezayütten çok daha önemlidir."[96]

G; Tarde ise, şöyle diyor: "Hiçbir şey bu hesap kadar hatalı değildir. Doğrusu, altı defa çoğalan emniyeti suiistimal ve yedi defa artan genel ahlaka karşı işlenen suçlar vs... karşısında hiç şüphesiz iktisadi gayretler veya karşılaşılan tesadüfler aynı derecede çoğalmış değildirler. Zannımca, her şeyden önce, hukuk cephesinden bir müphemiyet yaratılmıştır. Karşılaştırmama devam etmek için, denebilir ki şimendifer vesaiti nakliye içinde en az muhataralı ve gaz aydınlatma vasıtalarının en emniyetlisi olduğu hâlde, hiç şüphe yoktur ki 1826 yılında yaşayan bir Fransız'a

---

[96] E, Ferri, *Socialismo, psicologia e statistica nel diritto criminale, dans l'Arcivio di Psichiatria, Scienze penali*, cilt: IV, 2. forma.

nazaran yolculuk tehlikelerine veya yangın felaketlerine daha az maruz bulunuyordu. Yarım asır evveline kadar yıllık kaza kurbanlarının oranı 100.000 kişide 15 olduğu hâlde şimdi bu oran 36'ya çıkmıştır. Bunun sebebi de asrımızın medeniyet icatlarıdır. Bununla beraber, vasati ömür kısalmış değildir. Hatta umumiyetle insan ömrünün uzadığı kanaatinin mevcudiyetini de biliyorum. Bütün malûm konu şudur ki zamanımızda yatağında ölmek şansı eskiye oranla azalmış, buna karşılık uzun ömürlü olmak şansı da ziyadeleşmiştir. Muasır medeniyet felaketlerinin devalarını da birlikte getirmiş bulunuyor. Bu medeniyetin yarattığı ihtiraslar, ihtiyaçlar ve bunlardan doğan suçların yanında da yine bu medeniyetin yarattığı iş sahaları, hayırlı faaliyetleri hayranlıkla temaşa eylemekteyiz. Fakat bu medeniyetin muhassenatı ne derece bariz bir şekilde gösterilmiş olursa olsun, fenalıkları daima fenalık olarak kalmaktadır; ona refakat eden hayır, bu fenalığın tesir ve kuvvetini asla azaltamamaktadır. Hatta hini hacette bunlardan birini diğerinden ayırmak da mümkündür. Ancak bunlar birbirleriyle gayrikabili tecezzi bir şekilde imtizaç etmişlerse, işte fenalığı burada aramak lazım gelir. Umumi emniyet ve ahlaki inhitat gösterdikçe, seyahat emniyetinin ve ticaret ahlakının yükselmesi beni pek az ilgilendirir. Aynı derecede çalışma imkânına sahip bir topluluk içinde fazla suç işlenmez deniliyor, kabul! Hatta çok daha az işleneceğine kani bulunuyorum. Ama elli sene evveline nazaran, acaba bugün bir Fransız sahtekârlığa, dolandırıcılığa veya hırsızlığa aynı derecede maruz mudur, değil midir? İşte bizi asıl ilgilendiren cihet bu sorunun cevabını vermektir; hayal ve hülya olmayan nokta da bundan ibarettir. Şu konu inkâr edilemez bir hakikat değil midir ki son derece faal ya da iş güç sahibi vatandaşlardan, mesela sanayi erbabı veya evli kadınlardan müteşekkil bir sınıf veya zümre bir memleketin ceza adaletinde mühim bir adede baliğ olmaktadır. Keza kırk yıldan beri, bir taraftan ticaret hacmi iki mislinden daha az arttığı hâlde, iflasların iki mislini saldırdığı bir hakikat değil midir? İşte Poletti'nin ortaya attığı gayet keyfi prensibe rağmen, iş sahası genişlediği hâlde, ticaret davaları

1861 yılından beri azalmaktadır. Yine aynı medeniyet sayesindedir ki asrımızın en ziyade huzur ve sükûn devresini teşkil eden 1830 -1848 yılları arasında harp vesileleri ve harp tahrikleri en yüksek bir seviyeye vasıl olmuştur. Gariptir ki menfaatlerin giriftleştiği mukavelelerin bollaştığı mülkiyet hukukunun genişlediği bir devre zarfında özel hukuk davaları artmamıştır. Bununla beraber, kabul edilmesi mümkün bir mülâhaza ile medeni ve ticari davaların artışı hadisesi medeni ve ticari sahaların genişleyip gelişimine en kuvvetli bir delil gibi kabul edilmiyor mu?" [97]

Evet, şüphesiz suç bir faaliyettir ve başkalarına ait bir miktarı enerjiyi ifade eder. Namuslu tüccarların arasında dolandırıcılar ve sahtekârlar yaşayabiliyorlar. Fakat neden namuslu tüccarlar çok kolayca zenginleştikleri zamanlar, bu tür suçların adedi artıyor? Bu hâl, ortadaki prensibe bariz bir zıtlık teşkil etmiyor mu? Namuslu faaliyetlere açılan en geniş sahalar ve imkânların bahşettiği muvaffakiyetler, geçimlerini kazanmakta sıkıntıya sebep olanların son kurtuluş çaresi olmamalı mıydı?

Ama bir memleketin ekonomik gelişimine rağmen suç faaliyetlerinin arttığı görülürse, bundan, şerefli gayret ve faaliyetler genişlediği hâlde suçların artmakta olduğu neticesi çıkmıyor mu? Öyleyse vasıl olunan netice, Poletti'nin tezine taban tabana zıt oluyor demektir.

İleri bir medeniyetin suçluluk sahasını genişletebileceği düşüncesi asla fikre mülâyim gelemez; bilâkis ileri bir medeniyetin, devamlı itiyatları azaltmak suretiyle suçluluk sahasını daraltabileceğini kabul etmek gerekir. Namus ve şeref mecrasında akan berrak su, bataklıklardan gelen çamurlu derelere karışmadığı için daima süratli, berrak ve boldur.

Ne olursa olsun, şüphesiz olan konu şudur ki (ileride göreceğimiz gibi) Fransa'da, İtalya'da ve Prusya'da suçluluk, bu memleketlerin nüfusuna uymayan bir oranda artmaktadır. Bir milleti teşkil eden insanların az veya çok zengin ve faal olmaları suçluluğun azalma veya çoğalmasına etkili değildir. Ancak muhtelif top-

---

97 G. Tarde; aynı eser, s. 74 ve sonrakiler.

lumsal faaliyetlerle birlikte bir tür azalma ve çoğalmalar, bazı tür suçlarda etkili olabilir, bu takdirde bir kısım suçlar azalırlarken diğer bir kısmı fazlalaşır.

Diğer yönden, herhangi bir faaliyetin artmasıyla bu faaliyetin kötü sonuçlarının da aynı derecede artmış olacağı fikri doğru değildir. Bu hususu Tarde şöyle açıklıyor. "*Avrupa'nın Muhtelif Devletleriyle Mukayeseli Fransız İstatistiği* adlı eserinde M. Block diyor ki 1848 yılı tenzilâtlı tarifenin uygulanması dolayısıyla mektupların adedi artmış olduğundan muhatabını bulmayan mektupların oranı de aynı derecede artmış olması lazımdı. Hâlbuki böyle olmamıştır. Doğrusu 1847'den 1867 tarihine kadar bu tür mektupların adedi 125.000.000'ken, bu miktar 1867'de 342.000.000'e çıkmıştır. Bu artış ve azalış muntazam bir seyir takip etmiştir. Ancak bu netice hiçbir zaman posta müvezzilerinin daha zeki ve daha namuslu veya insanların daha dikkatli ve özenli olduğunu göstermez. Faaliyet artıyor; kusur azalıyor, ama namusluluk, zekâ ve dikkat aynı kalıyor. Diğer örnek daha tipiktir. Bunu da posta idaresinden alıyoruz. 1860'tan 1867 tarihine kadar kıymetli mektup adedi iki buçuk misli altmıştır. Buna karşılık kaybolan (yani muhtemeldir ki çalınmışlardır) mektupların oranı %41'den, %11'e kadar azalmıştır. Ben bu azalmaya rağmen, posta memurlarının namus ve doğruluk faziletlerinin aynı kalmış olduğuna inanmaktayım.

Şayet Poletti'nin tezine göre mülâhaza etmek icap etseydi, ilk bakışta aksi halin vukuu gerekirdi. Fakat iyice düşünülürse, bu manzaranın izahı kolay olur.

Bir toplumun bizzat kendi eseri olan kanunları ihlal etmesi tamamen bir zaaf halidir.[98] Tıpkı ön ayakları zayıf, yani düşme-

---

[98] İnsan zekâsının bütün zaviyelerine uzanan *Suçlar ve Cezalar*'ın yazarı Beccaria bu nokta hakkındaki görüşünü eserinin birinci faslında şöyle anlatıyor: "İnsan toplulukları içinde devamlı bir gayret var ki toplumdaki bütün zaaf ve felaketleri bir yana ve bütün kudret ve mutlulukları diğer yana sıralamaya çalışmaktadır. Âkilâne kanunların vazifesi, bu gayreti devamlı surette tesirsiz bırakmak olmalıdır. Tarihi karıştıralım; hür insanların aralarında yaptıkları

ye yatkın bir ata benzetilebilir. Bu durumda atın sendelemesini veya düşmesini azaltacak tek çare, inişlerde süratini arttırmaktan ibarettir. Sürati arttıkça sendelemesi de azalacaktır. Arabacılar bu tedbiri gayet iyi bilirler. Kötü bir demir yolunda bütün bir süratle gitmenin daha tedbirli bir hareket olduğunu iyi bir kondüktör pekâlâ bilir ve öyle hareket eder. Düşmek üzere olan amudî bir çubuğun parmak üzerindeki muvazenesini devam ettirmek ister misiniz? O hâlde, bu çubuğu devamlı surette ve süratle oynatınız. Bu suretle binlerce dengeleme hareketi süratin fazlalığı oranında istikrar kazanır. İşte tıpkı bunun gibi, bir milletin suç işleme temayülü aynı kuvvette kaldığı farz edilerek suç oranını azaltmak için, istihsalini, medeniyetini ve faaliyetini gayrete getirmeniz lazımdır.

O hâlde, şunu iddia edebilirim: Maalesef bizde olduğu gibi, bir yerde medeniyet seviyesi yükseliyor, nüfus artıyor; ama suç oranı de beraberce yükseliyorsa, kati olarak diyorum ki o hâlde, o milletteki suç temayülünün kuvveti de artıyor demektir.

Poletti bahsini kapatırken şunu da ilâve edelim ki, kendisiyle psikofizyoloji uzmanlarının görüşü arasında bir yakınlık da yok değildir. O, ne olursa olsun, bir suçluluk kanunu arıyor ve bunu istiyor. Quételet'nin[99] kurduğu istatistik okulu görüşünü kendi

---

birer mukaveleden ibaret olan kanunların, maalesef ekseriya, ehemmiyetsiz bir ekalliyetin ihtiraslarına âlet olduklarını yahut da gelip geçici ve tesadüfi ihtiyaçlardan doğduklarını, insan topluluklarının ekseriyeti teşkil edenlerin hayat ve faaliyetlerini tanzimden uzak ve kanunların tek gayesi olması lazım gelen topluluğun en çoğunun en büyük saadeti, prensibine temayül edecek bitaraf ve âdil bir müşahidin fikir mahsulü olmadıklarını görüyoruz.

Pek çok fenalıklardan sonra kavuşulabilen ve hayır telâkki edilen beşerî kombinezon ve istihalelerin ağır değişikliklerini beklemeyen milletlere ne mutlu! Onlar âkilâne kanunlar sayesinde, bu fenalıkları çabuk atlayabilmişlerdir. Perişan ve karanlık izbelerinde, insan kümelerine uzun zaman meçhul kalmış faydalı hakikatlerin ilk tohumlanın saçmak cesaretini gösteren insanoğlu filozoflara ne çok borçluyuz!

Ne pozitif okul ne içtimaiyatçı düşünürler Beccaria'nın bu beyanının kuvvet ve metanetini asla azaltamamışlardır. -Ç.N.

99 Lambert - Adolphe Jacques Quételet, meşhur Belçikalı fizikçi ve içtimaiyatçı âlimdir. 1796 da Gand şehrinde doğmuş, 1874 tarihinde Brüksel'de

görüşü ile birleştiremediğine ne kadar müteessirdir!.. Zira, ötekisi doğal hadiselerde nasıl apaçık bir müsavat manzarası görmüşse, o da suç faaliyetlerinde aynı manzarayı müşahede eder. Ancak o, meşhur tahassüs logaritmasına benzer münasebeti zıt rakamlarla temaşa etmektedir. Ben buna Cürmiyet logaritması: Le logarithme de la criminalité diyeceğim.

Büyük bir zekâ mahsulü olarak iki seri eylemleri yan yana koyup yaklaştırmakta ve aralarında açık bir münasebet tesis etmektedir. İstihsal edici ve hukuka dair olanları bütün medeni memleketlerde, hiç olmazsa asrımızda, süratle fazlalaşıp gelişmektedir; tahrip edici ve suç doğurucu olan ikinci grup eylemlere gelince, bunlar değil, yalnız Fransa'da, keza İtalya'da da diğer gruba muvazi surette, ama daha ağır bir seyirle fazlalaşmaktadır... Psikofizik bakış açılarından bu iki misli, üç misli, dört misli kuvvette açık bir tahrik, hissi bir teşvik demek değil midir? Öyleyse, medeniyetin terakkisi suçluluğun tahrik ve teşviki demektir. Mademki böyledir, o hâlde medeniyet lanetlenebilir. [100]

Yazık! Hayır! Medeniyete lanet etmekten kendimizi muhafaza edelim. Ancak ondan gayrimümkün olan şeyleri de istemeyelim. Medeniyet suçlu yaratmaz, onu imhaya da muktedir değildir. Zira suçluluk medeniyetten önce gelir. Adem'le Havva'nın büyük oğlu Kabil; Habil'i öldürmemiş miydi? Suçların harici şeklini değiştirmek hususunda ancak medeniyetten istifade mümkündür. Şimendifer icat edildi diye at arabaları ortadan kalkmadı. Şimdi de kibar ve zarif şekillere bürünüp birinci mevkie kurulan katiller, yanlarında büyük bir emniyet içinde uyuyan yol arkadaşlarını öldürüyorlar.

Şayet suçluluk büyük çapta ve çoğalan nüfusa nazaran daha büyük bir oranda artıyorsa, bunun etkeni ne medeniyet ne de servetin eşit olmayan taksimidir. Bu etkenler başkadır.

Ve işte şimdi biz, bu etkenleri bulup ortaya çıkarmaya gayret edeceğiz.

ölmüştür. Bilhassa optik cisimler üzerindeki keşifleriyle tanınmıştır. -Ç.N.

100 G. Tarde, *La Criminalité comparée*, s. 79 ve sonrakiler.

DÖRDÜNCÜ FASIL

Kanonların Etkisi

I

Suçluluğa tesir eden etkenlerin giderilmesi.

Devletin suçluluk sahasındaki tesiri kolayca idrak edilebilir. Fakat mesele ziyadesiyle mudildir; bu sebeple öncelikle direkt faaliyetleri, yani amaçları itibarıyla suçları önleyen veya onlara ceza biçen kanunları diğerlerinden, yani amaçları daha başka olan endirekt faaliyetlere ait içtimai kanunlardan ayırmayla işe başlamak lazımdır.

Sonunculardan başlayalım: Acaba devlet, suçların büyük bir kısmının etkeni zannedilen bazı toplumsal nizamları, bir kısım müesseseleri ve bir milletin veya toplumun yalnız bir sınıfının hayat şartlarını tebdil etmek suretiyle suçluluk üzerinde müessir olamaz mı? - Zira, şayet suçlunun ahlaki düşüklüğü suçun zaruri şartı ise, bu takdirde harici hâller izhar kılınan eylemlerin esbabını teşkil eder. Bu harici şartların bir kısmı, değiştirilmesi insanoğlunun elinde olmayan, fiziki çevreye tabidir. Yürürlükteki kanunun, iklim ve hava şartları karşısında nasıl âciz olduğu herkes tarafından kabul edilmektedir. Fakat, bilâkis, bir fiilin toplumsal zaruretten neşet edip, fiziki şartların dışında kalması için, o fiilin, istediği surette, kanun tarafından bir anda izalesi mümkün olabileceği hâlinin düşünce kâfidir. Quetelet'nin dediği gibi, "Bir kere mevcut nizam değiştirilince, bu nizamdan doğan sayısız hâllerin de değiştiği görülecektir... İşte kanunun en asıl vazifesi de buradadır. Yaşadığımız muhitin vasıflarını değiştirerek; hemcinslerinin bulundukları hayat şartlarının tadil ve ıslahına hizmet etmiş olurlar. Bana en saf ve temiz bir havayı koklamak imkânını bahşedin; yaşamaya icbar edildiğim muhiti düzeltin ve işte böylece bana yaşamak için lazım olan sevinç ve takati vermiş olursunuz. Ahlaki bünyenin metanetine rağmen, etrafımı çevirdiğiniz şeamet kuvvetlerine belki de mukavemet edemem... Kurduğunuz müesseselerin payidar kıldığı bir yığın tuzak ve musibetlere kendi tedbirsizliğimle yuvarlanacak olursam, bir tekme de sizden mi gelecek? Kenarında yürümeye mecbur olduğum uçurumları doldurmanız ya da hiç olmazsa yürüdüğüm yolu aydınlatmaya gayret etmeniz daha iyi olmaz mıydı?" [101]

M. Lacassagne, aşağı yukarı aynı ihtarda bulunuyor: "Antropolojik kuramdan, kaçınılmaz surette faydalanan müthiş fatalizm, toplumsal gayretlerle tearuz teşkil etmektedir. Şayet toplumsal muhit her şey ise ve şayet bu toplumsal muhit dediğimiz kuvvet mayası, kötü ve caniyane olan bünyelerin gayretini alkışlıyorsa, bu takdirde yapılacak ıslahat, işte bu şartlara ve faaliyetlere yöneltilmek gerekir." [102]

Şüphesiz bütün bunlar çok mükemmel şeyler, ama burada, esassız kadiri mutlak devlet kuramının kokusu duyulmaktadır! Bu mülâhaza, toplum dediğimiz şeyin doğal bir varlık olduğu ve

---

101 Quételet, Physique sociale, IV. kısım.

102 Birinci suç antropolojisi kongresi faaliyetlerinden Prof. Laccas- Sagne'ın Hitabesi, s 167.

bütün diğer doğal varlıklar gibi yavaş yavaş geliştiği ve tekâmül ettiği, kanuna ait arzu ve iradesinin bu evrim üzerindeki anlam ve delilin ancak pek az olduğu yolundaki fikirden pek ziyade uzaklaşmıyor mu?

Lakin, hiç olmazsa meselenin pratik sahasına da gelinmiş değil midir? Zira, suçun sadece bir âraz ve delil olduğu, bir kere illet anlaşılınca, iyi bir toplumsal tedavi sayesinde bu kabil tadil ve tedavi illetin önüne geçilemeyeceği mülâhazası artık ayakta duramaz.

Romagnosi, İtalya'nın en büyük düşünürlerinden biri olan bu şahsiyet, suçluluğun en çok ve en aşikâr etkenlerini teşkil eden açlığın, tahsil ve terbiye kıtlığının, uyuşukluğun ve nihayet adaletsizliğin giderilmesi amacıyla ilk defa iktisadi, siyasi ve ahlaki nizam içindeki hükümet faaliyetlerini tespit etmiş, göstermiştir.[103]

Lakin, ona göre, devletin bu faaliyetleri hemen daima menfi (*négatif*) olmalıdır. Bundan da maksadı şudur ki, devlet bireysel teşebbüsleri, ticari faaliyeti asla kösteklememeli, imtiyazları tahrip, inhisarları kaldırmalı, sanayinin gelişime karışmamalı, bireysel faaliyetlere engeller koymamak ve çalışma hürriyetini hiçbir tahdit ve murakabeye tabi tutmamalıdır. Bütün bunların, iyi tanzim edilmiş toplumsal ve iktisadi kanunlarla ve adaletin akla uygun bir surette uygulanmasıyla temini mümkündür.

Romagnosi'nin devletten beklediği tek müspet faaliyet, başıboş gezmeye karşı sert ve merhametsiz kanunlar tanzimi ve toplum içindeki tehlikeli sınıflar üzerinde amansız ve devamlı bir nezaret ve murakabeden ibarettir, başıboşluk (veya işsiz güçsüzlük, serserilik: *l'ovasiveté*) devlet nazarında hakiki bir toplumsal suç olmalıdır. Ancak bunu haklı görebilmek için devletin, o kimseye iş vermesi gerekir. "Öyleyse, kamu otoritesi ya fertlere belirli ücretli iş vermeli ya da bu işi elde etmek için emin ve pratik vasıtaları göstermelidir." (s. 1098).

---

[103] Romagnosi, *Genesi del diritto penale*, s. 1021-1155.

Romagnosi, tecrübelerin daima tekzip ettiği bir iyimserlikle, devletten iş isteyecek insanların az miktarda olacağını ve iş verildikçe bu miktarın gittikçe azalacağına inanmaktadır (s. 1102). Bununla birlikte bu uğurda harcanacak para, ona göre çok ehemmiyetsizdir; hatta daha fazla masrafa gerek görülse de, devlet buna tahammül etmeye mecburdur; zira nasıl ordularını devamlı olarak beslemeye mecbur oluyorsa, tıpkı onun gibi bu vecibeyi de ifa ve devama mecburdur. "Doğrusu, ordu, bize açıkça taarruz eden harici ve uzak düşmanlara karşı bizi nasıl müdafaa ediyorsa, bahsettiğimiz umumi iş müesseseleri de bizi dahili düşmanlara, daima yakınımızda yaşayan ve bize gizlice taarruz eden, devamlı ve korkunç bir endişe içinde yaşatan iç düşmanlara karşı bizi öylece müdafaa ederler."

Gerek Malthus ve gerek diğer birçok iktisatçılar tarafından cerh edilmiş olan şu son iddia nazari olarak henüz halledilmiş değildir; Malthus, arz ve talep kanunlarına açıkça muhalefette bulunmuştur. Belki de, bu taarruzların sebebi, Foullée'nin düşündüğü gibi, [104] sosyalistlerin, iktisatçıların ve Darwinistlerin meseleyi ziyadesiyle izam edişleridir.

"Şüphesizdir ki, diyor, devlet iş isteyen bütün vatandaşlara -hastasız doktor, davasız avukat ve okuyucusuz şair vs. dahil- umumi ve karmakarışık bir tarzda iş bulmak külfetini üzerine alamaz. Devlet hurdacılık, moda tüccarı, mobilyacı, dekoratör olamaz. Bir kelime ile devlet kendini bireyin yerine ikame edemez; ne yapay surette kendine bir meşgale vücuda getirebilir, ne de hatta işsizlik durumuna göre, fazla ve durdurulması icap eden istihsalin yapay surette devamını mümkün kılamaz." [105]

"Diğer yandan, devlet ancak, o da belirli şartlar altında, sağlam insanlara yardım edebilir, bu şartlardan biri ve hepsinden evveli o bireyin evlenmemesi ve böylece yoksulların adedinin arttırılmamasıdır."

---

[104] Fouillée, "La Philanthropie scientifique". -Révue des Deux. Mondes- 15 Eylül 1882.

[105] A. Fouillée, *La Propriété sociale et la démocratie*, Paris, 1884.

Bu bahisler pek müşküldür ve bizi çok uzaklara götürebilir. Devlet tarafından verilmiş iş bahsi müstesna, diğerlerinde Romagnosi'nin fikirlerine hak vermeyerek olağan hâllerde geçici etkenleri olan bazı toplumsal hâlleri hiçe sayarak, devletin suçları ortadan kaldırması vecibeleri üzerinde teferruata daldılar.

Yürürlükteki kanun, milletin âdet ve hurafelerinde suçu husule getiren hâlleri iyice tetkik etmelidir ve bunlara rastladıkça, çıkaracağı hususi kanunlarla bu müesseseleri tahrip etmeli ya da hiç olmazsa bu müesseseleri o tarzda değiştirmelidir ki, zararlarını azaltabilsin. "Devlet iktisadi, siyasi, medeni, idari ve cezai mevzularda, en büyüğünden en küçüğüne varıncaya kadar, bütün hukuki müessese için sarf ettiği gayretlerde, daima amacı beşerî faaliyetleri suçtan saptırabilecek mahiyette toplumsal cihazda hayırlı bir düzen yaratmak olmalıdır ve bunun için de, insan kudretine ait kapıyı ardına kadar açmak ve bu kudretin mümkün olduğu kadar az bir kısmının kösteklemek ve nihayet tahriklerini suç işleme fırsatlarını azaltmakla mümkün olacaktır." [106]

Suçun bu endirekt önleyici etkenlerine, M. E. Ferri, suçun müstahlifleri: Substitutifs du crime adını vermiştir. Belki de bu unvanlardan hiçbirisi hakikati ifade etmemektedir.

Ancak biz bu kelime işi üzerinde durmadan, E. Ferri tarafından öne sürülen fikirlerin pratik kıymetini tahlile girişeceğiz.

O, bize serbest mübadeleyi tavsiye ediyor, böylece gıda maddeleri fiyatının anormal yükselişine engel olunacak ve bu afetin sebep olduğu pek çok suçların şerrinden kurtulacaktır; inhisarların lağvı yalnız kaçakçılık suçunu değil, diğer birçok tür suçları da ortadan kaldıracaktır; keza, bazı vergilerin lağvı, bu vergilerin doğurduğu bir kısım suçları silecektir. O da -tıpkı Despine ve Lombroso gibi-, fakru zaruretin, hastalıkların ve işçi sınıfında işlenen ekseri suçların müsebbibi olan alkollü içkilerin imal ve satışının tahdidini istiyor; - Sahteliği kolayca anlaşılmayan kâ-

---

[106] E. Ferri, *Nuovi orizzonti del diritto e délia procedura penale*, Bologne, 1884, s. 376.

ğıt para yerine altın ve gümüş sikkesi çıkarılmalıdır; - ucuz amele evleri inşa edilmeli; - aileler için yardım ve özen müesseseleri kurmalı; - mülkiyet aleyhine işlenen suçları azaltmak ve yoksulların hayat şartlarını ıslah ve tadil için tasarruf sandıkları vücuda getirmeli; - şehir yollarını genişletmeli, gece ışıklarını arttırmak suretiyle hırsızlık ve cinayet suçlarını zorlaştırmalı; - yeni doğan çocukların katli ve isteyerek çocuk düşürmek suçlarını azaltacak Malthus'un nasihatlerini tutmalı; - miras, evlenme, evlenme dışında doğan çocukları tanıma, babalık davası, nişanlanmanın verdiği tazminat hakkı, boşanma, metres hayatı, yeni doğmuş çocuk katli, zina, teaddüdü zevcat, karısını öldürme (*l'utaricide*), ırz ve namusa tasaddi suçlarını önleyecek mükemmel kanun hükümleri emretmek; - bir şirketin sevk ve idaresine ait mesuliyetine, iflasılara, iadeyi - itibar vs. en iyi ticaret kanunları tedvin etmeli ve bu suretle hileli iflasları pek azaltmalı; - istimal tarzlarından husule gelebilecek büyük felaket ve tahribatı önlemek için silah imalâtını büyük bir emniyet ve nezarete tabi tutmalı; - düelloya karşı şerefli jüriler olmalı; - haç seferlerini ilga etmeli; manastırları kapatmalı, birçok bayramları kaldırmalı; sıhhat müesseseleri, umumi hamamlar, tiyatrolar, metruk çocuklar için bakımevleri kurulmalı; gayriahlaki neşriyata, meşhur davaların propagandasına, gençlerin mahkeme salonlarına girmelerine engel olunmalı ve buna benzer tedbirlerle genel ahlaka ve hususiyle bazı tür suçların tekevvünlerine müessir hâllerin önüne geçilmelidir.

Suçluluk sahası üzerine iyice yayılmış hayırhah mevzuatın azametli faydalarını ret ve inkâr etmeyi asla düşünemem; ancak, her şeyden önce, kanunun, suçu meydana getiren fenalık meyillerini ve vesilelerini tebdil ve tahrip edebileceği vehmine kapılmamak lazımdır. Bunun dışında, bizzat M. Ferri dahi suçların büyük bir kısmının yukarıda açıkladığımız sebeplerden başka nedenlerden tevellüt eylemekte ve bahsedilen tedbirlerin bu tür suçlara hiçbir suretle müessir olamamaktaki hakikati teyit etmektedir.

Ve nihayet, şayet kanun, suçluluk üzerine müessir hâli yaratmaya muktedir kanunları tedvin etmek vecibesiyle mükellef ise, unutmamak lazımdır ki, suçluluğu husule getiren diğer menfaat ve münasebetleri de ihmal etmeye gelmez. Kanun, bütün gayret ve kudretini, ahlaki noksanlık içinde, olanların suç işleme meyillerini yok etme amacına hasır ve tahsis edemez.

Bu umumi mahiyetteki tahlil ve mülâhazadan sonra, şimdi de M. Ferri'nin diğer tavsiyelerini gözden geçirmek lazımdır; bunlar arasında, tahsil ve terbiyeyi veya toplumsal, iktisadi ya da yürürlükteki kanunların ıslahını ya da doğrudan doğruya suçu husule getiren hâlleri yok etmeyi hedef tutanları da ele alacağız. Bunlardan birincileri medeniyetin doğal sonuçlarıdır ve bunlardan milletin ahlakiyatındaki merhalelerin inkişafını beklemek mümkündür. Bundan da, fena meyillerden ve kötülüklerden bir iniş ve azalış husule gelebilir.

Diğer tavsiyelere gelince, bunlar ancak hususiyle bazı tür suçlarda, o da pek mahdut bir tesiri haiz olabilirler. M. Ferri bazı mecburiyet ve memnuiyetlerin kaldırılmasını (vergiler, inhisarlar vb.) ve yeni birtakım memnuniyetlerin ihdasını istiyor (bayramlar, alkollü maddelerin satışı vb.).

Doğrusu bazı yasakların kaldırılması suretiyle, doğrudan doğruya bu yasakların ihlalinden tevellüt eden suçlar önlenebilir, bu yönü inkâr edilemez. Şayet gümrük engelini yıkacak olursanız, artık kaçakçılık suçları ortadan kalkar. Lakin, buna karşılık, eskiden mevcut olmayan yeni birtakım yasaklar meydana gelecek ve bu yasakları da ihlal edecek bedhahlar bulunacaktır.

Bundan başka, bütün bu ilgası ya da tamamen kanunun iradesine terk edilmesi kabil yasaklar, önce tarifini yapmış olduğum ve tetkikatımızın yegâne konusunu teşkil eden doğal suçla direkt olarak bir irtibatı yoktur. Tam surette siyasi suç mahiyetinde olan ne kaçakçılık ne özel bünyedeki nizamlara taarruz teşkil eden fiiller, ne de hatta birinci fasılda açıkladığım altürist duyguları yaralayan hareketlerin hiçbiri doğal suçun sahasına dâhil olmazlar.

Yeni yasaklar ya da eskilerinin ilgasını derpiş eden hâllere ait fiiller olsa olsa, doğal suçlar üzerinde bilvasıta bir tesiri haiz olabilir.

Meyhane, mesela, cinayetin müvellidi değildir; lakin, burası ayyaşlarla kumarbazları bir araya toplar; ve bu gibi insanların arasında da tartışma eksik olmaz; münakaşa kolaylıkla dönüşebilir ve dövüşme esnasında da cinayet işlenebilir. Hemen hemen aynı şey yüksek tabakalar için de söylenebilir: kahveler ve kulüpler. Bunların içinde de antipati, kin ve nefret doğabilir ve bunların tahrikiyle de hakaretler ve düellolar yapılır.

Hususi mahiyetteki bir suçun etkeni olan diğer itiyatlar ve müesseseler ise, devamlı toplumsal hadiselerden ibarettir. Para olmasaydı, kalpazan kimse de bulunmazdı; evlilik kurumu olmasaydı, iki evlilik (*bigamie*) suçu da olmazdı. Bu tarz muhakemeye tabi olarak, bir toplumun hayatiyetini teşkil eden iktisadi, siyasi, ailevi, dinî müesseselerini bu konuya ithal etmek mümkündür.

Öyleyse, meseleyi bu saha içinde müşahede etmekle hiçbir fayda temin edilmiş olmaz. Bundan başka, Ferri'ye göre, olsa olsa en sık rastlanan ve itiyatlardan doğan tehlikeli etkenleri menetmek ya da tahdit etmek kabil olabilecektir. Hatta o da Ellero ile birleşerek, bir serbesti içinde bulunan bazı müesseseler mevzuunda, "Önce, acaba diyor, getirdikleri iyiliklerden mahrum olmamak için bütün fenalıklarına göğüs germek daha hayırlısı olmaz mı; saniyen bilhassa unutmamak lazımdır ki, hukuk toplumdan ayrılamaz, suç ise hukukun ihlalinden ibarettir ve dolayısıyla o da toplumdan gayrikabili tecezzidir. Öyleyse, insan hürriyetinin suistimali daima mevcut olacaktır; işte asıl amaç bu suiistimali mümkün olduğu oranda azaltmak, tahdit etmekten ibarettir."

Bu tezin müdafaasına yarayan diğer bazı düşünürlerin iktisadi, siyasi ve toplumsal mevzulara dair savundukları hemen hemen aynı mülâhazaları da ilâve etmek mümkündür.

Ferri'ye göre, serbest mübadele birçok suç faaliyetine engel olurken, bazı sanayi inhisarı da bu faaliyetlerin müvellidi olmaktadır. Bu bir hakikattir, ancak hükümete ithalât serbestisini kaldırmayı ya da bazı faydalı inhisarları lâğvetmeyi kim tavsiyeye muktedir olabilecektir?

Askerlerin izdivaç yasağı hemen özellikle gayrimeşru rabıtaların, iğvaların, terk ve nisyanların sebebi olmaktadır. Lakin, bekârların teşkil ettiği orduların elde ettiği büyük başarıları hangi hükümet feda edebilecektir?

Bunun dışında, her şeye rağmen kanun ve âdetlerde yapılacak bir değişiklik sayesinde, bazı suçlarda azalma olsa bile, bu etkenle, diğer bazı suçlarda çoğalmalar husule gelmeyecek midir?

Bir milletin fertlerini bayramların sevinç ve eğlencelerinden mahrum ederseniz, onların inzivalarını arttırmış ve toplum içinde yaşama kabiliyetlerini azaltmış olmayacak mısınız? Endişe ve hüznün zulmetinden bir saatlik bir sevinçle kurtulamadan yorgunluklarının ağır ıstırabını daha amansız bir şiddetle hissetmeyecekler midir? Bu hâl ve şeraitte ise, mizaçları daha donuk, daha hüzünlü, belki de daha kindar olacak ve böylece suç işlemeye daha müştak ve tehlikeli olmayacak mıdır?

Acaba, boşanmaya cevaz vermek suretiyle kıskançlığı giderebilecek misiniz? Evinden kovulmuş, çoluk çocuğundan mahrum kalmış bir adam, daha korkunç olmayacak mıdır?

Ve nihayet yerleşmiş âdetlere gayri mahsus mukavemetler sayesinde, ümit edilen akıbetler mutlak surette tahakkuk edecek midir?

Lombroso ve diğerleri, sarhoşluğu ezmek için, hazineye başvurmuşlar ve alkollü içkilerden çok yüksek bir resim alınmasını istemişlerdir. Lakin, işte Fransa, bize tedbirlerin hiçbir tesiri olmadığını ispat etti. Bu memleketteki bizzat Ferri tarafından işaret edildiği üzere, alkollü içkiler üzerindeki vergiler 1871 ve 1872 tarihli kanunlarla iki misline çıkarıldığı hâlde, bu tür içkilerin istihlâkleri gün geçtikçe artmakta olduğu gibi, medeniyetin terakkisi sayesinde ayyaşlığın aşağı tabakalarda da azalmasını temenni etmekle bitirmektedir.

Despine tarafından daha önceleri teklif edildiği gibi, tevlit ettiği fenalıkların önüne geçmek için, elde mevcut çarelerden biri, bütün alkollü içkilerin satışını mutlak şekilde menetmektir. Lakin, Avrupa'da böyle bir reformu beklemek beyhudedir. [107]

Hollanda yeni bir misal verdi. Hektolitre üzerinden alınan resim 22 florin'den 57 florin'e yükselmesine rağmen, içki istihlâki her gün artan bir ciddiyetle memlekette genişliyordu. 1854'te 224.285 hektolitre olan istihlâk hacmi 1881'de 328.000 hektolitreye varmıştı. Yani nüfus başına istihlâk miktarı 7.08 hektolitreden 9.81 hektolitreye yükselmiş bulunuyordu. Hükümet bu afete bir deva bulmaya azmetmişti. Zira, bu afet "Yalnız ahlakı tahrip etmekle kalmıyor, ama aynı zamanda aile hayatını, nizam ve genel emniyeti de tahdit ediyordu"; Doğrusu "tahsil müesseseleri vasıtasıyla devlete umumi maarifi yükseltmek, ticareti teşvik ve himaye ile umumi refahı geliştirmek, hapishaneler sayesinde umumi emniyeti temin etmek vecibesi yükletilmiş olduğuna göre, o maarifin refahın ve umumi emniyet ve asayişin amansız düşmanı olan içkiyi kullanmak hakkım kaldırması da en doğal bir vecibesidir." [108]

Bu fikirlerden ilham alınarak hazırlanan bir kanun lâyihası iki meclis tarafından da kabul edilerek 28 Haziran 1882'de neşir ve ilân edildi. Sarhoşlarla sarhoşluk taslayanlara cezalar konmuştu. Altı ay zarfında bu kanun hayırlı neticelerini verdi.

Böylece, Hollanda bize şu konuyu teyit etmiş oldu: Kuvvetli ve ihtiyatlı bir hükümet, hatta bir mebusun "zavallı bir amelenin iki bardak içkisini sakin ve rahat içmesine engel olmamak!" [109] di-

---

[107] Avrupa'da diyorum. Zira, Amerika Birleşik Devletleri'nin birçok kısımlarında alkollü içkilerin satışının mutlak surette menedilme gayret ve cesaretinin gösterilmiş olduğu bir gerçektir. Maine devletinde bu tedbir sayesinde birkaç sene zarfında sefalet, dilencilik ve suçlar hissedilir derecede azalmıştır. Yine bu devletlerden on ikisi süratle aynı tedbire başvurmak üzere Maine Devleti'ni takibe şitap etmiş bulunuyorlar. -Despine, *De la folie*, s. 104.

[108] Nazır Modermann'ın raporu. - "Zeitschrift die. Gesammte Strafrechsivisssenschafft", 28.6.1882, Prof. Drucker in Groningen.

[109] Zeitschrift - (aynı eser) s. 580.

yecek derecede genişleyen bir felaketin sahasını daraltmaya yardım edebilir.

Niçin Hollanda gibi hareket etmemeli? Mesela, İtalya'da meyhaneler, içki alınan sair mahaller süratle artmaktadır. Bilfarz Milano'da 1872'den 1877 tarihine kadar bunların adedi 848'dir. Orta ve güney eyaletlerinde ispirtolu içkiler nispeten daha az istihlâk edildiği ve şarabın sıhhate olan mazarratı daha az olduğu hâlde, o bölgelerdeki nüfusun fevkalâde hayatiyeti dolayısıyla toplumsal sükûn ve emniyeti, pek ziyade tehdit etmektedir. Asla şüpheye yer yoktur ki, kanlı suçların birçoğunu içkiye atfetmek mümkün değildir; ancak eldeki deliller şu ciheti ispat etmektedir ki, bir kısım suçların artmasında etkili olmaktadır. Napoli eyaletinde meyhanelere mutlak serbesti verildiği 1876 tarihinden beri, kasten işlenen darp ve cerh suçlarının adedi önemli bir şekilde artmıştır. 1877'de 1577'ken 1878'de 2191 ve 1879'da 3349 vaka kaydedilmiştir.[110]

Öyleyse, içki satışını tedricen tahdit etme amacıyla, her mıntıkanın meyhane ve içki satışı yapan mahallerine verilecek müsaadelerin azami haddini tespit eylemek ve tıpkı Hollanda'da olduğu gibi bunları şiddetli mevzuata tabi tutmak en akilâne hareket sayılmalıdır.

Şimdi tekrar Ferri'nin kuramına dönerek, kendi tarafından işaret edilen tedbirlerden birçoğunun Devlet icraatı sahasının dışında kaldığını görürüz; ezcümle: "Ayyaşları amele toplulukları sinesinden atıp çıkarmak, çok ucuz sıhhi eğlenceler temin etmek, mutedil içki aleyhtarı toplumları teşkili, ameleye yevmiyelerini yalnız bir defa, cumartesi günleri ödeme adetinin ilgası, ucuz amele evleri, karşılıklı yardımı amaç edinen toplumları, halk bankaları, hayır müesseseleri, kadınların tıp mesleğine bilfiil iştiraki, Malthus kuramının neşir ve tatbiki."

Bütün bu olaylara bakarak, hükümet icraatının tamamen tesirsiz ya da pek mahdut olduğu anlaşılmıyor mu? O hâlde, bura-

---

110 Turiello, *Governo e govcrnati*, Bologne, 1883, fasıl: III, s. 368.

da teşriî reform asla mevzubahis değildir; olsa olsa, her şey medeniyetin terakkisine, basiret ve refahın gelişimine ve nihayet şahsi teşebbüslerin artıp kuvvetlenmesine bağlı kalıyor.

"Bu tedbirler" sayesinde suçun azalması demek, şu anlama gelir: İş sahası genişlemiş, nizam ve basiret esasları iyice gelişmiş bir toplumda suç oranı azdır; bunda hiç kimsenin şüphesi olamaz.

Hatta bu çarelerden bir kısmına hükümet müdahaleye kalkmış olsa da bundan fayda hasıl olacağı da pek şüphelidir. Bunun dışında; makbul bir politika böyle bir müdahaleyi tavsiye etmez.

Öyleyse, teşriî ve idari hizmetlerden ne beklenecektir? Teşriî hizmetlerden beklenilen şey, iyi bir murakabe ve nezaret, sağlam bir adalet cihazı tesisi, umumiyetle suçların etkeni olan ve bazı kötü itiyatları önleyen umumi tahsil ve terbiyenin gelişimini teminden ibarettir. Ancak, teşriî hizmetler sadece bazı hususi hâlde bu kötü itiyatlara doğrudan doğruya hail olabilir: Silah taşıma, içki satışı, meyhaneler, kumar vb. Bu hâller dışında, birey kamu hürriyetlerini büyük mikyasta takyit etmek hakkını devlete tanımaya imkân yoktur. Zira, her şey fertlerin hürriyetlerini yaşaması amacına matufken, bu amacı zarara uğratacak şekilde konacak takyitler fertleri helak edecek ve bu suretle yeni suçlar meydana çıkacaktır.

Sonuç olarak zeki ve ahlaklı hocaların bulunduğu okullar açmak, iyi terbiye sistemlerine tabi tutulmuş darülacezeler, kimsesiz ya da fakir çocuklar için zirai tesisler kurmak; hayâsızca eserleri oynamaktan veya okutmaktan menetmek; cinayet mahkemesi salonlarına küçükleri sokmamak; otelleri sıkı bir murakabeye tabi tutmak; işsizlik ve serseriliği menetmek; şüpheli şahıslara nezaret etmek; akilane medeni kanunlar tedvin eylemek; süratli ve ucuza mal olan usul kanunları vücuda getirmek...

İşte devletin, elinde olan yegâne suçları önleyecek vasıtalar bunlardan ibarettir.

II

Ceza müeyyideleri sayesinde endirekt önleyici gayretler - Suçluların sınıflarına göre bu müeyyidelerin gösterdiği farklı faydalar. - Ölüm cezasının faydası. - Yaşadığımız yüzyıl içinde suçun gittikçe artan sahası. - Cezaların hafifletilmesinin hazin neticeleri. - Suçun sebep olduğu zararın ekonomik yönü. - Mahkûmiyetten sıyrılma ihtimali. - Hükmedilen cezadan kurtulmanın çareleri. - Tekerrür.

Lakin, şimdi suçu bilvasıta önleyecek yegâne çarelerden bahsedince, cezalar bahsine girişmemiz gerekiyor. O cezalar ki, bazılarına göre aralarında Ferri de bulunuyor- tesirleri son derece büyük önemi haizdir. Her iki tarafın da elinde tarihî misaller bulunuyor: Bir yanda en şiddetli cezaların bir kısım suçları azaltmamış olduğu hâlde diğer yandan, kanlı tediplerin diğer bir kısım suçları silip süpürdüğü bir gerçek olarak tarihte görülmektedir.

Kanaatimce, suçluların muhtelif sınıfları hatırda tutularak, meselenin halli mümkündür. Bütün ahlaki duygulardan mahrum katil ve hırsızlık gibi suçları kılı kıpırdamaksızın işleyebilen büyük suçlular için, kanunun derpiş ettiği en ağır ceza tehditlerinin hiçbir ehemmiyet ve tesiri olamaz; bunlar öyle hapishanelerin hicap nikahını kaybedilen hürriyetin maddi olmaktan ziyade olgun ıstırabını fark etmekten, anlamaktan, duymaktan ziyadesiyle uzak, fazlasıyla şaşkın ve hayret verici şekilde vurdum duymaz tiplerdir. Yalnız ölüm cezaları bunların bazılarını bir süre korkutup sindirebilirse de bir kere ara verilip bu cezanın uygulanması seyrekleşince, onlar da tekrar meydanı boş bulur ve artık o cezayı hatırlamazlar.

İhtirasî suçlulara gelince, bunlar ister mizaçları itibarıyla ister sinir sistemlerinin bozukluğu, isterse içtikleri alkolik maddelerin tahriki ile işleyecekleri suçlardan dolayı ceza tehditlerinden tamamen müstağnidirler. Hâlbuki, tabiplerin bize temin ettiklerine göre, ceza tehdidi deliler üzerinde az çok müessir bulunmaktadır. Serinkanlılıkla muhakeme kabiliyetleri tamamen ortadan kalkan ihtirasî suçlular, kendi ihtiraslarına terk edilecek olurlarsa, kendileri için zararlı diye muhakeme ettikleri müphem bir fikrin zebunu olarak kalırlar. Ancak bunların tahayyüllerine müessir olacak cezalar, bugünün kanunları tarafından kabul edilen ceza türlerinin olmadığı şüphesizdir. Bu tür cezaların maddi ıstırapları büyük olmalı ve hemen uygulanmalıdır. Şayet bunlar, bir insanı vuran elin, hemen bileğinden kesilerek yere düşeceğinden emin olsalardı, belki direnmesi zor zannettikleri hareketlerini gemlemeleri kabil olurdu. Evet, belki de "ateş körüğü" denilen kelime, günlük konuşma dilinden kaybolur, eski ve unutulmuş bir anlam taşırdı.

Şimdi bize, Orta Çağ cezalarının bugünkü cezalardan daha faydalı olmadığı yolunda bir cevap vermek sabırsızlığı içinde kıvrananlar olacaktır; bir kere, böyle bir hüküm vermeye yarayacak elimizde istatistik mevcut bulunmuyor. Sonra, o devirlerde herhangi bir cezanın infaz edilip edilmeyeceği de belli olmazdı: Cezadan istisna gibi, büyük derebeylerin himayeleri gibi, emniyet teşkilatı ve adalet cihazının çalışması gibi sayısız haller vardı.

İtiyadi suçlulara gelince, işin mütalea şekli büsbütün farklı olmalıdır. Bu gibileri, cezadan kurtulmanın yollarını hemen hemen hakikate yakın şekilde muhakeme ederler ve âdeta verilecek cezalara cesaretle meydan okurlar; zira, diğer bütün mesleklerde olduğu gibi, bunlar da, meslek hâline getirdikleri suç işlemenin getireceği maddi menfaatlerle giyecekleri cezanın ağırlığını iyice tartarlar. Bunların arasında öyle tehlikelileri vardır ki, daima iş ve güç sahibi de olurlar. Kabul etmek lazımdır ki, bunların nail oldukları nimet o kadar büyük ve emin olduğu hâlde, koştukları tehlike o oranda az ve gayrikatidir. Fakat biz bu mevzua hemen avdet edeceğiz.

Bu bedbahtlar için, ceza kanunlarının suçları azaltmakta pek mahdut bir tesiri vardır; bu mevzuatın amacı tasfiye olmalıdır; ne bünyede olurlarsa olsunlar, asla suçu azaltamazlar ve suç işleyenlerinin cesaretlerini kıramazlar; bu kanunların hakikaten müessir olabilmeleri isteniyorsa, bu takdirde kötüleri toplumdan temizlemeleri lazımdır ki, bu da ancak adaletin eline düşenlerin yok edilmeleriyle mümkün olabilecektir.

Diğer yönden mahalli "endémique" dediğimiz suçluluk toplumsal, o mahallin eski ya da yeni gelenek ve itiyatlardan doğan suçlar vardır. İşte bu gibi hâllerde, bu suçları önlemek amacıyla vazedilecek ağır cezaların mesut neticeler vermesi mümkündür. Son zamanlarda Korsika Adası bize mükemmel bir misal vermektedir, doğrusu bu diyarda mutat cinayet suçlarının büyük bir süratle ve önemli oranda azaldığını görüyoruz. Bu azalma 1854'te yürürlükte vazedilen iki kanun sayesinde olmuştur. Bunlardan birisi silah taşımayı mutlak surette meneden ve diğeri ise, yataklık edenleri aynı şekilde tedip eyleyen kanundur. Bu istisnaî tedbirler on beş sene içinde feyizli sonuçlar vermiştir. Bütün bir topluluğun, topyekûn silahtan mahrum edilişi kanlı gelenekleri ağır şekilde tasfiye etmiştir. Maalesef, bu kanunlar 1868 yılında lâğvedilmişler ve aynı suçlar o tarihten itibaren tekrar artmaya başlamıştır. İkinci misalini Napoli veriyor; bu şehrin nevmit ya da ihanete uğramış âşıkları, sevgililerinin yüzlerini ustura ile vurup çirkinleştirirlerdi. 1844 tarihinde neşredilen özel bir kanun, bu gibi suçlulara on üç sene kürek cezası veriyordu; bu kanunun yürürlüğe girmesiyle bu tür suçlar da süratle azalmaya başladı. 1859 yılında yürürlüğe giren ve ağır ceza mahkemeleri teşkilatlarında kabul ettiği yeni değişiklikler yüzünden cezaların ehemmiyet ve şiddetinin azalmasını temin eden yeni ceza kanunundan sonra bu suçların da tekrar ve süratle çoğaldığı müşahede edildi. Bu artış o dereceyi buldu ki, nihayet jüri müessesesinin cinayet mahkemesine verdiği hususiyetten onları istifade ettirmemek, muhakemelerini süratle görüp cezalarını emniyetle vermek amacıyla asliye ceza mahkemelerinde muhakemeleri uygun görüldü. Lakin, bu hâl başka mahzurlar da doğurdu: Öncelikle muhakeme süresince sanığın serbest oluşu; sonra da korkutma (afflictif) cezaları yerine, alelade cünha cezaları uygulanışı. Bütün bunlar cezanın şiddet ve tesirini yarı yarıya azaltmakta olduğundan ustura atma suçları hatta bütün Napoli köylerini dahi istilâya sebebiyet vermiş bulunuyor. Şayet bu civarda böyle bir darbeden kendini kurtarmış bir genç kıza rastlanacak olursa, bu şansı ona mutlaka bariz çirkinliği temin edebilmiş olduğu ilk bakışta anlaşılacaktır. Yoksa izdivaç için önüne çıkan ilk delikanlıyı terk edecek bir genç kızın kaderi mutlak ustura yarası idi.

Aynı şey, bu şehrin yollarında ya da meyhanelerinde patlayan tabancalar için de söylenebilir. İnanılmayacak kadar fazla olan bu gibi suçluları cinayete teşebbüs gibi ağır bir suçtan kurtarmak için, jürilerin gazabından korumak için, alelade yaralama failleri gibi gösterilerek cezalandırılmaktadır. Hâlbuki bunların zavallı kurbanları aldıkları acı darbelerin tesiriyle gözlerini hayata yummakta, tebah olup gitmektedirler. Her gün birkaçını gazetelerde okuduğumuz türden yaralama suçlarının failleri, tabancalarını bu kadar kolaylıkla kullanan bu kabadayılar, ancak birkaç aylık hapis, bazen de az bir para cezasıyla mahkûm edilerek güya adalet tesis edilmiş oluyor.

İşte, bu ve buna benzeyen hâllerde suçların alabildiğine artışının esbabını, esas itibarıyla cezanın hafifliğinde aramak lazımdır. Zira, burada mevzubahis olan, cezanın tür ve miktarı ne olursa olsun, elde edecekleri menfaati hesaplayan itiyadı suçlular değildir. Burada mevzubahis olan insanlar, bazı diğerkam "altürist" duygulardan tamamen mahrum ve bazı hâl ve şeraitte suçlu olabilen ve ancak bu gibi hâlde canavarlaşıp kuduran ve etrafını görüp hesaplamaya gerek görmeyen fevri suçlulardır. İşte bu gibileri, hiddetlerinin esiri olmakla beraber şayet görebilecekleri cezanın azameti ile sarsılabilirlerse, bu takdirde ellerini kolay kolay silahlarına götüremezler. Zira, bunların da hayata ve geleceğe karşı emel ve ümitleri, tasavvur ye hülyaları vardır ve bütün bunların bir hareketle yıkılıp çökmesini istemeyeceklerdir.

Şu hâlde, kanunların haiz olacağı şiddetin bu gibi hâllerde yapacağı tesiri kolayca kabuk edebiliriz. Bu kaideyi hatta bazı diğer istisnai vaziyetlerde, mesela: kamu hizmetlerinde de uygulamak mümkündür. Bir irtikâp ve ihtilas suçlusu memur, sahtekârlık yapan bir noter, vazifesini suiistimal eden bir hâkim bazı hesaplar yapmak mecburiyetini hissederler: Bir tarafta haiz oldukları memuriyetin geleceği, diğer tarafta ise, büyük bir kazanç mevzubahistir. Şayet memuriyetten mahrumiyet cezası başka bir ceza ile teşdit edildiği surette terazinin şeref, iffet ve istikameti taşıyan kefesi ağır basabilecektir.

Görülüyor ki, bu türden misalleri çoğaltmak pekâlâ mümkündür; mühim olan cihet şudur ki, cezanın tesirini, ister doğrudan doğruya, isterse dolayısıyla olsun, umursamamaya imkân yoktur; sadece bunun tesirini iyice hissedecek suçluları, pek az hissedecek kimselerden ayırmak lazım gelir.

Ahlaki duygusuzluk ya da suça temayüller, zannedildiğinden fazla müessir olmaktadır. Yapılacak şey: Suçu verimsiz hâle getirmek, özellikle namuskâr faaliyetleri bol nimetlere nail kılmaktır. Şu hâlde cezaların hafifletilmesi suçun hakiki kaynağını husule getirebilecektir.

Bu asrın[111] ilk yarısında Avrupa'nın medenileşmiş memleketlerinde büyük suçların artık endişe vermeyecek derecede azaldığı ve bilâkis aynı asrın ikinci yarısında ise bu suçların dev adımlarıyla arttığı müşahede edilecek olursa, bunun sebebini ilk devreden önceki yüzyılların ölüm cezalarının geniş bir sahada ve sık verilmesinde aramalıdır. Asrın ikinci yarısında ise ceza sistemlerinin değiştiğini ve cezaların gittikçe hafiflediğini ve bugün dahi aynı sitemin devam ettiğini ve bu hâlin hukukçular nazarında erişilmiş büyük bir merhale teşkil ettiğini görüyoruz. Şimdi neticeye bakalım:

Fransa'da 1828'den 1884 yılına kadar tasarlayarak adam öldüren katillerin adedi 197'den 234'e, yeni doğmuş kendi çocuğunu öldürme "*infanticide*" suçu 102'den 194'e, çocuklar hakkında ırz ve namusla ilişkili suçları 136'dan 791'e, darp ve cerh 8000'den 18.000'e, hırsızlık 9.000'den 33.000'e, dolandırıcılık 1171'den 6371'e, umumi ahlaka mugayir fiiller 497'den 3397 'ye, başı-

[111] 19. yüzyıl.

boşluk 3.000'den 16.000 'e ve umumiyetle kamu hukuku suçları 41.000'den 163.000'e yükselmiştir. Ayrıca bütün rakamlar 1884 yılından itibaren daha da yükselmiş bulunuyor ve bu yükseliş duracağa da benzemiyor.

Diğer yandan Fransa'nın nüfusu 1826 yılında 31.000.000 iken ancak 7.000.000 artmıştır; zira, 1884 yılında 38.000.000 olduğu tespit edilmiştir.

Şu hâlde suçların artış oranının nüfus artış oranıyla mütenasip olmadığı, bilâkis diğerinden çok daha kuvvetli olduğu açık bir hakikattir.

Doğrusu, yarım asırdan fazla olan bu devir zarfında pek çok cezalar tahfif edilmiş, jürilerin müsamahaları gittikçe artmış, hafifletici sebepler gün geçtikçe fazlalaştırılmış, cezacı müellifler hâkimlere toplumsal zaruretlere kıymet vermemeleri, bilâkis dikkatleri suçluların çarpılacakları cezaya ve bu cezanın mümkün mertebe azaltılması çarelerine, suçlunun ahlaki ve ruhsal mesuliyetlerine çevrilmiş, onlara cezalar verilmesini Fakatziyadesiyle azaltılarak hemen hemen bir babanın şefkatiyle davranılması tavsiye kılınmıştır.

İşte bundan dolayıdır ki, yavaş yavaş cezalar okullarda haylaz ve itaatsiz öğrenciye uygulanan disiplin cezalarının şekil ve manzarasına bürünmüştür; hatta okullardaki disiplin cezaları meyanında kabul edileli yemekten mahrumiyet ve karanlık hücre cezaları bizim hapishane rejimlerinde uygulanması reva görülmemiştir.

Diğer taraftan siyasi gibi büyük suçlularda ölüm cezalarının tamamen kaldırılmış olması diğer adi suçlularda makus birtakım neticeler vermiştir Basit olan şudur ki, ölüm cezası yürürlüktedir ve zaman zaman tatbik dâhi edilmekte ve şeni suçlar işlemek temayülünde olanlar için bir fren vazifesi görmekte, ama hangi hâllerde bu cezanın uygulandığı bilinmemektedir. Bütün bilinen husus ise; devlet cihazının bazı suçluları öldürebilmek yetkisini haiz oluşudur. Acaba öldürülebileceklerin sayısı bu kadar mıdır? Aksi faraziyeden hiç de emin olmuyorlar. Böylece onlar, kanunun kuvvetinden daha ciddi bir fikre sahip oluyorlar.[112] Bunun dışında denebilir ki, ölüm cezası kendilerini doğrudan doğruya tehdit etmeyenleri, yani sefil (*inférieur*) suçluları, en idraksiz ve basiretsiz, en budala, ihtiraslarını bastırmakta en az güçlü kimseleri fazlasıyla korkutmaktadır.

Asıl mesleği avukatlık olan bir İtalyan mebusu, parlamentoda söylediği bir nutukta, darp ve cerhten suçlu olanlardan birçoğunun darağacı korkusu yüzünden basımlarını öldürmediklerini itiraf ettiklerini beyan etmiştir.[113]

Hemen hemen bizzat şahit olduğum bir olayı anlatacağım. İtalya'nın güneyinde, küçük bir şehirde cinayet mahkemesi çok kısa fasılalarla arka arkaya üç ölüm cezası vermişti. Son hükümden birkaç gün sonra, bir adam, kendi düşmanı olan adamın evinin önünden geçtiğini gördü; bütün kanı tepesine sıçradı ve hemen tüfeğini eline aldı. Tam nişan aldı, ama tetiği çekeceği yerde birden tüfeğini yanına indirdi ve şöyle bağırdığı duyuldu: "Ne yapayım, cinayet mahkemesi yeniden ölüm cezası vermeye başladı!" - Şimdi bu adam tetiğe dokunup adamı öldürmüş olsaydı, İtalyan ceza kanununa göre yiyeceği ceza müebbet kürek cezası olacaktı. Çünkü fiil, tasarlayarak cinayet (*Assassinat*) olmayıp alelade katil (*Meurtre*) sayılacaktı. Ancak bahsimizdeki adam, kısa zaman önce, hükmedilmiş ölüm cezalarının hatırasıyla ihtilâl eden ruhsal hâleti içinde her iki suçun vasfı ve cezalarının türleri arasında bir fark ve muhakeme yürütememişti. Böylece de bir insanın hayatı kurtarılmış oldu! Acaba Devletin verebileceği cezanın en ağır suç için dahi olsa azami haddinin hapis veya kalebentlik olduğunu bilecek kimsenin kanundan korku derecesi aynı olabilir miydi?

Bunun dışında, Fransa'da olduğu gibi, İtalya'da da cezanın hafifletilmesinin verdiği neticeler tecrübe edilmiş bulunuyor. Eski Napoli Kraliyeti'nde cezalar çok daha ağırdı ve jüri mües-

---

112 Turiello, *Governo e Governati*, Bologne, 1884, fasıl: III, Ed. Zanichelli.

113 8 Mart 1865 celsesi, M. Chiaves'in nutku.

sesesi de yoktu; kanunda tayin edilmemiş takdiri tahfif sebepleri olmadığı gibi, ölüm cezaları da oldukça sık uygulanırdı. İşlenen suçların adedi de bugüne oranla pek azdı. Fakat açıklanan gelişmeden sonra suçlar süratle artmaya başladı. Doğrusu, 1832'de 169 tasarlanarak cinayet işlenmiş olduğu hâlde, 1833'te bu miktar 205'e yükselmiştir. 1880'de ise bu rakam 375'i bulmuştur. Ebeveyn katilleri "parricides" hemen hemen üç misli olmuştur: Zira, 5 iken 18'e yükselmiştir. Alelade katil (meurtre) -buna öldürmek kasıt ve niyeti olmadan darp ve cerhten başka fiili etkilerden meydana gelen telefi nefis dâhil- 1832'de 669 iken 1833'te 696 olmuştur. 1880'de ise 1061'e yükselmiştir ve buna gayriiradi telefi nefisler dâhil değildir. Şimdi mahkûmiyetleri görelim: 1833'te 25 ölüm cezası verilmiş ve bu mahkûmiyetlerin çoğu infaz edilmiştir. 1880 tarihinde tasarlayarak cinayetler iki mislinden fazla arttığı hâlde ancak 40 ölüm hükmü verilmiş ve bunlardan hiçbiri infaz edilmemiştir! [114]

Bu rakamların ifadesine göre, cezalarda umumi bir gevşeme olduğu kabul edilmektedir. İşlenen suçların %80'inde hafifletici sebep bulunduğundan belirli süreli, özellikle adi hapis cezalan hükmedilmektedir; hatta alelade katil ve hatta tasarlayarak veya canavarca işlenen cinayetlerde dahi 1876 tarihinde bütün İtalya'da 51 cinayetin ve 8 adet hırsızlıkla birlikte işlenmiş cinayetin cezaları cünhaya ilişkin (tedibî: Correctionele) olmuştur!

Acaba, İtalya'nın güneyinde işlenen kanlı suçlarda görülen süratin, böyle bir adalet gevşekliğinden müstakil ve istisnaî etkenlere matuf olduğu kanaati beslenebilecek midir? Kendi hesabıma, böyle bir kanaate varamam; zira, bu fiiller o kadar çok ki, müstakil ve münferit bir olay gibi kabul edilemez.

1863 yılından beri, yani cezaların hafifletildiği tarihten beri, İtalya'da suçların süratle fazlalaştığını müşahede ediyoruz.

---

[114] Nüfusun artmasıyla suçların artması oranlarında da bağıntı yoktur. Çünkü (Napoli Kraliyeti) 1833'te 6 milyon civarında olduğu hâlde 1880 tarihinde 7 milyona yükselmiştir. -Ç.N.

1863'te cinayet mahkemelerinde 12 ebeveyn katili muhakeme edildi; 1869'da bu rakam 22; 1870 de 34; 1880'de 39 oldu.

Karı katili koca ya da koca katili kadın: 1869'da 15; 1870'te 38; 1880'de 92.

Çocuk cinayeti (*infanticide*): 1863'te 44; 1869'da 52; 1870'te 51; 1880'de 82."

Önceden tasarlanarak cinayet (assassinat): 1863'te 285; 1869'da 419; 1870'te 450; 1880'de 705'tir.

1860'tan 1870 tarihine kadar ölüm cezasına müstahak suçlar %20 ve müebbet kürek cezasına müstahak suçlar ise: 64'ten %64 kadar yükselmiştir.

Cezaevlerinden alınan istatistikler bize, 1862'den 1880 yılına kadar tedricî bir artışın vukuunu gösteriyor. Bir misal verelim: 1863'te hapis mahkûmlarının adedi 10.424 erkek ve 778 kadın idi. 1880 tarihinde ise, bir rakam 18.928 erkek ve 1435 kadın olmuştur. Geçici kürek mahkûmları 1862'de 9.300 iken; 1882'de 17.715 olmuştur. Kalebentlik cezasına mahkûm olanların sayısı ise, aynı, tarihlerde 5893 erkek ve 344 kadından; 13.524 erkek ve 1.229 kadına yükselmiştir. Nihayet Casa di custodia (765 Sayılı Türk Ceza K. nun 54, 55. maddelerinin derpiş ettiği yaşları ya da akli hâletleri dolayısıyla tenzileri verilen hapis cezaları) mahkûmiyetleri: 1862'de 390 iken; 1882' de 900 olmuştur. Cürmi mahkûmiyetlerin toplamı 1862'de 15.037 iken 1882'de 32.538 rakamına yükselmiştir ki, bu da 20 sene içinde mahkûmiyetin iki mislini bulduğunu ispat ediyor.

Ve nihayet, müebbet kürek cezası 1870 de 2.945 iken 1883 de 5.363'e yükselmiştir ki, bu da 13 sene gibi kısa bir zamanda bu kabil suçların hemen hemen iki mislini bulduğunu ispat ediyor.

1881 yılından itibaren suçların azalmakta olduğu zehabına kapılmaktadır. Lakin, bu azalmanın maalesef bazı hafif suçlarda vuku bulduğu, ağır suçların böyle bir mesut inhitattan pek uzak olduğu anlaşılmış bulunuyor.

Bütün Avrupa'yı göz önüne getirecek olursak, aynı hâlin her tarafta varlığı görülecektir. Belki Fransa ve İtalya'daki kadar bariz görünmeyecektir; fakat ağır suçlardaki tezayüdün nüfus tezayüdü oranından pek büyük, pek aşikâr olduğu ibretle fark edilecektir.

Belçika'da, mesela, suçların oransız arttığı 1850-1875 devresinde bariz şekilde görülüyor; bu 25 senelik devrede 25.072 mahkûmiyet verildiği hâlde, bundan evvelki aynı devre mahkûmiyet miktarı ise 20.428'dir. 1832'den 1839 yılına kadar olan devrede bir yıl zarfındaki bir suçla itham edilerek mahkemeye sevk edilenlerin yıllık sayısı 557'dir. Bu miktar 1840'tan 1849'a kadar olan devrede 1218; 1850 - 1855'te 2313'tür; 4856 - 1860'ta 2371; 1861 - 1867'de 2813'tür.

Birinci devrede suç olmayan bir suçtan itham edilenlerin sayısı 23.464 olduğu hâlde, ikinci devrede bu miktar 37.462'dir. Bu yükseliş 1868 - 1875 devresinde de devam etmiştir. Bu devre zarfında suçlar ise nüfus artışına oranla pek ziyade artmış bulunmaktadır.

Adam öldürme (*homicide*) suçları 1841'den 1868'e kadar yılık vasatisi 40-70 kadardır. Hâlbuki 1868'den 1875 yılına kadar bu vasati mütemadiyen artarak 100 rakamını bulmuş, hatta aşmıştır.

Prusya'da 1878-1879 senesinde mevkufların sayısı (1871-1878) yılları devresine nazaran %13,3 artmıştır. 1854'ten 1878'e kadar adam öldürme, yeni doğmuş çocuğunu öldürme, yaralamalar haddinden ziyade kabarmıştır. Bir fikir verebilmek için, öldürme suçu 1854'te 242 iken, gittikçe artarak 1880'de 518'e varmıştır.

İspanya'da suçlar umumiyet itibarıyla birinci devrede 94.574 olduğu hâlde, ikinci devrede 146.277 rakamına, üçte bir oranında yükselmiştir. 1868'den 1874'e kadar 159 kişi ölüm cezası giymiş ve bu cezalardan 50'si infaz edilmiştir. 1875-1881 devresinde ise 213 ölüm cezası verilmiş ve bunun 125'i infaz edilmiştir. Bu da ağır suçların büyük bir süratle arttığını ispat eder.

Yalnız İngiltere, epeyce yıllardan beri, tamamen aksi bir misal teşkil ediyor. Doğrusu İngiltere modern nazariyatın en az iltifat gördüğü bir memlekettir; bu diyarda ölüm cezaları sık sık uygulanmaktadır, diğer cezalar da umumiyetle ağırdır.

Şüphesiz Avrupa kıtasında gittikçe artan ağır suçları, umumiyetle, modern nazariyatın ilham ettiği cezaların yumuşaklığına atfetmek haksızlık olur. Mevzuatın ve toplumsal avamilin tesirlerini de aramak lazımdır. Cezalara gelince, bunun tesirini sadece menedici kudretinin azalmasında değil, fakat aynı zamanda onun tasfiye edici tesirinin hemen hemen sıfıra müncer oluşunda aramalıdır; doğrusu zamanımızda hürriyeti tahdit eden cezaların tipik vasfı, pek kısa oluşudur: Cezaların üç ya da beş seneyi geçmediği, artık 12 veya 15 senelik cezaların uygulamadan hemen hemen kalktığını görüyoruz. İşte bu hâl, azgın sabıkalıları cesaretlendirip suça doğru itmekte; bugünkü medeni toplumumuzda katilden sabıkalıları ikinci, hatta üçüncü defa öldürmeye koşturmakta; hırsızlığı, dolandırıcılığı bir meslek hâline getiren bedhahlara atlarını istedikleri kadar koşturabildikleri meydanları hazırlamaktadır.

Bir Fransız muharriri çizdiği tablosunu şu ağır kelimelerle itmam ediyor:

"Suçluluk bir meslek hâlini aldıkça belli bir yerde yerleşip kökleşir... Bu meslek kötü adamın ekmeğine yağ sürüp, onu mesut ve bahtiyar olmak ümidiyle yakınca, işte asıl felaket meydana gelir ve suçlar süratle artmaya başlar; aynı tecrit ve mahdudiyet sabıkalıları ve sabıkayı teksif eder, toplar... Bu saadet ve bahtiyarlık ümidi umumiyetle nasıl doğuyor? Evvela bu meslek bazı faydalar istihsal eder; sonra bu faydalar az bir emek karşılığıdır: Ve sonra, en mühimi olmak üzere, suçu işlemek hüner ve kabiliyeti ve bunu işlemek zaruretinden doğan alışkanlık, kolaylık... O hâlde, bütün bu hususi kabiliyet ve faaliyetlerin toplamı, bazen başkalarını soymak ve aldatma amacına matuf olarak el ele vermiş oluyor... Artık medeni diyarlarımızda bu türden meslek erbabının: Hırsızın, serserinin, sahtekârın, hileli müflisin vb. kazançları pek ziyade artmış, hedef oldukları zarar ve tehlikeler ise, ziyadesiyle azalmıştır; adam öldürme ise o kadar az tehlikeli ve o kadar çok verimlidir ki, bir tembelin bu mesleği kabul etmemesi için sebep kalmamıştır!"[115]

Vaziyet İtalya'da farklı değildir.

Suçluluğun getirdiği kârlar artmıştır. Yalnız bir sene zarfında maddi zararın tutarı 14.000.000 franktır; hileli müflislerin husule getirdiği zararlar bu miktara dâhil değildir. Bu 14 milyon, kaçakçılık, adi hırsızlık, yağma ve yol kesmek suçlarından husule gelen zarar ziyandır. Şu hâlde bu paralar hırsızların, kaçakçılarla haydutların eline geçmiş bulunuyor ve ancak pek az bir kısmı sahibine iade edilebilmiştir. Cinayet mahkemesinde mülkiyet aleyhine işlenmiş suçlara bağlı mahkemelerde jüri heyetlerinin suçluluklarını tasdik ettikleri 4.290 suçlunun aşırdıkları paranın toplamı 6.124.000 Frank'tır ki, her bir hırsızın hissesine 1.400 Frank düşer.[116] Şayet bu tür hırsızlığın faillerinden %60'ının meçhul kaldığı ya da delil yetersizliğinden beraat ettikleri düşünülürse bu suç mesleğinin, diğer bütün mesleklerden baskın dereceyi bulduğu anlaşılır!

Cezasız kalmak ihtimalleri o derece çok ve kuvvetlidir ki, suça azimli olanları ceza yaptırımlarıyla adaletten gözlerini kamaştırmaya hakikaten imkân yoktur. Adaletten bu suretle yakalarını kurtaranlar, meçhul kalmış suçlularla, aleyhindeki delillerin mahkûmiyete yeterli görülmeyerek beraat edenlerin oranı İtalya'da %50 civarındadır.[117]

---

[115] G. Tarde, Son asrın suç istatistiği. (Revue philosophique, Ocak 1883).

[116] Statistica penale del regno d'Italia, 1880.

[117] "Sorgu hâkimleri sanıkların %30,91 hakkında delil kifayetsizliği hasebiyle men'i muhakeme kararı vermektedirler. Cinaî suçlara gelince, heyeti ittihamiye %7.37 ilâve eylemektedir; jüri heyetleri de % 24,43 oranında ademi suçluluk kararı vermektedirler. Ve nihayet Temyiz Mahkemesinin %10 nakız kararı vermiş olmasını ve % 24 ünün de iadei muhakeme yoluyla beraat istihsalinin hesaplanması lazımdır. Cünha suçlarına gelince, yukarıdaki %30,91 oranına, ilk derece mahkemelerinde verilen % 14.19 ve istinaf mahkemelerinde verilen % 18.05 beraat oranını de ilâve etmek lazımdır; ve en nihayet usulü muhakemei cezaiye bakımından Temyiz Mahkemesince

O hâlde suçlu, hususiyle yankesici, hırsız, dolandırıcı, sahtekârlar altıda beş oranında yakalarını adaletten sıyırabilmektedirler; hatta suç meydana çıkmış veya hakkıyla yapılmış olsa bile hırsızlık, yankesicilik, emniyeti suiistimal vb. gibi suçlarda, adalet onda bir oranında bile yerine getirilemiyor.[118]

Suçun meydana çıkarılamaması tehlikesi yanında, suçlunun mahkûmiyeti ihtimali daha büyük ve nihayet ceza hükmünün infazı imkânı daha uzak bulunuyor.

Ağır ceza mahkemesindeki muhakemeden sonra, temyiz murafaası ümidi belirir; dolayısıyla bir muhakeme ve beraat ihtimali vardır. O da olmazsa cezayı tahfif veya tebdil edebilecek af yolu görünür. Cünha cezaları için ise, istinaf vardır; burası cezanın infazını talik ve mahkûmu geçici olarak hürriyetiyle baş başa bırakır. İstinaf hükmü tasdik etse bile, temyiz vardır. Böylece, mahkûm ilk mahkûmiyetinden sonra, bir iki sene hürriyetinden mahrum edilmemiş olur.

Eh, nihayet işler ters de gidebilir: Şayet mahkûm büyük bir şehirde yaşıyorsa, burada ya az ya da hiç tanınmaz; bu sayede de polisin nezaret ve takibinden kurtulur; hatta namuslu bir adamın ismini de gasbederek kullanır; bütün bu işleri de, nihayet kendisine hiç de külfetli olmayacak bir meblâğ karşılığında, pullu bir nüfus kâğıdıyla elde edebilecektir.[119] İşte bu lekesiz ismin himayesine sığınarak hayatını mesut ve müreffeh olarak, istediği gibi yaşar.

---

iptal edilen muhakemelerin tekriri muhakemesinde beraat edenlerin de oranını ilâve eylemek gerekir." -Ç.N.

[118] Minzloff (Caractères des classes délinquantes, dans le Messager jur. de Moscou, 1881), bu müellif ceza görmeyen suçluların oranını %82 ye çıkarmaktadır.

[119] Bu mevzuda, Bertillon'ı okuyunuz. "Question des récidivistes" dans la Revue Politique et littéraire, Paris, 28.4.1883.

Öyleyse, hapishanelere arzusuz ve iradesiz hiç kimse girmiyor, denilse pek de hata edilmiş sayılmaz. [120]

Lakin, birçok cünha suçu mükerrirlerinin gönül rızasıyla çektikleri birkaç aylık hapis cezasının onlarca ne önemi olabilir?

Sicilyalıların söylediği şarkıyı bilmeyen var mı?

"Vicaria'nın [121] acısından dem vuran
Yalancının yüzünü dağıtmalı!
Hapishane cezalandırır, diyenin
Nasıl aldandığı anlatılmalı!" [122]

Bir başkası:

"Sen ancak burada kardeşlerini ve dostlarını
Bulabilirsin; para, şefkat, rahat ve
Huzur da buradadır. Hâlbuki dışarda,
Dört tarafın düşmanla sarılı;
İş bulamadın mıydı,
Ölüme mahkûm sayılırsın!" [123]

Bir masal diyarını ve bu diyarda saltanat süren sert bir kral olduğunu düşünün. Bu sert hükümdar, bütün aşk münasebet-

---

[120] Turiello bu hususta rahip Mattia vakasını zikretmektedir. Bu adam işlediği suçun cünha mahiyetinde kabul edildiği zaman, geçici serbest kalma şartlarına riayetle kımıldamadı; lakin suçun vasfı suç mahiyetine tebeddül edince, hemen firar etti. "Böylece, diyor, papaz ispat etti ki bazı meşhut, suçlar istisna edilirse, zengin ve güçlü suçluları yakalayıp hapishaneye sokmak için ceza muhakeme usullerimizdeki imkânlar son derece eksik ve kısırdır." GoVerno e Governati, fasıl: III, s. 338.

[121] Palermo hapishanesi.

[122] "Cu dici male di la Vicaria
Cei farrissi la_ faccia feddi-feddi
Cu dici ca la carcere castia .
Cornụ v'ingannati, puvireddi!"

[123] Qua sol trovi i fratelli e que gli amici,
Danari, ben mangiare e allegra pace;
Fuori sei sempre in mezzo ai tuoi nemici;
Se non puoi lavorar mouri di fame!
Lombroso, *L'Uomo delinquente*, Turin, 1878, s. 218.

leri, evli kadınlara karşı bütün hovardalıkları menetmiştir. Bu suçları işleyeceklerin cezası da buna cesaret gösterenlerin devam ettikleri kulüplerde birkaç hafta mahpus kalmak, dışarıya çıkmaktan mahrumiyettir. Bu kulüpler son derece şatafatlı kâşanelerdir; bahçelerle, taraşlarla çevrilmiştir. Bu efendiler oralarda en samimi dostlarına, en iyi ve mahir masa ve oyun arkadaşlarına kavuşmuşlardır.

Şimdi, böyle bir adamın işlediği suçtan nedamet duymasına, bilâkis tatmakta olduğu yeni hazların kucağında yan gelip mesut bir ömür sürmemesine imkân var mıdır? Bu iç açıcı âlemin ortasında, hüküm giymiş günahkârın, hiç şüphesiz, yapacağı tek şey kendini cezalandıran kanunla ve tertip edilen ceza ile alay etmek olacaktır! Bu adamın, verilen cezanın infazını büyük bir memnuniyetle itmamdan sonra, tekrar eski hayatına, tatlı hovardalıklarına pervasızca dönmekten başka yapacak şeyi olmadığını düşünecek kimsenin atacağı çılgın kahkahaları haksız görmeye imkân var mıdır?

O hâlde, aynı durum hapishane misafirleri için de geçerlidir. Onlar da orada, kendi dostları, arkadaşlarıyla beraberdirler; onların da ikametgâhları ve etli yağlı yemekleri vardır; istikbal için faydalar temin edecek yeni yeni dostane rabıtalar tesis ederler. Acaba bütün bunlardan daha mükemmel istekleri olabilir mi? Kendi evlerinde daha âlâsını yiyemezler; daha rahat uyuyamazlar ki!

Kalebentliğe mahkûm olanlar için de hâl aynıdır. Ömrünü heyecanlar, korkular ve sefaletler içinde tüketmiş hele ihtiyar mahkûmlar, nihayet rahat bir ömür yaşamaya nail olduklarından dolayı son derece memnundurlar!

Korku ve dehşet veren kürek cezalarına gelince, hassas romancıların hayalhanelerinde zengin yansımalar bulmuş olmasına rağmen, hakikatte sanat ve iştigal mevzuları tamamen ayrı olan bu efendilerden hemen hiç kimse bu kürek merkezlerinden birini ziyaret etmemişlerdir! Acaba bu mahkûmların çalışma tarzı ile fabrikada çalışan bir amelenin ya da yakıcı güneş altında ter döken bir çiftçinin hayatı mukayese edilecek olsa neticede: Eyvah!

"Kürek cezası" dediğimiz şey, bir acı alay ve istihzanın bulduğu tabir değil midir, demeyecek misiniz?[124]

Lakin, farz edelim ki, mahkûmlar hürriyetlerini kaybettiklerinden ya da hücreye atıldıklarından acı çekmektedirler;[125] yine farz edelim ki, kanunun tayin ettiği ceza, onlar için elem ve eziyet kaynağıdır. Eğer bunlar hakikat ise, bütün bu baskılara tevekkülle mutavaat edecekler, hâkimane bir sessizlikle başlarını eğecekler ve böylece yeni yeni tasarlamalara başvurmayacaklar, birinci hatalarını artık tekrarlamayacaklardır.

Ancak bu hâl ve şerait içinde bir suçlunun namuslu bir insan olabileceğine inanan, kim vardır? Evvelden tanınıp bilinen ve güya ceza diye anılan bu mahzur ve engeller için suç işleme mesleğini terk edebilecek babayiğitler nerede? Fazla uzağa gitmeye ne gerek var, insan sağlığını mütemadiyen yiyip kemiren, mümtaz ve pek namuskâr sanatlar yok mudur? Devamlı surette tehlike ve felaketlere maruz meslekler az mıdır? Birçok kamu hizmeti vardır ki mensupları hemen her gün ölümle karşı karşıya bulunurlar; öyleyse kısa bir hapis cezasıyla kötü niyetlileri, bekledikleri menfaatlerden onları vazgeçirmeye nasıl ihtimal veriliyor?

Şimdi, artık bir kere ıstırabını çekmiş ya da şerefini daha önce kaybetmiş bir insan için bu tarzda hapis cezası fren olabilir mi?

---

[124] "Şüphesiz kürek mahkûmlarının yaşadıkları binalar, serbest hayatta yaşadıkları evlerinden ekseriya daha rahat ve konforludur."
Beltrani - Scalia, aynı eser, s. 294.

[125] Bu ana kadar İtalya'da ancak Milano, Torino, Cagliari ve Perouse şehirlerinde hücre sistemli cezaevleri kurulmuş bulunuyor. Bütün diğer hapishaneler eski devirlerin müçtemi koğuş sistemini muhafaza etmektedir. Bu koğuşlarda ekseriya mahkûmlarla mevkuflar karışık bir hâlde yaşarlar.
Fransa'da, 1887 de, ancak 14 eyalet hapishanesi hücre sistemi üzerine inşa edilmiştir; 7 hapishanede inşa hâlindedir. Mevcut 14 hapishanenin hücre adedi 600 dür. 31.12.1884 tarihinde Fransa'da 25.231 mahkûm mevcuttu ve bundan 10.087 adedi herhangi bir işte çalıştırılmamakta idi.
(D'Hausson - Ville, La Revue des Deux - Mondes, 1/1/1888, s. 135.)

Şu hâlde, ceza sürelerinin kısaltılması yolundaki tez hatalıdır. Çünkü, bunlardan istifade edebilecek itiyadi suçlular pek büyük mikyasta suçlar işleyeceklerdir. İtalya bunun, tecrübesini gördü. 1878 senesi affi umumi kanunu bütün hapis cezalarını altı aya indiriyor ve daha aşağı cezaları ise büsbütün kaldırıyordu. Çok geçmeden İtalya'da suçların süratle arttığı ve bu tezayüdün müteakip yıllarda da görülmekte olduğu bir gerçektir.

Bunun dışında, cezanın hafifletildiği bütün bir cihanda, suçların kabardığı müşahede edilmiş bulunuyor.

Şüpheye değer bir husus da en sert bir hapishane hayatının en azılı kimseleri uslandırabilip uslandıramayacağıdır. Mesela, İsveç'te, kral müebbet kürek cezasını hemen daima on sene kalebentliğe tahfif etmektedir; kalebentlik hayatı ise, pek rahattır ve şayet emniyet edilebilirse, kendisine bir iş de verilmektedir. Böylece, hayatı boyunca mahkûm edilen düzenli bir insan pek mükemmel bir koruyucuya kavuşmuş oluyor! Şimdi, bu hâl ve şeraite göre "ıslah" edilmekten kim şüphe edebilir? Ayrıca af, diğer bir şartla beraber yöneltilir: Şayet, mahkûm yeni bir suç işlediği takdirde müebbet kürek cezası artık tamamen uygulanır.

Şu hâlde, ıslah olmak kayıt ve şartına riayetsizliğin ceza tehdidi altında olduğunu müşahede ediyoruz. Ne yazık ki bütün bu "Demokles kılıcının tepelerinde asılı olmasına rağmen, sabıkalıların adedi bir hayli kabarıktır; 1868'de müthiş bir orana vasıl olmuştur: %75. Bu, şu demektir ki, affa nail olan 4 müebbet kürek mahkûmundan 3'ü yeni hâller içinde tekrar suç işleyerek yeniden hürriyetlerini kaybetmişler ve ebedî cezalarını çekmeye başlamışlardır." [126]

Bu örnek, hafızama başka bir müşahedeyi hatırlatıyor. 1880 yılında İtalya cezaevlerinden, gerek cezalarını ikmal ederek, gerek affa nail olarak çıkanlardan 2181 kişi tam surette namuskârane,

---

[126] D'Olivecrona, Des causes de la récidive et des moyens d'en restreindre les effets, Stockholm, 1873, s. 46 ve 47.

583 kişi orta derece namuskârane ve 172 kişi ise kötü bir hayat sürmeye başlamışlardır. [127]

Namuskârane yaşamak ehliyetinin ne kadar zaman zarfında kazanıldığını bilmiyoruz; bunun dışında, bizde, İsveç'te olduğu gibi hami de yoktur.

Diğer taraftan, hapishanelerdeki (iyi tavrı hareket) dediğimiz şey, itaat ve sessizlik esaslarına dayanmakta ve bu vasıflar da alelade hâllerde, cezanın hafifletilmesi amacına matuf olarak izhar olunmaktadır.

Lakin, gafilâne bir masumiyetle, haydi diyelim ki, bu 2181 kişi (ki İsveç'te dörtte üçü mükerrir olacaktır.) namuskârane bir hayata, iyi hâl ve tavır sahibi oldular; ya ötekiler, ya orta derecede ıslahı hak etmiş 583'ler, ve hiç etmeyen 172'ler, bunlara ne diyeceğiz? Bu sonuncuların tamamen mükerrir olacaklarını haber vermek için peygamber olmaya ihtiyaç var mı, bilmem? Ve şayet, İngiltere'de, 1871 yılında, 37.884 mükerrir sanıktan %38'inin içinde, oldukça mühim bir kısmının sabıkaları beşten fazla ve diğer bir kısmının sabıka adedi ondan ziyade olduğunu söylersem, hayretiniz daha çok, mu artacaktır? Doğrusu, birincilerin adedi 10.982 ve ikincilerinin ise 3.678'dir. [128]

Fransa'da şerait bu rakamlara pek yakındır: "Mahkûmiyetlerinin haddi azamîsi bir sene olanların onda yedisi sabıkalı şahıslardır. 1878 yılında iki defa hüküm giyenlerin sayısı 6.851 iken 1879'da 7.556 olmuştur. Aynı devre içinde en az üç defa mahkûm olmuşların sayısı 2.045'ten 2.237'yi bulmuştur."

Tahrik ve teşvik, suçluluğu arttırmaktadır. Kısa süreli hapis cezaları ise, mahkûmlar üzerinde bir tahrik ve teşvik tesiri yapmaktadır... [129] Kısa hapis cezaları, korkunç neticeler verir; insanoğlu kanunla eğlenmekten, onu istihkar etmekten, adaleti âciz

---

[127] Annali di Statistica, 1880; Prigioni, bölüm III.

[128] Lombroso, *L'Uomo delinquente*, 2. baskı, Torino, s. 143.

[129] "Cezaları infaz edilen mahkûmların hemen yarısı hapishaneden çıkar çıkmaz yeni bir suç işliyorlar." İtalya Adliye Nezareti raporu - Resmi ceride, 13 Mart 1883.

ve hakir görmekten kendini alamaz. Suçun lezzetiyle mest olmuş bir biçare için, birkaç haftalık hapis neyi ifade edebilir, acaba? Hatta bu, kaderin mesut bir azizliğidir, karnını doyurmak, bir çatı altında barınmak ve sırtına bir şey geçirmek imkânını bahşeder. Âdeta yorucu ömrünü dinlendirecek bir huzur devresi bahşedilmiştir. Daha âlâsı da can sağlığı. Yazın kendilerini kuzey, kışın güney diyarlarında tutarlar, "hani o mesut ve müreffeh insanlar gibi, ağustos ayında Trouville'de ve aralık ayında Nice'de,"... Paris'te, serseriler kendilerini tercihen çarşamba ve cumartesi günleri yakalatırlar. Çünkü perşembe ve pazar günleri tayinleri birer tabak etle de zenginleştirilir. "İşte o zaman, bir amele parmağıyla hapishanelerden birini işaretle acı acı mırıldanır: Orada yaşayan suçlu adamlar var ki hiçbir eksikleri yok! Hâlbuki, ben ve ailem bizler, namuslu kimseler olduğumuz için sefalet içinde inlemekteyiz!".[130]

Ducpétiaux, 1851-1860 devresinde, Belçika hapishanelerinde hükümleri infaz edilen mahkûmlar arasında bulunan mükerrirlerin nispetlerinin %70'i bulduğunu bildiriyor: "Bu oran ilk bakışta fahiş gibi görünebilir. Bize göre bu netice, aynı şahısların devamlı surette aynı suçun tahrikine maruz kaldıklarını ispat etmekte ve "suçluluğun gittikçe malûm olan muhit içinde tekasüf ettiğini ve orada barınıp geliştiğini" ispat etmektedir."[131]

Doğrusu, umumi suç miktarıyla uygun olmayan şekildeki tekerrür çokluğu, bize, medeniyetin terakkisiyle suçluluğun yavaş yavaş azalmasına karşılık, itiyadı suçluların çoğaldığını ve bu sınıfa mensupların hâllerinden memnun, mesut ve müreffeh olduğunu ispat etmektedir. Bu tez şu hususu da meydana koymaktadır ki medeniyetin en ziyade payidar olduğu ülkelerde, mükerrirler kalabalık bir sınıf teşkil eder; bu da gayet doğaldır, zira, bu gibi memleketlerde suç, daha ziyade belli sınıfa mensup insanların muhitinde tekasüf eylemektedir. Nitekim, İsveç, İngiltere, Belçi-

---

130 Reinach, *Mükerrirler*, Paris, 1882, s. 126.

131 Beltrani - Scalia, aynı eseri, s. 194.

ka ve Fransa'da mükerrirlerin oranı Avusturya ve İtalya'dan daha fazladır. Hatta, Kuzey İtalya'da bu oran güneye nazaran daha yüksektir. Medeniyetin terakkisi oranında suçlu insanlar sınıfı da taazzuv edip meydana çıkmakta ve nüfusun artışı tenasübünün üstünde hâkimiyetini genişletmekte, yaşadığı muhitte mücadele ve muharebelerini şiddetlendirmekte, galip veya mağlûp, aldırmayarak cebir ve gaddarlığını, zulmünü arttırmakta, istediği gibi müreffeh ömür sürüp gitmektedir ve şayet, hapse atılmışsa, ne âlâ, bu takdirde namuslu insanların sırtından yan gelip rahat etmektedir.

Lakin, kamunun düşmanı olan bu bir araya gelişlerin temin ettiği pratik bir fayda da var: Onunla kolaylıkla mücadele etmek, toplandığı yerde onu genişletmeden vurup boğmak... Zira bu afet vücudun bütün uzuvlarını sarmamış demektir. Vücudun bozulmuş terkipleri kana karışmıyor; ama satıhta bir şişlik, bir tümör husule getiriyor. Tıp bundan memnun olmalıdır.

Fransa bu işin devasını ve azimkar çarelerini ceza mevzuatına koyabildi: Mükerrirlerin kaderi, anavatandan müebbet sürgün cezası ile uzaklaşmaktır. Diğer memleketler hapishane infaz sistemini uygulamaya devam ediyorlar; yazık! Hep aynı ıslah denemeleri, hep aynı ümit ve teselliler ve neticede hep aynı muvaffakiyetsizlikler!..

M. Tarde "Sizi inciten her şeyi yolup savurmak, bu pek kolay bir usul, ancak bunun neticesi çok uzaklara gider!" diyor. Bu mülâhaza doğrudur, bunun neticesi çok uzaklara gider, ama biz bunu sınırlandıracağız.

İşte, üçüncü kitabımızda bu tahdit mevzusunu, ıstıfa görüşünü "*la théorie de l'élimination*" mütalea edeceğiz. [132]

---

[132] Şimdi bu bahiste geçen ve beşer sathını ikiye ayıran azametli, heyecan verici, derin derin düşündürücü, hatta baştanbaşa sarsıp şaşırtıcı bir mevzu olan "ölüm cezası" hakkında iki okul, iki görüş, iki düşünüş ve iki duyuş arasındaki ince, keskin farkları görmek, mukayeseler, tahliller yapmak mecburiyetindeyiz. Öyleyse en emin çare, bu ceza hakkında Becaria'nın fikirlerini de aynen buraya geçirmektir: "..Asla insanları daha iyi bir hâle

---

getirmemiş! Ölüm cezasının geniş tatbikatını görünce, iyi teşkilatlanmış bir devlette bu cezanın hakikaten faydalı ve âdilâne olup olmadığının tetkikine sürüklendim.

Acaba insanlara hemcinslerini boğazlamak hakkı nereden gelebiliyor?

Elbette ki bu hak kanunların dayandığı temelden doğmuyor. Kanunlar her ferdin cemiyete terk ettiği hürriyet haklarından pek az bir kısmının toplamından ibarettir. Kanunlar cemiyeti teşkil eden fertlerin iradelerinin toplamını temsil eder. Böyle olunca, diğer bir ferde kendi hayatına nihayet vermek hakkını kim vermiş olabilir?

Fertler tarafından cemiyete bağışlanan hürriyet hakları içinde, nimetlerin en büyüğü olan hayatı yok etmek hakkı nasıl bulunabilir?

Şayet böyle olduğu kabul edilirse bu esası, insanın kendi kendini yok etmek hakkına sahip olamayacağı prensibiyle nasıl mezcedebileceğiz?

Zira, ya intihan bir hak kabul etmeli yahut bu hakkın ne bir başka kimseye, ne de hatta cemiyete bağışlanamayacağı esası kuvvetle yerleşmelidir.

Görülüyor ki, ölüm cezası hiçbir hukuki esastan ileri gelmiş değildir. Bu müessese olsa olsa, ferdin ifnası cemiyetin muhafazası için faydalı ve zarurî görülmesi bakımından, bir milletin topyekûn o ferde açtığı bir savaştan ibarettir.

Lakin şayet ben bu cezanın, normal durumda, cemiyet için ne faydalı ne de zarurî olduğunu ispat edersem, bu takdirde insaniyetin bu büyük dâvasını kazanmış olurum.

(Normal hâllerde) dedim. Çünkü bu cezanın zarurî olduğu hal mevcuttur: Birincisi, isyan halidir. Bu zamanda milletin topyekûn hürriyetini kazanması veya kaybetmesi mevzubahistir.

İkincisi, kanunların yerini kargaşalık ve nizamsızlık aldığı ve bireysel hürriyetinden mahrum edilmiş hâlinde dahi mevcudiyeti milletin huzur ve sükûnunu bozmakta etkili olabilecek güç ve münasebetlere sahip olduğu, rejim için tehlikeli ihtilâllere yol açabilecek durumda bulunduğu surette vatandaşa ölüm cezası vermek bir zarurettir.

Lakin kanunların hâkim olduğu sükûn devrelerinde ve milletin müşterek oyu ile teşekkül etmiş bir hükümetin idaresinde, dahilde gerek ordu ve gerek bundan da daha kuvvetli olan efkârı umumiye tarafından tutulan ve haricî düşmanlara karşı da müdafaa tedbirlerini alabilmiş ve bu itibarla bütün iktidar hükümdarın elinde toplanmış ve zenginliğin iktidara yaklaşmayıp sadece huzur ve zevkleri satın alabildiği bir devlette, vatandaşın hayatına nihayet vermekte hiçbir zaruret olamaz.

Şayet geçen bütün yüzyılların verdiği tecrübeler idam cezasının insanları topluma zarar vermekten alıkoymadığını ispat edemiyorsa; şayet esin

Romalıların verdiği örnek işe yaramıyorsa; şayet Rusya'yı yirmi sene idare etmiş imparatoriçe, hayırhah Elizabet milletin büyüklerine fütuhatlarının en muhteşemini verdiği yetmiyorsa; evet bütün akli muhakemesi daima belirsiz ve otoriteye karşı her zaman meyyal insanoğluna yetmiyorsa, hakikate ermek için, yine aynı insanoğlunun mayasına bakmak kâfi gelecektir.
Beşer dimağında en büyük tesiri yapan şey cezanın şiddeti olmayıp lakin ceza süresinin uzunluğudur. Zira, hassasiyetimizi en kolay ve en devamlı surette tahrik eden şey şiddetli ve geçici ihsaslardan ziyade nispeten hafif lakin devamlı ihsaslardır. İtiyat kanununun hâkimiyeti bütün hassas varlıklara örnektir. Nitekim insanoğluna konuşmayı, yürümeyi, muhtelif ihtiyaçlarını gidermeyi öğreten itiyat olduğu gibi, ahlaki telâkkiler de tekrarlanan tahassüslerle beşer ruhuna nakşolunmaktadır.
Bu sebeple, bir caninin öldürülmesinden ziyade, onu bütün hayatınca hürriyetinden mahrum edilmiş, âdeta hizmete koşulan bir hayvan menziline indirilmiş bir hâlde, cemiyete verdiği zararı tamir için çalıştırmak hali suçları önlemeye yarar.
Bu daimî manzara karşısında müfekkireyi kemiren mülâhaza: (Şayet ben de bir gün bir suç işleyecek olsam, bütün ömrüm boyunca bu feci şartların esiri hâline gelirim,) olacaktır. Bu mülâhaza, bir an varlığını duyuran ölüm korkusundan daha kuvvetli bir tesire maliktir.
Ölümün verdiği râşe, ne derece şiddetli olursa olsun, nisyana mukavemet edemez. Şayet bu nisyanı besleyen şey beşerî ihtiraslar olursa bu mukavemet hemen hemen sıfıra müncer olur.
Umumî kaide: Dehşet verici şiddet ve ıstıraplardan hasıl olan intibalar anî ve kuvvetli olur; lakin tesiri devam etmez. Huzur ve sükûn içinde ve hürriyet havasıyla meşbu bir hâlde yaşayan bir idarede anî ve müthiş acı korkusundan ziyade, devamlı intihalara ihtiça vardır.
İnfazında hazır bulunan insanların ekserisi için ölüm cezası temaşadan ibarettir. Diğer insanlara gelince, bunlar da hicapla karışık bir merhamet hissiyle ezilip kalırlar.
Bu iki his, kanunun beklediği intibah verici korkudan ziyade seyircilerin ruhunu kaplar. Hâlbuki mutedil bir cezanın devamlı tesiri, tek bir hissin mahsulü olmakla, ona şahit olanları suç işlemekten daima alıkoyan birinci hâlde seyirci âdeta bir tiyatro faciasının seyircisi gibidir. Cimriliğin faciasını seyreden cimri, perde kapanınca, nasıl kasasının başına koşarsa; idam seyircisi olan zalim ve adaletsiz insanoğlu da yine ihtiraslarına döner.
Bir cezanın âdilâne telâkkisi için, suç işlemekten alıkoyacak dereceden daha şiddetli olmaması lazımdır.

Dedim ki, biraz düşünebilen bir insan, suçtan elde edeceği menfaat ne olursa olsun, bütün ömrü boyunca hürriyetini kaybetmek pahasına o suçu işlemeğe temayül edemez.

Şu hâlde hürriyetten ebediyen mahrumiyet cezası, en planlı kimseleri bile suçunu işlemekten alıkoymakla ölüm cezası kadar şiddeti haiz bulunuyor. Hatta, bu cezanın diğerinden daha müessir olduğunu söyleyebilirim. Pek çok insanlar, ölüm cezasını lâkayt ve müsterih bir kalple fikren tasavvur ederler. Bu insanların bir kısmı taassup ve şiddetli merbutiyet hissiyle, bir kısmı bizi mezara kadar takip eden boş bir şöhret hırsı ile diğer bir kısımları da ya son bir nevmidi yüzünden sefaletten yakasını sıyırmak yahut da yaşamaktan büsbütün kurtulmak arzusu ile mağdurdurlar. Lakin taassup ve şöhret hissi zincirlerin, darbelerin, demir kafeslerin ortasında siner; nevmidi ise bütün felaketlerinin dehşetini devam ettirir. Ruhumuz en son haddeki zulüm ve işkenceye devamlı ezalardan daha fazla mukavimdir. Çünkü birinci hâlde ruh, geçici olan bir ıstırabı def için bütün mukavemetini bir anda toplayabilmekte olduğu hâlde; ikincisinde bu uzun ve devamlı eza ve cefaların karşısında ezilip mağlûp olmaktadır.

İdam cezasının kabul ve tatbik edildiği bir millette, her idam, yeni bir suçun işlenmiş olduğunu gösterdiği hâlde, müebbeden hürriyetinden mahrum edilen aynı tek adamın hayatı uzun ve devamlı bir ibret hâlindedir. Eğer kanunların hâkimiyetini bu tarzda izhar eylemek çok zarurî ve faydalı ise, bu takdirde sık sık idam mahkûmu görmek lazımdır. Böylece idam cezasından beklenen faydaları silmemek için, bu cezaya müstahak suçların sık sık işlenmesi bir zaruret olur.

Bana müebbet esaret cezasının idam cezası kadar işkenceli olduğu, binaenaleyh onun kadar menfur bulunduğu söylenecektir. Ben de cevap olarak: (Esaretin bütün elem ve ıstırapları bir yere toplandığı surette bu ceza, hatta ölüm, cezasından da daha müthiştir; lakin ebedî esarette bütün bu elem ve ıstıraplar, mahkûmun bütün hayatı boyunca taksim edildiği hâlde, idamda hepsi çok kısa bir zamanın üzerine çöker) derim.

Bu suretle hürriyetten müebbet mahrumiyet cezası, cemiyet için şu sebeple daha faydalıdır: Bu ceza, buna mahkûm olandan ziyade buna şahit olanlara dehşet ve korku verir. Zira şahit olan kimse bu cezanın bütün safha ve zamanların bütün elem ve ıstırabını hesapladığı hâlde, halihazır yaşadığı bedbaht hayatın pençesinde kıvranan mahkûm, zavallı istikbalinin felaketlerini hesaplayamaz. Zihinlerde büyüyen bütün bu felaketler mahkûmda zamanla mukavemet ve teselliler yarattığı hâlde, bu cezaya seyirci olanlar ne bu mukavemeti ne de bu tesellilerin mahiyetini bilebilirler; zira mahkûmun kalbi, ıstırabını hasıl ettiği, itiyatla hissizleşmesine mukabil, seyirciler felaketi bütün hassasiyetleriyle idrak ederler.

Ben, kalbin en asil duygularını uyandırıp geliştirmenin güç bir şey olduğunu ve bu inkılâbı ancak yüksek bir ilim ve irfanın yapabileceğini biliyorum. Lakin işledikleri cinayetlerin sonucunu idrak etmekten âciz şerirler, bu suçlarını kendilerince makul sebepler tahtında işlediklerine kanidirler. İşte, ancak darağacı veya çark cezası korkusu ile suçunu işlemeyen, azılı bir katil yahut da bir hırsızın muhakeme tarzı: "Önünde baş eğmemi istedikleri ve benimle zengin bir adamın arasında bu derece fark yaratan bu kanunlar da ne demek oluyor? Bu kanun sayesinde insanoğlu istediğim en küçük bir yardımı benden esirgiyor ve beni en ezici işlere koşuyor. Bu kanunları da onlara kim yaptı? Zenginlerin ve kodamanların bir fakirin sefil kulübesine girdikleri, açlıktan yarı ölü çocuklara ye gözleri yaşlı anneye küflü bir parça ekmek dağıttıkları hiç görülmüş müdür? Binaenaleyh, topluluğun en büyük kısmı için kötü ve ancak mahdut bir kısım zalimlerin işine yarayan ve toplumsal mukavele denilen bu anlaşmayı kırıp bozalım. Adaletsizliği çıktığı yerde kurutalım. Böylece ben kendi ilk bağımsız ve doğal hayatıma dönmüş olurum, kendi istidat ve kabiliyetimin, kendi cesaretimin hasıl ettiği nimetlerle hür ve mesut yaşarım. Zahmet ve nedamet verici bir devreye girmek mümkündür; ancak bu devre kısa sürecektir ve bir günlük zahmete karşılık hürriyet ve saadetle dolu birçok seneler idrak edilmiş olacaktır. Benim gibi yeteri kadar azimli bir grubun başı olarak servetin yarattığı küçümsemeyi izale edecek ve bana zulmedenlerin vaktiyle atlarının ve köpeklerinin pek azında gördükleri kimselerin meydan okuyuşları karşısında nasıl titreyip sarardıklarını göreceğim."

Ölüm cezasına mahkûm olanın önüne dikilecek ruhaniyet, onu, nimeti ebedî saadet olan tövbe ve istiğfara kolaylıkla sürükleyecek ve bu suretle de bu cezanın bütün korkunçluğunu giderecektir.

Lakin önünde uzun seneler, belki de bütün ömrü boyunca esaret ve acı çekeceğini, bizzat himayesine sığındığı kanunlar tarafından zindanlara fırlatıldığını, vaktiyle kendileriyle aynı derecede hür ve mesut olduğu vatandaşlarının hakaretleri altında küçüldüğünü tasavvur eden kimse, bütün bu felaketleri terazinin bir kefesine ve tasarladığı suçu başarabilip başaramayacağı meçhuliyeti ile başarmış olsa bile ondan beklediği zevkin pek kısa sürecek süresini de diğer kefeye koyarak muhakeme ve mukayeseye girişir.

Ölüm cezaları ruyu sertleştirip kanıksatırken, hürriyetlerini devamlı surette kaybeden bedbahtların sürekli acı çekişleri buna şahit olanlara daimî bir imtisal olur, Ölüm cezası zulüm ve şiddetin misallerini vermek suretiyle toplum için kötü olmaktadır.

Eğer ihtiraslar yahut da harp zaruretleri insanoğluna hemcinslerinin kanını akıtabiliyorsa hiç olmazsa hakkaniyet ve mülâyemetten ilham almak amacını gütmesi lazım gelen kanunlar, birçok formalite ve merasimli ölüm cezalarıyla bu vahşetin sahasını genişletmemelidir.
Kamu iradesinin ifadesinden başka bir şey olmayan kanunların, aynı kamu iradesinin nefret ve tecrim eylediği, bu cinayeti bizzat ve alenen işlemeyi emreylemelerini garip buluyorum.
Acaba âdilâne ve faydalı kanunlar hangileridir?
Şüphesiz, şahsi menfaatleri kamu menfaatleriyle uyuşturmak amacını güden kanunlardır.
O hâlde, ölüm cezası hakkında insanoğlunun tabii hissiyatı nedir? Biz bu hissiyatı cellâtlar hakkında duyulan nefret ve hakaret duygularında bulabiliriz. Hâlbuki bu adamlar kamu iradesinin sadık ve masum hizmetkarlarından başka kimseler değildir. Kamunun huzur ve saadetine yardım eden, tıpkı haricî düşmanlarla çarpışan değerli askerler gibi bunlar da dahili düşmanları izale eden zaruri müdafilerdir.
Öyleyse bu tezadın esası nedir? Aklın bütün muhakeme kabiliyetine ve mevcut bu kadar esbabı mucibeye rağmen cellâtlara karşı duyulan bu silinmez kin ve hakaretin sebebi nedir?
Bunun sebebi, ruhumuzun derin bir köşesinde şekli aslîsi bozulmadan muhafaza edilen (tabiî hukuk esasları) olup bu esaslar bize daimî surette şunu telkin ediyor: "Hiçbir insan meşru surette diğer insanın hayatına tasarruf edemez ve hayatımız ancak kâinatı sevk ve idare eden tabiî ve zarurî kuvvetlerin elinde bulunmaktadır."
Büyük soğukkanlılık ve huzuru kalple mahkûmları siyaset meydanına sürükleyen âkil hâkimleri ve mümtaz adalet memurlarını gören insanların düşünceleri nedir, acaba? Bu hâkimlerin mahkûm ettikleri kurbanlar, ölümü intaç edecek fena darbeyi ürpermeler ve can çekişmeleri içinde beklerken, kendileri hayatın neşe ve zevklerini tatmak ve belki de haiz oldukları yüksek otoritenin kudretini içlerinden alkışlamak arzusuyla makamlarından azametli bir eda ile ayrılıp karşılarına dikilmektedirler.
Ah! Şimdi düşünelim; bu kanunlar, bu korkunç kalıplar, bu zulüm maskesi, bizi, tıpkı mâbuda bağışlanmış bir kurban gibi, doymak bilmeyen istibdadın kanlı ağzına fırlatmak için düşünülüp tasarlanmış birer bahaneden başka nedir?
Böylece, bize dehşet verici bir suç gibi gösterilen tasarlayarak adam öldüren katilin soğukkanlılıkla ve hiçbir vicdan üzüntüsü duyulmadan işlendiğini görüyoruz.
Acaba biz de bu tecrübeden geçemez miyiz?

Bize idam cezasının infazını müthiş bir facia gibi tasvir ediyorlar. Hâlbuki, bu bir anda olup biten bir şeydir. Bu manzaranın önüne dikilmek cesaretini gösteren için, bu an daha da kısa sürer, eza ve cefasından eser bile kalmaz.

İşte fena ve hazin fikir tezadı böylece doğmuş oluyor ve işte suç işlemeyi düşünen bedbaht adamın cüret ve cesareti böylece artmış bulunuyor. Bu suretle inançtan ziyade itikatsızlık fikri beşeri idare etmiş oluyor.

Şayet bana ölüm cezasının bütün milletler tarafından ve hemen bütün asırlar boyunca tatbik edilegeldiği ileri sürülerek itiraza kalkışılacak olursa, buna cevap olarak derim ki: Bu misal zamanaşımına tabi olmayan ve bünyesi daima aynı kalan hakikat karşısında hiçbir kıymet ve kuvveti haiz olamaz.

İnsanoğullarının geçmiş tarihi hata denizleriyle kuşatılmıştır. Bu denizlerin üzerinde, geniş açıklıklarla, yer yer bazı hakikat kırıntıları yüzmektedir ki, bunlar da yanlış bilinmektedir.

Hemen bütün milletler, insanca fedakârlıklara katlanmışlardır. Kısa bir zaman için cereyan etmiş olsa bile, bazı toplulukların ölüm cezasını tatbikten çekindiklerini söylemek suretiyle tezimi müdafaa edebilirim.

Ah! Ne yazık ki, beşeri saran zulmetin kesafet ve devamlılığına mukabil, büyük hakikatlerin bünyesi ve bahtı bir kıvılcımın kısalığı oranında ömürlü oluyor.

Bugüne kadar hükümran olan hatayı izale edecek hakikatin, bütün dimağları aydınlatabilecek kadar mesut günü henüz idrak etmemiş olduğunu görüyoruz.

Gürültü ve patırtıların, kör örf ve âdetlerin, bâtıl itikatların hükümranlığı yanında bir filozofun sesi pek zayıftır, bunu biliyorum. Lakin şu dünya yüzüne pek seyrekçe serpiştirilmiş çok mahdut orandaki âkil insanların bu sesi duyacaklarına, beni anlayacaklarına ve kalplerinin derinliklerinde bana hak vereceklerine inanıyorum.

Bunca mânilerin hükümdarlardan uzaklaştırdığı bu hakikat, her şeye rağmen hükümdarların kulağına kadar sokulabilir ve bu tacidarlar bu sesi bütün beşeriyetin mahrem ve kutsal bir dileği gibi kabul ve himaye edecek olurlarsa bu zafer en büyük fatihlerin fütuhatlarını gölgede bırakacak ve bu âdil kahramanlar Titus'lerin, Antonins'lerin ve Trajan'ların zafer ve ganimetlerini unutturmuş olacaklardır.

İlk defa kanunlara kavuşan insanoğulları ne kadar mesutturlar! Devrimizde, Avrupa tahtına oturmuş hayırhah hükümdarlar görmekteyiz. Bunlar şatafatsız faziletlerin dostu, ilim ve sanatın hamisi, milletlerinin ve değer sahibi vatandaşlarının babası bulunuyorlar. Bu hükümdarlar nüfuz ve

kudretlerini arttırdıkları oranda tebaalarının refah ve saadetleri için gayret etmektedirler. Zira onlar, korkunç olduğu zaman temeli çöken istibdadı devirmek için halkın sesini kesip zapteden ve böylece hükümdara kadar gelmesine mâni olan aradaki madun müstebitleri sıkıştırıp ezmeye çalışmaktadırlar.
Dünya milletlerinden en büyük bir kısmının ceza kanunlarını dolduran en mühim mahzurlar: Mevcut ahkâmın köhneliği, sayısız şarihlerin vazeylemiş oldukları kat'î düsturlar, şekil ve merasim bolluğu ve bilhassa yarı âlimlerle, sokulgan ve dalkavuk kimselerin mantık mülâhazalarına mukavemet edemeyen tasvip ve iştirakleridir. Şayet âkil ve hayırhah hükümdarlar bu kadar kusurlu kanunların yaşamasına göz yummuş görünüyorlarsa, şüphesizdir ki buna sebep olan şey, asırlar boyunca devam eden hataların düzeltilmesine engel olan sayısız çıkarcı ve güçlü mütegallibelerdir ve yine bu engellerden dolayıdır ki bütün münevver vatandaşlar, kalplerinin bütün kuvvetiyle hükümdarlarının kudretini arttırmaya gayret göstermeli ve böylece bu fena kanunları yeniden tedvin imkânını elde etmelidirler."
Beccaria, *Suçlar ve Cezalar*.
Düşünmesini bilenler için eserini yazdığını ve kendisinden her şeyin izahını bekleyenler için hiçbir şey söylememiş olduğunu, söylemediklerini söyledikleriyle anlamalarını işaret eden büyük filozofun ölmez kitabı *SUÇLAR VE CEZALAR*'ın 16. Bölümünü ihtiva eden bu muhteşem fikirler sadece ölüm cezasını, meşruiyet ve makbuliyetinin hududunu, bu manzara karşısında insanoğlunun en hakikî ve samimi duygularını izahla kalmamakta, en asil kanunların, yani doğal kanunların anlamını en faziletli devletlilerin kulaklarına fısıldanacak en ulvî nasihatlerin örtüsünü açmakta, dünyayı şan ve şereflere boğan kahramanlık, zafer ve ganimetlerin hangileri olduğunu da açıklamaktadır.
İlmi ve hakikati seven aziz okuyuculardan bu kısmın bittiği yerde başlayan üçüncü kısmın, birinci faslını da okuduktan sonra ölüm cezası hakkında iki okulun karşılaştırmasını yapmalarını istirham ederim. -Ç.N.

ÜÇÜNCÜ KISIM

CEZALANDIRMA
(*LA REPRESSION*)

BİRİNCİ FASIL

İntibak Kanunu

"*LA LOI D'ADAPTATION*"

İnsanlığın en üstün vasıf ve değişikliklerini muhafaza veya en zararlı olanlarını kendinden uzaklaştırmasına, doğal ıstıfa (ayıklama) ya da en mükemmel bekayı nefis unvanını verdim.

Darwin, *İnsanların Aslı*, IV. Bölüm.

I

Toplumun suça karşı gösterdiği akla uygun tepki - Tasfiyenin doğal kanunu - Ölüm cezasının uygulanabileceği sahanın sınırı - Kısmi tasfiye şekilleri - Sürgün - Zirai müstemlekeler - Cezalandırmanın ikinci şekli: Tazminata tazyik ve icbar. - Herbert Spencer'ın kuramı. - Aynı filozofun bu meseleye dair ihmal ettiği taraf - Bu kuram hangi sınırlar içinde kabul edilebilir?

Daha başlangıçta "suç" tan neyi kastettiğimizi açıklamış ve bunun gayriahlaki ve topluluk için zararlı ve bu sebeple asla müsamaha ile karşılanmaması gereken fiiller olduğunu beyan etmiştik. Bunlar arasında önce hükümetin şekline müteveccih olanları vardır ki bu eylemlerin mümeyyiz vasfı siyasidir; bunun dışında, bizim suçluluk sahamızın dışında kalan hareketler vardır (Bkz: Birinci kısım, I. fasıl). Gerçi, devlet bu hareketleri de birinci türden suçlar gibi cezalandırmaktadır; ama bu fiilleri birincilerle karıştırmamak gerekir. Bu çeşit filleri devlet, esas olarak ibret teşkil etmesi için, zaruretin gösterdiği hâllere göre, az veya çok şiddetli cezalarla tecziye etmektedir. Bundan başka, yine bazı gayriahlaki fiiller de vardır ki bunlar bir kısım belli toplumsal müesseselerin hayatiyetinde belirgin amacı olan varlıkların bünyesine yöneltilmiştir: Din, siyaset, sanat, hususi bir faaliyet, bir gayret ve teşebbüs gibi; bu hâlde, devletin müdahalesi her zaman zorunlu değildir.

Çünkü bu taarruzlara karşı gösterilecek herhangi bir tepki, bizzat o teşekkülün içinde kendiliğinden de husule gelebilir ve bu tepki nizamı yeniden tesise kifayet eder. Doğal faaliyetleri sevk ve idare eden kanunlara karşı yapılan bütün muhalefetleri köstekleyen bir cihazla silahlanmış bulunuyoruz; bütün toplulukların amaç ve gayretleri de hep aynıdır.

İşte bu benzetme bize toplumun mümessili olan devletin hareket tarzını açıklayabilir; devlet de (doğal faaliyetler yerine) doğal kanunların ihlaline matuf eylemleri tecrim ve tecziyeyi amaç edinmiştir. Suç ya da "doğal suç" kavramı, vermeye çalıştığımız anlama göre, hayvani içgüdülerden veya zaptedilmez gayriinsani ihtiraslardan meydana gelmiş, yani medeniyetin ilk merhalelerine erişebilmiş bir insani topluluğun ahlaki duygularına müteveccih ve onu rencide eden bir fiildir.

Bu gerçek, defin ve evrensel anlam haricinde, yalnız, bazı sınıflara, bazı insanlara hâs yüksek ahlaki anlayış tarzı ve duyguları olduğu gibi, ziyadesiyle izafî ya da sadece ileri bir tahsil ve terbiyeden hasıldan merasim ve etiketlere ait duygular da mevcuttur.

Şimdi, farz edelim ki bir adam bir eve kabul ediliyor ev halkının ince ve faziletli terbiye ve ananesine tamamen zıt kötü huylara sahiptir. Şimdi, acaba bu ailenin hareket tarzı nasıl olacaktır? Artık onu bir daha davet etmemek, kabul etmemek. Bu örneği biraz daha ileri götürerek, bir topluluğa mensup bir üye, nezaket ve zarafet vecibelerini unuttuğu takdirde yapılacak iş, onu topluluktan kovmak olacaktır. Kendisine tevdi edilen vazifeye liyakat göstermeyen bir memur azledilir. Öyleyse, denebilir ki umumiyetle, kamunun esas telâkki ettiği tavır ve hareket kaidelerini tahrip eden, bir sınıfın, bir teşekkülün takbih eylediği fiilleri işleyen kimsenin o toplumdan, o sınıf ve teşekkülden göreceği doğal tepki uzaklaştırmadır. Lütfen iyice dikkat buyrulsun, ben burada, cezası toplumdan uzaklaştırma olan herhangi bir suç veya kabahatten bahsetmiyorum; benim izaha çalıştığım şey, müşterek olan umumi telâkkilere muzaf ahlaki duygulara taarruz teşkil eden fiillerdir. Yaşadığı muhitin şartlarına tamamen intibak edemeyen veya intibak etmek kabiliyetinden külliyen mahrum olana karşı toplumun tepkisi ise, bu üyesini içinden çıkarıp atmaktan ibaret olacaktır.

Şunu da ilâve edelim ki bu tezahür, bazen, hatta özellikle bir tek hareketle tekemmül ve ayân olur.

Doğrusu, şahsın bulunduğu hususi hâl, onun karakterinin tam miyarını teşkil eder. Bu hâllerin dışında, tahsil, terbiye ve şahsın ahlakiyatı, onun yeter derecede hassas olduğunu ispata kifayet edebilecek vesileleri yaratamamış olabilir. Şahsın, bir defacık için dahi olsun, önüne çıkan fırsatta, umumi ahenk veya ahlakın tesis ettiği metin esasları, hazlarını veya bazen da egoizmin cazibesine feda etmesi kâfidir.

Şüphe yok ki bu şahsın önüne birinciye benzeyen ikinci bir fırsat çıkabilir; bu defa aynı şahıs müstakim yolu tercih etmiş olabilir. Fakat bir kere mizanı içtimadan düşmüş, haiz olduğu terbiye ve tahsilin nuruna gözlerini kapamış ve onun bu vasıflarına beslenen itimat bir kere sarsılıp çökmüşse, bütün bu yeni cehitler neye yarar?

Şimdi biz, saldırının küçük bir topluluk yerine, bütün bir toplumun ahlaki duygularına yöneltildiğini düşünürsek, mantıki mülâhaza odur ki mütecaviz aynı sonuca, yani toplumdan uzaklaştırılmasına müstahak olur.

Tıpkı nazik olmayan tavrı hareketlerinden dolayı kibar bir evden kovulan insan gibi; -ince mülâhazalara sahip bir muhitten atılan kaba ve hoyrat bir insan gibi-, suçlu da bir tek suçu dolayısıyla topluluğun içinden ayıklanıp uzaklara atılır; çünkü o, bu fiili ile intibak etmek kabiliyetinden mahrum olduğunu ispat etmiştir.

Bu vasıta ile tıpkı doğdukları ya da yerleştirildikleri muhitin şeraiti ile intibak edemeyip tebah olan ve biyolojik istifa (ya da cins ıslahı: *sélection*) dediğimiz olguya müşabih toplum hayatı da kendiliğinden, fakat yapay olarak bir istifa çaresine başvurmaktır.

Bununla beraber, toplumdan atmak çaresinin tahakkuku esasına başvurulunca ilk önce bir şüphe ve tereddütle karşılaşıyoruz. Çünkü her ne kadar bir kimseyi belirli bir insan topluluğundan ayırıp atmak kolay bir pratik ise de, aynı kimseyi toplum hayatından mahrum etmek de o oranda zordur.

Eski devirlerde her millet, ancak kendi varlığının bekasını düşünürdü. Suçlu, sürüldüğü yerde her türlü barınma imkânlarından mahrum edilmiş bir hâlde, menfa hayatına icbar edilirdi. Böylece, suçlu iki şıktan birini tercihe mecbur bırakılırdı: Ölüm ya da sürgün.[1]

---

1 Gerek eski Roma'da, gerek Atina'da her iki cezanın da amacı aynı idi: "Capitalia sunt ea quibus poena mors aut exilium est, höc est aquae et ignis interdictio, per has enim poenas eximitur caput de civitate." D. Liber XLVIII, tit. ler, De pub. jud. s. 2.
Thonissen, *Atinalıların Ceza Hukuku*.

Devletlerin karşılıklı direnmelerine maruz bu ikinci kurtuluş çaresi, devrimizde kifayetsiz bir karakter de taşımaktadır. Önce aile efradını, sonra bir kabileyi, daha sonra bir milletin çözülmez bağı olan merhamet ve doğruluk duygularını bugün artık bütün bir beşeriyeti kucaklamaktadır. Bugün artık suç telâkkisi, bir milletin duygularını rencide eden bir fiil anlamında olmayıp, bütün insanoğlunun hissiyatını yaralayan saldırı mahiyetini almıştır. Sonuç olarak suçlunun maruz kalacağı cezanın müessir ve kifayetli olabilmesi için, onu sadece kendi vatanından uzaklaştırmakla kalmayarak, onu aynı zamanda bütün toplumsal hayat imkânlarından da mahrum etmek lazımdır.

Mezalim ve cinayetlerin basit intikam vasıtası olan ve kanlı katillerle haydutlara uygulanan ölüm cezaları da ıstıfanın en emin çaresidir. Ölümle sürgünü aynı derecede iki ceza gibi kabul ediyorlar. Hâlbuki, muasır medeniyetin tek çare olarak başvurduğu sürgün toplumsal hayatı tamamen imkânsız hâle getiremediği içindir ki kifayetsizdir. Bu amaç ise, ancak, mahkûmun tamamen ıssız bir yere sürülmesiyle kabil olur. Lakin, mutlak bir inziva da insan gücünün tahammül edemeyeceği bir hayat tarzıdır. Robinson'lar daima insanoğullarını arayıp bulmak suretiyle yaşayabilmişlerdir. Büyük Okyanusların ortasında bir tek geminin dahi onlara asla rastlamayacağı hiçbir suretle tasavvur edilemez.

Diğer bir toplumdan uzaklaştırma vasıtası da müebbet hapis cezasıdır. Ancak bu cezada da firar etmek ya da affa nail olmak imkânları mevcuttur.

Şu hâlde, toplumdan ayıklamanın en emin çaresi olarak ölüm cezasından başka vasıta mevcut değildir.

Ben burada ölüm cezası konusunu tartışacak değilim, ama tartıştığımız esasların ışığı altında bu cezayı savunmak isterim.

Ama denebilir ki: "Suç; o insanın toplumsal hayata liyakatsizliğini meydana koyar. O hâlde, suçluyu toplumsal hayattan mahrum etmek lazımdır ki hayvani hayata iyice dalabilsin. Öyleyse, ölüm cezası, aşın bir çaredir."

"Doğal bir hayat tarzı, insanı toplumsal hayattan ayırt eder." tezini savunan Rousseau için bu itiraz makuldür. Lakin, bugün artık, gelişim seviyesi ne dereceye erişmiş olursa olsun, insanoğlu için toplumsal hayatın dışında herhangi bir doğal hayat tahayyül dahi edilemez. İnsanoğlu olsa olsa, ancak ölümle toplumsal hayattan ayrılabilir. Tasavvur edelim ki ıssız sahillere, Sahra Çölü'nün uçsuz kum yığınlarına fırlatılıp atılmış, kutupların buz dağlarına sürülmüş metruk bir insanın kaderi ne olabilir? Tebah olup gitmek değil mi? Şayet orada başka insanlara rastlayacak olursa, ne derece ilkel olursa olsun, toplumsal bir hayat sürmeye başlayacaktır. Bunun dışında, insanoğlunun amacı da zaten toplumsal hayattan başka ne olabilir? Böyle olmasaydı, fiziki varlığının muhafazası neye yarayacaktı; toplumsal hayattaki yerini alamadıktan sonra nefsin devamının anlamı kalır mıydı? İnsanoğlunun reddi ve inkârı zor olan toplumsal hâli, kanaatimce onun en kıymetli vasfıdır, bu vasıf olmadıkça insan olmanın, bu ağır yükün altında bunalmanın sebebi de kalmaz. Bu vasıf olmasaydı, merhamet ve şefkat duyguları da mevhum ve hatta birer yalan olup kalırdı.

Biz evvelce ölüm cezasının, merhamet duygusunu niçin sadece görünürde rencide ettiğini söylemiştik; keza, her ne kadar suç olayı ile onu işlemek arasında müşabehet mevcut olsa bile, her iki durumun tahrik ettiği duyguların aynı olmadığını da göstermiştik (Bkz: Birinci kısım, II. Fasıl). Fakat bu kaide ancak pek az bir kısım suçlu zümresine bağlıdır, o suçlular ki insanlığın yükselmiş ırkına mensup olanlarında doğuştan ya da organik olarak bulunan merhamet duygularından mahrumdurlar. Bu gibi simalar, hakiki bir ruhsal felçlilik ve çarpıklığıyla malul, merhamet duygusunun aktığı menbalardan pek uzaklarda bulunurlar. Böyle bir adam, Dante'nin dediği gibi, insaniyetle bütün rabıtasını kırıp, atmış ve ondan cüda düşmüştür: *Lo vincolo d'amor che fa natüra.* Artık hiçbir kuvvet onu, uzaklaştırmak hakkına sahip olduğu topluma bağlayamaz.

Buna karşılık insani ahlak duygusu, bize o derece dehşetli ve karanlık görünmeyen, ruhsal çarpıklığı o derece büyük olmayan ve nihayet bizimle farklı olan ahlaki anlayışları o derece korkunç bulunmayanlar için ölüm cezasını tecviz etmiyor. Bunlar, büyük suç içgüdüsünden ayırt etmiş olduğumuz, ikinci tür suçluları teşkil ederler (Bkz: II. kısım, I. fasıl). Yani, bunlar, o türden suçlulardır ki her şeyden önce, merhamet duyguları kifayetsizdir; saniyen, açıkladığımız gibi, "suçluluk eylemleri için nefret duyguları o derece kuvvetli değildir ve toplumsal, siyasi, dinî tahassüs ve incizaplârla aynı türden suç işleyebilirler ya da ihtirasi veya alkolik etkenlerin tahrikiyle bu türden suçlara bulaşabilirler." Daha sonra uzviyette az kök salabilen ve yalnız irsiyetten değil, fakat daha kuvvetli olarak mensup olunan ailenin ve yaşanan toplumsal muhitin örf ve ananelerinden tahassül eden - merhamet duygusundan mahrum olanlar gelir. Bu duygudan mahrum olanlar, bu hassasiyetlerini tabiat kanunlarından, felaket ve sefaletlerden, vahşet ve azgınlıklardan ziyade, fena tanzim edilmiş toplumsal düzenlerden almaktadır; onların ahlaki içgüdülerindeki uçurumların mevcudiyetine rağmen, hemcinsimiz olmakta devam ederler; bize fenalıkları dokunmakta beraber, yakamızı onlardan sıyırmamıza imkân yoktur.

Tarihî tecrübe bize meşhur bir misal veriyor. Bu misal, bize Dracon[2] kanunlarının kendi ölümünden, bu kahhar kanunun iktidar zirvesinden düşüp silindikten sonra, halefi tarafından bu müthiş kanunların nasıl ilga edildiğini gösteriyor; çünkü bu kanunlar, işlenen en kötü suçlardan daha kötü birer vesika idi. Kamu vicdanını asıl tahrip ve tazip eden şey suçlardan ziyade bu kanunlardı. Bunun gibi, oldukça yakın bir zaman önce kabul edilmiş bulunan ölüm cezası, kamu ahlakına kısmen zarar veren bazı suçlara uygulanınca, umumi vicdanlarda ürperti ve teessür husule getirmişti.

---

2 Eski Atina sitesi meşhur reisi ve vazıı kanunu (Milâttan önce VII. yüzyıl) öyle şiddetli kanunlar vazeylemişti ki, bu kanun metinlerinin kanla yazıldığı rivayet edilirdi. Bu amansız kanunlar darbımesel hâlini almıştır.

Kalbin bu vicdani tehevvür ve etkisini açıklamak, oldukça kolaydır.

İnsanoğlu, mahiyeti itibarıyla, toplumsal bir varlıktır; toplumla hiçbir taahhüdü bulunmamakla beraber, onun bir rüknüdür. Bu toplumun içinde yaşamasının sebebi, başka yerde yaşayamamasıdır; bundan başka, bu bir zarurettir de; sadece anormallik hariç, bu afet ondaki toplumsallık karakterini silmekte ve bu istisnaiyet ondaki uyum imkânını yok etmektedir.

İşte bunun içindir ki insan toplumunda, topluluk hayatı için zaruri esas vasıflardan yoksunluk hâlinde, uyum sağlaması kabul edilemez fertle toplum arasındaki bütün bağları koparıp atmak bir mecburiyet oluyor.

İşte bu zaruret fikrinin ışığı altında hukuki açıklama mümkün oluyor. Bireyin toplumsal hayat sürmek hakkı vardır, çünkü bu onun için bir zarurettir; ancak bu zarureti, toplumun kendi bekası zaruretine de bağlamak lazımdır. Birey, toplumun bir zerresidir; [3] Bununla birlikte, toplumun varlığını tehlikelere maruz bırakırken kendi hukukunu tarsin ve izhar eyleyemez.

Bununla beraber, kamunun ahlaki duygularına zarar veren her olguda aynı zaruretin mevcut olduğu söylenemez; bu zaruret bireyi toplumsal hayata devamlı surette liyakatsiz ve ehliyetsiz yapan daimî ruhsal anormallik ârazının bulunduğu durumlarda mevcuttur.

O hâlde, toplum hayatına intibak hususunda böyle liyakatsizlik ve ehliyetsizliği olan suçlular, birinci türden olan ve evvelce tarif ettiğimiz suçlulardır. Bunlar, "tamamen egoist etkenlerle,

---

[3] Bu açıklama *La Nueva ciencia perial; Madrid, 1887* adlı eserinde fikirlerimi ele alan M. D'Arambüro'ya bu mevzu için bir cevap teşkil edebilecektir. Kendileri adet fazlalığının hâkimiyeti hakkında en kuvvetli bir müdafaada bulunuyorlar. Hâlbuki ne kuvvet ne de adet hâkimiyeti kötü yolda gidenleri istikametlerinden çevirebilir. Ahlaki redaetleri ayıklayan bizzat cemiyettir; öyle ise, iş tamamıyla farklı görünüyor. Bu fark kendini, ferdiyetçi nazariyelerin tesiri altında kalmamış münevverlere kolayca gösterebilir. -Ç.N.

hiçbir tasmim ve evvelce verilmiş karar olmaksızın ve içtimai muhitin hiçbir tesiri mevcut bulunmaksızın" adam öldürebilenlerdir. Diğer suçlular için bu hâl aynı değildir. Ve işte ölüm cezası bu birinci sınıf suçlulara uygulanmalıdır ki kamu vicdanı yaralanmasın kalplerde isyan rüzgârları estirmesin.

Diğerlerine gelince, toplum hayatına, intibak her zaman mümkündür; ama mühim olan bunların intibak edebilecekleri muhiti keşfedip bulmaktır.

Bazı insanlar vardır ki medeni hayatın hiçbiriyle intibak edemez; onların vahşi mizaçları sulh ve selâmet havası içinde asla sükûn bulmaz, barınamaz. Bunların tahassürünü çektikleri başıboş göçebe hayatı, ilkel kabilelerin vahşetidir. Toplumu bunların şerrinden korumak için iki çare vardır: Kendilerini devamlı surette hapis hayatına atmak ya da ebediyen sürgün etmek. Birinci çare birçok hâlde aşırı korkunçtur. Geniş müstemlekeleri, nüfus kesafeti düşük toprakları olan bir millet için ikinci çare çok daha faydalıdır. Çünkü buralarda, suç işlemenin faile hiçbir pratik faydası olamaz; devamlı çalışmak bekalarının mutlak şartı olacak, bu şartları hiçbir kuvvet kurtaramayacaktır. Bundan dolayı, hırsızlığı meslek hâline getirenler, serseriler ve nihayet umumiyetle bütün itiyadi suçluların kaderi buraları olmalıdır. İşte bu tamamen yeni hayat şartlarıdır ki onların toplumsal hayata intibakını mümkün kılabilir; buna dair pek çok tarihî misaller verilebilir.[4]

Diğer suçlulara gelince, merhametsizce işlenen eylem hakkında derin bir nefret ve istikrah duyguları taşımamakla beraber, bunlar ancak ani surette içine düştükleri muhitin tesiriyle suç işleyen "endemique" karakterli kimselerde; şüphesiz bunlar için mutlak bir tasfiye mevzubahis olmamalı, zaman ve yer şartları tahdit edilmiş bir rejime tabi tutulmalıdırlar. Bunlar için sürgün (*la relegation*) en şayanı tercih olan bir cezadır. Çünkü bu yöntem yaşadıkları helak edici muhitten onları uzaklaştıracak, asla onları

---

4 Reinach, mükerrirler, Paris, 1882.

çalışma faaliyetinden alıkoymayacak; hapishane hayatının haysiyet kırıcı vasıflarından onları kurtaracaktır.

Şerefli faaliyete kavuşturulmaları daima mümkün olacak genç suçlular halkındaki tasfiye mahdut ve izafi olmalıdır. Kuzey Avrupa ziraat sahaları en müsait yerlerdir. Fransa bu hususta verimli pek çok misaller veriyor.[5]

Keza suçlunun toplumsal mevkiinde mahdut birtakım tasfiye ve memnuniyetler konabilir: Lâyık olmadığını ispat ettiği memuriyet, meslek ve sanattan ya da suiistimal ettiği medeni veya siyasi haklarından ebediyen mahrumiyet gibi.

Bu tür tasfiye şekilleri dahi, diğer mutlak tasfiye sebepleri kadar uygun ve mantıklıdır. Her şey, suçlunun o toplumsal hayata intibak edip edememesine ve onu bu intibaka sevk edebilecek şartlara bağlıdır.

Suçluluk merhalelerinden ine ine nihayet ruhsal anormalliklerin vasıflarını tayin ziyadesiyle güç olan yeni bir suçlular grubuna rastlıyoruz: İsterlerse bir suç, hatta hakiki bir suç işlemiş olsunlar, seviyeleri ne kadar aşağı bulunsa da, ahlaki duygulardan mahrum oldukları ileri sürülemez. Yine her ne kadar, işledikleri bu suçlar onların altürist duygulardan birinden mahrumiyetlerini ispat ederse de esas itibarıyla istisnai olarak düştükleri feci hâllerden ya da asla tekrarlanmayacak vaziyetlerden dolayı bu kimseler o suçları işlemişlerdir.

Şimdi, şöyle bir örnek düşünelim: Emniyeti suiistimal suçunu işlemiş bir kimse var. Bu adam namuslu bir iş güç sahibidir ya da geçimini temin eden servete sahiptir. Bundan başka, ne geçmiş kötü bir hâli, ne de kendisini o suçu işlemeye sevk ve tahrik eden yaşama şartları mevcuttur. Hiç şüphesiz bu hâl ve şerait içindeki bir adama normal denemez. Bence: "Vesile ve şerait adamı hırsız yapar." atasözü kadar yanlış bir fikir olamaz; asıl olan "Vesile ve şerait hırsıza hırsızlığını yaptırır." demek lazımdır. Çünkü başka-

---

5 Bu sahalar için: D'Olivecrona'nın "*Tekerrürün Etkenleri*, Stockholm, 1873, s. 167- 190" eserini okuyunuz.

larının malına karşı yöneltilen bu hamiyetsizlik, adalet duygusuna olan doğuştan gelen bir duyarsızlıktan daha açıkçası doğruluk ve namus içgüdüsünün noksanlığından meydana gelmektedir.

Bütün bunlara rağmen, acaba toplum bu müstesna, hemen hemen biricik olan vesile ve şeraite karşı istikbal için emniyet altına alınamaz mı? Daha açık bir izahla, acaba gelişigüzel fırsatlara mukavim, ama bütün ömürleri boyunca istisnai ve biricik fırsatlarda derin varlığının sefil duygularına engel olamayarak hırsızlık yapabilen ve dolayısıyla namuslu olmayan fertler içinde, yaşadıkları topluluk için devamlı birer tehlike teşkil etmezler mi? Bunlar ancak ilk suçlarını müteakip, işledikleri fiilin hiçbir faydasını görmediklerini, bilâkis bekledikleri fayda yerine ağır zararlara uğradıklarını büyük acılarla anladıktan sonradır ki böyle bir tehlike olmaktan çıkarlar.

İşte zaten bunun içindir ki suçluya, kendi fiiliyle sebebiyet verdiği maddi ve olgun zararlar cebren tazmin ettirilir.

Aynı şey, mevsuf sirkat için, hileli iflâs, sahtekârlık, ızrar, tahrip, kasıtlı olmayan yangınlar, ölüm kastı olmayan darp ve cerh suçları için hakaret ve sövmeler, ar ve hayâ duygularını rencide eden hafif hâl için vb. geçerlidir. Şayet suçlu yukarıda açıkladığımız emniyeti suiistimal eden şahsın bulunduğu benzer hâl ve şartlar içinde bu suçları işlemişse, yani ne eski ne yeni gidişatı ne de içinde yaşadığı hayatın şartları böyle bir suçu işleyeceğini evvelden haber vermiyor olsa da aynı esası kabul etmek zorundayız.

Şayet işlenen suç kabili tamir ise ve fail de bunu yapmışsa, artık tasfiye aşırı ve gaddar bir ceza olur. Görülüyor ki yeni bir toplumsal cezalandırma şekli karşısında bulunuyoruz; tazmin (veya tamir: *Réparation*), birçok hâlde kâfi bir ceza olacaktır. Ancak şu şartla ki bu tazmin tam ve şümullü olmalı, tazmin ve tamirin işlenen suçun yalnız maddi zararlarına değil olgun tahribatını kucaklayarak mağdurun acılarını, korkularını ve endişelerini de hesaba katmalıdır. Bundan başka, suçtan zarar görenin yalnız mağdur şahıs olmayıp, bütün bir toplumun buna hedef olduğunu ve onun olgun ıstıraplarını çektiğini, topluluğun emniyet ve selametini temin amacıyla vazifedar kıldığı kamu hizmeti memurlarıyla adalet sistemi mensuplarının ücretlerini ödeyebilmek için devletin bireyleri vergilerle yükümlendirdiğini de bilânçoya katmak lazımdır. Şu hâlde tazminat miktarı yalnız şikâyetçi tarafın maruz kaldığı zarar miktarına hasredilmemeli, devlete de bir vergiyi kapsamalıdır. Yürürlükte usuller tadil edilmek şartıyla borcunu ödeyebilecek durumda olandan tahsil edecek durumda olmayan ya da kendini öyle gösteren suçluyu mağdurun menfaatine çalıştırmak suretiyle tesis edilecek tazminat şekli tasfiyeye müreccah olacaktır. Herbert Spencer, aynı fikri daha ileri götürmüş bulunuyor. Bu büyük filozof, verilecek cezanın süresinin suçlunun yaptığı zararı tazmin edebilecek süreye göre ayarlanmasını istemiş ve ancak mahkûmun namuslu ve şerefli bir adamın nezaret ve himayesinde çalışmasını ve şayet doğru yolunu şaşırdığı surette bu kimse tarafından hükümet otoritesine teslim etmesini şart koşmuştur. Böylece -filozofun fikrince- kendiliğinden bir tür otomatik tanzim imkânı hasıl olacaktır: En kötü suçlular kendilerine asla bir kefil bulamayacaklardır; şu hâlde onlar için kalebentlik ebedi bir ceza olacaktır. Mükerrirler de pek zorlukla bir kefil bulabileceklerdir. Hafif suçlulara gelince, bunlar bir kere suçu tamir edince, artık başka cezalardan istisna edilerek bu tazminle iktifa edilecek ve haiz oldukları şeref ve itibar vasıfları da onlara bu tazmin ve tamiri kolaylıkla yaptırabilecektir.[6]

Bu kuramın düştüğü hata, fikrimce, bizzat Spencer'ın temsil ettiği felsefenin umumi esaslarının unutulmasından dolayıdır. Mademki cürmiyete intibak (*l'adaptation*) ve ıstıfa (*sélection*) kanunlarının uygulanması zaruretini savunmuştur; o hâlde, bu kanunların hangileri hakkında uygulanması mümkün, hangileri için bu ümidin ebediyen sönmüş bulunduğunu ve bununla birlikte toplumun bu gibi zararlı elemanlardan ayıklanması gerektiğini tayin ve tespit için suçluların ruhsal karakterlerine göre onları sı-

6 Spencer; "Morale de la prison dans les Essais de morale de science et de politique."

nıflamak zaruretini de düşünmüş olması lazımdı. Yine bu teze cevaz verilecek olsa, şahsi kefalet tedarik edilip edilememesine göre, bütün bir suçlu kitlesinin toplum hayatından tamamen silinip atıldığını, diğer bir kısım hakiki suçlu kitlesinin temin edebileceği, ceza ilminin pekâlâ bildiği, namuslu kişilerin şahsî kefaletlerde toplumdaki varlıklarını koruyabilecekleri büyük filozof tarafından ibretle müşahede edilecektir. Spencer, en kötü ve korkunç suçları işleyenlerin asla namuslu kefil bulamayacaklarını düşünüyor. Fakat bu en kötü ve korkunç suçların kıstasını bize söylemiyor. Topluluk içinde daima son derece müsamahakâr gruplar vardır; öyle yerler vardır ki suçlular daima kendilerine kefil olabilecek kimseleri bulabilirler. Bundan başka, dostluk ve merhamet duygularının en ağır suçları bile affetmeye hazır olduğu da bir hakikattir. Dostluk ve merhametin kâfi gelmediği ekseri hâlde paranın bu işi başardığı da inkâr edilemez. Kefil olacak kimselerin şeref ve itibar sahibi olmak zorunda bulundukları doğrudur. Fakat bu şeref ve itibarın, bu hürmetin başlayıp bittiği hudutlar nedir, neresidir? Hiç şüphem yoktur ki fiiliyatta herhangi bir meşgalesi olan, adalet sisteminde de cezaî takibat altında bulunmayan her şahıs şeref ve itibar sahibi olarak kabul edilir. Spencer'ın topluma bazı hâlde kefaleti reddetme, hakkını mahfuz tuttuğu, hakikattir. "Bir caninin işlediği korkunç cinayetinin tazminatını karşılayabilecek bir teminat olamaz; Bununla birlikte bu ve buna benzer caniyane ve kötü suçlar için toplumun, hangi sima olursa olsun, ileri sürülebilecek kefilleri reddetmeye hakkı vardır; ancak, bu hâl pek nadirdir." Fakat bu suçlar hangileridir? Acaba mesela, bir küçük hakkında işlenen kötü fiiller, vücut bütünlüğüne zarar verilmesi ve bütün diğer tuzaklı ve planlı yaralamalar, silahlı soygunculuk vb. bu fena suçların listesine dâhil midirler?- Öyleyse, failin derin ve tedavisiz ruhsal inhitatını gösteren diğer pek çok suçları da bu listeye ithal etmek lazım gelmez mi?

Şu hâlde mühim olan bir sınıf suçluyu diğerlerinden ayırt etmek zaruretidir; bu sınıfa dâhil olanlar, toplumsal hayata ya hiç ya da pek az intibak etmek kabiliyetine sahiptirler. Toplum bunlara daimî nezaret ve mürakabe etmek mecburiyetinde değildir; onun hakkı ve hatta vazifesi, mümkün olan en kısa bir zamanda bu gibilerini sinesinden söküp atmaktan ibarettir.

II

Cezanın muhtelif gelişim tarzı. - İntikam. - Kefaret. - "Punitur quia peccatum" prensibinin meşruiyeti ve bu prensibin "punitur ne peccetur" prensibiyle nasıl uzlaşabileceği?

Suça karşı gösterilen toplumsal tepki mütedair izah edegeldiğimiz fikirler, medeni her milletin maşeri vicdanında gizlidir. Her ne kadar cezanın amacı sosyal intikam, yani suçu işleyenin topluluğa çektirdiği eza ve cefanın hemen hemen aynını ona da çektirmek maksadına dayansa da, şu cihet kolayca ayırt edilebilir ki topluluğun hakikatte asıl istediği şey, suçluyu kendi sinesinden söküp atmak; sonra da mümkün olduğu oranda suçun meydana getirdiği kayıpları faile tamir ve tazmin ettirmektir.

Şahsi intikam duygularının, bütün ceza verme amaçlarının esasını teşkil ettiğine hiç şüphe yoktur; Talion kanunu bunu pek güzel ispat eder. Bugün dahi aynı duygular hâkimse de, şiddetini kaybetmiş bulunuyor. İncil'in ahlakiyatı şüphesiz bu duyguya ağır bir darbe vurmuştur; ama bu duyguyu asıl kötürümleştiren şey, asırlardan, pek çok nesilden beri, suçlunun topluluğu temsil eden otoriteler tarafından cezalandırıldığının görülmesidir. İşte bundan dolayıdır ki kanunları istendiği kadar şiddetli olmayan ve adalet duygusu zayıf olan memleketlerde şahsi intikam duyguları kamçılanıp şahlanmaktadır; bilhassa ahlaki terakkinin ışığından mahrum kalmış ve duyguları tadil eden yüzyılların gayretinden nasiplerini alamamış geri toplumlarda şahsi intikam ateşi bütün şiddet ve şeametini muhafaza etmektedir.

Suç ile ceza arasında adaletli nizamı tesiste, bazı eski milletlerin şerefli gayretleri vardır; adalet ve kefaret (*l'expiation*) kuramında da bu gayret ve üstünlük görülür. İşlenen suçun tahribatını bizzat suçlunun kalbinde tamir etmek, ancak ona o suçun kefaretini çektirmek, bu acıyı ona bizzat duyurmak suretiyle kabildir. Fenalığı ancak yaşanacak acı silip temizleyebilir; bu elem, işlenen günahın zorunlu bir sonucudur. Vicdan azabı çekenlerin yardımına ancak acı koşabilir; hatta nedamet duygusundan mahrum olanlarda vicdan azabını da yalnız acı yaratabilir. Eski Yahudi ve Hint milletlerindeki ceza vermenin amacını da işte bu esaslar teşkil ederdi; bu kuram kilise hukukunda ve bütün Orta Çağ'da hâkim olmuş ve nihayet Platon ve Kant sayesinde en ilmi açıklama ve anlamını bulmuştur.

Bugün artık bu kuram ayakta duramıyor; çünkü müşahede onu tekzip eylemektedir. Doğrusu, müşahede suçlularda nedamet ve vicdan azabının hemen hemen hiç bulunmadığını ve bedensel ıstırapla bu duyguyu onlarda yaratmaya imkân olmadığını ispat ediyor.

Suç, ancak başkalarıyla aynı ahenk ve vahdet içinde yürüyemeyenler tarafından işlenebiliyor; buna da sebep, onlarda ya ahlaki kavramın tamamen bulunmayışı ya da bazı istisnai hâllerde bu duygunun bilinçten silinip kaybolmasıdır. Başka türlü bir açıklama tarzına imkân yoktur. Şurası hakikattir ki umumiyetle fertlerde mevcut olan ahlak duygusundan o kimse de nasibini alabilseydi, artık onun suçlu olması mümkün olamayacaktı. O hâlde, bütün suç olaylarında ya devamlı ya da geçici bir gayritabiilik (*anomalie*) var demektir. Ceza sayesinde ahlaki ve ruhsal iyileşme fikri, yani diğer insanlar gibi duyan ve düşünen suçlunun bedensel ve ruhsal bir eza ve cefaya maruz bırakılması sebebi, onun kendi ihtiraslarını teskin için suç işlemiş olması mülâhazasına müstenittir. Fakat bu cümledeki tenakuz ve mübayeneti görmemeye nasıl imkân, olur? Zira şayet ihtiras vazifeye galip geliyorsa, bu hâl gayet sade olarak açıklar ki o kimsedeki vazife duygusu, ihtirası yenecek kadar kuvvetli değildir; - mücadelede zayıf olan alta düşer; suçludaki ahlaki duygu kuvvetsiz ya da umumi ahlaka nazaran pek zayıf bir derecededir. Zaten, işte bunun içindir ki o normal bir insan gibi ne düşünür, ne de duyar. Bir duygunun eksikliği hâlinde bu boşluğu, tahsil ve terbiye sayesinde, bunun da imkânsızlığı karşılığında, faili suça iten etkenleri ortadan kaldırmak yoluyla bir fenalığın tazmin ve telâfisine teşebbüs edilebilir. Fakat suçun husule getirdiği toplumsal şeamet ve felaketi, failin bizzat nefsinde hissedeceği yeni elem ve cefalarla tadil ve tamire kâfi geleceği fikri asla kabul edilemez.

Bugün dahi halk dilinde, kanı kan temizler, deniyor. İşte bu mülâhaza, intikam hissinin hülâsası olup, ahlaki kefaretin mistik kuramından tamamen ayrıdır. Kefaret, af ve mağfiret dileği, kararmamış bir zekânın ateşinden alevlenen vicdan azabından meydana gelebilir, yani birkaç zaman için husufa uğramış ve fakat sonra zulmetleri yırtıp tekrar gösterişli olmuş bir nurun, nedamet faziletinden ortaya çıkar. Böylece, özellikle bütün bir ömür boyunca devam eden ve o insanı her an kedere boğan bir elem, hakiki bir acı meydana gelmiş olur. Lakin, maddi bir ıstırabın bu olgun duyguları, büyük kederleri husule getirebileceği fikri o kadar gariptir ki tıpkı mukaddes addedilen nehir sularında yıkanmakla ruhun bulaştığı pislikten temizlenebileceğine inanan Hintlilerin ve dalâletin, bedeni ateşte yakmak suretiyle şifa bulacağına inanan Orta Çağ ruhanilerinin gafletine benzetilebilir.

Şüphesiz, suçlunun maruz bırakıldığı cezanın bazen nedamet ve itirafı husule getirdiği doğrudur; ama bu nedametin hakiki sebebi, çektiği elim cezanın işlediği suçtan dolayı olduğunu görmesindendir. Fakat bu tür bir nedametle başkasına yaptığı fenalıktan duyulan vicdan azabı arasındaki mesafeyi anlamamaya imkân yoktur. O hâlde, moral kefaret olsa olsa ancak bu son duygudan kaynaklanabilir; bu duygu ise, asla maddi bir ıstırabın tesiri altında olmayarak ya da pek istisnai bir tesadüfle kendini hissettirir.

Kefaret kuramı üzerinde istendiği kadar ısrara edilsin, görülüyor ki bu tezi, işlediği suçun maddi ıstırabını çektirmek esasına dayanan "suçun intikamı" kuramından tefrik etmek pek zordur. Bununla beraber, en medeni milletlerde bile, cezalandırmanın asıl maksadının toplumsal intikam, yani fenalığın fenalıkla tazmin ve tamiri anlamını taşımadığı kolayca inkâr edilemez. Şüphe yoktur ki suçlular umumun kin ve garazını kazanmışlardır ve kamu efkârı bunda haklıdır; çünkü anormalliğin sebebi olan organik şartlara dair bilgilerle donanmış değildir; bu bilgiler ancak âlimlerle mütehassıslar tarafından mütalea edilebilmiştir. Hatta bu mümtaz kimselerde dahi, şayet suç etkenlerine ait bilgi onlardaki intikam duygusunu silebilmiş olsa bile, başka bir his, birincisine hemen hemen denk bir başka duygu, nefret duygusunu, bizden bu derece farklı ve gaddar insanlara karşı beslemekten kendini menedemez. Ancak ister kin ister nefret duygularından doğsun, netice hep aynıdır, yani bu tür insanlardan kaçıp uzaklaşmak, onlarla her türlü münasebeti kırıp kesmek arzusu hâkim olacaktır. Bütün istenen şey, onların uzaklaşmalarıdır, o kadar, bu onlar için kâfidir; medeni bir millet zaruri olmadıkça acı ve işkenceyi asla kabul etmez. Damien'in maruz kaldığı işkenceye benzer bir ceza bugün için artık mümkün değildir; hatta geçmiş asırlarda bile; bu olay Paris halkını hicapla tarihe geçirmiştir. Bugün bütün Amerika, burası hakikattir, faziletli başkanı Garfield'ın azılı katili Guiteau için işkence edilmesi için yanıyor; bütün arzuladıkları şey, şüphesiz, katilin işkence ile kıvrandığını görmek değildir çünkü darağacından ayrı olarak katilin bir de herhangi bir işkence ile inlemesini duyma ve görme arzusu, Amerika için bir utanç olurdu. Çünkü idam mahkûmlarının acı çekmeden bir anda ölmelerinin çaresini araştırma şerefi de bu millete aittir. Doğrusu bu maksatla hazırlanmış olan elektrik sandalyesi kanun projesi seçilmiş mütehassıs encümenlere havale edilmiş bulunuyor. Şu hâlde, bu da gösteriyor ki ölüm cezası hâlen yürürlükte bulunuyorsa, buna da sebep, bu cezanın tam, kati ve geri dönüşü olmayan bir tasfiyeye imkân veren bir çare olmasındandır; şayet suçluyu öldürmeden aynı neticeyi verebilecek başka türden bir çare bulunabilmiş olsaydı bütün milletler aynı çareye başvurmak için yarışırdı. Derin surette tahrip edilmiş moral bir anlayış tarzı, en kötü alışkanlıkların cazibesinden kendini kurtaramayan kimselerin, toplum hayatının nimetlerinden istifadeye devam etmesine tahammül etmez. İşte "bundan dolayıdır ki büyük bir suçtan bahsedildiği zaman, her şeyden önce, büyük bir endişe ile suçlunun tutuklanıp tutuklanmadığı sorulur. Hatta suçlunun kaçma ihtimalinin olmadığı hâlde dahi, bu endişeli soru sorulur. Bir hırsız, bir katil olmasından şüphe edilen ya da ırza saldırmış veya bir sahtekârlıkta bulunduğu belirtilmiş bir kimsenin derhâl toplumsal hayattan uzaklaştırılması istenir; çünkü moral duyuş, bu kimsenin topluluk içinde tam bir hürriyet havası koklayarak serbestçe dolaşmasına tahammül edemez; ancak şu şartla ki itham konusu hakikate uygun olmalıdır.

İşte, suçluyu tecrit ve toplum hayatından uzaklaştırmanın ancak ceza sayesinde mümkün olmasından bu yola başvurulmakta ve bu ceza tedbirleri de ıstıraplı olduğundan, elem ve acı çarelerine eğilim gösterilmektedir. Bu cihet o derece doğrudur ki suçun etkeni bizzat o ceza olduğu hâlde dahi, kanun cezayı uygulamamaktadır. Öyle kimseler vardır ki asılmak için cinayet işler ya da hapishaneye girmek ve münzevi bir ömür sürmek için hırsızlık yapar. Her ne kadar, bu gibi hâllerde ne darağacı, ne de kürek bu gibiler için bir ceza değilse de yine de bu cezalara çarptırılırlar ve toplum, işkence etmekten ne kadar çekinir ve nefret ederse etsin, bu cezaları uyguladığından dolayı kendini pek bahtiyar addeder.

Öyleyse, halk duygusunda eza ve işkence bir amaç değildir; ama mütalea ettiğimiz aynı hakiki amacı daima takip edegelmiştir: Uyum sağlaması zor olan bireyi toplumsal çevreden uzaklaştırmak.

Şu hâlde "kamu duygusu", toplumsal tepkinin hakiki şekli ile karşılaşıyor, demektir; belki de hatta bilinçdışı olarak bütün cehdini sadece bu amacın teminine yöneltmektedir. Bununla beraber, şu ciheti ehemmiyetle nazara almalıdır ki bu amaç tasfiyenin toplumsal faydası gibi doğrudan doğruya akli bir muhakemenin mahsulü değildir; çünkü toplumsal fayda düşüncesinin amacında, aynı suçlunun istikbalde muhtemel başka bir suç işlememesi ve kendisine verilen cezanın başkalarına gözdağı vermesi arzusu vardır.

Toplumun, kendisi ile kaynaşmayan kimseyi sinesinden söküp atma arzusu görünüşte hiçbir fayda düşüncesinden doğmamış olabilir. İşte birkaç örnek:

Büyük ve haksız bir saldırı veya ağır bir hakarete maruz bir adam farz edelim; mütecaviz hasmını öldürmek için uzun zaman kafasında planlar hazırlıyor ve sadece büyük kin ve öfkesinin tahrik ve tazyikiyle, taammüden onu öldürüyor. Pek muhtemeldir ki bu adam bir kere susayan kin ve öfkesini söndürünce, bütün kalan ömrü boyunca başka kana elini bulaştırmayacaktır; çünkü öldürdüğü kimse kadar, hiçbir şahıs kendisinde bu derece öfke ve kin yaratamamış olabilecektir.

Diğer bir adam, yaşamaya mecbur olduğu muhit içinde çektiği yoksulluğun inhimakiyle tek vârisi olduğunu bildiği milyoner ihtiyar amcasını öldürüyor. Bu kişinin bütün amacı servettir ve bunu da istihsal etmiş olunca, belki de artık ebediyen ikinci bir cinayet işlemeyecektir.

Böylece, pek çok baba ve evlat cinayetlerinden misaller öne sürülebilir. Bu ve emsal olaylarda uygulanması istenen ağır ve şiddetli cezalarda kamu vicdanının güttüğü amaç doğrudan doğruya istikbal endişesi olmasa gerektir; çünkü bu kimseler, hırsızlar, kasten yangın çıkaranlar ve sahtekârlar gibi, vatandaşlar için devamlı birer tehlike teşkil etmezler.

Sonuç olarak, kamu vicdanı suça tepkisini göstermek ister, hatta istikbal korkusu olmasa bile hedefi budur. O sadece ne peccetur olanları değil, quia peccatum'ların da cezalanmalarını arzular.

Şu mülâhaza akla geliyor: Acaba bu tartışılamaz kamu duygusu, bizim izah edegeldiğimiz kuramımızla kabili telif olabilecek kadar akla yatkın mıdır? Yoksa bu sadece aklı teşviş ve onu dalâlete sevk eden çarpık bir muhakeme tarzıdır da onu taklit ve takip edeceğimize, bilâkis fikri beşerden uzaklaştırmak mı lazımdır?

Hakikatte bize şöyle söylenebilir: "Sizin kuramınıza göre, tasfiye suçun hakiki bir tepkisidir; çünkü bu fiil, suçlunun intibak kabiliyetinde olmadığını aşikâr kılmaktadır. Fakat bu intibak kabiliyetsizliği ancak istikbale muzaftır; zira, uyum sağlamasının mümkün olmadığı zannedilen bu kimse, şayet toplumsal hayata intibak edebildiğini gösterebiliyorsa, bu takdirde şimdiden tasfiye yoluna gidilmek akıl kârı olmasa gerektir."

Şüphesiz, bu muhakeme tarzı doğrudur, ama vaktiyle suç işlemiş bir bireyin sonradan toplumsal hayata katılmış olmasıyla artık hemcinslerine karşı ikinci bir suç işlemeyeceği ihtimali doğmaz.

Suçluluk bahsinde işaret etmiştik; tam bir ahlaki noksanlığa sahip, aşırı derecede egoist tipler, ihtiraslarının susuzluğunu teskin arzusuna düştükleri zamanlar, daima faal, pervasız ve enerjik olurlar; gözleri bir şeyden yılmaz. İşte böyle bir karakter izhar eden kimse, artık aynı türden başka suç işlemeyeceği ihtimalini ne derece azaltmış olursa olsun onu toplumsal hayata kabiliyetsiz diye kabul etmek zorundayız. Böylece, körü içgüdülere sahip suçlunun inhimak ve tahriklere esir ve bütün bu kötü içgüdülere meyilli ve tahriklere karşı moral olarak silahsız ve mukavemetsiz bir adamla karşı karşıya bulunuyoruz, demektir.

O hâlde, toplum bu kimseye şöyle hitap ediyor: "Halihazırdaki şartlar içinde yaşayan varlığım, merhamet ve adalet esaslarına dayanıyor. Sen, bu duygulardan noksan olduğuna göre, bana ait olamazsın. Ey, baba katili, artık başka defa böyle bir suç işleyemeyeceğini ve bundan dolayı senden endişe duymamamı benden isteme! Çünkü, bir kere babanı öldürmekle artık merhamet duygusundan tamamen yoksun olduğunu ispat etmiş oluyorsun! Artık sana hiç itimat beslenemez. Seni gören herkes, hayatının, şerefinin, mallarının, huzurunun tehlikede olduğunu hisseder! Senin anormalliğin o derece muazzamdır ki! Bütün insanlığı birleştirip sevdiren sempatiden yoksun olduğunu ispat etmiş bulunuyorsun. Artık kimse seni hemcinsi telâkki etmiyor; seninle aramızdaki bütün bağlar kesilip kopmuştur. Bununla birlikte artık senin sökülüp atılman, yok edilmen bir zarurettir!"

Bu mülâhaza tamamen mantıkidir. Belli amacı olan diğer bütün mülâhazalar gibi, burada da toplumsal hayatın suça karşı gösterdiği tepki şekli zorunlu bir neticedir.

Doğrusu, yukarıda göstermiştik, tavrı hareket prensiplerine şiddetle bağlı muhafazakâr toplumlarda, bu prensipleri ihlal edenlerin zorunlu akıbetleri o topluluklardan atılmaktı. Suçluya gelince, o bütün bir toplumsal hayatın yaşama kaidelerini ihlal olduğuna göre, aynı tepkiye maruz olması vazgeçilmez bir zarurettir.

Küçük bir toplum, kendi üyesinden birinin konmuş kaidelere uyacak vasıfta olmadığını gördüğü anda, nasıl onu sinesinden söküp atıyorsa büyük toplum dediğimiz bir millet de insanlık duygularının en basit, en zaruri ve en fazla yayılmışlarına sahip olmadıklarını bir kere ispat etmiş olanları tasfiyeye hakkı vardır.

İşte bundan dolayı, ikinci defa babasını öldüremeyecek olan bir baba katili oğul, boğacak başka yavrusu olmayan evlat katili bir ana, hasmını tuzak kurup öldüren ve bu şekilde öldürecek başkaca düşmanı bulunmayan adam... Bütün bunlar, bu tek suçlarıyla toplumsal hayata kabiliyetsizliklerini ispat etmişlerdir; çünkü kamu ahlakiyatının en derin duygularından biri olan merhamet ve şefkat duygusundan noksan oldukları ve bu moral mukavemetten mahrum bulundukları, içlerindeki suça eğilim ve tahrikleri gemleyecek hiçbir kudrete sahip olmadıkları artık anlaşılmış demektir.

Şimdi özetimizi yapalım: İşlenen cürme karşı, tasfiye şeklinde tezahür eden tepki, toplumsal bir zarurettir. Öyleyse, diğer maddi varlıklar gibi, toplumsal varlığın da değişmez kanunlar olduğu ve bu kanunların kendi devamının doğal şartı olduğu şüphe götürmez bir gerçektir.

Bireyin, vücut yapısındaki kusurlar dolayısıyla yaşadığı iklimin faaliyetlerine tahammül ve mukavemet edemeyip derhâl zeval bulması, biyolojik bir esastır. Biyolojik nizam ile ahlaki nizam arasındaki fark şudur ki birinci nizam içinde birey yaşadığı âlemin şartlarına kabiliyetsizliğinden dolayı kendiliğinden telef olup gider; hâlbuki ikinci nizamda ise birey maddeten yaşama kudretinde olmasına rağmen, sadece moral olarak yaşadığı âlemle bağdaşamadığı ve onun dışında da yaşayamadığı için sosyal kuvvet tarafından, tıpkı tabiatın biyolojik ayıklama ve tasfiyesi misali; yapay surette ayıklanıp tasfiye edilmektedir.

Bu ayıklama ve tasfiyenin (*l'élimination*) amacı, sosyal varlığın muhafazasıdır; bunu kendi azasından olan ve fakat istenen moral vasıflardan mahrum (ne peccetur) kimseleri kökünden söküp atmak suretiyle istihsal eder. Şu hâlde, mutat olarak birbirine zıt olduklarını iddia eden iki okulun büyükleri tarafından ortaya atılan formüller arasında çelişki yoktur.[7]

Biz Romagnosi'nin aşağıdaki fikirlerine katılmıyoruz:

"Şayet hakikaten artık bir başka defa suç işleyemeyeceği kanaati tahassül edebiliyorsa, bu takdirde toplumun o kimseye herhangi bir ceza tayinine hiçbir hakkı olamaz."[8] Doğrusu böyle bir faraziye, bizim vazettiğimiz doğal suç kuramına karşı bir tenakuzu içermektedir.

İşlenen her suç, toplumsal hayata tam veya kısmen uyumsuzluğun işaretidir; moral anormalliği (kabili şifa veya değil) meydana koyan, diğer tabirle, başkalarında bulunmayan ya da öyle

7 Listz; Der Zweckgedanke in Strafrecht, dans Je. Zeitschrift für die gesammte Strafrechtswissenschaft, 1882.

8 Kant aksi fikirdedir; "Medeni bir cemiyet, dağılma tehlikesi altındaysa, bu cemiyetin yerine getireceği ilk vazife hapishanesinde yatan son katilin cezasını infaz etmek olmalıdır; böylece, her suçlu cürmünün cezasını çekmiş olur."

Ellero tarafından öne sürülen başka bir bakış açısı ise, Romagnosi'nin fikrine benzemektedir: "İstikbal için hiçbir suç işleme endişesi mevcut değilse, suçlu nezaret altına alınabilir, mağdurun zarar ziyanlarını tazmine icbar edilebilir, lakin onu cezalandırmaya imkân yoktur; çünkü verilecek ceza gayesine vasıl olamayacak demektir. Cezanın infazı esasında suçlu, hemcinslerine bizzat misal olması için cebir ve şiddete maruz bırakılmış bir oyuncaktan başka bir şey değildir."

zannedilen "suç işleme kabiliyetinin" o şahısta mevcudiyetine işaret eden hep o bir kere işlenmiş olan suçtur. Şu hâlde, ortada hakiki bir doğal suç mevcut ise, artık failin başka birini işlemeyeceği faraziyesi asla kabul edilemez. Böyle bir fikrin sıhhati, ancak suçlunun normal insan olması fikriyle mümkün olabilir. Fakat bu hâlde ise, onun işlediği fiilin bir suç olmaması lazımdır çünkü böyle bir ağır suçun beşer varlığı ya da ahlaki duygu ile telif kabiliyeti olamaz. Eğer ortada moral duygunun tamamen yokluğu mevzubahis ise, bu takdirde de ortada daima yeni suçların meydana gelme ihtimali mevcut demektir.

Şimdi, bir kere bu iktidar (veya kabiliyet: *Capacitee*) tezahür etmişse, artık buna müsamaha edilemez. Bu hâl, fertle toplum arasındaki rabıtayı kırıp atmaktadır; çünkü, toplumu teşkil eden bütün bireylerin arasında mevcudiyeti farz edilen yegâne müşterek bağ, vasıflarını gördüğümüz, ince duygulara doğrusu, her birinin sahip oluşudur.

Gerçek plan şudur ki bir suç işlemiş olsa bile, her zaman için suçluyu tasfiye etmek zarureti yoktur. Ceza daha önce de söylediğimiz gibi, bazı, defalar sadece, suçun tahribatını tamir ve tazmin külfetini tahmilden ibaret olabilir. Bu netice, suçludaki ruhsal anormalliğin pek az mahsus olduğu ve işlenen fiilin de suçlunun toplum hayatına intibak kabiliyetinden tamamen mahrum olduğu ve bu sebeple topluluğu ondan halâs etmek gerektiği zarureti ni öne süremeyecek derecede hafif olduğu hâle bağlıdır.

Bu eserin son faslında, hangi hâllerde tasfiyeye, hangisinde sadece tazmin ve tamir mecburiyetine başvurulacağını tayin ve tespit etmeye gayret edeceğiz.

III

Korkutma mülahazası. - Moral saik - Korku ve endişe saiki- Korkutmayı doğrudan doğruya amaçlamadığı hâlde aynı neticeleri hasıl eden bizim cezalandırma sistemimiz - Feuerbach ve Romagnosi'nin "Coaction psychologique" tezinin tenkidi. - ıstıfa ve intihap "sélection" tartışması - Ruhsal irsiyet görüşü ve bunun ceza sahasındaki uygulanışı.

Bizi, suç işleyecekleri korkutup onlara intibah vermek esasını ihmal etmekle, bütün amacımızın, aynı suçlunun tekrar suç işlememesine müteveccih bulunmakla itham ediyorlar: "Sanki bütün çekinilecek şey suça dair itiyatlarmış ve sanki sirayetler, tehlikeli taklit ve tam hareketler, kanunun iştigal mevzuuna dâhil değilmiş," diye M. Tarde feryat ediyor?[9]

Bu tenkide cevap vermek için, daha önce suçu önlemek (*prévention*) bahsi hakkındaki bazı umumi fikirleri hülâsa etmek ve sonra da yürürlükteki ceza sistemi yerine, tasfiye (*l'élimination*), tazmin ve tamir (*réparation*) sistemiyle suçu önlemenin daha az mümkün olmayacağını ispat etmek gerekiyor.

Her şeyden önce, şu konuya işaret etmek lazımdır ki cezai müeyyide, vazife duygusundan meydana gelen ve bu duygunun müdafaası için vazedilmiştir. Asla inkâr edilemez ki bir kanunun suç saydığı ya da cevaz verdiği bir fiilin mahiyeti, kamunun moral duygusunda uzun asırlar boyunca pek yavaş ve ağır bir tahavvül ve tebeddüle maruz kalır." "Uygunsuz oldukları hâlde cezasız bırakılmış fiillere rastlanıyorsa, bunlar bazı sebepler dolayısıyla öyle kolay kolay tahavvül ve tebeddüllerle meydana gelmiş olmayıp, ancak endirekt ve pek yavaş bir seyir sayesinde vücut bulmuşlardır. Zira, daha eski devirde menedilmiş olduğu bilinen bir hareketin bugün mübah olduğu sık sık görülürse, bu fiiller sebebiyle,

---

9 Tarde, positivisme et pénalité, les Archives de l'Anthropologie criminelle,1887, s. 55.

beşer müfekkiresinde sarsıntısız kalması gereken şeref ve adalet duyguları yavaş yavaş sarsılarak yıkılmaya mahkûm olur." [10]

Bütün duyguların esasını, insiyak hâline gelmiş ilk ilkel muhakeme tarzına ya da ilk atalarımızın elde etmiş oldukları fayda tecrübelerine dayandırmak mümkündür. İşte bu tecrübelerin artışı suça tepki olarak acılarını hissettirmiştir; bu tepki önce bireysel olarak meydana gelmiş, bilâhare devlet müessesesi kurulunca, Toplumsal bir mahiyet almıştır. Bu tecrübeler, muhakeme sayesinde, suçun mahmul olduğu gayriahlakilik duygusunu meydana çıkarmış ve bu duygu ise, bize atalarımızdan ruhsal verasetle geçmiştir.

"Tecrim ve terhibin olgun unsuru içtinap olaylarına ya da tecrübelerine dayanmaktadır; bu tecrübeler ise, bütün bir medeniyetin seyrini takip ederek kökleşir... Öyleyse, tecrim ve terhip ahlaki telâkki edilen duygularla endirekt olarak iştirak eder. İstikbale müzaf mülâhaza ve endişeler ise, siyasi, dinî ve toplumsal saikleri meydana getirir... İşte moral duygular da bu mülâhaza iştirakinin eseridir... Yasak bir fiilin meydana getirdiği tepkiler ise, içtinap ve endişeyi meydana getirmekte, bu içtinap ve endişeden de moral tahrik ve galeyanlar hasıl olmaktadır." [11]

Hatta ruhen pek ziyade gelişmiş, bu sebeple moral duyguları uzvi ve pek hassas bir hâl almış insanlarda dahi, bu ahlaki duygu, mecburiyet veya vazife İlişleriyle iştirak etmektedir; bu mecburiyet veya vazife duyguları ise, kötülük yapacak olanın kötülük bulacağı tehdidinden başka bir şey değildir. Şüphesiz pek çok kimseler vardır ki dedikodudan, yalandan, genç kızları ifsat ve iğvadan çekinirler; çünkü bu fenalıkların kendi ruhlarındaki bütün huzur ve hazları tahrip edeceğine inanmışlardır. Lakin, bundan başka, onlar içgüdüsel olarak, bu kötü amellerin bazı vahim sonuçları olduğunu da hissederler: Emniyetsizlik, infirat, namuslu ve itibarlı muhitlerden uzaklaştırılma... İşte bu endişeler, onlardaki içtinap duygusunu takviye ve tarsin eyler.

---

10 Holtzendorff, Das Verbrechen des Mordes und die Tadesstrafe, fasıl: VII.

11 Spencer, *Ahlakın Esasları*, fasıl: VII.

Belki de, bu izafi müeyyideler, irsen tevarüs ettiğimiz, ilk atalarımızın ahlaki duygularının temel taşını teşkil etmiştir. Fakat bu doğuştan gelen duygular bizde daima canlı ve kuvvetli kalmıştır; aksi takdirde aradan geçen uzun zamanlar onları zayıflatacak ve hatta büsbütün eritip silebilecekti.

Hatta aynı şeyleri, daima bir tutuklama, bir muhakeme ve bir cezaya müncer olan suç eylemlerine karşı duyulan insiyaki nefret ve istikrah için dahi söylemek mümkündür. Bu hâllerin efkârda teşekkülü, hatta dejenere olmayan fertlerde bile bugün dahi moral duygunun muhafazasına yardım etmektedir. Bu moral duygudan gelen kanun ise, bu duyguyu müdafaa etmekte, kuvvetlendirmekte ve onu yaratmaktadır. Cezaya karşı olan hassas duygular bu ağır, duyulmadan akan ve uzun yüzyılların mahsulü olan muhakemeye yabancı değildir. Nefret duygusunu kamçılayan, hırsız ve sahtekârlarla derin ve sıkı surette bağlı bulunan kürek cezası tabiri, şüphesiz bu suçlara karşı duyulan istikrah duygusunu büyütmektedir. Zincir ve sarı takke düşüncesi mahkûmu pek menfur yapar!

Şüphesiz kamuoyunun ziyansız ya da muhterem bulduğu eylem ve hareketlere kanun utandırıcı bir vasıf veremez. [12] Kanun, umumi ahlaka tamamen zıt bir gayretin mahsulünü veremez. Fakat o, umumi ahlakı takviye ve tarsin edebilir; zaafa uğrayıp sönmesine engel olabilir. [13]

Özet olarak denebilir ki suç sayılan hâllerin müncer olduğu ceza, namuslu insanların ahlaki duygularını takviye ve tarsin eder: Zira, bu yeni bir müdafaa ve mukavemettir; ahlaki duy-

---

12 "O efkârı umumiye ki, ilim tarafından doğrultulur, tecrübe tarafından tashih edilebilir; lakin, sadece cezayı mucip halleri tayin ve tespit edebilen kanunlarca, asla ifsat ve tezlil edilemez." Filangicri, *Scienza della Legislazione*, bab III, fasıl: XXXI.

13 "Müellifin vardığı bu hüküm vazettiği umumî nazariyenin tabiî bir neticesidir. Zira, mademki tabiî suç, sun'î suç taksimi vardır. Mademki, ceza kanunları bu İlmî ve hakikî taksime mâni olamayacaktır; öyle ise, felaket rüzgarları, hangi istikametten eserse essin, tahrip hedefi daima beşer kalbi olup, yoksa akıl ve izanı değildir. Akıl ve izan mümessili olan kanunun vazifesi ise, bu kötü rüzgârların esiş istikametini göstermek, hızını tespit etmek ve vukua gelecek harabiyetleri hesaplamaktır." -Ç.N.

gunun yeni bir hâkimiyetidir. Bunlardan başka, bu ceza, birçok hâlde, dürüst kalpli biri için hakiki bir mükâfat mahiyetindedir. Şimdi bunun nasıl olduğunu görelim:

Tahrik ve iğvaların müessir olmadığı hiçbir namusluluk yoktur. Taşıdığı yükün ağırlığıyla beli bükülmüş fakir, kendisine istirahat temin edecek paranın gayrimeşru elde edilmesinin tahrik ve iğvasına maruzdur; hakarete uğrayanın vücudu, intikam almanın haz verici ateşiyle yanar, durur. Fakat ahlak bu kötü tahrikleri boğar; ama öyle kolay değil; önce bir hayli mücadele eder; sonra da nedametin hatırı sayılır hissesini ayrım mecburiyetinde kalır. Şimdi bir düşünelim, bizzat kendi fazileti sayesinde nail olduğu olgun haz duygusu, o kimsenin maruz kaldığı amansız tahrik ve iğvalara karşı giriştiği mücadelenin ve ettiği mukavemetin neticesinde kavuştuğu faziletli zaferin en büyük mükâfatı olmaz mı? Çünkü o görüyor ki aynı mukavemeti gösteremeyenlerin düştüğü feci ve utanç verici olan muhakeme ve ceza sonucunu selâmetle savuşturmuş şeref ve itibarını kurtarmıştır. Bu şüphesiz egoist bir duygudan başka bir şey değildir; ama bu duygunun sonsuz faydaları da asla ret ve inkâr edilemez. Hak edilmiş bir mahkûmiyetin sevinç ve memnuniyet tezahürüne daima şahit oluruz.

Şüphesiz, ahlaki duygu insanoğlunun ekseriyeti için ulvî bir mahiyet alabilmiş ve namuslu insanlar oldukları gibi kalabilmiş olsaydı, bütün cezalar ortadan silinip kalkardı. Bununla beraber tahrik ve iğvalar teskin ve tasfiye için tesiri çok müşkül ve meşakkatli, muzafferiyetten sonraki sevinç ve memnuniyeti ise çok zayıf ve belirsiz olurdu. Hayırhah bir hâl ve hareketin temin edeceği fayda mülâhazası tesirini kaybedecek ve müteakip nesillerin ahlaki duyguları son derece sınırlanacaktı. İyiliklere duyulan şevk ve heyecan artık görülmeyecekti; çünkü şayet çok kötü bir fiil insanoğlunu muzdarip ve çok bedbaht bir hâle getirmiyorsa, bu takdirde asla şayanı takbih ve tayip olmayan hâl ve harekâtın kazanç ve faydaları ne olacaktır?

İşte, klasik okula mensup olanların daima düştükleri "*coeteros meliores reddit*" bu mülâhazalardan meydana gelir.

Fakat, acaba cezalandırmanın temin ettiği fayda ve memnuniyet, bizim öne sürdüğümüz kuramda boğulmuş mudur? Hayır, hiç şüphesiz, çünkü cezanın suçluyu toplumsal mizandan düşürmüş olması bu fayda mülâhazasının mevcudiyetine kâfidir. Kuramımızda ise, suçlu toplumsal hayat seviyesinden aşağıya atılmaktadır. Öyleyse öne sürdüğümüz tasfiye çareleri bu faydanın meydana getireni değil midir? Bu tasfiye imkânları ruhlarda en kuvvetli elem ve ıstırapları yaratmak suretiyle bu faydayı temin etmiş oluyor. Bunun gibi ağır olmayan fiiller için uygulanmasını uygun gördüğümüz tamir ve tazmin çaresi bile hakiki bir ceza değildir de nedir?

Şu hâlde, yürürlükteki ceza kuramı yerine kendi kuramımızın kaim olmasıyla umumi ahlak hiçbir şey kaybetmiş olmuyor.

Şimdi suçu ikadan önce efkâra hâkim olması lazım gelen hususa, yani cezadan korkmak bahsine geçelim.

Geçmiş zamanlar bize önceki kadar daima doğru olmayan bir başka atasözü daha miras bırakmış bulunuyor: "*Oderunt peccare mali formidine poenae.*" Biz çok daha önce deneysel ilmin, ceza tehdidi sayesinde yasak fiili ne dereceye kadar azaltabileceğinin hudutlarına işaret etmiştik (Bkz: Kısım II, Fasıl IV): Büyük suçlular, ancak sık sık uygulandığını gördükleri ölüm cezasından çekinebilirler; suç işlemeyi meslek yapmış kimseler, ne derece tehlikeye maruz olurlarsa olsunlar, ona atılmaktan çekinmeyecekleri için, onları da ancak, o da bir parçacık, ebedi cezalar ıslah edebilir; tahrike meyyal ya da asabi suçlular ise, ancak ani ve vahim olduğu takdirde cezadan çekinebilirler.

Suçluların objektif müşahedesi ihmal edilmek suretiyle, onları korkutmayı tasavvur etmişler ve böylece de kendilerince aşağıdaki formülü meydana getirmişlerdir:

"Suçun tehdidi olan cezanın müessir olabilmesi için bu ceza, işlenmesi tasavvur edilen suçla elde edilecek hazlardan daha kuvvetli olması lazımdır." (Feuerbach ve Romagnosi). İşte "Ruhsal mudarebe ve mecburiyet kuramı: *La théorie de la coaction psychologique*" diye tavsif edilen akide budur.

Bu formül üç şartın mevcudiyetini farz ediyor:

1 - Suçlular ileriyi gören insanlardır; zekâları parlak ve işleyecekleri suçlardan elde edecekleri hazları ve görecekleri cezaları tam surette hesaplayabilirler;

2 - Suçlular cezanın muhakkak ve suçun doğal ve zaruri neticesi olduğunu önceden düşünmüşlerdir;

3 - Henüz uzakta ve meçhulâttaki bir cezanın elem ve ıstırabının vehmi dahi, hemen elde edebileceği hazlardan onu uzaklaştırmış, bütün ihtiraslarını teskin etmiştir.

Acaba, her üç mülâhazanın da gayrivarit ve gerçek dışı olduğunu ispat için, şimdiye kadar söylediklerimize bir şey ilâve etmek zarureti mevcut mudur? Bu ilâve açıklama, olsa olsa, geçen fikirleri tekrardan ibaret olur.

Korku esasına müstenit bir ceza sistemi kurmak mı isteniyor? Öyleyse, empirizmin karanlık uçurumuna yuvarlanmak mukadderdir, zira ilmin meşalesi söndürülmüş ve bu ışığın aydınlattığı bütün kriteryumlardan uzaklaştırılmış olur. Acaba, beş senelik hapsin hizmetkârlar tarafından işlenecek sirkati önleyebileceği nasıl öğrenilebilmiştir? Neden on sene veya beş seneden de daha az değildir? Acaba niçin cismani ve terhibî cezalara başvurulmuyor; belki de kırbaç darbeleri ya da demir lâle ve hatta uzuv kati veya kızgın demir izleri bu tür suçları önleyebilecekti? Bu asrın başına kadar ceza vermede ifrata gittiler; o tarihten beri de tefrite yol aldılar. Her ikisi de zararlı olmuştur. Son asra kadar Napoli Ceza Mevzuatı, efendisinin evinden hırsızlık eden uşağa ölüm cezası vermekteydi. Bu ağır ceza, efendinin uşağını adalete ihbar etmemesine sebebiyet veriyordu; bilâkis o, bu suçu gizlemeye gayret ederdi,[14] Böylece bu tür suçlular cezasız kalırlardı. Son asrın hırsızlık suçlarına

[14] Filangieri, aynı eser, III.

reva gördüğü darağacı cezası, Fransa'da olduğu gibi, daha vahim suçların işlenmesine de sebep oluyordu. [15]

Böylece, cezanın meşruiyet ve isabetini yalnız korku esasına istinat ettirilmek isteniyorsa zulüm artacak, biçilen cezanın müessiriyetinin kifayetsizliği görüldükçe yavaş yavaş draconisme'e vasıl olunacaktır.

16. asırda, serserilerden ibaret büyük bir ayak takımı kitlesi İngiltere'yi yağmaya koyulmuştu. Bunların ekserisi, Karl Marx'a göre, bir önceki yüzyıl zarfında derebeylik idaresinin suiistimali yüzünden mal ve mülkleri haksız olarak ellerinden alınmış olmasından ya da kapitalistlerin menfaatini gözeten kanunların tedvin edilmesinden meydana gelmişlerdi. [16] İşte bu yüzden VIII. Henri, 1530'da çıkardığı bir fermanla gürbüz serserilerin birinci defasında kamçı cezasına çarpılmalarını ve bundan sonra da çalışma mecburiyetiyle kendi doğum yerlerine gönderilmelerini emrediyordu. Bilâhare çıkan kanunlar, birinci defa mükerrir olan serserilerin bir kulağının kesilmesini ve ikinci defasında ise, idamını âmir bulunuyordu. 1547 yılında, VI. Edward'ın bir kanunnamesi, sıhhatli serseri ya dilenciler kendilerini ele verenlere esir olarak teslimlerini muhteviydi. 1572'de Elisabeth, bu gibilerinin kırbaçlanmalarını ve tekerrürü hâlinde asılmalarını emrediyordu. Bunları darağacından kurtaracak tek çare, bir hayır sahibinin kendilerini himayesinde en az on sene barındırmayı taahhüt etmesinden ibaretti. Marx, Hollingshed'e atfen, VIII. Henri'nin hükümranlığı zamanında 72.000 serseri veya işsiz güçsüzün darağacını boylamış olduğunu söylüyor. [17]

Şimdi bu türden ölçüler ele alınırsa, "Coaction psychologique" kuramı için ne söylenecektir?

---

15 "Hırsız hemen daima katil oluyordu. Çünkü adaletin eline geçince darağacına çıkacağını bilirdi. Binaenaleyh kendini kurtarmak için işleyeceği cinayetin ayrıca, bir cezası yok demekti." Filangieri.

16 Karl Marx, *Le Capital*, fasıl: XXVII.

17 Karl Marx, aynı eser, fasıl: XXVIII.

Şüphesiz serserilik ve işsizlik, bünyesini izah ettiğimiz anlamda doğal ve hakiki bir suç değildir; ancak şurası da hakikattir ki diğer bütün suçların sebebi olan serserilik ve başıboşluk yenilmesi güç itiyatlardır; bu itibarla mantığın haşin ölçüleri XVI. asırda yürürlükte olan amansız İngiliz kanunlarını mazur görmektedir.

Fakat bütün bu mazerete rağmen, kalpleri taşıran en samimi duygularımız, bütün suçu serserilik ve avarelik olan kimselerin, kanunun hükümlerine uyularak öldürülmelerine isyan eder. VIII. Henri ve Elisabeth tarafından darağacına verilen bu bedbahtlar, biraz şansları olaydı, muhitlerindeki şartlara intibak etmek kabiliyetini haiz olurlardı. Bu hakikati torunları ispat etmiş bulunuyor. XVIII. asırda, hayırsever hükümdarların hükümranlıkları devrinde, bu gibiler Amerika'ya ve XIX. asırda Avustralya'ya sürgün edilmişler ve bu muhitlerin şartlarına intibak ederek harikalar yaratmışlardır.

İşte korkutma kuramı yalnız tahrip kudretine sahipken, intibak kuramı mamur ve müreffeh ülkeler meydana getirebilmiştir.

Ahlaki duygular, bir yandan suçlara karşı şiddetli cezalara saygı ve itibar gösterirse de, diğer yandan bu tepkinin aşırı oranını da meneder. Suçluya uygulanan ceza, suçun kaynağının kurutulmasını istihdaf etmiyorsa, yani o suçun tekrar işlenmesi tehlikesini bertaraf etmek için onun faziletsiz duygularını gemlemek ya da toplumsal hayata intibak kabiliyetsizliğine bir deva mahiyetini taşımıyorsa, ortada aşırı bir tepki var demektir.

Buna karşılık şayet verilen ceza, aynı suçun başkaları tarafından işlenmesi korkusu ölçüsüne göre hesaplanır ve böylece ceza, korku ve ibret vasıtası yapılırsa, bu takdirde cezası infaz edilen mahkûm, bir oyuncaktan, bir korkuluktan başka bir şey olmaz.

Cezayı, korkutmak vasıtası yapan sistemi, ancak bu cezayı doğal bir tepki telâkki eden kuram sınırlandırabilir. Bu suretle uyumsuzluk vahametinin ağırlığı oranında suçlu, tamamen veya kısmen toplum hayatından tasfiye edilir ve bu suretle cezadan faydalı bir netice elde edilebilir. Toplum, cezayı sadece bir korkutma vasıtası gibi kabul ettiği zaman, bu hayata henüz intibak edebilecek kimselerin hayatları tamamen veya kısmen yok edilebilir. Ya da bu kimse, işlediği suçun doğal tepkisi olacak ceza yerine, hak etmediği ceza ve işkencelerin zebunu olabilir; böylece adalet duygusu da yaralanmış sayılır; keza, bir kimseyi alenen kırbaçlamak veya teşhir direğine bağladıktan sonra tekrar mutat faaliyetine başlamak üzere, hür ve serbest olarak toplum hayatına onu iade etmek suretiyle de ceza amacına vasıl olamaz ve nihayet, zamanımızda itiyadi suçlulara verilen birkaç aylık veya yıllık hapis cezalarıyla da bu amaç hiçbir suretle elde edilemez.

Özet olarak diyeceğiz ki namuskâr olmayan fertlerin vicdan ve idraklerini cezanın dehşeti sayesinde faaliyete geçirmek gayretleri tamamen yararsızdır; fazla olarak, o kimseler, şartlarıyla bir türlü intibak edemedikleri toplum hayatından tamamen veya kısmen uzaklaştırılacaklarına, hiç de faydalı olmayan ve hatta zulmün ta kendisi olan işkencelere maruz kalmış olacaklardır.

Lakin, yukarıda açıklandığı üzere, cezanın müspet anlayışıyla kabili telif olmayan bir şey varsa, o da cezanın infazından sonra, o kimsenin kollarını sallayarak tekrar toplum hayatına devam edebilmesidir. Şayet suç, kuramımıza göre, toplum hayatına intibak edememenin bir delili ise, bunun mantıki tepkisi de, toplumun vazifesi bu zararın tamiri olmalıdır. O hâlde, onun korku verecek bir ceza aramak endişesine düşmesi asla doğru olamaz; zaten böyle bir korku, bağdaşılamayan toplum hayatından tasfiye edilmek tehlikesinde fazlasıyla mevcuttur.

Bu fikri aydınlatmak için bir iki misal verelim: Farz edelim ki cezanın yerine kaim olanlarda da öyledir: müebbet sürgün ve kalebentlik.

Diğer geçici tasfiye cezalarına gelince, bunlar da intibak edilemeyecek toplum hayatının istisnai şartlarına göre isabetle ve hakkaniyetle uygulanacak olursa bu korku yine ortaya çıkar.

Bu fikri aydınlatmak için birkaç örnek verelim: Farz edelim ki küçük bir köy sakini, ailevi bir kin yüzünden her fırsatta ve herkesin önünde hasmını tahkir ederek, mahallenin rahat ve sükûnunu mütemadi surette bozuyor ya da mukabelesini görmediği devasız aşkının ateşiyle, genç bir kızı mütemadiyen ve alenen taciz etmektedir.

Şimdi, her iki örnekteki suçlar, Filangieri'nin mesut tarifine göre, tamamen mahalli kabul edilebilir; buradaki uyumsuzluk illeti o muhitin hususi şartlarına bağlı, ailevi kin ve devasız bir aşka bağlı bulunmaktadır. Öyleyse, uyumsuzluk illetini yaşadığı muhitin şartlarından alan bu şahsı, o muhitten uzaklaştırmakla onun başka bir mahalde, oranın şartlarına intibak ederek tehlikesizce yaşaması mümkün olacaktır. İşte mümasil bir hadisede, topluma düşen vazife şekli bu olmalıdır. Fakat acaba bu çare hakikaten müessir olabilecek midir? Şüphesiz ki evet, zira evinden barkından olma korkusu, caninin cinnetine ve diğer ağır suçlarına engel olamasa bile, hiç olmazsa hakaret ve vahim olmayan suçları gemlemeye pekâlâ muktedirdir.

Sakın, mademki böyle bir prensip bir kere vazediliyor, artık cezaevlerinin haşin ve şiddetli olmasına sebep kalmıyor, denilmesin. Bu huşunet ve şiddet disiplin zaruretinden doğuyor; çünkü hepsi de suçlulardan ibaret bir kitleye hâkim olmak pek o kadar kolay değildir. Ve bu şiddet ve huşunetin büyük bir kısmı mahkûmu tam bir tecrit hâlinde tutmak maksadına matuf bulunmaktadır.

O hâlde, şu neticeyi istihraç edebileceğimize inanabiliriz: Şayet, suçluya uygulanan tasfiye müeyyidesi, hâllerin gösterdiği hususiyete muvafık ve zarurete de mutabık ise, korku mülâhazası kendiliğinden hasıl olur, artık bu neticenin istihsali için hususi bir faaliyet ve gayrete gerek kalmaz.

Bununla beraber, türlerini saydığımız bazı suçlarda faillerini tasfiye etmenin faydasız olacağını müteaddit defalar öne sürdüğümüz hatırlatılabilecektir. Hatta biz bu tür suçlarda her türlü cismani cezaların ve hatta kısa süreli hapislerin dahi yersizliğini iddia etmiştik (Bkz: Bu bahsin başlangıcında, s. 1).

Hiç şüphe yoktur ki birkaç günlük tutuklama veya birkaç aylık hapis gülünç birer cezadan başka bir şey değildir; o kadar ki son yüzyılların darp cezaları kadar gülünç ve anlamsızdır. Ama, böyle dememize karşılık, bu gibi hâllerde, işlenen suçun meydana getirdiği maddi ve manevi zararları suçluya tamir ve tazmin ettirmenin zorunlu olacağını öne sürmüş ve bunun uygulanma imkânı için de yürürlükte ceza usullerinin tadili ile suçlunun bu vazifeden yakasını sıyırmasına imkân vermeyecek, enerjik, müsamahasız ve kesin hükümlerin tesisini şart koşmuştuk.

Bu suretle, işleyecekleri bu tür suçlardan yakalarını ancak mağdurlarının maddi manevi zarar ziyanlarını tam surette tazmin suretiyle kurtarabileceklerini ve şayet paraları yoksa bedenen çalışmak suretiyle bu vecibeyi eda mecburiyetinde kalacaklarını bilmek duygusu, süresi önceden tespit edilmiş ve avare oturmak ve devlet hesabına iaşe edilmekten ibaret bir vecibeyi yerine getirmek gibi bir gayretten daha müessir olmaz mı?

Şimdi biz, tasfiye cezalarının bünyesinde mevcut ve hâlbuki diğer tür cezalarda ancak tesadüfen bulunabilecek olan bir duruma temas edeceğiz: Islahı cins veya istifa (*la selection*), psikolojik irsiyete yukarıda kısa bir göz atmış ve suçun bu değişmez kanunun pençesinden kurtulamayacağını göstermiştik. (Bkz: II. kısım, I. fasıl)

Bu, şu neticeyi doğurur ki toplumsal hayata en ziyade kabiliyetsiz olanların bu hayattan tasfiyesi, milletin umumi ahlak duygusunu takviye ve tarsin edecektir; çünkü suça temayülleri olan fertlerin sayısını her gün daha ziyade azaltmış olacaktır.

Son asrın bireyselci okulu, istediği kadar baba ile evlât arasında ruhsal bir irtibat bulunmayacağını ve evladın ana babadan ne faziletleri ne de hicap verici duyguları tevarüs edemeyeceklerini haykırsın dursun; hakikat şudur ki şayet ana babanın veya cetlerin fazilet ya da redaetlerine tevarüs edilmiyorsa, bunların fazilet ya da redaet meyillerine, hassasiyetlerine, ihtiraslarına mizaçlarına ve karakterlerine pekâlâ tevarüs edilmektedir. Her şey ve herkes bize psikolojik irsiyetin, fizyolojik irsiyetin bir olgusu olduğunu ispat etmektedir.[18]

---

[18] Ribot, *L'hérédité psychologique*, Paris, 1882.

Lakin, suçlular için, ortada ruhsal irsiyet mevzuu bahis değildir; bedensel irsiyet dahi ayrıca mevcuttur. Zira, biz suç içgüdüsünün, çok defa farklı beden yapısına bağlı olduğunu, antropolojik hususiyetlere sahip bulunduğunu ve bütün bu hususiyetleri haiz fertlerin açık ve özellikle korkunç suçluları teşkil ettiklerini açıklamıştık.

Eski devirler, babalarının suçlarından dolayı erkek evlatları amansızca cezalandırmakta idi. Medeniyette çok ileriye varmış olan devrimiz ise, bütün ihtimalleri düşünerek, fena temayüllere sahip, fikirsel inhitat ve kötü düşünceler içinde olanların nesli çoğaltmalarına engel olmalıdır.

Artık devrimiz, suçluların çocuklarını cezalandırmamaktadır, fakat onların doğumlarının da önüne geçmelidir. Bu imkânı da hükmedilecek ölüm cezaları ya da müebbet tecrit cezaları verebilir; bu yapay ıstıfa vasıtasıyla milletin ahlaki inhidamının önüne geçilebilir. Lombroso, geçmiş asırlara nazaran, ırkın ıslahı amacıyla zamanımızda verilen ölüm cezalarını alkışlamaktan ve eskiye nazaran çok daha insani bir devirde yaşadığımızı söylemekten çekinmiyor.[19] Devrimizde sık sık rastlanan darağaçları, suçluların milletimize yeni suçlar işlemelerine engel birer etken olmaktadır. Acaba, bu ıstıfa olmasaydı, bütün suçlular pervasızca nesiller verseydi, etrafımız geçmiş devirlerin azılı hırsızları ve kanlı katillerin nesilleriyle sarılı yaşasaydık, milletin boyun eğmeye mecbur olacağı akıbeti kim tarif edebilirdi?

Bugünün beşeriyeti çok halim, az muhteris ve vahşi meyillere karşı ziyadesiyle mukavimdir. Fakat büyük bir kısmı ıstıfa "veya ıslahı cins: *selection*" dediğimiz olguya dayanan bu evrim ve gelişim niye dursun? Asırların eseri olan bu ayıklama ve temizlik seyrini niçin takip etmesin?

Evrim ve gelişimdeki her tevakkuf geriye atılmış birer adımdır; kötülüğün saçılan ve her biri yeni suç sahaları ve suçlu nesilleri yaratacak olan şeamet tohumlarını toplayıp ezme vazifesini

---

19 Lombroso, *L'incremento del delitto in Italia*, Turin, 1879, s. 30.

hakkıyla yapmamış olmamızdan dolayı gelecek nesiller bizleri telkin edecektir.

Lakin, medeni bir topluluk içinde hatta toplumsal kuvvet (ya da iktidar), bu ayıklama vazifesiyle uğraşmasa bile, doğal bir zaruret olarak bu netice kendiliğinden hasıl olmaz mı?

"Kusurlu bir vücut yapısının eseri olan suçlu, hemen özellikle bozuk bir neslin mahsulü ya da beşerî eğilimin tehlikeli başlangıcıdır. Her iki hâlde de tabiat, insan türünün himaye ve muhafazası amacıyla olacak, bu bozuk yapıyı ya çabucacık ifna etmekte ya da uzun bir nesil meydana getirmesine engel olmaktadır." [20]

Doğrusu bazı sınıf suçlular için bu açıklama gereklidir: Birçok hastalıklarla malûl olanlar, epilepsi hastası olanlar, deliler, sinirliler gibi... Lakin, sayısız insanlar da vardır ki tamamen dejenere vasıflara sahip oldukları ve ahlaki çöküntü içinde bulundukları hâlde, maddi hayat içinde pek uzun bir ömür sürebilmekte, bu hususta hiçbir eksiklikleri bulunmamaktadır. Bu gibilerde ya sadece kendilerini ilkel insanlara yaklaştıran bedenî vasıflar ya da patolojik olmayan anormal hususiyetler mevcuttur. Bu kimseler, pekâlâ tam bir sıhhate sahip olabilirler, hatta medeni bir camianın fertlerinden de daha sıhhatli olabilirler; çünkü medeniyette ilerlemiş bu gibilerde ahlak gelişimi, hemen özellikle ters orantılı olarak, bedensel varlıkları zaafa uğratmıştır. Hayvani kuvvet ve kudret bakımından vahşi, gerek kas kuvveti gerekse havas kudreti bakımından medeni insandan üstündür. [21] Böylece, malûliyeti

---

20 M. Venturi tarafından ölüm cezası hakkında irat kılınan nutuktan "Suç antropolojisi kongresi zabıtları, s. 312. Roma, 1887."

21 "Entelektüel gelişim sinir hastalıklarına, bu hastalıklar da bu sınıf insanların tereddi ve tebahına müncer olmaktadır." Jacoby, istifa veya ıslahı cins üzerinde çalışmalar, önsöz. Paris, 1881.
Dr. Albrecht, mukayeseli teşrih ilmi bakımından, insanın morfolojik olarak maymundan geri olduğunu ve vahşi insanın da medeni insandan üstün bulunduğunu savunmaktadır. "Suç antropolojisi kongresi zabıtları, s. 105-112, Roma, 1887."

bulunmayan suçlular, normal insanlar gibi, hatta onlardan daha fazla tevellüt hassasına sahiptirler.

Netice olarak, Dr. Venturi'nin de bizzat ifade ettiği gibi, "Toplum, ölüm cezalarıyla, bizzat kendi nef'ine hizmet eden tabiatın gayretine yardım etmektedir. Medeni hayatın zaruretleri ve toplumsal muhitin tesirleri, toplum fertlerinin bekayı nefsi için giriştikleri mücadelenin doğal şartlarını ihlal etmiştir. Toplumsal mukaveleler tabiat kuvvetlerinin yerini almak zaruretinde kalmıştır. Bununla birlikte, kendi bünyesini tahrip ve ifsat eden suçlulardan kurtulmaya, hiç olmazsa kısmen olsun kurtulmaya cehdetmemek toplum için büyük bir tehlike olurdu."

Bundan başka, tasfiye çareleri içinde, doğal ıstıfacıyı tacil ve ona yardım eden sadece ölüm cezası değildir.

İngiliz serseri kitlelerinin, cebri surette müstemlekelere muhacereti, şüphesiz boş yere değildi; bu, milletin ifsat ve iğvalarına gem vurulması içindi; doğrusu bu memlekette, hiç olmazsa büyük suçların sayısı, Orta ve Güney Avrupa memleketlerine kıyasen çok düşüktür. VIII. Henri'nin ve Elisabeth'in darağaçları büyük oranda ıstıfayı temin edebilmişse, XVIII. ve XIX. asrın ilk yarısında vuku bulan sürgün cezaları da, bu eserin idame ve inkişafını temin etmiştir. Bütün lazım olan, hiçbir toplumsal muhite intibak kabiliyetini taşımayan ve bu suretle de ıstıfayı tahakkuk ettiren suçlulardan ayırt edilmesidir.

İKİNCİ FASIL

Yürürlükteki Ceza Sisteminin Eleştirisi

Fikrimce, önceki fasılda tesis edilen esaslar, doğal ve toplumsal ilimlerde karşılığını bulmamış olmasına rağmen, sade ve açık birer hakikati ifade etmesi yüzünden, orta derecede tahsil görmüş bütün insanlar tarafından hüsnü kabul görecektir. Hatta onların, bu faslı okuduktan sonra, yeni bir şeye rastlamadıklarını beyan etmeleri de mümkündür; zira bu tür prensiplerin bir kerecik olsun hatırlatılması, onların hakikat oluşuna iman ettirmeye kâfidir. İfade edilmemiş olmalarına rağmen, müfekkirenin bu gibi hakikatleri devamlı olarak hararetle kucaklamış olduğuna inanılır ve hiç olmazsa, insan zekâsı bir kere bu mevzu ile iştigal edince, başka türlü bir neticeye varılamayacağına mutmain olur.

Ne yazık! Bu eserde açıklanan kurama taban tabana zıt bir ceza hukuku ilminin mevcut ve yürürlükte bulunduğu çok acı bir hakikattir. Gayret ve muhakememize hâkim olan mantığın, okuyucularımız tarafından lâyıkıyla takdir edilebilmesi için, bu hazin hakikati açıkça göstermeye mecbur oluyoruz.

İşte bunun içindir ki bugün Avrupa'da umumiyetle reva görülen ceza kuramı üzerinde bir tahlile girişeceğiz; diğer taraftan da bizim kurduğumuz esaslardan doğacak mantıklı neticelerini birer birer gözden geçireceğiz.

Daha, önce demiştik (Bkz: Kısım: I, Fasıl: II) ki hukukçular için suçlu, bizim kabul ettiğimiz gibi, anormal bir varlık, toplum hayatına intibak kabiliyetinden tamamen veya kısmen mahrum bir birey değildir; onlar için suçlu, sadece devletin yürürlükte kanununu ihlal eden ve Bununla birlikte, tayin edilen mücazata müstahak bulunan bir insandır.

Mücazata gelince, bu da zamanımıza kadar hâkim olan iki esas kurama göre değişmektedir: İdealist okula mensup olanlar için ceza, suçun meydana getirdiği ahlaki çöküntünün bir tavizidir. Bilhassa, İtalya ve Almanya'da klasikleşen okula mensup hukukçular için ise, ceza, hukuki nizamın müdafaa vasıtasıdır.

Evvelki fasılda adalet ve kefaret kuramını tahlil ederken idealistlerden bahsetmiştim.

Burada şunu ilâve etmeliyim ki mücazat problemini mutlak adalet kuramı ile halletmek mümkün değildir; zira işlediği herhangi bir suçtan dolayı bir kimse hakkında mutlak surette âdil bir ceza asla tayin edilemez. Diğer taraftan, bu kuram, kendine has bir kriteryumdan da mahrum bulunmaktadır; doğrusu, bu kuram müstenit bir ceza sistemine sahip bir millet, belli devrelerde tahavvüller göstermeye mecbur olacaktır. Bu sisteme göre, canavarca ya da tasavvur ve tasmim ile işlenen cinayetlere reva görülen ölüm cezası, alelade katil suçuna uygulanırsa adaletsizlik olacağından, daha hafif bir cezanın, mesela, müebbet ağır hapis cezasının uygulanmasını gerektirir. Ama ölüm cezasının bu ceza sisteminden yavaş yavaş silinmesi hâlinde, bu cezanın yerini müebbet ağır hapis cezası alacak ve zamanla bu cezanın da alelade cinayetlere uygulanması adil olmayan bir biçimde görülecek ve böylece bunu hafifletme adaletinin sonsuzluğu takip edecektir. Sadece bu misal, mutlak adalet kuramında mutlak olan hususun sadece kuramın ismine bağlı kaldığını gösteriyor.

Klasik adını verdiğimiz kurama gelince, bu okul verilecek cezayı vatandaşın hukukunun sirayeti zaruretiyle ölçmektedir ve buna toplumsal zaruret adını veriyor. Ama o, bu toplumsal zarurete bir nâzım ya da bir tadil ve temkin ki buna adalet diyor, unsurunu ilâve etmektedir; bu unsur, hariçten gelen ve toplumsal zaruretten üstün bir mahiyet taşıyan bir şeydir. Böylece, bu hukukçular metafizik sahasına kaymış oluyorlar, çünkü bu nâzım, tadil, temkin unsurunu mahza zaruretten başka sahalarda aramaktadırlar. Onlara göre, adil ceza, zorunlu olan cezadır; bu fikrin karşıt kavramından, zorunlu olmayan cezanın adil olmadığı sonucuna ulaşılır. Bu suretle mücazat esasında mezalimden sakınmak için zaruret kriteryumunu (ya da ölçüsünü) elde tutmayı gerektiriyor. Hâlbuki, böyle bir ölçüyü metafizik nazariyatta bulmaya imkân olmayıp ancak deneysel ve müspet ilimlerde aramak zarureti karşısında bulunuyorlar. Öyleyse, herhangi yabancı bir unsurun yardımına ihtiyaç yoktur; çünkü toplumsal zaruret, abartılı olmayan ve tamamen hakiki olan anlamıyla, bireyin en mükemmel garantisini teşkil edecektir.[22]

Lakin, klasik okula göre, toplumun müdafaası ile tahdit edilmiş bulunan bu adalet unsurunu daha yakından tahlil etmemiz lazımdır. Bu kuramdan istihraç olunan iki prensip bu okulun kurucuları tarafından vücuda getirilen eserlerde yer almış ve bu esaslar zamanımıza kadar şiddet ve titizlikle yaşayarak, bu kurama hukuki karakterini muhafaza ettirmiştir.

Bu sistemin mihverini teşkil eden prensipler şunlardır:

1° Şayet suçlu işlediği fiilden etik olarak mesul değilse, ortada herhangi bir suç yoktur. Bundan da şu netice çıkar ki suçun ağırlığı bu ahlaki sorumluluğun ağırlık derecesiyle ters orantılıdır.

2° Cezanın ağırlığı ise, doğrudan doğruya işlenen suçun vahametine tabi tutulmalıdır.

---

22 Bu mevzuda Liszt'i okuyun: "Der zweckgedanke im Strafrecht." s. 32.

Sonuç olarak, moral mesuliyet ölçüsü ile cezanın suça olan uygunluk oranını tam surette bulup uygulamak imkânsızlığını ilim ispat etmiş olmasına rağmen, bu iki mevzu hâlâ ceza hukukunun mihveri aslisini teşkilde devam etmektedir. Müfekkirelerde yerleşen bu felsefi mülâhazaya indirilmiş ağır bir darbenin açmış olduğu rahne, klasik okulun pek yakında bu dalâletten kurtulabileceği ümidini vermektedir. Hiç şüphe yoktur ki bu amaca erişebilmek için zorluklarla dolu bir gayrete ihtiyaç olacaktır; ama eninde sonunda muvaffakiyetin sehhar gülümseyişi belirecek, insanoğlunun beka ve müdafaası için şart gösterilen bu prensiplerin, haddizatında ceza hukukunun zayıflığından ve kudretsizliğinden başka bir şey olmadığı hakikatine kavuşulacaktır.

I

Mevcut ceza ilmi anlayışının bu kitapta savunulan kurama uymamasının sebebi. - Moral mesuliyetle suç ve ceza arasındaki adil oran prensibi. - Birinci prensipten doğan garip neticeler. - Tahammül edilemez şiddet. - Hafifletici sebepler.

Doğrusu, cezayı toplum hayatının müdafaa ve muhafaza vasıtası gibi gören, irade ve ihtiyar olmadıkça suçun da bulunmayacağına inanan hukukçulara şu husus sorulabilir: Acaba suçlu devamlı bir hastalıklı haleti ruhiye ile ya da derin, şiddetli ve hatta mukavemet edilemeyen bir meyil ve itiş kuvvetiyle suçu işlemiş ve aynı şahsın yeni suçlar işlemesine de hiçbir engel kalmamışken, toplum hayatının müdafaasının zayıflatılmasına neden müsamaha ediliyor? Yoksa, bilâkis bu gibi hâllerde, irade ve ihtiyarı kalmamış, hislerine ve delilik meyillerine hâkimiyet ve mukavemetten mahrum insanlara karşı toplum, varlığının şiddetle muhafaza ve müdafaasını istemekte daha ziyade haklı değil midir? Fakat, işin bir teselli tarafı var, çünkü hakiki deliler için tımarhaneler mevcuttur; ama asıl hazin olan cihet, suç için moral mesuliyetin şart olarak kabul edilmesi dolayısıyla hakiki delilikleri ispat edilmeyenlerin dahi hemen hepsinin cezasız kalmalarıdır.

İrade ve ihtiyar kavramının uçurumlarına saplanıp kalmadan, bu moral ihtiyar ve hürriyete olan inancımızın bir hayal ve hülya olmadığını kabul edelim; bu mefhumun hakikate cevap verdiğini ve bize her an açık bir mucize yarattığını, yani cihanı kucaklayan tabiat kanunlarına tabi olmayan ruhsal bir hareket olduğunu kabul edelim; yine onun, insanoğlunun bütün kablî ve tasavvurî düşüncelerine hâkimiyet işareti olduğunu kabul edelim; yani ancak onun sayesinde, aynı insanoğlunun kendini iyi veya kötü yaptığını, adalet veya adaletsizliğe saptığını gayrimemnun veya mütevekkil, münfail veya halim ve yumuşak olduğuna inanalım. Öyle ki bu irade ve ihtiyar denilen şeyin belli zamanlarda beni (ena) temsil etmediğine, fakat her an ve zamanda beni yaratan kuvvet olduğuna inanalım.[23]

Evet, öyle olsun! Bütün bu tasavvurlara rağmen, bu mucizenin ceza âlimleri için hiçbir önemi yoktur ya da da bu ehemmiyet hissedilmeyecek kadardır!

Zira, illiyet kanununa istisna teşkil eden, böyle bir mucizeye inananlar, saikleri bizce meçhul suçlardaki moral mesuliyeti de tanımamak mecburiyetindedirler. Sonuç olarak, beşerî mesuliyet, şahsın iradesine müessir dahili veya harici hâl ile mahdut olacaktır. Evet, bu mesuliyet daima izafi, sonsuz derecelerde, hatta gayrikabili takdir ve tavsif namütenahi surette gayrimahsus olabilecektir.[24]

İrsiyet, atavizm, tahsil ve terbiye, toplumsal muhit, yaşanan hayatın hususiyeti, iklim, gıda, meslek, fikri kültür, malûliyetler... Tesirleri inkâr edilemeyecek olan bütün bu hâl mevcut oldukça,

---

[23] Bu mevzuda M. Piperno'nun çok önemli bir çalışmasını inceleyin: "La nuova scuola di diritto penale in Italia", Roma, 1886.

[24] Poletti, *Teoria della tutela penale*. Torino, 1878.

hiçbir insanoğlunun eylemlerinde tam bir moral mesuliyet bulunamayacaktır.[25]

Peki bu takdirde, cezalandırma davası halledilemez bir hâle gelmeyecek midir? Çünkü her suçludaki doğal hâl ile irade ve ihtiyardan gelen hâli, birbirinden ne suretle ayırt etmek kabil olabilecektir? Namütenahi hâl ve şeraitin tesirlerine maruz bir suçluluğun mahdut olan mesuliyetini ne surette tayin ve tespit edebileceğiz?

Farz edelim ki suçlunun hayatı, bütün mahrumiyeti ile bütün hususiyetleriyle, dünyaya gelişinden suçu işleyişine kadar, harici âlemle olan bütün münasebetleriyle hâkime belli olmuştur. Yine de meselenin halline kifayetsizdir. Acaba, irsiyet ve atavizmin hangi ölçüde suçlunun meyillerine hükmettiğini gösterecek aile şecere, tarihini inceden inceye bize kim anlatabilecektir? Hatta bu araştırmanın da mümkün olduğunu kabul edelim, ruhsal anormalliklerle, ancak otopsi ile anlaşılabilecek olan dimağı anormalliklerin rolünü nasıl ayırt ve tayin edebileceğiz?

Şu hâlde, mahdut ya da izafi olan mesuliyet prensibi, ceza kuramlarına uygulanma kabiliyetinden mahrum bulunmaktadır. Bununla elde edilecek teşhis, ilmin ışığı altında, daima kifayetsiz olacak ve bizi hakikat olmayan neticelere götürecektir.

İtalyan Ceza Mevzuatında mevcut bir madde var ki yan mesuliyet ihtimalini derpiş etmektedir. Pekâlâ! Öyleyse, bu maddenin uygulanması umumi olacaktır; bütün suçlulara bu madde hükmü uygulanacaktır; hatta mesuliyetlerini tahdit eden hâllerin en hafifine bile. Çünkü, bu hâllerin bazıları var ki her sanıkta mevcuttur; yeter ki varlığı bilinsin ya da aranıp bulunsun. Zira başka türlü, her suçluya ayrı ve hakiki bir teşhis yapılıp, ayrı ve âdilâne bir ceza uygulanma imkânı bulunabilseydi, adaletin zaferi hükmünü icra edecek ve gözleri sevinçle doldurabilecekti.

---

[25] Pessina, *Il naturalismo e le scienze giuridische*, Napoli, 1879.

İşte bunun içindir ki o maddenin bütün olgulara uygulanabileceğini, artık beyhude yere başka ceza maddelerine gerek kalmayacağını söyledik.

Fakat o hâlde cezayı suçun önemine göre nasıl tayin edeceğiz, muhtelif hâle göre, âdil oranın miyarını nasıl bulacağız? Bu meselenin halli henüz kolay değildir; bir kere izafi mesuliyet prensibi kabul edilmiş olunca, her durumda değişen hâl ve şeraitin irade ve ihtiyarı namütenahi tahavvüllere sevk ettiği de aşikârken, bu mesuliyetlerin bütün şahıslarda eşit olduğu nasıl iddia edilebilecektir?

Hülâsa olarak denebilir ki moral mesuliyet, cezanın suça vasıl olamaması için kanun tarafından yerleştirilmiş bir hailden başka bir şey değildir.

Lakin, daha iyi bir hal çaresi de bulunmuştur; modern kanun, tahammül ve mukavemet dahili kuvvet prensibini öne sürmüştür ki bu hâl doktrinler dünyasında büyük bir terakki hamlesi olarak kabul edilmektedir.

Görülüyor ki bu prensip kanun hükmünü belli bir tarihî devreye bağlı bir felsefenin hâkimiyeti altına sokmaktadır. Determinist için (geçen sayfaları okuyanlar bundan emin olabilirler) bütün kötülükler, bütün iyi veya kötü hareketler, zorunlu birer olgudur; irade ve ihtiyarın bir tezahürü, başka amalin husulünü önceden derpiş eden bir faaliyet ve maksadın peşin gayretleridir.

İnsanoğlunu hayatın doğal ve alelade faaliyetlerine sevk eden kuvvet, aynı insanoğlunu en garip faaliyetlere sevk eden kuvvetten daha az şiddette değildir. Belirginlik sathına çıkan her faaliyet, aynı surette zaruret vasfını da almış demektir. Mukavemet edilebilen kuvvet (veya tahrik ve galeyan: *Impulsion*) demek, daha canlı başka bir kuvvetle ona karşı gelinebilen kuvvet demektir; mukavemet edilmez kuvvet ise, bütün diğer kuvvetlere hâkimiyet tesis edebilen kuvvettir. Zaten işlenen fiil mukavemet edilememek vasfını ispat eder, zira şayet mukavemet edebilseydi, fiil de meydana gelmiş olmayacaktı.

İşte deterministlerin kuramları budur ve pek çok düşünürler onlarla beraberdir; bundan dolayıdır ki natüralizm mesleği her gün daha geniş terakkiler kaydediyor.

Şimdi bir düşünelim, böyle bir prensibin hâkimiyeti altında, yani suçun esas unsuru moral mesuliyet olur ya da başka bir tabirle, seçilmiş bir irade, yani iradenin mutlak bir intihap serbestisi esası suçun tekevvünü için başlıca şart olarak öne sürülürse, hangi hâkim bir mahkûmiyet kararı verebilir?

Belki de bu tehlikenin vahim olmadığı iddia edilecektir; zira, determinizm kuramının halkça kâfi derecede benimsenmiş olmamasından, belki de hiçbir zaman olamayacağından dolayı, hâkimlerin veya jürilerin sistemli surette beraat kararı veremeyecekleri kanaati hâkim bulunmaktadır.

Pekâlâ, öyledir diyelim; ama suç meyillerine karşı konması güçtür, denerek birçok kanlı katillerin beraat ettirildikleri de görülmektedir.

Hâlbuki toplumun müdafaası bakımından bu formülün tamamen aksine kurulması lazım gelirdi; çünkü en ziyade çekinilmesi gereken suçlular, suça meyilleri en kuvvetli ve fenalık etmek hırsıyla yanan ateşleri en fazla şiddetli olan kimselerdir.

Hukukçuların, mukavemet edilemeyen kuvvete belli sınırlar vazettikleri doğrudur. Bunların birçokları, bu suça iten kuvvetin ne kadar kör olursa olsun, daima makbul ve muteber bir saikten doğmuş bulunduğunu ve saiklerin en sathi ve adi olanlarının asla suçu haklı göstermeyeceğini müdafaa ederler. Lakin, bu iddialar herkese göre daima değişebildiği hâlde meydana getirilen formül, bütün çıplaklığıyla ortada durmakta ve istediği satıhlara yayılıp genişlemektedir. Bu, öyle bir kuvvet ki nasıl karşı konup mukavemet edilebileceği bilinmemektedir! Acaba, emniyet ve muhafazasına terk edilen altınların cazibesiyle tahrik edilen bir veznedarın sürüklendiği hırsa (veya kuvvete), mukabele görmeyen bir âşığın ezildiği ihtiras ateşine daha fazla mukavemet edilebileceğini kim müdafaa edebilecektir? Ve nihayet mukabele görmeyen bir sevdalının içinde kavrulduğu ateşin, ihanete uğramış diğer bir âşığa nazaran daha şiddetli ve mukavemet edilemez olduğunu kim bilebilir? Ve acaba, her şahısta tahavvül eden mukavemet ve tahammül kuvvetinin derecesini nasıl ölçebileceksiniz?

İşte olgular, bu fikirlerin yardımıyla husul bulmaktadır. İtalya'da, jüriler yalnız bir defa değil, yüzlerce defa hep tür cinayet hakkında, mukavemet edilemez kuvvetin mevcudiyetini kabul etmişlerdir. Hatta onlar bu kuvveti, efendisine yüz vermeyen maşukasının yüzünü yaralayıp çirkinleştiren ücretli bir cani hakkında da aynı prensibi uyguladıkları görülmüştür. İşte bu esastan yürünmek suretiyle sahtekârlar ve hatta hırsızlar hakkında beraat kararları verilmiştir. Bir kelime ile denebilir ki bu formülün kalkanıyla kendini koruyamayacak bütün dünyada bir tek suçlu dahi bulmaya imkân yoktur. Şayet bazı pek kötü suçlarda müdafiler bu yola başvuramamakta iseler, buna sebep jürilerin huzurunda bütün prestijlerini ve karlarını kaybedeceklerinden duydukları korkudur; zira, öyle azılı suçlular vardır ki bunlara hiçbir müsamahada bulunmamak duygusu bütün insaniyete şamildir. Bu suretle yürürlükte kanunun mukavemet edilemeyen bir kuvvetin tesir ve tahribiyle işlenen suçları cezadan muaf tutmak isterken, jüri heyetleri böyle bir kuvvetin tesiri altında kandan ve dehşet salmaktan duyduğu hazzın saikiyle cinayetler işleyen katilleri hemen daima cezalandırmaktadır; hâlbuki, bu gibi canileri suça iten kuvvetin dahi tamamen hastalıklı ve kör olduğu her türlü şüpheden varestedir. Yine bu jüriler; hırsızların cezasını, sabıkalarının çokluğu oranında arttırırlar. Lakin, hırsızın kucağında büyümüş, daha pek küçük yaştan itibaren bu sanatın incelikleri kendisine öğretilmiş; hapishanelerin sadık ve hevesli misafiri, namuslu insanların menfuru olduğu hâlde, kendi sanatını icra edenlerin, kendi dostlarının gözbebeği, her türlü şeref ve onur rabıtalarını söküp kırmış, asla toplumun genel kanısına kıymet vermeyen, tavrı hareketini asla değiştirmek istemeyen, yaşamak ve var olmak imkânını kendisine temin eden mesleğine sıkı surette bağlı ve hiçbir kuvvetin tesiri altında velev bir an için dahi olsun ondan cüda düşmek istemeyen kötü niyetli adamın durumu nedir, acaba? Bu da direnmesi mümkün olmayan bir kuvvet tarafından itilen insanlara en parlak bir misal, bir numune değil midir? Şayet avukatları, bu gibi hâllerde, böyle bir tahrikin, mukavemet edilmez bir kuvvetin tesiriyle suçun işlenmiş olduğunu jürilerin önünde müdafaaya cesaret edemiyorlarsa, kanunun açık hükümlerine bakarak vicdanen böyle bir müdafaanın reddi, onlar için mümkün olacak mıdır? Burada, kanunun hükümlerini çiğneyen, ona tefevvuk eden şey, yüksek bir nasihat ve ihtar olup, o da tehlikeli kimselerin toplum içinde elini kolunu sallayarak dolaşmalarına engel olmaktır, işte onları hürriyetten mahrum edebilmek için de mesuliyetlerine karar verilmektir; böyle karar vermek lazımdır; zira, serbest kaldıkları surette, mukavemet edemedikleri kötü meyillerinin şevkiyle yeniden suç işleyeceklerdir; ama bu adamların ne insanlardan, de de Allah'tan korkuları yoksa, ne onur ne de itibar ve hicap bilmiyorlarsa, bu kötü iç meyillere nasıl ve hangi kuvvet ve metanetle mukavemet edebileceklerdir? Şimdi artık bu şartlar altında, "suçlu ister istemez suçlu olacaktır!" demek için determinist olmaya gerek ve zaruret kalıyor mu, bilmem?

Bununla birlikte, asla mesuliyetleri olamaz ve bu kurama göre cezasız kalacaklardır! Allah'a çok şükür ki bu muhterem jüriler, topluluğun yüzü hürmetine ve onun selâmeti için kulaklarını bu sedaya ve mantığa tıkamışlardır! Onlar mukavemet edilmez kuvveti kabul zaruretinde oldukları hâlde, yüz hadiseden birinde bile tanımazlar! Hatta pek ender ve aşikâr hâlde bu zarureti kabul ettikleri zaman bile toplum tarafından ayıplanırlar.

Jüriler kendilerine yöneltilen sorular hakkında vicdani kanaatlerini izhar etmekle mükelleftirler; hakikati beyan ederler. Böyle olsa bile haksızlık etmektedirler; çünkü hakikat ve ortadaki yürürlükte ceza nazariyatına bakarak, caninin sorumsuzluğunu beyanla beraatine gitmeleri gerekirdi. Hâlbuki namus ve itibarlarını muhafaza için aksine oy vermişler ve sonuç olarak yalan söylemişlerdir! Acaba, bu hazin akıbetten daha sahte bir manzara tasavvur edilebilir mi?

İşte; budalaca vazedilmiş bir prensibin yarattığı keder verici netice! Cezayı, suça meyil ve ihtirasların kuvvetine karşı göstererek mukavemetin şiddetine kıyasen vermek prensibi, hakikaten pek garip ve budalaca olduğu gibi; suçlunun ancak tam ve kâmil bir irade ile suç işlemesi hâlinde suçlu sayılacağının kabulü de evvelkinden daha az garip ve budalaca bir prensip sayılamaz.

II

Mecnunlar, niçin içgüdüsel şevklerle suç işleyenlerle aynı sınıfa dâhil olamazlar? - Ruhsal cinnet suçu insiyakın ta kendisidir. - Ortada cinnet mevcutsa ceza ilminin yürürlükte olamayacağı hakkında hukuk okulu mensuplarının düştükleri hata - Cinneti vahideye mensup olan "monomane" suçluların istisna teşkil etmesi. - Bunlara tamamen değişik bir ceza sistemi tatbiki. - Sarhoşluk ve alkolizm. - Hipnoz ile telkin. - Yaş. - Bizim kuramımız ile hukuk okulu kuramının farkı.

Hukukçuların tedris ettikleri bugünkü ceza ilmi mecnunlarla meşgul olmuyor; bir kere suçlunun aklen makul olduğu sabit olunca, hemencecik ceza ehliyetsizliğine hükmediliyor. İşte önümüze çıkan bu mesele dahi tartıştığımız fikirle doğrudan doğruya bağlı değildir. Zira, münakaşasını yaptığımız suç determinizmi tezinde, mademki manevi mesuliyet unsuru atılmıştır, o hâlde, bundan da toplumun, suçun etkeni cinnet olduğunu hesaba katmaksızın, deliyi cezalandırmak mecburiyetinde olduğu aşikâr değil midir? Belki de bu soruya hemen şöyle cevap vereceklerdir: Evet, şüphesiz, toplum böyle hareket etmelidir, zaten de öyle yapıyor; doğrusu tehlikeli deliyi tımarhaneye kapatmak suretiyle, onu bir tür topluluk hayatından çıkarıp tasfiye etmektir. Bu tedbir, mecnunun işlediği veya işleyeceği bütün kötü fiillerinden müstakil olarak, hatta bir tek mecnunane hareketi hâlinde dahi uygulanmaktadır. Bu haklı bir muameledir; zira, bu hastalıklı hâlden her çeşit fenalığın çıkabileceği, hatta serserilik ve başıboşluk dâhil bütün kötülüklerin bu patolojik moralden doğabileceği endişesini yerleştirmiş bulunuyor.

Şimdi bize diyeceklerdir ki: "Fakat mesele burada değildir; bizim asıl bilmek istediğimiz husus, bir suçun faili olan deliyi cezalandırmak mı, yoksa suç adını verebileceğimiz fiilleri işleyen mecnunları suçlular sınıfına mı koymayı istiyorsunuz?" Bu soruya "suç" ve "cezalandırmak" kelimelerine verdiğimiz anlamı hatırlamadıkça cevap veremeyeceğiz. (Bkz: I. kısım, I. inci fasıl ve II. kısım, I. fasıla bakınız)

Şüphe yoktur ki bir akıl malûlü tarafından işlenen bir fiilin hakikatte bir suç bünyesini haiz olmadığı hâlde, haricî şekli itibarıyla aynı manzaraya bürünebilir. Maudsley'nin bahsettiği misalde olduğu gibi, uykusu esnasında gördüğü hayal ve birsamların tesiri altında, evinin alevler içinde yanmakta olduğunu görmesi üzerine, telâş içinde yavrularını, kurtuluş çaresi olarak pencereden sokağa fırlatan bir annenin fiiline asla "suçtur!" denemeyeceği ortadadır. Hayır, hiç şüphesiz bu böyledir; zira, işlenen fiilin suç kastını içermesi mutlak bir gerekliliktir; onsuz suçtan bahsedilemez. Aynı şey epilepsi nöbetlerinde veya şiddetli bir cinnet nöbeti esnasında işlenen fiillere de söylenebilir; çünkü bu nöbetler kasıt unsurunu fiilden çıkarmaktadır. Fakat acaba, sadece kasıt, fiile suç vasfını vermemize kâfi gelecek midir? Doğrusu, pek çok deliler vardır ki hakikatte yakmak, yıkmak, hatta öldürmek kasıt ve niyetini daima haiz olurlar. Onun için, burada bir ayrım yapmak zarureti vardır. Bizim yapmış olduğumuz sınıflamaya göre, aklen malûl olanlar arasında insiyaki suçlu adını verebileceğimiz ve bu suretle fiillerini suç kapsamında görebileceğimiz kimseler, merhamet ve doğruluk hislerinden külliyen mahrum olanlardır. Yani onlardaki moral duyguyu helak eden, bizzat musap oldukları patolojik hâl olmasına rağmen, düşünce ihtiyarları tamamen tahrip edilmemiştir, çünkü bu düşünce ihtiyarı tamamen tahrip edilmiş olsaydı, onlardaki psişik şahsiyet de tamamen zail olurdu.

Lakin, acaba bu hâl var mıdır? Aşikâr olan şudur ki yalnız bunaklık (ateh: *Démence*), müfrit iptilâyı (*manie*) değil, muntazam bir seyir takip eden sayıklamayı (*délire*) da bundan istisna etmek gerekir. Doğrusu, böyle bir hezeyan illetine müptelâ bedbaht, kendisine özen maksadıyla başının ucunda duran vefakâr dostunu, "suikastçı" gibi görür ve canını müdafaa endişesiyle boğazını sıkmaya kalkar. Bununla birlikte, bu kimsede moral duygu noksanı yoktur; hayatına kıymak isteyen caniyi katleden kimseden hiçbir farkı olamaz. Aynı, şeyi her çeşit "*Phrenoses*" için, entelektüel ihtiyarları tamamen tahrip edilmiş ya da sadece iğtisaşa duçar olmuş her türden delilikler için de söyleyebiliriz. Fakat bazı sinir bozukluklarına gelince, *hystérisme* gibi, şayet bir karakteri ifsat edebilecek şiddette ise, bu takdirde bunlar hakiki maluliyetlerdir; özel araz ve alâmetleri olan cinnet başlangıçları da öyledir.

Böylece, geriye yalnız moral cinnet "*folie morale*" denilen sınıf kalıyor ki biz verilmiş olan bu unvanın hatalı olduğunu, bunda sadece moral bir anormallik bulunduğunu ve bu anormalliğin de herhangi bir maluliyetle bağdaştırılmamış olduğunu iddia ediyoruz. Moral cinnete müptelâ olan kimse bir suç işleyebilir; bu deli, nazarımızda, yukarıda portresini çizdiğimiz içgüdüsel suçludan farklı değildir. Şu hâlde, insiyaki suçlular sınıfı dışında kalan bunlar hasta değillerdir, suçlunun karakterini, düşünce kabiliyetini, az veya çok tadil ve tahrip etmeyen, vücut yapısını ifnaya matuf hakiki bir sakatlık meydana getirmeyen başka bir patolojik anormallik sınıfı olamaz.

Bununla birlikte, bu gibi hâllerde, malûliyetin tevlit ettiği karakter bozukluğunun, hasta ya da suçluya özgü bir vasıf diye kabul edilemeyeceği aşikârdır; zira bu karakter malûliyetin seyrini takip edecektir; müzminleşebileceği gibi, iyileşebilir de; velhasıl bu, öyle bir şeydir ki üst üste gelebileceği gibi, ayrılıp dağılabilir de; bu vücut yapısının bir neticesi değildir, belki vücut yapısının duçar olduğu bir kaza ve ârızadan mütevellittir ve ona acı ve elem vermektedir. Öyleyse, cinnet veya sakatlık sebebiyle suçluda noksan olan şey (*l'idonéîté morale*) olmayıp, belki (*l'idonéîté physique*) dir. İşte böyle bir fark, telkin ettiği tehlikeye rağmen, o suçluyu topluluğa karşı menfur olmaktan kurtarıyor; zira, evvelce söylediğimiz gibi, beşer mevzuundaki anlayış, hayvani olanın aksine tezahür eylemektedir; hayvani mülâhazalar, bedenen hasta veya anormal olanlara karşı şefkat ve muavenet arzusuyla yandığı hâlde, moral olarak benzeri olmayanları nefret ve ikrahla karşılamaktadır.

Sonuç olarak, aklen malûl suçlulara ölüm cezası reva görülmemelidir; çünkü bu cezanın uygulanabilmesi için zorunlu bir şart aranır ki o da toplumla o kimse arasındaki bütün sevgi bağlarının kopmuş olması lazımdır. Bu sebeple, bir sakatlık bu neticeyi tevlit edemez; merhamet duygusunu tamamen tahrip edemez, hatta aksine bu duygunun kuvvetlenmesine sebep olur; çünkü hastalık yardıma muhtaçtır ve yardım görmesi de hakkıdır. İşte bu hâlde toplum bu gibi suçluları ifna edemeyecek, onların beka şartlarını temin amacıyla kendilerini müebbet surette tımarhanelerde barındıracaktır.

İşte vardığımız bu aşikâr ve metin mantık karşısında, muhasımlarımız abartılı neticeler çıkararak aleyhimizde haksız hücumlarda bulunamayacaklardır. Böylece, M. Paulhan'ın 1880'de yazdıklarına da cevap vermiş oluyorum; şöyle diyordu: "Yalnız M. Garofalo'nun prensibini takip etmek mecburiyetindeysek, o hâlde bir suçluyla tedavisi mümkün olmayan bir mecnunu nasıl ayırt edebileceğiz? Keza, niçin acaba iyileşemeyecek tehlikeli bir delinin kafasını giyotinle uçuramayacağız?"[26]

Vazetmiş olduğum prensiplerde bu ayrım çok açıktır. Ölüm cezasının, mütemadi ahlaki noksanlık içinde bulunmayanlara, yani tipik suçlu olmayıp arızî (tesadüfi: Fortuit) olanlara uygulanması fikri kabul edilemez. Akli sakatlık ise, mütemadi bir moral karakteri ifade edemez; yani bu gibi kimselerdeki fenalık meyli devridir ve kabili tadildir.

---

[26] "Revue philosophique de la France et de l'étranger", Temmuz 1880, Paris.

Aklen malûl suçluların cezalandırılmaları, ceza sistemimizin bir kısmını teşkil ederse de bizim verdiğimiz' "ceza" anlamı, yürürlükteki ceza sistemi hukukçularının verdikleri anlamdan büsbütün farklıdır. Bizim sistemimizde cezalandırma farklı şekillerde tezahür edecek ve hastalığın karaktere getirebileceği değişikliklere tevafuk eyleyecek ve nihayet bizzat hastalığın devrelerini takip edecektir.

Şüphesiz, determinist düşünce tarzına göre, hunhar, hunhar olduğundan mesul olmadığı gibi, malûl de malûliyetinden sorumlu olamaz. Yine hiç şüphe yoktur ki her ikisi de topluluk için tehlike teşkil eder. Dolayısıyla her ikisi için de bir cezalandırma şekli mevcuttur. Fakat burada toplumsal duyguya saygı gösterilmesi lazım gelecektir ve şayet merhamet duygusunun zarar görmesi bir suç teşkil ediyorsa, o takdirde bu suçu, aynı duyguyu çiğnemek suretiyle cezalandırmaya imkân yoktur. Malûl bir suçluyu idam etmekle hunhar suçluyu idam etmek arasındaki toplumsal duygu aynı değildir.

Bir itiraz sesinin kulağımda çınlayabileceğini hissediyorum: Bahsettiğim toplumsal duygu, ilmin ışığı ile tadil edilemez mi? Bir caninin gösterdiği vahşetin, ruhsal cihazındaki hazin bozuklukların eseri olduğu bilinirse, acaba artık ona daha büyük bir merhamet gösterilmesini gerektirmez mi? Artık böyle bir anormalliği, sinir buhranlarıyla, epilepsi ile, akli malûliyetlerle aynı seviyede tutmak mecburiyeti karşısında bulunmaz mıyız? Hayır, bu fikirde değilim; benim bahsettiğim toplumsal duygu, idrak ve muhakeme ile tam bir ahenk hâlindedir. Antropoloji ilminin terakkisi bize gösteriyor ki akli malûliyet bulunmadığı takdirde, bizzat şahsiyetten gelen kötülük asla tebeddül etmez; buna karşılık, diğer hâllerde, yani kazara hasıl olan bir fenalık, her zaman husul bulmaz, kötülükler tevali etse de şiddet ve mahiyeti aynı olamaz.

Moral karakterden gelen iradi bir hareket, akli bir sapıklıktan ya da sinir nöbetinden doğan iradi bir fiilden büsbütün başkadır. Bu olduğu gibi kendini izhar eden ben kavramı ile bir düşmanın, beden cihazına bağlı olmayan, bilâkis onunla mücadele eden ve onu tahribe çalışan "ben" kavramı arasındaki farktır.

Ölüm cezasını meşrulaştıran daha başka buhranlar da mevcuttur: Burada söylediklerim, bu meşruiyetin ispatı için değil, fakat vazettiğim prensiplere göre, yani beşeriyetin moral duygularının bu ceza için çizdiği aşılmaz hudutların tayin ve tespiti içindir.

Böylece mecnun suçlular, herkes için olduğu gibi, bizim nazarımızda da müstesna bir sınıf teşkil etmektedirler. Bu noktada, hukukçularla bizim aramızdaki yegâne fark, birincilere göre, bir kere cinnet tanınınca ceza ilmini artık işe karıştırmamaktır ve ceza kanunu bu hâllerde ortada suç olmadığına hükmetmelidir. Hâlbuki biz aksini düşünüyoruz; ortada suç vardır, ama tamamen diğerlerinden müstesna, daimî bir etkenin tevlit ettiği belli, moral karakterden (mizaç) gelmeyen fakat geçici hastalıklı hâllerin tevlit ettiği, daha müzminleşebileceği gibi, tadil olması da kabil moral bir mizaçtan gelen bir fiil mevcuttur. Ve sonuç olarak, hastalığın seyrine göre, suçlu daha az veya çok tehlikeli olabilir ya da tamamen zararsız hâle gelebilir. Yapılacak asıl iş, bunlara tatbik edilecek ceza türünün hususiyetini tayin etmektir; mutlak bir tasfiye değil, ama bir akıl hastanesinde gayrimahdut bir ömür, suçlu delilerin akıbeti olmalıdır. Faraza, özellikle vuku bulduğu gibi, cebir ve tazyikin, eza ve cefanın tesiriyle bunaklık meydana gelmiş ve bu sebeple cinayet işlemişse artık burada ölüm cezası zorunlu olmayacak, bedbaht adam, hususi bir bakım ve özene tabi tutulacak ya da ailesinin muhafazasına terk edilecektir. İşte, tıpkı alelade suçluların tabi tutulduğu tasfiye gibi, suçlu mecnunlar da tasfiye edilmiş olacaklardır; ancak şekil itibarıyla aralarında fark olacaktır. Böylece, toplum tedbirini almış bulunacaktır.

Toplum, kendi bekasının muhafazası için zorunlu gördüğü tedbirleri suçlu mecnunlar hakkında uygulayacak ve böylece mecnun olmayan suçlulara karşı kendini müdafaa etmiş olacaktır. Öyleyse cinneti ceza kanunundaki suç teşkil eden fiillerden çıkarmanın sebep ve etkeni ne olabilir?

Bundan başka, akıl malûlü kimselerin tımarhanelerde tecrit ve tedavileri kuramımıza çok uygun gelen bir ceza infaz şeklidir; yani bu infaz tarzı, topluluğun bugününü ve yarınını müdafaa eden mükemmel bir ayıklama (*sélection*) uygulamasıdır. Yalnız, klasik okul, cezanın hakiki karakterini korku ve sindirme (*l'intimidation*) amacıyla eşleştirdiği hâlde, bizim bu amaçtan saptığımızı ileri sürüyorlar; çünkü "Bir adam istese bile deli olmaz." diyorlar. Fakat önce, korkutma ve sindirme, feri ve tali bir pratik olup, doğrudan doğruya iştigal mevzuu değildir. Saniyen, önlenmesi gereken şey cinnet olmayıp, mecnunun işleyebileceği suçtur. Mesela, cinneti vahideye müptelâ (*monomane*) bir insan için, belirsiz bir münferit hapis hayatı pekâlâ etkili olabilir. Çünkü, Maudsley'nin dediği gibi, deli için hürriyetinin elinden alınması en tahammülsüz bir azap ve işkencedir ve bundan dolayıdır ki bu çeşit cezalar onun üzerinde pek mahsus ve önleyici tesirler yapar.[27] Ve nihayet, uygulamada, şayet mecnunların bazı hâllerde muhakeme edilebilecekleri ve belirsiz bir ağır hapis hücre hayatına mahkûm olabilecekleri bilinirse, delilik taklidi de önlenebilecek, artık küçümsenmeyecek ve zannedildiğinden çok daha fazla miktara çıkan bu tehlikeli oyunların oynanmasına meydan verilmeyecektir. Dr. Taylor, muayene ve müşahede ettiği büyük bir hakiki suçlu kitlesi içinde, cinnet izlerine hiç rastlamadığı hâlde, bunların pek çoklarının jüri tarafından bu sebeple beraat ettirilmiş olduklarını bize temin ediyor.[28] İtalya'da öyle cinayetler işlenmiştir ki canileri *lipemaniaque* kabul edildiklerinden beraat etmişler ve bu komedi kahramanları, cesaretlerini arttırarak yüksek seslerle adaletten hiç korkuları olmadığını haykırmışlardır. Hele bunlardan biri var ki iki kişiyi öldürmekten ve üçüncüsünü de öldürmeye teşebbüs-

27 "Şüphesizdir ki, bir hapishaneye kapatılmış bedbaht insanlar, müsamaha edilen bütün haklardan mahrumiyet ve daha ağır bir hücre hayatinin tehdidiyle tavır ve hareketlerini ıslah ve kötü meyillerine ayak uydurmamak tazyikine maruzdurlar." Maudsley, *Cinnette Sorumluluk*.

28 A.-S. Taylor, *Adli Tıp*, Dr. H. Coutagne tercümesi, Paris, 1881, s. 813-911.

ten muhakeme edildiği hâlde beraat etmesi üzerine artık canının istediğini öldürmekten geri durmayacağını ilân etmiştir.[29]

Cürmi cezanın cinnet sınırlarına yayılması prensibi, *monomane* (cinneti vahide) olanların cezasız kalması amacıyla, bu sınırı daraltmak hakkını hukukçulara asla veremez.[30]

İlmi tazyik ve rencide etmeden, *monomane*'ların nev'i şahsına bağlı bir suçlu sınıf teşkil ettikleri hususunda toplumu ikna etmek mümkündür; bu sebeple, onların özel bir tasfiye şekline tabi tutulmaları, yani yarı hapishane yarı hastane hayatını içeren bir münferit ve belirsiz süreli hapis rejimi sürmeleri ve tehlike olmaktan çıktıkları gün kavuşacakları hürriyetin tabi olacağı adli otoritelere tevdi ve teslimi lazımdır.

Asıl garip ve gülünç olan şey, yarı mecnunların kanuni cezaya müstahak görüldükleri hâlde, bu hâl hafifletici sebeplerden sayılarak ceza süresinin önemli surette tenzilidir. İşte bu yüzdendir ki sayısız katillerin ve kundakçıların, -belki de *monomane*, ama son derece tehlikeli kimselerin- birkaç senelik hapis cezasıyla yakalarını adaletin pençesinden sıyırdıkları görülmüş ve her gün de görülmektedir. Şayet daha cesurane bir hareketle bu gibilerinin hakikaten deli oldukları kabul edilseydi, bu takdirde onları daimî surette ya da hiç olmazsa belirsiz bir zaman için kapatmak daha makbul ve pratik olurdu.

Tezimizin, bugün hâkim olan ceza sisteminden diğer bir farkı da sarhoşluk hâlidir. Uydurulmak istenen birçok formüllerden bir kısmı, maalesef bazı milletlerin ceza mevzuatına girmiş ve ceza kanunlarında birer madde şekline bürünmüş bulunuyor. Onlarca cezaî sorumluluk bahsinde, bütün hadiselere uygulanması mümkün ceza maddeleri vazetmek zarureti vardır; bundan dolayı, alkolik zehirlenmenin miktarına göre, sarhoşluk dahi bir

---

29 Lombroso, *Incremento del delitto in Italia*, Turin,. 1881, s. 107.

30 Bu mevzu için: Ad. Franck, *Ceza Hukuku Felsefesi*, . Paris, 1880, fasıl: V, s. 140.

cinnettir ve verilecek ceza ayıkken fiile verilecek cezaya kıyasen, son derece hafif olacaktır.

Buna karşılık pozitivist ceza düşünürü, umumi kaideler vazetmeyecektir: O, mizacı sadece tehyiç ve teşdit eden sarhoşluğu, hakiki bir maraz ve malûliyet olan ve karakteri baştanbaşa tebdile muktedir bulunan alkolizmden ayıracaktır.

Birinci hâlde, suçlu normal telâkki edilecektir; zira şarabın sebebiyet verdiği tahrik ve tehyiç, suçlunun suça meylini açığa vuran ârızi bir etkenden başka bir şey değildir. Yumuşak ve halim mizaçlı bir adam istediği gibi alkol alabilir; buna rağmen meyhanede çıkan bir kavgada hemen bıçağını çekip arkadaşını vurmaz. Şu hâlde, sarhoş tıpkı hiddetli insana benzetilebilecektir; sarhoşluk anında hiddete kapılarak işleyebildiği suçu, bir başkası soğukkanlılıkla işleyemeyecektir; böyle olmasına rağmen, suça meyil olmadıkça onun tazyik ve hâkimiyetinin, yardımı hiddete ilâve edilmedikçe, böyle bir sarhoş hakiki bir suç işlemek kudretine sahip olamayacak; bağırıp çağırmalara, galeyanlara, garabetlere uzak bulunacaktır. Bununla birlikte, mizacın hâkimiyeti sarhoşluğun verdiği hiddete ilâve edilmek suretiyle katil olan kimse, soğukkanlılıkla cinayet işleyen yumuşak görünüşlü adama benzeyecektir. Bu takdirde, cezaî sorumluluk ne fazlalaştırılacak ne de azaltılabilecektir. Burada zorunlu olan şey, topluluğu soğukkanlı caniler kadar, direkt olarak aynı kötü sonuca doğru koşan, sarhoş veya deli, öfkeli katillerden de topluluğu korumak lazımdır.

Sarhoş bir adam bir suç mu işlemiş? Öyleyse, bilinmesi gereken husus, işlenen bu suçun onun mizacına uygun düşüp düşmediğidir; şayet suçlunun işlediği fiilden hasıl olan fazilet ya da musibetler onun mizaçlarına tevafuk ediyorsa, o hâlde sarhoşluk sadece bu meyillerin açık ve tereddütsüz bir şekilde meydana çıkmasına yardım etmiştir. Aynı vasıftaki suçları sık sık işleyip bu suçlardan dolayı müteaddit hükümler giyen sarhoşlar çoğunluktadır; asıl bir kısım alkolikler vardır ki kötü yaradılışlı oldukları hâlde hiçbir mahkûmiyete maruz kalmamışlardır. Acaba, bu tür suçlular hakkında ne yapmak lazımdır? Şüphesiz, ne bunların boşalttıkları şişeleri hesaba katmalı, ne de hiç sarhoş değillermiş gibi cezalandırmalıdır. Lakin, bilhassa cinayet ve sirkat hadiselerinde işlenen suçun vehameti ile suçlunun karakteri arasında açık bir uyumsuzluk, uygunsuzluk tezahür edebilir. İşte bu gibi hâllerde, suçun muharrikini içkide aramak doğru olur. Bu hâl özellikle, yaralamalarda, adî ya da mevsuf hakaretlerde, yangın, ırz ve namusa yönelik fiillerinde görülür. Öyleyse, şayet bu gibi hâllerde, suçlu önceden tasmim ve tasavvurda bulunmamış, içkiyi de aşırı bir istek ve enerji ile tüketmemişse, artık bu işlenen suçları doğal suç vasfında kabul etmemek, ihtiyarsız suç gibi telâkki etmek âdilâne olur.

Geriye, müzmin alkolizmin tahrikine müptelâ suçlular kalıyor. Burada suçun devamlı bir saiki mevcuttur ve suçun bu kötü saiki asla zeval bulmaz. Bu tür suçlulara uygulanacak ceza ne tam ehliyet ne de tahfif edilmiş bir ceza ehliyeti olmayacak, fakat tamamen özel bir ceza metodu uygulanacaktır. Onları tıpkı aklen malûl suçlular gibi, aynı zamanda hapishane vasfındaki akıl hastanelerine kapatmak ve ancak içkinin kötü dalgalarından yakalarını sıyırabilip sıhhate kavuşabildikleri tarihe kadar orada tutmak lazımdır.

Peki, ya tenvim, uyutarak yapılan telkin (*la suggestion hypnotique*) için ne demeliyiz? Biz bu mevzuda ancak pek mahdut suçların tenvim usulüyle işlenildiğini biliyoruz ve hatta bunların dahi tam surette tevsik edilmediklerini ilâve edebiliriz. Bununla birlikte, bu çeşit suçların çoğalıp yayıldığını kabul etmiş olalım, hangi ceza kuramı ele alınırsa alınsın, tenvimle telkinde bulunan kimse, suçun hakiki faili sayılacak, hâlbuki uyutularak suç işletilen kimse ise, alelade bir vasıtadan ibaret kalacak, kendini ihtiyatsız ve düşüncesiz olarak suça alet ettiği ve bununla birlikte, suçu ihtiyarsız olarak işlediği kabul edilerek cezaî sorumluluğu bundan ibaret olacaktır.

Bununla beraber, klasik okula mensup olanların cezasız bırakmaları gereken bir hâl vardır ki o da failin işlemeyi kastettiği bir suçun nedamet ve zaaf hâlleriyle işlenememesini önlemek ve tamamen emin olmak amacıyla bizzat kendi talebiyle uyutmaya ve telkine teslim olmasıdır. Doğrusu, failin mukaddem tasavvuru ne olursa olsun, ırza geçme, öldürme, yakma anlarında irade ve ihtiyar mevcut olmadığına, tasavvurundan onu menedebilecek kuvvetten mahrum bulunduğuna göre, cezasız kalacaktır.

Hâlbuki, bizim mantığımız bizi aksi neticeye sürüklemektedir; zira, klasik mektebe mensup olanların varacakları böyle bir hâl çaresi toplumun müdafaası tezini sarsıp, önemini küçültmektedir. Çünkü, suça itiş ve telkin hâli böylece failin suç kastını izale için başvurulan bir meşruiyet vasıtası ve yeni bir enerji kaynağı olacaktır.Uyutma ve telkinin (*l'hypnotisation*) ihtiyarî olduğu ve bağlı olduğu suçu ika ve onu kolaylaştırmak maksadına matuf bulunduğu tahakkuk edince, artık işlenen fiilin failin meram ve tasavvurundan başka bir şey olmadığı, onun temayülüne tevafuk eylediği aşikâr olur.[31] Bu tıpkı, tasarladığı suçu işlemek için ihtiyariyle çakır keyif olan bedbahtın hâline benzer.

Görüş sahamıza alacağımız son mesele, suçlunun yaşı dolayısıyla cezai sorumluluğudur. Ceza kanunları, artık kökleşmiş, nazariyata boyun eğmiş, insan ömrü için tam bir sorumluluk hududu olarak umumiyetle on sekiz yaşı kabul etmiştir. Çocukluk, erginlik ve ilk gençlik devrelerinde mahdut bir cezaî sorumluluğu, cezanın bazen üçte birini, bazen yarısını, bazen da üçte ikisini reva görmüştür.

Bu hiç de ince olmayan kuram, müspet (*positive*) ceza ilminin önemini tamamen idrak ettiği, suçlunun cinsiyeti, olgunluk yaşı ve bedensel malûliyeti hakkında bir şey söylememektedir. Bu mevzuda psikolojik ve antropolojik ceza ilminin çocuklukta, suçlu doğuşta ve ailesinin içinde yaşadığı kötü muhitin kucağında, vaktinden önce ifsat edilmiş, ıslahı mümkün olmayan kimselerde bulup önümüze serdiği hakikatleri hatırlatmak isterim. "Bir kısım suçlular, Doktor Marro ve Lombroso söylüyor, irsi etkenler

---

[31] Canıpili, "Il grande ipnotismo e la suggestione ipnotica", Turin, 1886, s. 77-118.
Faraone, "L'ipnotisnıo dal punto di vista ınedicolegale.".
Belfiore, "L'ipnotismo e gli stati affini" Naples, 1887.

olsun olmasın, ta ilk doğum senelerinden itibaren suçludurlar; ya da daha açık bir izahla denebilir ki bazı insanlar, kötü bir terbiye sistemiyle bozulmuşlarsa, diğer bazıları, iyi bir terbiye sistemi içinde büyümüş olmalarına rağmen bu terbiye onlardan kötülüğü asla tadil ve ıslah edememiştir."[32]

Asla tevakkuf nedir bilmeyen genetik insiyak meyli, bazı defa daha çocukluk devresinde kendini gösterir; şiddet hâlleri, dövme ve yaralamalar, ehemmiyetleri fazla olmasa da ortada hiçbir tahrik ve tazyik bulunmaksızın meydana gelmekle kötü meyil anlaşılmış olur.

Hâlbuki, kanunlarımız bu fiilleri birkaç günlük veya aylık hapis cezasıyla cezalandırmakta ve hatta sabıkaları tahkik edilemeyen kimseler için bu cezaların uygulanması dahi özellikle gayrimümkün olmaktadır. Bundan başka, şu ciheti de işaret etmek faydalı olacaktır ki o da bu gibi kimselerin işleyecekleri bu fiiller, onlara çöken şeametlerin sadece bir kısmını teşkil ettiği ve ancak bu kısım şeametin adalet nizam ile tevafuku temin edilebildiğidir.

Doğrusu, mizacında kan dökme içgüdüsü bulunan bir failin ruhsal meylinin ilk emareleri özellikle cinayet olur ve bu insiyakın çok önceden keşfi antropoloji ilmine düşer.

Böyle olmasına rağmen, bu sabıka suçları yaş küçüklüğü dolayısıyla daima affa mazhar olur, asla suçlu ile alâkalandırılmaz; doğuştan gelen bir şeamet, tamiri mümkün olmayan bir ahlak bozukluğu delili olduğu ve yaşın ilerlemesiyle orantılı kuvvetlendiği hâlde bu suçların etkeni, derunî bir tehyiç ve tahrike atfedilir. İte bu sebepten dolayıdır ki antropoloji, bir hunharın ya da bir hırsızın insiyaklarını ele alarak onların bedensel ve ruhsal hususiyetlerini irat ve ikmal etmek suretiyle insanlığa büyük hizmette bulunabilir. Ceza hukukçuları ortada suç işlemek için dünyaya gelmiş ve bununla birlikte topluluk için daima ağır bir tehlike olduğuna tam surette kanaat getirdikleri suçlu çocukları, ıslah evi diye anılan "Ama hakikatte, bir tefessüh ve alçalma girdabı

---

[32] Moral cinnetin tohumları ve çocuklar tarafından işlenen suçlar. "Arch di psichiatria scienze penali", Vol 2, Turin, 1883.

olan" yerde birkaç ay hapis yatırmak gafletine düşmeyerek onları barındıkları topluluktan ebediyen, hiç olmazsa belirsiz bir zaman için söküp çıkarmak, bu suretle toplumu onların şerrinden halâs eylemek tezini yılmadan müdafaa etmek mecburiyetindedirler.

Ne yazık! Ceza ilmi ceza kanunundan ne kadar da uzakta bulunuyor! 14 ve 16 yaştan aşağıda bulunan çocukların en menfur fiillerine birkaç yıllık hapis ya da nezaret cezası vermekle ve yine kemal yaşına gelmemişler diye, mahdut sorumluluk prensibine hürmeten cezalarını önemli surette hafifletmekle ceza ilminin ayaklar altında çiğnendiği nasıl da fark edilmiyor![33]

Acaba kuramın bu muhtasar izahı dahi bize şu neticeyi vermiyor mu?

Toplumsal fayda kuramıyla cezaî sorumluluk şartı arasında apaçık bir tezat mevcut değil midir? Hatta insanoğlunda az çok bir özgür iradeyi kabul edenler için dahi bu tezadı kabul etmek zorunda kalmıyorlar mı?

Bu klasik kurama dayanan kanunun, toplumsal nizamı muhafaza ve koruma amacını müdafaa ettiği hâlde, hakikatte hiçbir şeyi muhafaza ve himaye edemediğini daha ileride göreceğiz. Bu kuramın kofluğu uygulamadaki aczi ile ispat ediliyor.

III

Suçla cezanın orantılı tayini prensibi. - Suçların izafi ağırlığı ölçüsüne göre ceza tayininin kriteryomunu önceden bulmanın imkânsızlığı. - Tehlike işareti, maddi hasar, vazifeyi suiis-

---

33 İtalyan Ceza Kanunu tam ceza sorumluluğu yaşını 21 olarak kabul etmiştir. 18 yaşını bitirmiş olup da 21 yaşına basmamış olanların yaş küçüklüğünden istifade edebilmeleri için, suçlarının beşer duygusu için kötü ve menfur olmamasını şart koşuyor; ana-baba cinayeti, cinaî soygunculuk vb. gibi. Hâlbuki, hukukçular bu istisnaiyeti dahi adaletsiz görerek feryat ediyorlar! Bize gelince, biz henüz on sekizine basmamış olanların dahi tam cezai sorumluluğa sahip olduklarını müdafaa ediyoruz.

timal. - Feuerbach ve Romagnosi'nin, suçlunun suç arzusuna ya da onu suça iten kuvvete göre cezanın tayini fikri - Bu kuramı neden dolayı kabul edemiyoruz? - Bizim teklif ettiğimiz kriteryum. - İtirazlar ve cevapları - Kasıt konusundaki eylemlerin takdir ve tekdiri mucip hâller - Adalet adına kınamada bulunmanın haksızlığı. - Şimdi bize klasik kuramın diğer bir mihverinin tetkiki kalıyor: "Suçla ceza arasındaki adil oran esası." [34]

---

[34] "Beşerî camianın menfaati, sadece az suç işlenmesinde olmayıp, topluma en çok zararlı suçların pek seyrek işlenmesindedir.
Şu hâlde insanları suç işlemekten çeken etkenlerin de işlenecek suçun cemiyete olan zararının büyüklüğüne ve suçu işletebilen etkenlerin ehemmiyetine göre müessir ve kuvvetli olması lazımdır. Böyle olunca, suçla ceza arasına zarurî bir oran koymak gerekir.
Hassas bir bünyenin yapısı elem duygularına tâbidir. Hatta insanoğullarını din hayatına sokmak isteyen Ulu Tanrı, onlara cezalar ve mükâfatlar vâdetmiş bulunuyor. Şayet yaptığı tahrip derecesi aynı olmayan iki suç için aynı ceza verilecek olursa, bu takdirde insanlar en ağır suçları işlemekte büyük bir mâni görmeyeceklerdir. Kendileri için daha az menfaati olan hafif suçları nasıl kolaylıkla işliyorlarsa, ağır ve vahşi suçları da aynı kolaylıkla işleyeceklerdir ve böylece, suçları cezalandırıp önlemek için yapılan kanunlar, bizzat suçları yaratmakta etken mevkiine düşerler.
Bir ceylan yahut bir sülün öldürenle bir insanı öldüren kimseye ya da mühim bir evrakta sahtekârlık işleyene aynı ceza verilecek olursa bu suçlar arasında hiçbir, fark gözetilmemiş olur. İşte, insanoğlunun kalbindeki ahlak duygusu bu suretle cerihadar edilir. O ahlak duygusu ki, asırlarca pek çok kanların dökülmesiyle, büyük buhranlar ve binlerce engellerin aşılması suretiyle husul bulmuştur. Bu öyle muhteşem ve ulvî bir yapı ki, en ince alet ve malzemelerle ikmali, çok güç ve ağır faaliyetlere ihtiyaç gösteren formalitelerle meydana gelebilmektedir.
Beşerî ihtiraslardan doğan kargaşalıkları tamamen yenmeye çalışmak boş bir gayret olur. Nüfus kesafeti, şahsi menfaatlerin daimî surette büyümesi ve karşılanıp çarpışmaları bu kargaşalıkların artmasına sebep olmaktadır. Tarihe bir göz atın. Göreceksiniz, bu etkenler hükümran olduğu sahanın büyüklüğü oranında ehemmiyet kesp eylemektedir. Böylece, milletin tefekkür tarzı da bu oran dahilinde zayıflamakta, her vatandaşı suç işlemeye doğru itmektedir. Bu zaruretten dolayı da ceza müeyyidesini bu sahalarda teşdit etmek gerekmektedir.

İlk bakışta bu prensibin anlam ve medlûlü insana itminan ve inşirah veriyor; ama birazcık olsun derince bir teemmül ve müşa-

---

Maalesef his ve karakterlerin tesirine tâbi bu ihtirasları, gemleyip hendesî bir istikamet vererek, cemiyetin menfaatine doğru sevk etmeye imkân olmuyor. Bu riyazî hakikati itirafa cesaret edemiyorlar ve bunun yerine, politik bir hesaba iltifat edilerek, ihtimaller ve alelade tahminlere göre hüküm yürütmeye uğraşıyorlar.
Daimî ve gizli bir kuvvet bizi kendi refah ve saadetimize doğru itmektedir. Bu itme kuvvetini zayıflatacak olan, yalnız kanunî müeyyidelerdir. İnsanoğlunun bütün değişik fiil ve hareketleri bu ruhsal temayül ve incizaptan doğmaktadır. Beşer bünyesinin tamamlayıcı, insanoğlunun enerji kaynağı olan "hassasiyet"i tahrip etmeden, şahsi menfaatlerin müsademelerinden doğan kötü akıbetlere karşı koymak için kanun hükmünün elinde, siyasî mahiyet arz eden, müdafaa vasıtası ceza müeyyidesidir.
Kanun öyle mahir bir mimardır ki, muhteşem yapısını sağlamlaştıran bütün kuvvetleri bir araya toplamasını ve onu sarsıp yıkabilecek bütün anasırı mağlûp ve izale etmesini bilmektedir.
Bir taraftan cemiyet hâlinde yaşamanın zarureti ve bu birlikten hasıl olan nimetler, diğer taraftan da şahsi menfaatlerin çarpışmasından doğan zaruretle toplumsal mukavelenin yapılmış olduğu mülâhaza olunursa, suçlar arasında bir ayrım yapmaya mecbur olduğumuz anlaşılır. Bu esasa göre en ağır suç, cemiyet hayatının bozulmasına veya doğrudan doğruya yıkılmasına matuf olan suçtur ve en hafifinin de bir şahsa yöneltilmiş en hafif mahiyetteki hakaret ve saldırıdan suçudur. Bu iki nihaî nokta arasında kamunun hayrı aleyhine işlenen ve suç mahiyetinde tavsif olunan en ağırından en hafifine kadar bütün suçlar dizilmektedir.
Şayet insanoğlunun çevirdiği karışık ve karanlık dolaplara göre tanzim edilmiş fiil ve hareketleri riyazî bir ölçüye göre hesaplamak mümkün olabilseydi, suçların en hafifinden en ağırına kadar bir oran dahilinde büyüyen cezalar bulmak ve uygulamak gerekirdi. Bu iki riyazî oranı tam bir isabetle bir tablo hâlinde teşkil ve tespit etmek mümkün olsaydı, bu tablo aynı zamanda her milletteki hürriyet, insaniyet, zulüm ve itisafın da derecesini göstermiş olurdu. Lakin, hayırhah bir kanun hükmü, suçla ceza arasında bulunan bu iki âdil oran ölçüsünü muhafaza etmesini bilir ve hele en hafif suça en ağır cezayı verdirmemeye ihtimam gösterebilirse, yine ne mutlu ona!"
"Beccaria, Fasıl: XXIII, s. 281-285"
Biz bu faslı her iki okulun görüş farklarını belirtmek için değil, belki suçun ağırlığı, kanunların tesiri gibi mevzularda iki parlak zekânın zaman zaman nasıl kucaklaştıklarını göstermek için koyduk.-Ç.N.

hede, bu esasın nasıl farazi, ciddiyetten nasıl uzak olduğunu bize ispat eder. Topluluğun müdafaası amacını kapsaması bakımından vazedilmiş bu iki tabirin karşılaştırmalı akliye ve mantıkiyesi dahi böyle bir oranı tesis etmenin imkânsızlığını aşikâr kılar.

Doğrusu, birinci tabir, suçun ağırlığı tabiri, asla kesin bir şekilde tayin ve tespit edilemez; çünkü böyle bir tabirin tam bir ölçüsü mevcut değildir. Bu bazen irat edilen zarar ziyan, bazen suçun açtığı tehlikeye bağlı olur; bazı defa da ifsat edilen vazifenin önemi ağır basar. Herkes için biri ya da diğerinin ele alınması doğru olur. Mesela: İtalyanlar için ilk iki kriteryomu tercih ederler; Rossi tarafından kurulan Fransız ekolü üçüncü ölçüyü esas tutar. Ama hakikat olan cihet, bu ölçülerden hiçbirinin suçun ağırlığı ölçüsünü yalnız başına halledemeyişidir. Şurası hakikattir ki iki okulun vardığı neticeler, birbirine pek de aykırı düşmemektedir; çünkü fiiliyatta tehlike hemen özellikle zarar ziyana olduğu kadar ahlak dışı anlayışlara da bağlı bulunmaktadır. Fakat suçların ağırlık derecelerinin, hukukçuların karşılıklı anlaşmalarıyla meydana getirildikleri de bir hakikattir.

Doğrusu, suçun ağırlık ölçüsü için ortaya çıkan tehlikeyi esas tutanların, bu ölçüyü suçun teşebbüs mahiyetinde kalması ya da tehlikeden başka bünyede -endirekt tabir ettikleri- bir neticeye vusulü ihtimali hâlinde, bu ölçüyü terke mecbur olacaklardır; zira, maruz kalınacak tehlike bertaraf edilmiş olduğuna göre, artık böyle bir ihtimali ölçü olarak kullanmanın hikmetini izaha imkân kalmaz.

Bundan başka, mütecanis olmayan "*hétérogène*", bir iftiranın ıstırabı, bir eşyanın ziyaı ile bir şeref ve şöhretin izmihlali gibi suçları birbirleriyle nasıl mukayese edebiliriz? Kim bize en derin surette hissedilecek acıyı, en tazmini mümkün olmayan zarar ve neticesi itibarıyla en müthiş akıbetin izahını yapabilecektir? Bize öyle geliyor ki suçtan hasıl olacak direkt akıbetin irat ettiği tehlikeyi ele alarak suçları ağırlıklarına göre sıralamaya imkân yoktur. Böylece, endirekt veya toplumsal zararın ölçüsü zarureti, yani korku ve endişe (*l'alarme*) ile fena misal olma hususları kalıyor demektir. Lakin, bu kriteryomların kabulü hâlinde de saçma bir empirisme'in zebunu olarak hataların uçurumuna yuvarlanmak felaketine maruz kalırız; zira, bu takdirde suçun ağırlığı zaman ve mekânın bin türlü hâllerine tabi olacak ve dolayısıyla suçun önemi suçlunun bedensel ve ruhsal hususiyetlerinin mahiyetine göre tespiti gereken hakiki tehlikeye göre değil, ancak halk ruhiyatının, halk anlayışının meyil ve seyrine göre yani korku ve endişeye bakılarak takdir ve tayin edilmiş olacaktır, toplumsal tehlike, suçlunun vasıl olacağı akıbet olmayıp, onun yaşamaya azim ve ısrar ettiği topluluğun akıbetidir. Maziye karışmış bir tehlike, haddizatında toplumsal hiçbir önemi haiz değildir; olsa olsa, ancak istikbale ait doğabilecek tehlikeye bir işaret, bir delil mahiyetini haizdir.

İhlâl edilmiş bir vazifenin önemi kriteryomunu tercih edenlere gelince, bu esas da meselenin halline hiçbir şekilde yaklaşmamakta, üstelik de yeni bir mesele ihdas eylemektedir.[35]

Bize deniyor ki hiç şüphe yoktur ki adalet duyguları, yürürlükte kanunlardan henüz habersiz masum bir yavrunun dudaklarında bile, beşer vicdanı "veya idraki: *La concience*" tebessüm edebilmektedir.[36] Lakin, bu "idrak" bize hangi noktaya kadar tam ve kesin cevaplar verebilecektir? Bizzat Rossi dahi bu "idrak işi" nin her suçta tetkik ve tahliline imkân olmadığını, müdafaa ettiği metodun ancak esaslı suç kategorilerine uygulanabileceğini ister istemez itiraf zorunda kalmıştır. Fakat burada dahi şüphenin çemberinde sıkışıyoruz. "Bazı fiillerin kötü olduğunu iddia etmek için pek açık moral bir miyara ihtiyaç vardır; ancak, şüphe yoktur ki bir kısım fiillerin diğerlerinden daha kötü olduğunu kabul ettirebilecek evrensel ve kesin bir moral ölçüye de sahip değiliz."[37] "Doğrusu, diye ilâve ediyor, ahlaki bakış açısından, bü-

---

[35] Carrara, *Programme del Diritto-penale*, s. 184.

[36] Rossi, *Traite de droit penal*, III. Kitap, IV. Fasıl.

[37] Carrara, aynı eser, s. 184.

tün hâllerde, bu suçun şu suçtan daha ağır olduğu mülâhazasının iddia ve ispatı mümkün değildir." [38]

Muhtelif vazifeler, yalnız başka başka şahıslar için olmayıp, sosyal sınıfların bünyesine göre de çok farklı telâkkilere tabi bulunmaktadır. Bu itibarla, vazife mukayesesine ait tabirlerde de bir ahenk ve tecanüs yoktur. Hiç şüphesiz kamu vicdanı hırsızlık, cinsel saldırı, dolandırıcılık ve irtikâp fiillerinin birer suç olduklarında asla tereddüt etmeyecektir; ama bu fiillerin her birinin eksikliği derecesinin diğeriyle mukayesesi mevzuunda meskût kalacaktır.

Hakikat odur ki herhangi bir metotla suçların ağırlık mukayeselerini mutlak bir kafiyede kestirmek hiçbir suretle mümkün olmayacaktır; çünkü her biri pek çok değişik anasırdan vücuda gelmiştir; Maddi acı, manevi acı, bizatihi suçun kötülüğünü oluşturan tehlike ve nihayet korku ve telâş unsurları...

Bu unsurlardan yalnız biri ele alınarak diğerlerinin hesaba katılmaması mümkün olur mu?

Bütün bu mümanaatlara rağmen, hiç olmazsa büyük suçları müstahak oldukları cezaların ağırlıklarına göre sıralamak zarureti mevcuttur. Cezaların en ağırından en hafifine kadar mesafeyi, suçların en ağırından en hafifine ayarlamakla, bu ceza probleminin halledileceğine inanılıyor. Ve işte bu halle de "suç ve ceza arasındaki adil oran" deniliyor. Hiç şüphe yoktur ki en büyük mütefekkirler bile, bu yola, girerlerken bir hayli tereddüt etmişlerdir. Rossi, mesela, diyor ki: "bu usul, yolu zahmetsizce geçmemiz için kâfi işaretlere sahip bulunmuyor." Fakat bu parlak zekâ da bize başka işaretler gösteremiyor. Suç ve ceza cetvellerini karşı karşıya koyarak: "Her cezanın, karşılığı suçla birlikte basamaklardan inerken gaflete düşmek daima mümkün olacaktır." diyor. Hatta daha sonraları, başlangıç noktası bulunmayan bu sıralamanın işi, hiçbir suretle halletmediğini de itiraf eder. [39]

---

38 Von Holtzendörff, *Das Verbrechen des Mdirdes und die Todesstrafe*, Bölüm 19.

39 Rossi, *Traité de droit penal*, III. Kitap, VI. Fasıl.

Şu kadar vardır ki şayet bu büyük düşünür, izah ettiğimiz sisteminin tesirinden kurtulamıyorsa bunun da sebebi, mutlak adalet kuramına ve fenayı fenalıkla tamir etme zaruretine beslediği itminandır. Toplumun müdafaası uğruna cezanın tek amacının suçları önlemek olacağı düşüncesinden başkasını kabul edememektedir. Hâlbuki, asıl hayret edilecek cihet, mutlak adalet taraftarlarının cezayı, tam tersine, yani yalnız ve yalnız adaleti tesis ve onu yükseltmek olduğuna inanmış olmalarıdır. Hakikatte, mantık bizi şunu söylemeye mecbur eder: Suçları önlemek için asıl mühim olan cihet, biçilen cezaların âdilâne oranı olmayıp, o cezaların suçları önleme derecesini tayindir; zira birinci mülâhazanın hiçbir pratik faydası yoktur.

Bu bahiste sadece cezada, suç arzusunu ve suça eğilimi ve tahriki önleyecek, halâs ve necatı muzaffer kılacak karşılık bir tazyik oranının bulunuşu zarureti tezini müdafaa eden Romagnosi ve Feuerbach'ın müdafaa ettikleri tezin pratik ve akli bir kıymet taşıdığı inkâr edilemez.

Fakat evvelce de söylemiş olduğumuz gibi, tedhiş ve yıldırma esasına dayanan bu kuram da suçluyu toplumun elinde bir oyuncak hâline sokmakta, toplumu ise bir zulüm ve tedhiş misali yapmaktadır.

Doğrusu, ceza bu müelliflere göre, direkt olarak suça meyil ve tahrik derecesine hâkim olacak oranda ağırlaştırılmalıdır; zira, en ağır meyil ve tahrikler topluma en çok tehlikeli olan fiillerdir.[40] Hâlbuki, bu tehlike suçluya göre ya hiç ya da pek az

---

40 Bu cümle ile Beccaria'nın not hâlinde verdiğimiz XXIII. Fasılda geçen "Bu esasa göre en ağır suç cemiyet hayatının bozulmasına veya doğrudan doğruya yıkılmasına sebep olan suçtur." Cümleyi, keskin zekâlar mutlaka karşılaştıracak ve iki parlak zekânın zaman zaman hakikaten pek candan kucaklaştıklarını hayret ve hararetle temaşa eyleyeceklerdir.
Ama bu sadece tarifte, bilimsel gözlem ve vasıl olunan hakikatte öyledir de suçlunun ruhsal ve bedensel hususiyetleri; anormallikleri dolayısıyla işlenen suça bakmayarak onu tekrar suç işlememek gayesiyle tedip ve tecziye şeklinde fark edilmesi, bu ayrı bir dâvadır. -Ç.N.

tehlikeli olabilir. Bu meyil ve tahriklerin hayatiyeti istisnai hâllere tabi olabilir. Hâlin çok şiddetli bir meyli, istikbal için çok daha az enerjik vasıfta olması mümkündür. Bir şahsı sırf kendisinden kaynaklanan bir tehlikeden dolayı cezalandırmıyorlar; belki başkalarını kâfi miktarda sindirmediği endişesinden dolayı, yani başkalarından gelecek tehlikeyi karşılamak için, o kimseyi cezalandırıyorlar. Bilâkis, şayet meyil ve tahrik pek zayıf olsa da bu hâlin başka defasında çok daha şiddette tezahürüne engel değildir. Tepkinin yumuşaklığı faili hatta cesaretlendirebilir. Herhangi bir olguda, duyulan arzu şiddetli olmadığı ve ihtirasın tazyiki de ağır bulunmadığı hâlde, moral duygunun eksikliği suç saikini zafere ulaştırabilir. Öyleyse, karşılık cezai tazyik, birinci tazyikin "yani suça tazyik" in aşırı derecede şiddetli olmasına karşılık, kifayetsiz kalacaktır. Şu hâlde, cezalar, suçları endirekt önlemek amacıyla konmuştur; Bununla birlikte, ceza, suç işleyebilecek olan için değil, onu misal yapıp suç işleyebilecek olan başka kimseler için uygulanabilecektir. Burada tekrarında fayda görmediğimiz mülâhazalarımızın bu tedhiş ve korkutma kuramını "théorie de l'intimidation" kabulden bizi menettiği meydandadır. Bizim inancımıza göre, herhangi bir kimseye uygulanabilecek bir ceza, ancak topluma yöneltilmiş ve o kimsenin şahsından kaynaklanan bir tehlikeyi önlemek zaruretiyleuygulanabilir. O kimseye mahsus olarak suçu önleme, cezanın direkt amacıolmalıdır; umumi olarak suçu önleme ise, cezanın endirekt amacıdır ve birinci amaca zarurete uygun surette erişilince, evvelce işaret ettiğimiz gibi, bu ikinci amaç da kendiliğinden hasıl olur.

O hâlde, ölçülecek şey suça meyil ve arzu olmayıp, bu tazyike karşı duyulan mukavemet kudretidir. Başka bir tabirle, ölçülecek şey: Suçlunun moral duygusudur. Ancak bu araştırma bize o bireyin varlığının toplum için olan tehlike derecesini ve cezalandırmanın zaruret miktarını gösterebilir. Bu mümkün olursa, meselenin halli için büyük bir adım atılmış olur. Artık geriye kalacak şey, suçlunun beliren ahlaki bozukluğunun derecesine göre önleme çarelerini uygunlaştırmaktan ibarettir.

Lakin, bu defa da, suçların ağırlık derecelerinin ölçüsünü araştırma hemen hemen faydasız hâle geliyor.

Suçların ağırlık mukayeseleri için kullanılacak tabirlerin uygunluk ve tecanüsten mahrumiyeti dolayısıyla böyle bir araştırmanın engellerini az önce açıklamıştım. Şimdi de şu ciheti ilâve edeceğim ki hatta bu engellerin halli dahi bize pratik bir fayda veremeyecektir. Doğrusu, maddi zarar ölçüsüne kıyasen suçun ağırlık derecesinin tayini bizi mantıklı surette ancak mağdurun maruz kaldığı zararın maddeten tazminine sevk eder. Müelliflerin başvurdukları diğer ölçülere gelince, bunlar suçlunun ahlaki bozukluğunun derecesini aşikâr kılmak imkânını haiz olmadıkça bizim için hiçbir kıymet taşımazlar.

Sonuç olarak, suçların ağırlık derecelerinin hiçbir pratik faydası yoktur. Bunun neticesi olarak "cezaî tenasüh" ün de hiçbir anlamı kalmıyor; zira, bu tabirin tecanüs ve uygunluktan mahrum olduğunu evvelce görmüştük.

Biz "cezaî tenasüh" araştırması yerine başka bir araştırma vazediyoruz: "Muhtelif suç hâllerine göre suçlunun toplumsal hayata uyum derecesinin araştırılması". Başka bir izahla, suçluya işlediği suça mütenasip uygulanacak cezanın derecesini araştıracağımıza, suçlunun hâli şahsiyetinin hususiyetine göre onu toplumsal hayatta frenleyebilecek müeyyideyi araştırmamız lazımdır.

"Ne dediniz! Demek bin lira ile bir kuruşu çalana aynı cezayı vermemizi istiyorsunuz, öyle mi?" diye kıyameti koparacaklardır.

Cevap olarak: "Bir şey bilmiyorum!" diyeceğim. Çünkü, hakikatte bana yöneltilen soruyu mücerret bir şekilde çözmeye imkân yoktur. Toplum tarafından bilinmesi asıl lazım ve faydalı olanı, bu iki hırsızdan hangisinin daha çok tehlikeli olduğudur. Birinci hırsızın daha çok tehlikeli olması nasıl mümkün ise, ikinci ihtimal dahi aynı derecede mümkündür.

Bizim vasıl olmak istediğimiz amaç, yapılan hırsızlığın maddi önemine göre cezayı tayin etmek değildir; biz hırsızı bir daha bu fiilden menedebilecek cezayı bulmak suretiyle tehlikeden uzaklaşmak hedefini güdüyoruz.

Şu hâlde biz meseleyi şu şekilde açıklayacağız: "Suçlunun ahlaki bozukluğunu açık ve hakiki bir şekilde tayin edecek vasıta hangisidir? Onun bundan böyle toplum içinde yaşayıp kaynaşması imkânının derecesi nedir?"

Bunun için de evvelce suçluların anormallikleri faslında yaptığımız mümeyyiz farkları hatırlamak lazımdır. Ayrıca tahlil ve izahlarını evvelce yapmış olduğumuz suçlara ait muhtelif grupları ve mevzubahis olan suçluyu da yakından müşahede altında bulunduracağız. Mevzu kanunların ağırlık derecesine kıyas tuttuğu suçun objektif hâl ve hususiyetini ele alarak, sümmettedarik neticeler istihracından sakınacağız; ancak suçlunun ahlaki bozukluğunun tam miyarı olabilecek işaretleri araştırmayı esas kılacağız. Mesela, hukukun karakterize ettiği mevsuf bir hırsızlık suçunu ele alalım. Bu fiilin işlenmesine ait olan hâllerin özel şartlarını o suretle tetkik etmeliyiz ki suçlunun insiyaki olarak mı, başıboşluk tesiriyle mi, metrûk ve ifsat edilmiş bir çocukluğun kurbanı mı, zararlı bir arkadaşlığın akıbeti mi ya da sadece kendi ailesi içinde gördüğü fena örneklerin taklidi hevesiyle mi bu hırsızlığı yaptığını anlayabilmeliyiz.

Bu neticeye vasıl olmak için, suçlunun geçmişteki hayatını öğrenmiş olmamız lazımdır; keza mümkün olduğu oranda, ailesiyle ve özel bağlarıyla olan münasebetlerini araştırmalıyız.

Bu tür araştırmaların engelleri önümüze sürüldü. Ben, bilâkis bu araştırmaların tahkikat esnasında hemen hemen tamamen yapılmakta olduğunu söyleyebilirim, ama maalesef hüküm safhasında bu araştırmaların vereceği neticelere layıkıyla önem verilmemektedir. Doğrusu, yürürlükte kanunlarımıza göre, bu araştırmalar ancak cezanın miktarına tesir için yapılmaktaysa da asıl olan, bu hâllerin bilinmesi, uygulanacak cezalandırmanın tür veya mahiyetini tayin için olmalıdır.

Cezalandırmanın türü, suçlunun intibak imkânını, yani hangi şartlara tabi tutularak toplum için tehlikeli olmaktan onu menedebilecek müeyyideye tabi tutulmasını gösterir.

İşte bundan dolayıdır ki sübjektif karakteri göz önünde tutarak, alelade bir hırsızlıkta faili, istifa "élimination" cezasına tabi tutmak mı, yoksa sadece tazminatla iktifa etmek mi lazım geldiğini kestirebileceğiz. Birinci hâlde, bu istıfanın ebediyen mi, yoksa belirsiz bir zaman için mi, bir yere sürmek ya da uzak bir ziraî müstemlekeye nefyetmek veya sınaî bir tesiste imrarı hayat etmek mi müreccah olacağına karar vereceğiz.

M. Poletti, benim teklif ettiğim kriteryomu tamamen kabul ederek, bu miyarı hemen daima izafi vasıfta gördüğü sorumluluk esasıyla uzlaştırmaya gayret ediyor. "Bu uzlaştırma, diyor, suçları önleme esasına bakanlar için yerindedir; işlenecek bir fiilden tevellüt edecek sorumluluk duygusu ceza korkusuyla engelleniyor ise, artık suça engel olma amacı kâfi miktarda tahakkuk etmiş demektir. Keza doğrudan doğruya cezalandırmayı bekleyenler için de bu uzlaştırma maksadı temin eder; zira, bu iki duygu suçu önleyemiyorsa, buna hakkın müdafaası ve o türden yeni suçların aynı kimse tarafından işlenmesi heves ve meylini yok etmeye kanunun kifayetli gördüğü miktarda ceza dahi ilâve edilmiş olacağı kabul edilmelidir."

Lakin, acaba tecrübenin bize yetersiz olduğunu ispat ettiği bir şeyi kanun yeterli görebilecek mi? Hiç şüphesiz, böyle bir tenakuz, adını söylediğimiz müellifin fikri değildir; zira, böyle bir varsayımın makul bir amacı düşünülemez. Şu hâlde, kanunun tehdit ettiği ceza miktarı hakikaten kâfi derecede olmalı ve aynı şahsın yeni suç işleme arzu ve meyillerini önleyebilmelidir. İşte bu takdirde mantık kuvveti, benim teklif ettiğim kriteryomu yegâne faydalı ve pratik esas olarak kabule bizi mecbur etmiyor mu?

Suçluluk tetkik edilirken, toplumsal hayatın hukuki münasebetlerine intibak etmek hassasının yokluğu anlaşılır ve bunun tek devasının mücazatta bulunduğu görülürse ki bunu Poletti dahi kabul ediyor,[41] artık müdafaa ettiğimiz ceza sistemimizin amansız sonucunu niçin kabul etmemeli? Bir cezalandırma kri-

---

[41] Poletti, *H sentimento neìla scienza del Diritto pénale*, s. 126-127.

teryomu aranırken, niçin maksada en kısa yoldan gitmemeli? Niçin, mesela, idam cezasını kaldırıp bütün ağır suçları bir tip ceza ile ağır hapisle cezalandırmak?

Cevap olarak diyorlar ki insan varlığının öyle hakları vardır ki bunlara saygı gösterilmelidir. Fakat dünyada hiçbir ceza yoktur ki bu haklardan bazılarını rencide etmesin. Bunlar, toplumsal zaruretlerle bireyselciliğin uzlaşmasından başka bir şey olmayan keyfî tahdidatlardır. Fakat ceza ilminde bireyselciliğin (*l'individualisme*) anlamı yoktur; çünkü böyle bir bireyselcilik müessesesi bu fertlerin hukuklarını az çok ihlal etmeden payidar olmasına imkân yoktur; suçlular diğer vatandaşların da zarar görmesine sebep olurlar. O hâlde, suça karşı ayaklanan toplumsal tepkiyi köstеklemelerin ne faydası olacaktır? Bizim istediğimiz, direkt olarak daha az veya çok ıstıraplı bir müeyyide aramak değildir; bizim bütün arzumuz, sadece cezanın amacıyla suçu önleme çareleri arasında bir irtibat ve iltisak temin etmekten ibarettir. Öyleyse, her şey hakiki Toplumsal zaruret esasına yöneltilmiş bulunmaktadır. İşte, bütün gayret ve mücadeleler bu noktayı hedef tutmalı ve bu suretle hakiki açıklama tarzını elde etmelidir: Kuru zevahirin hataları meydana getirmekten başka faydası yoktur ve bu hataların mevzuu hukuka girmesi de hazin sonucu meydana getirir.

Bununla birlikte, artık tam surette mutmainiz ki ceza ilminde şahsın suça istidadı kriteryomu, eski adil oran kriteryomunun yerini alması lazımdır.

Biraz farklı bir şekilde bu kriteryomun izahını ilk eserlerimden birinde daha önce yapmıştım.[42] Suçlunun ahlaki bozukluğunu ve kendisinden endişe edilebilecek fenalığa işaret etmek için "temibilitâ" kelimesini icat ettim ki bunun Fransızca karşılığı yoktur. Burada, cezalara dayanan ve toplumun müdafaası kuramının mantıksal bir itmamı keyfiyeti mevcuttur. Şayet, ortada hayret edilecek bir husus varsa, bu kuram müdafilerinin müdafaa ettikleri kriteryom olmayıp, bu partizanların asla faydalanmasını

---

42 *Di un criterio positivo della penalitâ*, s. 118.

bilmedikleri diğer bir pratikyedir! Doğrusu, mücazatın kaideleri-ni vazetmeye kalkıştıktan vakit, bir kısmı suçtan hasıl olan zarar ziyanı ya da sebep olduğu tehlikeyi, diğer kısmı ise, suçluyu suça iten kuvvetin şiddetine göre suçun ağırlığı ölçüsünü hesaplıyor-lar; her iki kısma mensup olanların müşterek hudutları ise suç-lunun sorumluluğu olup, asla bizzat cezanın muhtelif suçlular üzerindeki değişik tesirlerinin ölçüsü ile ilgilenmiyorlar, hâlbuki cezanın ölçüsünün ahlaki hedefi bu olmalıydı.[43]

---

[43] Daha önce demiştik ki, suçların ağırlığının hakikî ölçüsü, topluma zararla-rının fazlalığı oranında büyüktür. Bu, o nevi hakikatlerdendir ki, en az dik-katli zihinlere ve en vasat zekâlara çarpacak derecede bedihî olmasına rağ-men, durumun garip giriftliği yüzünden, hemen bütün asırlar zarfında ve bütün memleketlerde ancak az bir kısım mütefekkirler tarafından doğru olarak müşahede edilmiştir.

İster kör bir saflığın, ister duygudan gelmeyen intihaların tesiriyle olsun, is-tibdadın zoruyla genişleyen fikirler ve zulmün şiddetiyle kabaran ihtiraslar, ilk insanların tabi oldukları faziletli felsefeyi tesis eden doğal fikir esasları-nın sade manasını boğup sildiler.

Ne mutlu bize ki, asrımızın ışığı bizi bu esaslara doğru götürmekte, zah-metli bir tetkik ve tahlile ve binlerce tecrübeye istinat eden deliller saye-sinde bu esasları bize büyük bir bedahetle göstermekte ve şiddetli itiraz mukavemetlerini kırarak bizi bu prensiplere kuvvetle bağlamaktadır.

Bazı ahlakçılar, cürmün hafif veya ağır olması keyfiyetinin failin suç kastına göre tayin edilebileceğini ileri sürüyorlar.

Hâlbuki, bizzat suç kastı dahi, eşyadan ve ruhun daha önce kararlaştırdığı tasavvurlardan hasıl olan mevcut hallerin doğurduğu intihaların şiddetine bağlıdır. İki şey ki, iki insan için tamamen başka bir kıymeti haizdir. Hatta aynı şey, efkârın, hallerin ve ihtirasların mütemadi ve seri değişiklikleri do-layısıyla aynı şahısta da daima aynı değer ve ehemmiyette değildir. Binae-naleyh, her vatandaş için ayrı bir ceza kanunu yapmak kâfi olmayıp, ayrıca her suç için de yeni bir kanun yapmak zarureti doğar. Ekseriya, en iyi bir ka-sıtla cemiyete en büyük fenalık yapılır ve hazan da cemiyete zarar vermek için en kötü bir kasıtla hareket edildiği hâlde, ona esaslı hizmetlerde bulu-nulmuş olur.

Diğer, bir kısım, hukukşinaslar, suçun ağırlığı ölçüsünün, cemiyete olan fe-nalığının şiddetine göre hesaplanacağı yerde, bundan zarar gören kimse-nin meziyetine göre tayin edilmesi lazım geldiğini ileri sürmektedirler. Şa-yet bu tez doğru olsaydı, bu takdirde bütün varlıkları yaratan Ulu Tanrı'ya

Fakat, bazı kelimelerin sihrine tutulup kabul edilebilir hükümler tesis etmeye de imkân yoktur; beşerî hâl ve hareketlerin liyakatlisi ya da liyakatsizi gibi; mükâfat veya mücazatın müncer olduğu adalet sözü gibi... Acaba, insaniyetin kamusundan bu keli-

---

karşı en küçük bir saygısızlığın, bir hükümdarı öldüren kimsenin göreceği cezadan daha şiddetli bir cezaya çarptırılması lazım gelirdi. Zira, İlâhi ulviyetin yüceliği her iki suç arasındaki farkı mutlak surette kapatır.

Ve nihayet diğer bir kısım müellifler ulûhiyete (*la divinité*) karşı işlenmiş olduğu oranda suçun ağır olacağını ileri sürüyorlar. Bir taraftan insanın insanla olan münasebeti ve diğer taraftan insanın Allah'la olan münasebetinin hakikî farkını araştıranlar için bu tezin ne derece esassız olacağı ilk bakışta anlaşılır.

İnsanların kendi aralarındaki münasebetleri müsavat esasına dayanmaktadır. İnsanların şahsi menfaatleri arasındaki zıddiyet ve bu menfaatlerin karşılaşıp çarpışmalarını bertaraf etmek zarureti insan adaletinin temeli olan (İçtimaî fayda) fikrini doğurmuştur. Hâlbuki, insanın Allah ile olan münasebeti ise, her şeyi yaratan ve bu itibarla hiçbir mahzuru olmadan, aynı zamanda hem kanun vazıı hem de hâkimlik edebilmek salâhiyetini haiz olan en mükemmel ve muhteşem bir varlığa olan doğallık esasına dayanmaktadır. Şayet Cenabı Hak kendi iradesine karşı gelenlere ebedî cezalar koymuş bulunuyorsa, haz ve elem duygularından hiçbir intibaa tabi olmayan, kendisinden sâdır eylemlerinden hiçbir sorumluluk doğmayan, her şeye kadir yegâne güç olan Ulu Tanrı'nın irade eylemiş olduğu bu cezayı hangi mahir varlık tayin edebilecektir? İşlenecek günahın büyüklüğü, kalpteki gizli kötülük duygusuna bağlı olduğundan hiçbir insanoğlu bunu anlayamaz; meğerki, Rab, bunu o insanlara ilham eylemiş ola.

O hâlde, cezayı tayin edecek usul ve esas nasıl bulunabilecek?

Bu takdirde, çok defa Allah affederken insanoğlu cezalandıracak veya Allah cezalandırırken insanoğlu affedecektir.

İster birinci şık, ister ikinci şık mülâhaza olunsun, her iki hâlde de, Ulu Tanrı'nın iradesine karşı gelinmiş olacaktır.

Beccaria, *Suçlar ve Cezalar*; Fasıl: XXIV, s. 287 - 290.

Garofalo'nun eserinin 283. sayfasında geçen "Cezalandırmanın türü suçlunun intibak imkânını, yani hangi şartlara tâbi tutularak cemiyet için tehlikeli olmaktan onu menedebilecek müeyyideye tâbi tutulmasını gösterir." mülâhaza ile Beccaria'nın bu notta yazılı: "Bununla birlikte, her vatandaş için ayrı bir ceza kanunu yapmak kâfi olmayıp, ayrıca her suç için de yeni bir kanun yapmak zarureti doğar." hükmünün nasıl aynı aydınlıkta birleştiklerini sarahatle görebiliyoruz. -Ç.N.

meleri çıkarıp atmak mı lazım? Hayır, bu kelimeler asla silinemeyecektir; zira, bu sözler daima bazı hakikatlere anlam verecektir. Beşerî hâl ve hareketlerin liyakatlisi veya liyakatsizi demek, karakterin evrimi ve iradeyi tayin eden esbap ve eylemlerin mahiyeti ne olursa olsun, beşerî faaliyetlerin irade ve mizaçtan müstakil olmayıp bunlara sıkı sıkıya bağlılığı demektir. Bazı moral meziyetlere daima liyakat vasfı verilmiş ve bu meziyetler, asla şahsın irade ve ihtiyarına izafe edilmemiştir; çünkü bu kimselerin mizaç bağlılığı ayan beyan ortadadır. Cesaret, metanet, sükûn, soğukkanlılık gibi... Tehlikeleri, ecdadından irsen tevarüs eden, pervasızlıkla karşılayan cesur bir askeri övmekten niye vazgeçmeli? Korkunun hazin ürpertisine teslim olmuş bir harp firarisini, hakaretlerin en acısından neden esirgemeli? Bazı kimselerin üstün mücadele ve gayretler sarf etmek suretiyle karakterlerini düzelttikleri iddia ediliyor. Doğrudur, ama bu derece metin bir irade nereden geliyor? Bu olsa olsa, ancak o kimsenin fizik yapısındaki meziyetlerden meydana gelebilir. Lakin, büründüğü belirsizlik örtüsü açılamamış olsa da, mevcudiyeti kesin surette belli bir saikin mevcudiyetine emin bir filozof için, bütün bu mülâhazaların ne önemi olabilir ki?

Kuvvet, güzellik, zarafet, incelik gibi fizikî yapı meziyetlerinin yanında, seciye dediğimiz meziyetler de vardır ki tıpkı birinciler gibi hayran olmaya değer. Bu nimetlerin tecellisi insana iğrenme ve tiksinme verir. Doğrusu, bütün bu duyguların ifadeleri buna hedef olan kimsenin saadetini zorunlu surette azaltıp çoğalttığı hâlde, o kimse bu nimetlerin ya da kusurların bizzat etkeni, müsebbibi değildir. Aynı mülâhaza, faziletli fiillerinden dolayı övgülere ya da musibetli hareketlerinden dolayı hakaret ve istihfafa hedef olan kimse için de geçerlidir. Evet, yeter ki bu meziyet veya meziyetsizlikler bizim olsun, bizden doğsun, yani bizim karakterimizden, hakiki varlığımızdan meydana gelsin, yeterlidir; artık bütün dünyanın hayranlık veya nefreti üstümüze yağacak, saadet veya felaketimizin artmasına hak kazanılmış olacaktır.

Bize diyecekler ki: "Mademki, tasmim edilen fiili icra ettiren kuvvet BEN olduğuma göre, işlenen o fiile liyakatli veya liyakatsiz bir vasıf vermek neden mümkün olmasın? İşte hayran olmak ya da ayıplamak, mükâfatlandırmak ya da cezalandırmak için bilinmesi yegâne önemli şey de bundan ibarettir; geri kalacak şeylerin ne kıymeti olabilir ki; yani benden doğan her şey beni gösterir; zaten varlığın anlamı da başka türlü olabilir mi?"

Evet, şüphesiz fena, hilekâr, alçak, kötü niyetli kimseler, asla kendilerini dönüştürerek namuslu ve faziletli insanlar hâline gelmek kudretine sahip değildirler; tıpkı sürüngenlerin kuşlar gibi uçmak kudretine sahip olmamaları gibi. Ama bu nasıl böyle ise, dünya âlem de bir kimse hakkında sempati veya nefret duymaktan, veya ayıplamaktan, mükâfatlandırmak veya cezalandırmaktan kendini alıkoymak kudretinden mahrum bulunuyor. Her iki hâlde de zaruret aynı derecede, aynı vasıftadır. Fazilet veya faziletsizlik moral meziyetlerinin ayırt edilmesi gayet yerinde olan bu kelimeleri, hakiki anlamlarını irca etmek istenince niçin değiştirmeye gayret etmeli?

"Evet, ama adalet, kendi mevcut yapısının kurbanı olan, bir bireye toplumun acı çektirmesinden inemiyor, bu hareketi kınıyor!" diye feryat ediyorlar.

İyi ama toplumun emniyeti ve selâmeti için bireye ıstırap vermekten mücerret adalet duygusu inciniyor, onu reddediyor ve kınıyorsa, bu takdirde amaca ulaşmamıza imkân yoktur. Hâlbuki bütün cihan bu kabil adaletsizliklerin devamıyla pâyidar olmaktadır. Doğrusu, bu hazin dünyada her şey bir ıstırap kaynağıdır: Beden veya akıl yapısından, gayret veya zekâ eksikliğinden, içinde bulunulan ve asla tadili imkânına sahip olunmayan bahtsızlıklardan hep ıstırap çekilmektedir. Bunun gibi hafızası zayıf bir talebenin, ders esnasındaki bütün dikkat ve özenine rağmen uğradığı muvaffakiyetsizlikler, özsaygısını devamlı surette tahrip ederek sınıfının sonuncusu yapar. Az kabiliyetli bir memurun mesleğinde ilerlemesi mümkün olmadıktan başka akıbeti de, eninde sonunda işinden çıkarılmak olacaktır. Acaba bunlara da adaletsizlik mi denecek? Bunlardan başka acaba babalarının borcundan dolayı çocukları sefalete mahkûm eden kanun adaletsiz midir? Pisliği defeden zarafet, adalet duygusunu incitir mi? Sahnedeki fena şarkıcıyı ya da ordudaki kabiliyetsiz bir kumandanı yuhalayıp ayıplamakla adaletsizlik mi ediliyor?

Evet, hiç şüphe yok, hayatın manzarası elem ve ıstırap vericidir. Açlıktan inleyen fakirlerin yanında mesut ve müreffeh zenginler görüyoruz. Bedbaht, metruk insanların yanında aşktan sarhoş olmuş çapkınlar var. Herkesin gülümseyişine nail kızların yanında, hiçbir erkeğin dikkat nazarını çekmeyen zavallılar da görülüyor. Kuvvet ve sıhhat içinde hayat akan delikanlıların etrafında derman bulmaz dertlerle ölüme mahkûm genç simalar yürekleri parçalar. Akıl ve bilgileri sayesinde daima toplumda hâkim mevkiler işgal edenler olduğu gibi, bu hasletlerinin zayıflığı yüzünden daima mutsuz ve sessiz yaşayanlar da var.

Acaba bütün bunlar niçin böyledir? Bütün insanların hepsi niçin eşit surette kuvvetli, güzel, zengin, sevimli ve mesut değildirler? Niçin bu insanlar hiç olmazsa birkaç zaman için dahi olsun, mesut bir ömür süremiyorlar? Niçin acaba, komşum için bu kadar cömert ve hayırhah olan tabiat veya toplum benim hakkımda bu kadar gaddardır?

Evet, dünya böyle kurulmuştur. Donduran iklimler olduğu gibi, yakıp kavuran ülkeler de vardır. Tabiat birbirine tıpatıp benzeyen iki yaprak bile yaratmamıştır. O, müsavattan dehşet duyar. Her şeyde bu değişiklik, bu fark mevcutken, biz sadece insan toplumunu teşkil eden fertlerin yapısında bu müsavatı nasıl iddia edebiliriz?

Lakin, mademki eşitlik bu dünyanın nizamında yoktur, öyle ise ister istemez ortada, kendi kabahatleri olmadığı hâlde, bahtiyarların yanında bahtsızlar da bulunacaktır. Ve bu adaletsizlikten içtinap etmek de mümkün değildir.

Toplumsal hayata intibak etmeyenleri ayıklamak, ıstıfaya tabi kılmakla insan adaleti tabiatı taklit etmektedir. Nasıl hastanelerde yatan sakat insanların felaketlerine sebep olan arızalarını tedavi ve izale için her türlü gayret ve özenin belirli bir ölçüsü tahdit edilemiyorsa, suçluların suç işleme saiklerini tahrip ve tadil için verilecek cezanın belirli bir ölçüsü de olamaz.

Bize, bu hâlin adaleti derinden sarstığını söylüyorlar! Lakin, bu bir hakikat ise, bu adaleti nasıl memnun ve mesrur edebiliriz? Ne yazık! Hiç şüphesiz, zamanımız ceza mevzuatı adaleti tatmin etmekten çok uzaktır. Doğrusu, mukavemet edilmez iç kuvvetlerini (*impulsions*) cezasız bırakan yürürlükte ceza hukuku mevzuatı, hayrettir ki en ziyade mukavemet edilemeyen iç kuvveti, doğuştan tereddiyi, fazilet duygularını boğan, en iyi içgüdüleri ifsat ve vicdan üzüntülerini tahrip eden çocukluk devresinde elde edilen ahlaki bozuklukları kabul etmek istemiyor. Hatta bütün gayret ve iştiyakına rağmen, kendine iş bulamayan kadersiz serseriyi dahi cezasız bırakmayan yürürlükte mevzuat; daha da ileri giderek, aynı para cezasını Karun kadar zenginlerle sefil fakirlere ayırt etmeden reva görüyor. Hâlbuki aynı para cezası zenginin huzurundan bir şey eksiltmediği hâlde, fakirin yıllar boyunca, biriktirebildiği zavallı servetini bir hamlede mahvetmektedir. Aynı hapishane hücresine attığı mahkûmlardan biri için bu hayal tahammül edilmez bir işkence olduğu hâlde, diğeri için bu hücre en lüks otellerden daha caziptir. Aynı kürek cezasına mahkûm edilmiş iki insan ki biri sırf yatak ve yemek temin eden bu akıbeti kazanmak için cinayet işlediği hâlde, diğeri için bu hayat toprağa gömülmeden beterdir. Evet, yazık! Bütün bunlara "adalet!" denmektedir. Ama bu tenakuzlar, bizim ortaya attığımız sistemden doğan amaçlardan bin defa daha uzaklarda değil midir? Doğrusu, biz hâkimin kendisi için meçhul olan bir mücazat ölçüsü kullanacağını iddia etmiyoruz. Bizim istediğimiz, suçlunun suça temayüllerinin itiş kuvvetine mümanaat edecek imkânının araştırılmasıdır. Biz sadece hâkimin, elde ettiği tecrübeleri göz önünde tutarak, suçlunun istikbalini tahmin ve endişelerini bertaraf etmesini bekliyoruz. Biz, onun irade ve ihtiyarı hiçbir suretle tarif etmeyen ve farazi bir adalet oranını içerdiği zannedilen, hakikatte faydasız cezalar vermesini istemiyoruz; ondan beklediğimiz, toplumsal hayatın verdiği zaruret oranında, evet ne daha az, ne daha fazla olmamak kayıt ve şartıyla, müeyyideler uygulanması suretiyle suçu önleyici tedbirler almasıdır. İşte ancak o vakit, suçlu müstahak odluğu cezaya çarpılmış, irade ve ihtiyarının meçhul kemiyetine göre değil, fakat bizzat şahsiyetini meydana getiren bu varlıkların toplamına, yani fiziksel yapısı, içgüdüleri ve karakterinin gerekliliğine muadil hakiki ve faydalı cezayı görmüş olacaktır.

Amaç, bedbahtı yere vurmak değildir, asıl amaç keşfedilmeleri çok kolay yeni zararların husul bulmaması için toplumun önleyici tedbirler almasıdır. Beşerî sempati duyguları, toplumsal hayata intibakları mümkün olmayan, ama ifnaları da zorunlu bulunmayan kimselerin imdadına koşacaktır; diğerlerine, ruhsal bir vahşet ve canavarlıkları sebebiyle, toplumun ebedî ve amansız düşmanı olan ve onunla hiç rabıtası bulunmayan kimselere gelince, bunların ölümleri asla teessür verici olmayacaktır. Zira Shakespeare'le bir olarak:

"*Mercy but murders, pordoning those that kill*"[44] keza Dante ile bir olarak:

"*Qui vive la pietà, quando è ben morta*"[45] denebilir.

Adaleti asıl yaralayan, yüzünü hicabın örtüsüyle karartan asıl hâl, başkalarını sindirmek amacıyla ahlaki bozukluğu vahim olmayan kimseleri ağır cezalarla çökertmektir. Asıl, misal olsun diye verilen cezalar adaletsiz olabilir; nasıl ki harp ve ihtilâl zamanlarında ya da zorba idarelerde veya aşırı demokrasilerde imtisal olsun diye adaletsiz ağır cezalar verilir.

Fakat cezanın hedefi, topluma düşman olan bir bireyin silahlarını alaşağı etmek için direkt ve mahza o bireyin başka bir suç işlemesini önlemek oldukça ve o bireyin şahsiyetini meydana getiren anasıra göre oranı yapıldıkça daima âdildir. Şüphesiz böyle bir ceza misal olabilecektir; ancak şahsi kanaat ve takdirin hâ-

---

44 "Canileri affeden rahmet ve mağfiret de canidir."

45 "Burada merhamet, ancak diğer bir merhameti susturmakla var olabiliyor."

kim olamayacağı doğal bir ölçü esas tutulacaktır. İşte asıl adalet: Ve işte "Şahıs populi suprema lex" prensibine, yani hiç kimsenin, şahsiyetinin gösterdiği zaruretten ne fazla ne de eksik olarak azap ve ıstıraba maruz kalmamasını sınırlar ve nihayet işte bütün ifratların: evet, bireyselciliğin ve fayda kuramının bütün fazlalıklarını atan asıl küllî kaide!

IV

Teşebbüs kuramı - Kifayetsiz vasıtalarla teşebbüs - Acaba, teşebbüsü bizzat o suçun işlenmiş olması hâlinde verilen ceza ile cezalandırmak doğru olur mu? - Hukuk okulu kuramının toplumsal müdafaa fikrini örseleyen yanlış görüşü.

Şimdi, bize hasım olan ceza felsefesi müdafilerinin kuramlarının tenkidini tamamlamak için, ceza sorumluluğu prensibiyle suç ve adil ceza oranı prensibinin neticelerinden olan diğer bazı hukuki teorileri de gözden geçirmemiz lazım geliyor.

Önümüze ilk çıkan ve bunların en önemlisi olan ve yürürlükte ceza hukuku okulu ile çok engellerle bağdaşabilen suça teşebbüs kuramını ele alacağız.

Almanya ve İtalya'da suç teşebbüsü objektif doktrine dayanmaktadır. Bu felsefeye göre, teşebbüsü cezalandırabilmek ancak, suçun kısmen tekevvün etmiş olmasına bağlıdır; ama bu kısım, işlenmesi istenen suçun bir parçası, bir kısmı olmalıdır "Osenbrüggen, Geyer". En yeni bir görüş, teşebbüsü şöyle tarif ediyor: "Maddi unsuru itibarıyla suç vasfını haiz ve istenen âkibeti doğurabilecek bir fiildir" (Cohn).[46]

---

[46] Bu bahsin en derin ve ince mübahase ve tahlilleri yazarın *Zeitschrift für die gesammte Strafrechtswissenschaft* (1881) ve *Gerichtsaal* (1880) adlı eserlerinde okunabilir.-yn.

Fransa ve İtalya'da suça teşebbüsün haricî bir fiil ile tezahür etmiş olması ve bizzat bu fiilin tabiatı itibarıyla, bir suç meydana getirebilme imkânını haiz bulunması lazımdır.

Böyle olunca, fail, maksadına vasıl olmak için, kullandığı suç vasıtalarının kifayetsiz ya da gayrisalih oluşları yüzünden, bütün suça teşebbüslerinden dolayı hiçbir takibata maruz kalamayacaktır.

Nihayet suç vasıtalarının mutlak kifayetsiz olanıyla, nisbi "veya izafi" kifayetsiz olanlarını ayırdılar ve umumi kuram olarak, şayet suç aracı kifayetli ise teşebbüsün, mevcudiyetini kabul ettiler (Carrara). Bundan başka, failin kifayetli bir vasıta intihap ettiği hâlde, sırf kendi hata veya nisyanı yüzünden kifayetsiz başka bir vasıta kullanmışsa, yine ortada mücazata müstahak suç teşebbüsü olmadığı kabul edildi. Bunun içindir ki dolu olduğunu bildiği silahının tetiğini çektiği hâlde, boş olması yüzünden hasmını vuramayan kimseye ceza verilmemektedir. Keza yine bu sebepledir ki bilgisi dışında silahının mekanizması bozulan fail, istediği suçu işleyememesinden dolayı cezaya müstahak görülmüyor.

Doğrusu bu mülâhazalar, teşebbüsün maksut, suçun kısmi tekevvünü veya suçu husule getirebilen fiilî hareketin bir kısmı olduğu kuramına uygun düşmektedir. Çünkü diyorlar, kanunun himayesi, tabiatı itibarıyla, hiçbir fenalık tevlit etmemiş fiillere kadar uzanmamalıdır. Failin ahlaki noksanlık içinde oluşunun, hatta tehlikeli bulunuşunun önemi yoktur. Asıl bilinmesi lazım gelen şey, bu tehlikenin işlenen fille merbut olup olmadığıdır. Ortada husul bulmuş suç niteliğinde bir fiil olmadan, mücazata müstahak suç teşebbüsü kabul edilemez.[47] "Sırf harici eylemler sebebiyle faili cezalandıramayız; failin suçluluğunun lâhik olduğu eylem ancak cezalandırılabilir" (Carrara).

Bize gelince, hiç şüphe yoktur ki bu formülün tam zıddı, bizim için hakikattir. Bununla birlikte, bu nokta üzerinde jüridik

---

[47] Geyer, "Uber die so gennannten untauglichen Versuchshandlungen" keza *Zeitschrift* eserlerinde.-yn.

okulla aramızdaki fark büyük değildir. Bizim teşebbüs hakkındaki tezimiz, birçok Alman düşünürleri (Herz, Schwarze, Von Buri, Liszt) tarafından müdafaa edilen sübjektif kurama yaklaşmaktadır. Nasıl ki Roma hukukunda da teşebbüs için suç kastı esas tutulmuş, ona ehemmiyet verilmiştir; maddi unsur dikkate bile alınmamıştır. Bir kere ortada bir zarar ziyan olmadığı tebeyyün edince, artık iradeyi (ya da kasıt ve niyet) mahkûm etmeye imkân yoktur; failin gayrimuktedir yani suçu meydana getirmesi ihtimalini haiz olmayan bir suç aracı kullanmış olmasının kıymeti yoktur. Bundan başka, irade (ya da suç kastı) ile fiilin tekevvününü kıymetlendirmek de mümkün değildir; zira, bu iki eleman ancak fiilin itmamında müttehit hâlde bulunabilir; teşebbüste, bu iki eleman birbirinden müstakil hâlde bulunmaktadır. Objektif miktar, yani fiilin husule getirdiği bir kısım mevcutsa, artık tasavvur edilen netice tamamen husule gelmemiş olmasıyla alakalı değildir. Asıl tasmim ve tasavvur edilen fiilin ise, sadece failin zihin ve iradesindeki vasfıyla bir ehemmiyet arz edebilir. İstihsal edilmemiş bir netice, her zaman için ya özel veya izafi bir imkânsızlığın işareti olur. Bununla birlikte, failin muktedir olduğuna inandığı bir suç vasıtasının, başkaları tarafından gayrimuktedir telâkki edilmesinin araştırılmasında hiçbir fayda mülâhaza edilemez. Varmak istediği mahalle götüren yolun ilerisindeki köprünün çökmüş olduğundan bihaber kimsenin, daha ilk yürüyüşü anından itibaren zaten bütün gayreti faydasızdı. Böyle olmasına rağmen gerek kendisi ve gerek hedefe varmayı imkânsız hâle getiren bu inhidamdan habersiz olanlar için bu yürüyüş, o mahalle varmanın tek vasıtası ve çaresidir. Bunun da karşıt kavramından, ancak bu çöküntüyü daha önce haber alanların, bu yürüyüşün faydasız olduğunu söyleyebilmeleri kabil olabilecektir.

Bununla birlikte, bir projenin yalnız bir kısmının uygulanmış olmasının objektif bir kıymeti olamaz. "Büyük bir çölün ortasında, dudakları susuzluktan çatlamış bir seyyah tasavvur edilsin; önünde, ufuk hattında dizili evlerin arkasında yükselen yemyeşil bir tepe bulunuyor. Ne yazık! Bu biçarenin bütün gayreti ancak yolun yarısını yürümesine imkân verebiliyor. Oracıkta mecalsiz, bitkin yuvarlanıp kalıyor; görünürlerde hiçbir yardım da yok! Şüphesiz, yıkıldığı yerde tebah olup gidecektir; çünkü, kendisini vahaya kavuşturan yolun yarısını yürüyebilmişse de, susuzluğunun yarısını giderememiştir!"[48]

Diğer taraftan daha başlangıcından itibaren mutlak surette husule gelmeyeceğine hükmedilebilecek hiçbir beşerî fiil olamaz; buna karşılık, failin arzu ettiği her şeyi elde etmesi daima mümkündür. "Herhangi bir suç, husule gelmemiş bir fiilden asla hasıl olamaz. Kendisinden beklenen neticeyi vermemiş bir vasıta, o tasavvuru meydana getirmekte; denebilir ki bütün hâllerde dahi kifayetsiz vasıta olmadığı gibi, mutlak surette kâfi vasıta da bulunamaz... Bununla birlikte, bir fiilin meydana gelememiş olmasının kusuru daima faildedir; çünkü fiilin husulüne imkân vermeyen engeli hesaba katmamış, hataya düşmüş olan sadece kendisidir. Öyleyse, failin yanıldığı hâli birbirinden fark ve temyiz etmekte ne fayda vardır? Farz edelim ki suçun husulüne engel olan hâl, fiilin daha bidayetinde mevcut bulunmuş ya da fiilin icrası esnasında meydana gelmiştir; bütün bu hâllerde dahi, fail, haiz olduğu kuvveti iyice hesaplayamamış ve fiilinin icrası için kullandığı vasıtanın keyfiyetçe iktidarını iyice araştırmamış gerek vasıta intihabında gerek bu vasıtanın istimalinde kusurlu davranmış demek değil midir?"[49]

İtalyan, Fransız ve hatta Alman hukukçularının büyük bir ekseriyeti tarafından reddedilen ve şiddetli hücumlara reva görülen bu kuramın, bizim kurduğumuz mektebe yaklaşan yegâne uygun kuram olduğunu ilâve etmek, hemen hemen faydasızdır, sanırım.

---

48 Von Buri, Versuch and Causalität dans le Gerichtssaal, B. 32, Heft. 5, S 367-368. Stuttgart, 1880.

49 Alman İmparatorluğu Yüksek Mahkemesinin kararı. Keza Von Liszt'e- bakınız: "Das fehlgeschlagene Delikt und die Cöhn'sehe Versuchtheorie dans le Zeitschrift." s. 103.

Gayrisalih vasıtalar sebebiyle, fiilin tam ikama vasıl olamayan teşebbüs için reva görülecek ceza, suçlunun ahlaki redaetine göre ölçülmelidir. Şayet teşebbüs, suçlunun ahlaki bir çöküntü içinde olduğunu aşikâr kılabiliyorsa, artık fiilin tam surette vukuu ile teşebbüs hâlinde kalışı arasında hiçbir fark yoktur; kullanılan vasıtanın kifayetli veya kifayetsiz oluşunun da araştırılması faydasızdır. Asıl bilinmesi lazım olan cihet: önce, suç iradesinin her türlü şüpheden azade bir şekilde tezahür etmiş olup olmadığıdır; saniyen, bu suç ıradesinin bir tehlike teşkil edip etmediğidir; zira, faaliyet icrasından âciz ahlaki noksanlığa toplum hayatı herhangi bir cezayı lüzumlu ve zorunlu görmez.

İşte, sübjektif denilen kurama getirdiğimiz tahdit budur; bu son mülâhazaya göre, suçun icrası için kullanılan vasıta, bazı hâllerde faydalı olmayabilir. Doğrusu, intihap edilen suç vasıtaları, failin gayret kifayetsizliğini ya da budalalığını meydana koyabilir; mesela, fail çay şekeri veya yemek tuzu ile bir adamı zehirlemek ya da atış mesafesinden çok uzaktaki bir kimseyi kurşunla vurmak istemiştir. Şüphesiz her iki hâlde de suç yoktur; ancak buna sebep, vasıtanın kifayetsizliği değildir; zira, bu kifayetsizlik failin suça ehliyetsizlik ve kabiliyetsizliğini açıkça ispat etmektedir; onun sadece suç eylemine kudretsizliğine, hayal ve hülyadan öteye geçemediğine, zararsız bir varlık olduğuna delildir; öyle ise, ceza tamamen yersiz olacaktır.[50]

Lakin, fail kullandığı nesnenin arsenik olduğunu bildiği hâlde, eczacının hatası yüzünden suçunu meydana getirememişse, işin mahiyeti büsbütün değişmiş olur. Keza bizzat doldurduğu mavzerinin tetiğini çektiği hâlde, kendisinin evde bulunmadığı bir sırada başkası tarafından kurşunların boşaltılmasından dolayı şikârını vuramaması vaziyeti de büsbütün başkadır; hasmının bulunduğu mesafe, kurşunun doğal mesafesine göre tesadüfen

---

50 Hánovra, Brunswick, Nasseau ve Badeeski ceza kanunları, salih olmayan vasıtaların kullanıldığı teşebbüs suçlarını cezaya müstahak kılmazlardı; ancak, şu şartla ki bu vasıtaların intihabına failin budalalığı yahut bâtıl itikadı sebebiyet vermiş olsun.-yn.

pek az farkla değişmiş ve bu sebeple suç vukua gelememişse, fiilin mahiyeti yine tamamen ayrıdır. Yalnız kendi hatası yüzünden suç meydana gelmemiştir diye, suçlunun varlığında bir tebeddülât hasıl olamaz; çünkü, bu hata, onun suça kabiliyet ve ehliyetsizliğini ispat etmiş olmaz. İşlenen fiilin, teşebbüs hâliyle, bir tehlike teşkil etmediğini ben de kabul ediyorum; lakin, bu hâl, asıl tehlikenin mevcudiyetini göstermeye kâfi geliyor. Aynı şey, failin özel bir tetkik ve özenine maruz kalmadığı için fiilin teşebbüs hâlinde kalmış olması vaziyetlerine de uygulanabilir; mesela kullanılmak istenen bir zehrin dozunda veya vasfında işlenen hata gibi. Böyle bir hata, failin asla suç ehliyetini ve kabiliyetsizliğini ispat etmez. Bununla birlikte, istimal ettiği zehrin vasıf ve dozunda yanlış hesap yürüten bir suçlunun yakasını bırakmak adaletin şanından değildir.

Çocuk yaştaki suçlulara gelince, bunların işledikleri muhtelif suçlar hakkında kaideler vaz eylemek bir parça güçtür; çünkü en malûm şeyler üzerindeki bilgisizlikleri, onların zararsız olduklarını ispat etmez. Çocuk doğuştan suçlu olabilir. Mühim olan, suçu fark ve temyizi ile karar azminin ispatıdır; bu cihet bir kere ortaya konulursa, artık onun istikbal için bir tehlike olduğu anlaşılmış demektir. Hâllerin hususiyetlerinden doğan muhtelif takdir ve tahminlere rağmen, umumi bir kaide yüzünden daha büyük engellere maruz kalınabilir ki o kaide de şudur: Olguların bütün hususiyetlerini göz ününde tutarak, failin kabiliyet veya kabiliyetsizliğini tetkik etmek gerekir; yoksa, sadece kullandığı suç aracının kifayetli veya kifayetsiz olduğunu araştırmakla maksat husul bulmaz. Zira, suç vasıtasının intihabı, ancak izafi bir önemi haizdir, mutlak bir kıymete sahip değildir, çünkü kifayetsiz bir vasıta, sebatkâr ve enerjik bir irade ile uygunsuz düşebilir.[51]

İşte, bu suretle teşebbüsün hangi hâllerde cezalandırılabileceğini tayin ettikten sonra, şimdi de verilecek cezanın kıstasını tespit edeceğiz.

---

[51] Bu hususta: "Il tentativo con mezzi inidonei" (Torino,1882.) adlı broşürümü lütfen okuyunuz. -yn.

Malûmdur ki eski ceza alimleri suça tekevvünden (*iter criminis*) suç merhalelerini ayırmışlardır. Onlar suçun basit ihzari safahatına ait olayları ve asıl teşebbüsü birbirlerinden ayırmışlardır. Çok sonraları ise, buna bir de tam teşebbüs (*délit manqué*) ilâve edildi. Umumiyetle, bu son iki hâl mücazata müstahak görülmüştür. Diğer hâllerde ise, ancak tasrih edilmiş hâllerde ceza verilmiştir. Ve nihayet hemen bütün muasır kanun hükümleri, nakıs ve tam teşebbüse asıl suça nazaran, daha hafif bir ceza tayin etmiştir.

Belki de yalnız Fransız Ceza Kanunu bütün suça teşebbüsleri, bizzat o suç kadar cezalandırmıştır ama bu hukuki esas, hemen bütün nazariyatçılar tarafından adaletsiz görülmüş, taarruza uğramıştır; çünkü, filiyatta takdiri hafifletici sebepler öne sürülerek asıl suça biçilen cezalara rağmen, hafif hükümler ısdarı suretiyle işin içinden sıyrılabilmiştir. En son icrai fiillere yaklaşıldığı oranda suçluların şiddetli ceza görmeleri iddia edilmektedir; İtalyan Ceza Mevzuatı, bu noktada tam surette mantıki bir zemin üzerinde bulunuyor; doğrusu, bu mevzuata dayanarak, nakıs teşebbüse nazaran, tam teşebbüse daha ağır ceza verilmektedir.

İşte bu cezaî mertebeleri göz önünde tutarak, nakıs teşebbüste failin (*iter criminis*) safhasını ikmal edememiş olduğu ve en son icrai fiili yapmayarak kendiliğinden vazgeçmiş bulunduğu kabul edilmektedir. Bununla birlikte, bu konu öyle kolayca bilinemez; zira belki de daha bu safhaya gelmeden önce suçunu ikmale imkân vermeyen engele tesadüf etmiş olabilir. Ama tam teşebbüs hakkında suça verilen cezadan daha hafifini vermek hakikaten hazindir; çünkü, bu hâlde artık failin kendiliğinden suçtan çekinmiş olması şüphesi mevcut değildir ve fail suçun tam surette tekevvünü için bütün gayretini sarf etmiş bulunmaktadır.

Rossi: "Lakin, tamir ve telâfisi mümkün fenalıkla, mümkün olmayan fenalığın tefriki nasıl ihmal edilemezse, muvaffak olan beşerî faaliyetlerin önemini idrak eyleyen ruhsal meyil ve istidatların da hesaba katılarak takdiri bir zarurettir."[52] diyor. Ancak biz, aksi mütaleadayız; bize göre bu takdir, cezaya hiçbir suretle müessir olmamalıdır. Bir tasavvurun muvaffakiyete vusulü ya da inhidama müncer oluşu karşısındaki büyük ehemmiyet farkı, ancak acı verici bir hassasiyetten veya teskin ve teselli edici bir tahassüsten meydana gelebilir. Bir suç işlenince, hemcinsimizin duyduğu elem ve ıstıraba bir yakınlık duyarız; buna karşılık suç vukua gelmeyince, cürme hedef olan kimsede, önce duyulan sevinç az sonra yerini endişeye bırakır ve akabinde hepimizin de duygusu aynı olur. Lakin, failin şahsından gelebilecek tehlikenin büyüklüğüne göre, suç icra ve ikmal edilmiş olsun veya bir tesadüfle işlenememiş bulunsun, duyulan duygunun önemi acaba değişebilir mi? Bu değişiklik, ancak mevcut özel hâllerin evvelden kolaylıkla keşif ve tahmin edilebildiği ve failin de bu hâl dolayısıyla, tehlikeli olmaktan çıktığı ve hakiki bir suçlu olmak endişesinden uzak bulunduğu zaman gerçekleşebilir.

Fikrimize göre, asıl tetkik konusu da bu olsa gerekir; şayet iddia edildiği gibi mutlaka lazımsa, cezanın takdiri için suç safahatının tefriki tamamen faydasızdır.

Keza Tarde'ın bana karşı başka bir noktadan ileri sürdüğü tenkidi de kabul edemem.[53] Tarde, bize hukukçuların zayıf mantık mülâhazalarına pek az ehemmiyet verdiğini, suç işlenmemiş olsa da gerek teşebbüs gerekse telkin ve tahrik, suça eğilimin belirtisi olduğundan toplumsal bir tehlikedir; şayet suç husule gelmişse, bu tehlike iki kat olur; çünkü bu takdirde doğuştan suça meyil ve istidada suça doğuştan misal dahi ilâve edilmiş, birlikte hamurlaşmış olduğunu söylüyor. Doğrusunu söylemek lazımsa, bu muhakeme tarzı ferahlatıcı değildir; zira cinai bir soygunculuk girişiminde suçlu, cinayeti işlememiş, sadece mal çalmışsa, burada failin diğer suçlular için cesaret kırıcı bir misal olması

52 Rossi, aynı eser, II. kitap, XXXIII. fasıl.

53 Tarde, *Positivisme et pénalité*, Paris-Lyon, 1887. s. 35-37.

mevzubahis değildir; çünkü, fail nihaî amacı olan soygunu yapmış bulunuyor.

Mağdurun aldığı yaralar kapanmış ya da mucizevî bir şekilde hayatını kurtarmışsa, suça tahrik ve cesaret azalmış olur mu? Bu hâller suçlunun takibi ve hüviyetinin tespitine imkân vereceğinden, bu mülâhaza belki de varittir denebilecek midir? Fakat her şeyden önce bu gibi hâller olsa olsa, diğer haydutlar için ibret verici birer ders olacak, bundan sonra tedbirlerini daha emniyet ve özenle alacaklar, kurbanlarını daha iyi vuracaklar ve ölümlerini garantileyeceklerdir. Nitekim, daima böyle olmuştur. Suçun muvaffakiyetini temin edeceğinden emin olmadıkları ya da suçlunun açığa vurulmasını kolaylaştıracak vasıtaları kullanmaktan daima çekinmişlerdir. Cinayet mahkemelerinden ayrılmayan cani çömezlerinin bu hususlarda işi çok iyi etüt ettikleri, tecrübelerin bütün inceliğine daldıkları görülmüştür; mesleklerinden vazgeçmek şöyle dursun, bilâkis üstatlarının düştükleri hataları bertaraf ederek fena akıbetlere maharetle vasıl olmuşlardır. "Doğruyu söylemek lazımsa," M. Tarde ilâve ediyor "yalnız bu ayrım ve takdiri ele alarak, bir kısım suçlarla onların itmam edilmemiş şekilleri, yani teşebbüsleri arasında hiçbir fark bulunmadığı hakkındaki gerek Garofalo tarafından, gerek bazı milletlerin ceza mevzuatında ileri sürülen esası kabul etme engellerini yenmeye imkân yoktur; bir kere böyle bir esası toplumun düşüncesine, hâkimlerin vicdanlarına ve nihayet jürilerin zihinlerine nasıl yerleştirmeli?" Bu mülâhaza, Rossi tarafından savunulan fikre pek yaklaşmaktadır: "Büyük bir ekseriyetimizin haiz olduğu bilinçdışı bir duygu vardır; o da, içtimai hayattaki tesadüflere, kaza ve kadere büyük bir kıymet ve ehemmiyet vermektir." Hâlbuki, biz daima şu fikre inanmaktayız: "Bir insanın şansının iyi veya kötü oluşu yalnız kendini ilgilendirir." Tasarlayarak adam öldüren bir caninin kanlı fiili, gayriiradi bir hâlin mümanaatı yüzünden meydana gelememişse, bence, şans kurbanına olduğu kadar kendine de gülümsemiştir; kundaklayacağı treni, eliyle ateşlediği fitilin dinamite vasıl olamadan yolun yarısında sönmesi yüzünden, içindekileri havaya uçuramamış caninin talihinin de yolcular kadar yaver gittiğini kabul etmek lazımdır."

Hakikat olan şudur ki bu muhterem düşünür, kamu duygusunu pek de kabul etmiş görünmüyor. "Haydi diyelim ki suçlu, tasavvurunu tamamen uygulama mevkiine koymuş olsun; ama yüzüne gülümseyen iyi kader tamamen ona aittir ve herkesin nazarında da bu böyledir; bu kabul edilemez itirazdır. Müphem ve belirsiz bir şekilde, bilinçdışı ve mantıkdışı, ama sökülüp atılması kabil olmayan bir vuzuhla, bir fikri tenasüpten, bir mantıki tevazünden ve şayet bu hakkaniyet, bu temellük ondan esirgenir, ona tanınmazsa, bu takdirde aynı inkâr kötü dairesinde dönerek bütün hakları, en iyi yerleşmiş olan sahibiyetleri de inkâr etmek mümkün olacaktır. Bu, belki de abes bir şey olurdu, lakin, bizzat kendi aidimiz bu tür manasızlıkları kökleriyle iyice sarılmış değil midir?"

Evet, yazık! Cezaî muhakeme bu zemin üzerine, yani halk efkârı, onun hissiyatı üzerine yapıldıkça, hakikat bütün açıklığıyla böyle olacak, böyle kalacaktır. Evet, doğrusu, adalet böyle mantıkdışı, gerçekdışı ve abes esasa göre tesis edilmemeli, bilâkis toplumu müdafaa etmeyi amaç edinmiş bir ceza sistemine göre kurulmalıdır. Bize cevap olarak "Bir jüri heyeti, teşebbüs hâlinde kalmış bir cinayet ya da neticeyi almamış bir hırsızlık için duygularında daima bir müsamaha bulacaktır." diyorlar. Pekâlâ öyle olsun, ama böyle haksız ve esassız bir eğilmeyi kanundan bekleyemeyiz; böyle bir avami muhakemenin yerini daima hakiki ve bilimsel muhakeme almalıdır. Öyleyse, suçluların ahlaki eksikliğini görüp anlayacak, onlardan gelebilecek tehlikeleri önceden iyice hesaplayabilecek kudrette ilim ve irfan sahibi hakiki hâkimler yetiştiriniz! Onlara mantıklı, olgun ve metin olmalarını söyleyiniz; ayak takımının çıkardığı gürültüyü dindirmek için değil, fakat tehlikeyi önleyecek miktarda ceza vermeleri vazifesini onlara tahmil ediniz. Bu takdirde, onların tesadüfün yardımıyla teşebbüs hâlinde kalmış bir cinayetin ya da bir hırsızlığın faili hakkında müsamaha edip etmeyeceklerini görürdünüz!

Şu hâlde, bizim bu bahse ait hülâsamız ancak şu olabilir: "Suçlunun varlığından gelecek tehlike ortada aşikâr bir biçimde mevcutsa, teşebbüsü tıpkı o suç işlenmiş gibi cezalandırmak gerektir." Öyleyse, her zaman için asıl aranacak husus, suçlunun hakiki bir suçlu olduğu ya da onun suça kastını meydana çıkarmakla kalmayarak zorunlu olan suça eğilim ve kabiliyetinin de mevcudiyetini tespit etmektir. Tam teşebbüste, failin fiilini ikmal için tam bir iktidarsızlık içinde olup olmadığını araştırmak lazımdır; yoksa yukarıda açıkladığımız gibi, kullandığı suç vasıtasının kifayetli veya kifayetsiz olduğunun bir önemi yoktur. Nâkıs teşebbüste ise, ayrıca failin kendiliğinden, yani tesadüfi etkenler olmaksızın, fiili yarıda bırakmayacağının kesin surette tespiti gerekir. Böylece, bütün hâllerde cezayı hafifleterek vermektense, suçlunun suça karar ve kastının kabili tahavvül olup olmadığı hakkında hâkimde uyandıracağı inanca göre, ya o cürme mahsus olan cezayı tam olarak vermeli ya da hiçbir şekilde cezalandırmamalıdır.

Sadece görünür mahiyetteki fiiller bazen apaçık bir mertebeye vasıl olmuş bir hâlde görünebilir; şu hâlde, bu gibi hâli niçin hakiki birer nakıs teşebbüs gibi kabul etmemeli? Mademki suçluyu suç amacına götüren muhtelif merhalelerin bizce önemi vardır, o hâlde bu merhalelerin bir kısmını kat etmiş kimsenin suç sorumluluğu durumunu tayin etmek lazım değil midir? Klasik okula mensup birçok hukukçular, sadece ihzari bir mahiyet taşıyan fiillerin nakıs teşebbüs gibi cezalandırabileceğini kabul ederler. (Ortolan, Geyer, Rossi). Eski Roma hukukçuları için daima bir *Conatus remotus* vardır, bunların bir kısmında ise *Cum quis exempli gratia gladium strinxerit* mevcuttur. *Lex Comelia*'a göre şu belirli hâllerde ölüm cezasına hükmedilebilirdi:

Qui furti faciaendi causa noctu, cum telo ambulaverit-
Qui in alienum coenaculum se dirigunt, furandi animo.-
Is qui cum telo ambulaverit, hominis neçandi causa.-
Qui, cum vellet occidere, id casu aliquo perpetrare non potuerit.- Qui emit venenum ut patri daret; quamvis non potuerit dare.

Açıkça görülüyor ki bütün bu hâllerde fail, suçu ikmal eden son hareketten henüz pek uzakta bulunuyor; ama buna rağmen, suça azim ve kararı, suç ehliyeti ve kabiliyeti şüphe götürmeyen işaretlerle aşikâr kılınmıştır. Şayet mümanaat edilmese, suçlunun son noktaya kadar gideceğinde herkes emindir. Öyleyse, direkt bir fiille endirekt bir fiil arasında niçin bir fark yapmalı? Niçin cezayı, suçun en son ikmal edici fiiline yaklaşıldığı orana göre ayarlamalı? Nitekim eski Roma Ceza Kanunu bunu yapmıyordu: *Pari sorte leges scelus quâm sceleris puniunt voluntatem.*

Sadece ihzarı mahiyette fiil mevcutsa, iki hususun aydınlatılması lazımdır: Acaba failin maksadı, hakikaten suçun vukuuna mı müteveccihti? Ya da suç kararı itiraz edilemeyecek bir şekilde verilmiş midir ve nihayet suçun işlenişine doğru şüpheye yer vermeyecek bir şekilde gidilmiş midir? Şayet bu noktalarda itminan hasıl olursa, artık failin suçu tamamlamaya ahdettiği sabit olmuş sayılır. Bu son araştırma, hakiki bir teşebbüs için başlıca zarurettir.

Şimdi bize: "Pekâlâ, öyle olsun, ancak bu hakikat sathına nasıl çıkmalı?" diye soracaklardır. Bu hususta her ne kadar umumi kaideler saymak zor olsa da uygulamada, yani özel bir durumda, bu engeller o kadar büyük değildir. Ücra bir köşede, içi kıymetli eşya ile dolu zengin bir evin yakınında, gecenin karanlığında ellerinde maymuncuklar ve diğer âletler bulunan iki profesyonel hırsız yakalanıyor. Şimdi mantıken, bu adamların suça kasıtlarından şüphe etmemeye imkân var mıdır? Avamın sade ve samimi dilinde telâffuz edilen itham sözlerini, hukuk dilinde neye sarf etmemeli, niçin bunların hırsızlığa nakıs derecede teşebbüs ettikleri iddia edilememeli? Failin itiyadi suçlulardan olduğu ve kendisinden sâdır olan fiilin mütehassısı ve bu fiilin, suçun icrası için zorunlu bulunduğu hâllerde suça kasıt artık şüphe götürmez.

Şüphesiz bu bir varsayımdır, ama herhangi bir ilimde, varsayıma dayanıyor diye bir prensibin tahribine de gidilemez. Böyle bir neticenin meşruiyetini ispat için, bizzat o varsayımın gayriciddî olduğunu, karşılık düşüncelerin vaki olabileceği mülâhazasının layıkıyla hesaplanamamış bulunduğunu ortaya koymak lazımdır.

Umumiyet itibarıyla, sadece ihzarî mahiyetteki fiillerde, suç kararının ispatı müşkül olabilir. Hatta karar mevcut olsa bile, bu engeller yine de mevcuttur; bu tür fiillerde, tıpkı (*conatus remotus*) olduğu gibi, asil olan, o insanı tetkik ve tahlil etmektir. Şayet, insani (iyilik severlik: *Alturiste*) duygulardan tamamen mahrum, insiyaki bir suçlu varsa ve bu insan, bir hırs ve tamah veya şiddetli ve ihtiraslı bir arzunun hâkimiyeti altında yaşayan, şeref sahibi olmayan, kamu efkârını ve ceza müeyyidelerini umursamayan biri ise, artık bu kimsenin kendi ihtiyariyle o suçun ika ve ikmalinden vazgeçemeyeceğini bir hakikat olarak kabul etmek gerekir; bu takdirde suç tamamen işlenmiş gibi, tehlikenin varlığı idrak edilmiş olur. Böylece, cezaî müeyyidelerdeki bütün tefrikin sadece anlamsızlığı bedihî olur. Buna karşılık, failin geçici bir tesire kapıldığı, bu tesirin ziyaı sebebiyle maksut fiilinin ikamdan vazgeçeceği belli olduğu, ahlaki inhitatına rağmen, altürist duygulardan büsbütün de mahrum olmadığı anlaşılırsa işte bu takdirde, bu kimsenin özellikle kendi hayırhah duygularının mukavemeti sebebiyle kendiliğinden ya da suçunun meydana çıkması hâlinde, kamuoyunun sıkletinden veya göreceği mücazattan çekinerek fiili ikmal etmeyeceğini kabul etmek âdilâne olur. Bundan dolayıdır ki aşikâr gibi görünse de tehlike hakikaten mevcuttur denemez; böyle olunca da toplum sırf ortada bir ihtimal ve imkân vardır diye fiili mücazata müstahak kılamaz. Sonuç olarak, kifayetsiz ya da yanlış vasıtalarla işlenmesine teşebbüs edilmiştir diye, yürürlükte kanunların bütün bu tür nakıs teşebbüsleri cezadan istisna etmeleri hakikatin ifadesi değildir. İkmal edilmiş bir suça nazaran teşebbüsüne daha hafif ceza tayin eylemiş bulunması ise, bilimden uzak ve abes bir yoldur. Sadece ihzari mahiyetteki fiilleri hiçbir cezaya müstahak görmemesi ise, ceza adaletini rencide etmektedir ve nihayet, suça teşebbüsleri her halükârda mücazata müstahak kılması da aynı derecede haksız ve adaletsizdir. Böyle bir kuram, toplumsal müdafaayı zayıflatan, tamamen bu amacın aleyhine ve aldatıcı bir terakki kaydetmiştir.

Bu mevzuda, modern hukuk okulundan ziyade eski Roma hukukuna pek yakın olan pozitivist doktrin, büsbütün başka türlü düşünmektedir: Failin suç işlemeye ehliyetsiz ve iktidarsız olduğu ispat edilemedikçe, kullanılan vasıtanın kifayetsizliğine rağmen, bütün teşebbüsler cezalandırılmalıdır; sadece ihzari mahiyetteki fiiller, bazı hâllerde hakiki bir teşebbüs gibi kabul edilebilir; haricî hâllerin eklenmesiyle tam teşebbüs mahiyetinde kalan fiiller suçların tam cezalarıyla cezalandırılmalıdır; bazı nakıs teşebbüslere suçun tam cezası verilirken, bazılarına da hiç ceza vermemek lazımdır.[54]

---

54 "Kanunlar her ne kadar suç kastını cezalandırmıyorlarsa da bu keyfiyet suçun işlenmesine bir başlangıç sayılan ve failin o suçu işlemek için taşıdığı iradeyi izhar eden bir fiilin de cezaya müstahak olmadığını gerektirmez. Fiilin tamamıyla işlenmesi hâlinde verilecek cezaya nazaran daha az bir cezayı istilzam eyler.
Suçların daha ilk teşebbüs hallerini dahi menetmiş olmaları itibarıyla çok ehemmiyetli olan bu cezanın tatbiki bir zarurettir. Bir suçun teşebbüs haliyle işlenip ikmal edilmesi hali arasında bir fasıla mevcut olduğuna göre, işlenip ikmal edilmiş bir suça tam bir ceza tayin etmek suretiyle o suçu işlemeye ahdeden bir kimseyi o fiili tam surette işlemekten alıkoymak mümkün olur.
Kezalik asıl faille doğrudan doğruya iştirak hâlinde bulunmayan (*fer'an zimethal*) kimselere verilecek cezaların da hem fiil olanlara nazaran daha hafif olması lazımdır. Zira müşterek bir tehlikeye atılmak için birleşen kimseler maruz kaldıkları tehlikenin büyüklüğü oranında, o tehlikenin müşterek ve eşit olmasını isterler.
Hem fiil olanları sadece *fer'an zimethal* olanlara nazaran daha şiddetle cezalandıran kanunlar, koşulan tehlikenin suçta hem fiil ve sadece fer'an zimethal suretiyle iştirak eyleyenlere eşit surette tasavvur ve taammüt edilen bir suçu doğrudan doğruya işleyecek bir insan bulmayı müşkül bir hale sokmaya gayret etmektedir. Zira, o insan kendi cezasının diğerlerinin cezalarından daha ağır olacağını bilecektir.
Bu kaide ancak bir tek hâlde istisna kabul edebilir; O da, şayet suçun asıl failine diğer şeriklerin husussî bir mükâfat vermiş olmaları hâlidir. Bu takdirde ceza eşit olmalıdır.

Bu fikirler belki de, bir parça anlaşılması güç ve garip gibi görünür. Lakin kanunların suç şeriklerine aralarında anlaşma ve birleşime imkânını bahşetmesinin ne derece ehemmiyetli bir şey olduğu düşünülürse, anlaşılması kolay olur.

Bir kısım kanunlar bazı büyük suçlarda suç arkadaşlarını ele veren kimseleri cezadan muaf tutmaktadırlar. Böyle bir tedbirin hem mahzurları, hem de faziletleri vardır. Mahzurlarının en önemlisi şudur ki, caniler arasında bile nefretle karşılanan hıyaneti toplum tasvip eylemiş oluyor, Böylece o cemiyet, alçaklık etmek suçunu kabul ve geliştirmiş oluyor.

Hâlbuki bir millet için alçaltıcı suçlar, cesaret ve cüret suçlarından daha tahripkâr ve zararlıdır; zira, cesaret herkeste bulunabilen bir cevher değildir. Hayırhah bir kuvvet tarafından istikameti tayin edildiği surette doğruca kamunun hayır ve selâmetine doğru hamle edecektir.

Hâlbuki, hıyanet ve alçaklık her tarafa bulaşmış bir afet olup her gün yeni kuvvetler tarafından biraz daha genişlemektedir. Bu esası kabul eden mahkemeler kendiliğinden bir cürmün faillerini bulamamak suretiyle aczini ortaya koymakta ve kanunlarda, kendisini tahkir edip hiçe sayan bir fenalığı mubah görerek ona yardım etmekle zaafını ispat eylemektedir. Diğer cihetten bu tarzı hal şu mantık mülâhazasını da tesise yaramaktadır: İçtimaî birer mukaveleden ibaret olan kanunları ihlâl edebilen kimse, ferdî mukaveleleri hiçe sayarak kolaylıkla ihlâl edebilir.

Bana öyle geliyor ki, cürmü açığa vuran, bütün suç ortaklarını cezadan muaf tutan şâmil bir kanun, hususî mahiyette ve münferit şahıslar hakkında ısdar olunan mahkeme ilâmlarına müreccahtır. Zira, böyle bir kanun herkese, tek başına tehlikeyi göze alması zaruretini telkin eylemek suretiyle, kötü insanların birleşmelerine mâni olacak ve bazı hallerde kendilerinin yardımına ihtiyaç olduğunu düşünerek gururlanan canilere cesaret vermiş olmayacaktır. Hülâsa böyle bir kanun muhbire reva görülen sürgün cezasını ilga eylemiş olmalıdır.

Millet selâmetinin mukaddes garantisi, maşerî ahlak ve örfün dayandığı muazzez temel olan yüce kanunların, ihaneti müdafaa ve hıyaneti meşrulaştırmasını mazur göstermeye çabalarken, duyduğum vicdan azabını boğmak için beyhude gayret sarf ediyorum.

Lakin yapılan vaadi tutmamak suretiyle bizzat hâkimler sadakatsizlik ve ihanette bulunurlarsa, bu hal millet için nasıl bir yüz karası olacağını düşünmeli!

Böylece, kanunun açık hükümlerine hürmet ve itaat ederek suç ortaklarını haber verenler anlamsız kurnazlıklara yeltenerek işkence ve ıstıraba sevk edilmiş oluyorlar...

Bu vahşi muamele pek de nadir değildir.
İşte bu sebepledir ki, birçok kimseler siyasî bir cemiyet teşkilat ve idaresini hileli bir dolap gibi görmekte ve bu cemiyetteki becerikli ve kuvvetli olanların bu dolabı kendi menfaatlerine göre çevirdiklerine şahit olmaktadırlar. Ayrıca bu tür insanlar menfaatlerine uygun geldikçe hiçbir şey hissetmedikleri hâlde diğer kalplere nüfuz ederek ruhlarda yüce heyecanlar ve fırtınalar estirmek suretiyle onları tahrik etmesini bilmektedirler; tıpkı kendisi hiçbir şey hissetmediği hâlde parmaklarını çalgısının telleri üzerinde maharetle gezdirerek kalpleri heyecana getiren ve en güçlü hislerle ruhu coşturan müzisyenler gibi."
"Acaba, camianın intikamı alınsın diye, suçlunun başını getirene mükâfat vaadiyle vatandaşları cellât yapıp, ellerine hançer vermek âdeti cemiyet için hakikaten faydalı mıdır?
İki ihtimali düşünelim: suçlu ya o devletin toprağından çıkmıştır yahut da henüz orada bulunmaktadır.
Birinci hâlde, hükümdar ya vatandaşı günahsız bir kimseyi öldürmeye teşvik etmekte yahut da başka bir devlet toprağında yaşayan ve ancak o toprağın kanununa tabi olan bir cinayete tahrik etmektedir. Bu suretle, o yabancı devletin nizam ve hâkimiyetine saldırı onu tahkir etmiş ve o devleti de komşuları hakkında aynı tarzda ağır muameleye tahrik eylemiş oluyor.
İkinci hâlde ise, suçlu, kanunlarını ihlâl ettiği memleketin toprağında bulunmakta olmasına göre, bu yola başvuran hükümet aczini göstermiş oluyor, Zira, kendini müdafaa edebilecek kuvvete malik kimse, başkasının yardımını satın almaya kalkışamaz.
Şunu da ilâve edeyim ki, suçlunun başına mükâfat koyma esası, zaten beşer dimağında sarsılıp zayıflamış ahlak ve fazilet mefhumlarını tahrip etmektedir. Kanunlar bir taraftan ihaneti cezalandırıyor, diğer taraftan işlenmesine cevaz veriyor. Kanun hükmü, bazen endişe ve şüphe içinde olan insanları emniyet ve itminane davet ederken, bazen da bütün kalplere itimatsızlık serpmekte, bir suçu önlemek için yüzlercesini yaratmaktadır.
Bunlar, her tarafı çökmek üzere olan muhteşem bir binayı, ancak pek mahdut bir süre için ayakta tutmağa muktedir, kanunlarla idare edilen zayii milletlere has çarelerdir. Hâlbuki bir milletin fikrî hayatı gelişip aydınlandıkça, iyi niyet ve karşılıklı itimat duyguları her gün biraz daha genişleyip hakikî ve âdil idareye nüfuz edildikçe iş tamamen aksine döner. Böyle olursa, hileyi, karanlık ve eğri yolları seçip meydana çıkarmak çok kolay olur ve kamu menfaati, mükemmelen silahlanmış olarak, fertlerin şahsi menfaatlere karşı kendini cesaret ve muvaffakiyetle müdafaa etmiş bulunur. Camia

V

Hukuk okulu mensuplarının diğer bazı prensiplerinin tenkidi - Suça iştirak. - Aynı suçun yeniden işlenmesi "mutlak tekerrür". - Sabıka - Cezayı hafifletici ya da ağırlaştırıcı sebepler. - Cezayı "yumuşatmak" veya "şiddetlendirmek" kelimelerini ceza hukukçularının hepsinden kazımak lazımdır. - "İştirak;[55] Suçların içtimai; Tekerrür; Ağırlaştırıcı ve hafifleştirici sebepler; Mülâyemet ve şiddet kelimelerini eczacıların sözlüğünden çıkarmak lazımdır."

Nihayet geriye, zamanımız hukukçularının bu bahislere ait düştükleri hatalara da bir göz atmamız kalıyor.

İnkâr edilemez ki devrimizde suça iştirak bahsi üzerinde büyük bir terakkiye varılabilmiştir; doğrusu, şahsi hâller suç şerikine teşmil edilmediği gibi, fiilî hâller, ancak evvelinden bilgisi olmak kayıt ve şartıyla, şerike sâri olabilmektedir.

Ama biz daha ileri gideceğiz; doğrusu, asıl fail ve şeriki suçu ayrı ayrı cürmi sınıflara mensup oldukları hâllerde, yine de aynı cezaya çarptırılmalarının hikmetini anlayamıyoruz? Ailesinin maruz kaldığı caniyane bir saldırının intikamını almak için ücretli katil tutan kimsenin suçluluk durumu ile para karşılığında

---

ahlakının ferdî ahlakı sağlamlaştırdığı karanlık asırlar bile, ilmin aydınlattığı asırlara geniş bilgiler getirebilir ve misaller verebilir.

Ahlak ve siyaset, ittihadı: İşte milletleri saadete kavuşturacak zarurî temel... Lakin, ihaneti mükâfatlandıran, vatandaşlar arasına nifak sokarak onları birbirleri aleyhine gizli mücadeleye tahrik eden kanunlar, insanlara saadet ve sükûn veren yada hiç olmazsa felaketlerle dolu hayatlarında bir huzur ve fenalık devresi yaratabilen, bu ittihadı bozmaya çalışmaktadırlar.

Beccaria, fasıl: XIV, XXII, s: 213 -218, 277-279.

55 (İştirak) hakkındaki klasik okulun görüşü, bundan evvelki teşebbüs bahsine ait kısmın notunda (teşebbüs ve iştirak) adı altında Beccaria tarafından ifade edilmektedir. Beyanın kuvvet ve mehabetini yaralamamak, efkâr arasındaki kuvvetli irtibatı tahrip etmemek mülâhazasiyle tefrikten içtinap edilmiştir.-Ç.N.

adam boğazlayan kimse arasında çok fark vardır; öyleyse, her ikisine de fark gözetmeksizin, aynı ceza nasıl veriliyor? Usta bir hırsızın teşvikiyle hırsızlık yapan acemi bir hırsıza da aynı tarzda nasıl muamele yapılıyor?

Kendisiyle mücadele ettiğimiz devrimiz hukuk okulunun[56] uyguladığı bir başka prensip daha var ki böyle bir esası asla kabul edemeyiz: Bu prensibe göre, şayet azmettirilen suçu işlemeyi kabul etmiş olan kimse, fiilin icrasından vazgeçerse, böyle bir hizmeti kabul etmesinden dolayı cezasız kalmaktadır. "Çünkü, Rossi diyor, "Daha icrasına bile başlanmamış bir fiilden dolayı suçluluğu tasvibe imkân olmadığı gibi, ortada mevcut olmayan bir fiilden dolayı vekil hakkında suçu telâffuz etmenin gülünçlüğü kadar da haksız olduğu aşikârdır."[57]

Bununla beraber aynı yazar, suça azmettirmeyi nev'i şahsına bağlı bir suç saydığı bazı belirli hâlleri kabul etmiş bulunmaktadır.[58]

---

56 Hukuk okulu yahut da teknik hukuk okulu (Ecole technico- juridik) Beccaria'nın kurmuş olduğu (Eski İtalyan yahut İtalyan Klasik Okulu) keza, Lombrosso, Raffael Garofalo ve Enrico Ferri tarafından kurulmuş pozitivist okul gibi, İtalya'da kurulmuştur. Bu okula göre, mûsbet, yani mevcut ve yürürlükteki hukuk sathından taşan nazariyelerin hiçbir faydası yoktur. Devletin maddî nizamı onun hukuki nizamını da ifade eder. Bu itibarla sosyoloji tarafından tamamen temessül edilen ve sadece ruhî, marazî, irsî ve bedenî hususiyetlerden ilham alarak vücut bulan pozitivist okul nasıl hataya düşmüşse; meşruiyetini sadece umumî felsefeden alan, beşerî duygulara hâkim, toplumsal varlık içinde masum, güçsüz ve mazlum olarak kabul edilen ferdin himayesi için çırpınan klâsik okul da hata işlemiştir. Fakat, bu okul daha ziyade Beccaria'yı benimser. Lakin asıl metodu her iki okulun faydalı gördüğü taraflarını almış, böylece Neo- klâsik okula müşabih eklektik bir okul tesis etmektir. Bu okulun kurucularından olan zamanın Adliye Nazırı Alfredo Rocco 1930 İtalyan Ceza Kanununu bu ruhtan ilham alarak hazırlamıştır. Bu okulun diğer mümessilleri Maşşari, Manzini, Sabatani'dir. -Ç.N.

57 Rossi, aynı eser, I, bap, XXXVI, fasıl.

58 Sardunya Ceza Kanunu, nakıs teşebbüs gibi kabul ederek, işlenmemiş dahi olsa suça vekâlet kabulünü cezalandırmaktadır (90. Madde). Alman

Fikrimce bu mevzuda işi, kifayetsiz vasıtalar dolayısıyla nakıs teşebbüs hâlinde kalan durumlar için açıkladığmız esaslara göre halletmemiz lazımdır. Doğrusu, zaafı dolayısıyla fiilin icrasından çekinen vekil, tıpkı kifayetsiz bir suç vasıtası gibidir. Asıl olan suçlunun seçmiş olduğu vekilinin suçu işleyebileceğine ehil olduğu hakkında, inanışına hak verecek sebeplerin olup olmadığını araştırmaktır. Henüz ücretli katillerin hüküm sürdüğü şu bahtsız memleketleri gözlerinizin önüne getiriniz; bu canilerden biri var ki asıl suçluyu ele vermeden cinayetlerini işleyebiliyor ve bu ehliyetinden dolayı da değerini muntazaman alıyor. Şayet para, ücretli katilin avucuna sayılmış ve o da cinayeti işleyeceğine söz vermiş ise, artık ona vekâlet vermiş olan kimsenin, kendine düşen işi tamamen bitirdiğini kabul etmek doğru olmaz mı? Artık kendi suçluluğunun, teşebbüsün muvaffak olamayışının, hatta fiilin icrasına başlanamayışının ne önemi olabilir? Nasıl! Başka birinin fiili veya ihmali hareketi beni suçlu ya da masum mu yapabiliyor? Nasıl! Bir suçun ikmali için benden hiçbir maddi hareket ilâve edilmemiş olduğu hâlde, benim bilgime aksettirilmeyen başkasının bir kararı yüzünden tamamen zarar ya da kurtuluşu nasıl öne sürülebilir?

Ve işte böylece, garip bir zıtlık içinde, ceza hukukunun idealistleri hakikati maddede araştırırlarken, bizler bunu ruhta araştırmakta, kanunu suça sevk etmek yerine, onu suçlunun varlığına doğru itmekte, kasıt ve meramın kefesine basarak kıymeti ona izafe etmekte, bununla da bu ilmi yükseltip asilleştirmekteyiz.

Diğer bir konuya geçelim: Suçların içtimai, yani failin birden fazla suç işlemesi hâli. Bu hâl, tekerrürden farklıdır. Zira, birinci hâlde, suçlu henüz hiçbir suçtan hüküm giymemiştir; hâlbuki tekerrürde fail daha önce muhakeme edilmiş olmakla kalmamış

Kanunu, yeni İtalyan Ceza Kanunu projesi ve diğer ceza kanunları bu mevzuda meskûtturlar- yn.

aynı zamanda hüküm de giymiş[59] ve bu safhadan sonra ikinci suçunu işlemiştir.

Zamanımıza hâkim hukuk okulu, tekerrür hâlinde suçluyu daha tehlikeli göstermektedir; zira, daha önce işlemiş olduğu suçlardan dolayı, giydiği hükümlere rağmen, mütenebbih olmadığım ve bütün bu müeyyidelere rağmen suçlunun kanunlara karşı olan isyanından vazgeçmediğini ispat eylemiştir, denmektedir.

Böylece, toplum çare bulmaktaki aczini itiraf etmekten çekinerek, bütün kabahatin suçluda olduğunu söyleyerek işin içinden sıyrılmak istemiştir; bu, tıpkı bir tabibin, derde şifa bulamayan kifayetsiz bir tababet ilminin bütün kabahatlerini zavallı hastaya yüklemesine benzer!

Suçların içtimai hâlinde ise, aynı okul, bilâkis şefkat, af ve mağfiret, müsamaha tavsiye" ediyor; müdhik bir vakara bürünerek: "Çünkü," diyor, "suçlu henüz ilk ceza ile intibaha davet edilmemiştir; bundan dolayıdır ki vaziyeti mükerrirden daha az vahimdir."

İşte, bu tefrikin kriteryomu da bundan ibaret oluyor! Öyle bir miyar ki anaokulunda okuyan küçük masumları kandırabilmekte, ama doğal suç sathındaki ışığa maruz kalınca da gülünç olmaktan kurtulamamaktadır!

Birçok ceza kanunlarına girmiş olan bu kurama göre, tekerrür olmaksızın, sadece suçların içtimai vukuunda, hâkimin cezayı tebdile salâhiyeti yoktur; fail birçok dolandırıcılık veya birçok âdi sahtekârlık suçu işlemiş olsa da hâkim miktarı tahdit edilmiş hapis cezalarından öteye geçemez; mesela, suçlu iki veya daha fazla adam öldürse de, her bir cinayetin cezası geçici ağır hapis olduğundan, hâkim, iki veya daha fazla cinayetten dolayı faile müebbet ağır hapis cezası veremez. İşte zamanımız ceza kuramının büyük bilimsel görüşü!

---

59 Hâlbuki yürürlükteki ceza mevzuatımız tekerrürün mevcudiyeti için, hükmün tamamen infaz edilmiş olmasını yahut da cezanın düşmüş bulunmamasını da şart koşar (765 sayılı T.C.K. 81).-Ç.N.

Prensiplerimizin bizi nasıl tamamen zıt neticelere sürüklediğini izaha gayret etmek hemen hemen lüzumsuzdur, sanırım. Biz şuna inanıyoruz ki taammüt eseri olmaksızın işlenen birçok cinayetin faili, hâl ve şeraite göre, bir tek planlayarak cinayet failinden çok daha ahlaki noksanlık içinde, çok daha muzır ve tehlikeli olabilir. İşte bundan dolayı, birinci tür canilerin bu ikincilere nazaran, her zaman için, daha hafif cezalandırılmaları esbabını bir türlü anlayamıyoruz. Biz, daha önce hiçbirinin hükmünü giymemiş olmasına rağmen birçok dolandırıcılıkta bulunan kimsenin itiyadı suçlu gibi kabul edilebileceğine inanıyoruz. Asıl olan, failin itiyadî ya da ıslahı mümkün olmayan tayin ise, meydana gelmiş bir mahkûmiyete bu derece ehemmiyet vermenin sebep ve hikmeti nedir? Mühim olanı, suçluyu ıslahı nefse sevk edebilecek cezanın tesir derecesinin önceden teemmülü, ölçülüşüdür. Bizim için asıl olan, tekerrürün suçluyu açığa vurabilmesi, onun başka bir suçluluk sınıfına mensubiyetini tayin edebilmesidir. Sadece iyi hissetmenin rehberliği ile geçmiş asırlarda da böyle hareket edilirdi.[60]

Bizim ıslahatçılarımız ise, hatta daha ileriye gitmişlerdir. Onlar sadece cezanın tabiatını değiştirmekle kalmamışlar, fakat bu cezanın şiddetlenmesini, ancak tekerrürün hususiyetinin mevcudiyetine, yani ikinci suçun da birincinin türünden olmasını şart kılmışlardır. Bu kuram, mülkiyet aleyhine işlenen suçlar haricinde, tekerrür hakkında ceza kanununda bir hüküm bulunmayan Almanya'da tamamen muzaffer olmuş ve ancak sabıkalının ilk suçunu tekrarlaması hâlinde ortada hakiki bir tekerrürün

---

60 Orta Çağ'da mükerririn ikinci suçu daha hafif olsa bile çok daha ağır bir cezaya mahkûm edilebilirdi: "Si tarnen reiteratur tertia vice, potöst pro tribus furtis, quamvis nunimis, poena mortis imponi" [Farinacci, Praxis et Theocrim. Questio XXIII.] VIII. Henri ve Büyük Elisabeth, İngiltere'deki sabıkalı serserileri ölüm cezasına mahkûm ederlerdi. Napoleon Ceza Kanunu, müebbet kürek cezasına müstahak bir suç işleyen sabıkalılara ölüm cezası tayin etmişti. -yn.

mevcudiyeti hukukçularca müdafaa edilmekte olan İtalya'da ise, bu kuram tam surette muzaffer olmak mevkiinde bulunmaktadır.

Bize gelince, aksini düşünüyoruz; bir adam ki önce hırsız olmuş, sonra da adam boğazlamıştır; şu hâlde, bu şahısta ne doğruluk ne de merhamet duygusunun mevcut olmadığı, yani bütün altürist duygulardan mahrum bulunduğu ispat edilmiş olur. Öyleyse, bu adam toplum hayatına ehliyetsiz (*insociable*) bir kimse demektir; böyle olunca da tasfiyesi mutlak bir zarurettir. Buna karşılık, bazı hâllerde sabıkanın hiçbir şey ya da pek az bir şey ifade ettiğini kabul ediyoruz. Şu hâlde, kabli (priori) olarak umumi kaideler vaz eylemenin imkânsız olduğu aşikârdır. İster özel ister umumi mahiyette olsun, tekerrür bizim için, ancak suçluları sınıflamaya yarayan bir unsurdur ve bu unsurun önemi o derece büyüktür ki adalete çok büyük hizmetlerde bulunabilir.

Şayet bizim müdafaa ettiğimiz fikirlerin ana nizamı içinde düşünülürse, bizim de sabıkalı bir kimseye verilecek aynı bir cezanın ilk defa bir suç işleyene uygulanmasını istemediğimiz anlaşılır. Çünkü ikinci suç, işlenen evvelki suçla amaca yanlamadığının kesin delilidir. Aynı en üstten ikinci bir suç için ceza vermeyi reva görsek bile, diğerleri için aynı cezayı arttırmaktan medet ummak, tıp ilminin tecrübesini tavsiye ettiği diğer tedavi tarzlarına omuz silkip, aynı tesirsiz ilacın dozunu arttırmak demek değil midir?

Hukukçularımızın ortaya attıkları diğer bir prensip de tekerrürün hukuki varlığının belli bir devreye inhisar ettirilmesidir: Cünha veya suç olmasına göre beş veya on sene gibi. Çünkü diyorlar, uzun bir zaman ölçüsü içinde kendini iyi idare etmeye muvaffak olan kimse, kendisine uygulanan müeyyidenin tesirsiz kalmamış olduğunu ispat etmiş sayılır.[61]

Önce hukuki faraziyelerden biri var ki o da muhakeme ve mahkûm olmuş bir şahsın işlediği suçun, ondan sâdır olmuş ille suç olduğu faraziyesine inanmaktır ki hakikatte bu suç belki de

---

61 Bu mevzuda, M. Mancini'nin yeni İtalyan Ceza Kanunu hakkındaki rapora bakınız. Roma, 1877, s 227. -yn.

işlediği bir yığın suçun ancak bir kırıntısıdır. Kim, adlî sabıka kaydına göre, son işlediği dolandırıcılık suçu üzerinden beş sene geçmiş olduğu için mükerrir sayılmayan haylazın, hakikatte de yıllardan beri uslu akıllı oturmuş olduğunu, hiçbir suç işlemediğine bizi temin edebilir?

Haydi, böyle bir varsayımı kabul etmiş olalım; o kimsenin beş ya da on sene içinde uslu akıllı durmuş ve hiçbir suç işlememiş olduğu da doğru olsun. Pekâlâ, bu devre sonunda aynı adam, yine o türden bir suç işlemiştir; şimdi bu hâl, yine onun suça meyil ve istidadını, hâl ve şeraitin müsait olduğu zamanlarda, aynı suçları büyük bir ceht ve gayretle işleyeceğine en kesin bir delil değil midir?

Herkesin, artık ebediyen zeval bulduğuna inandığı kötü meyil ve istidadın birdenbire yeniden ortaya çıktığı görülür. Şimdi geçici bir zaman için sükûnet bulduğu, suç işlemediği için hakiki bir suçluya teşekkür mü etmek lazım gelecektir? Onu mükâfatlandırmak, suça kabiliyet ve ehliyeti üzerindeki bilimsel araştırmalarımızdan mazisini istisna *etmek ve onu en müessir cezaî* müeyyidelerimizden uzak tutmak mı doğru olacaktır?

Bizim için tekerrür asla ihmale gelmeyecek bir ehemmiyete sahiptir; o bazen insiyaki ve ıslah edilemeyen suçluların en kesin delilidir. Lakin, hakiki ehemmiyet ve kıymetini doğru olarak takdir edebilmek için, bu eserin son faslındaki hülâsamızda görüleceği gibi, onu müstakil ve münferit olarak mütalea etmemeli, muhtelif türden suçlularla birlikte tetkik ve tahlil etmelidir; çünkü, bu ayrı tür suçlarda delil ve işaretler son derece geniş bir sahaya yayılmakta, derin ve açık manalar kazanmaktadır.

Böyle olmasına rağmen, Fransız hükümetini ve parlâmentosunu alkışlamak lazımdır; zira sofist bir hukuki anlayışla da olsa, mükerrirleri büyük bir şiddetle cezalandırmaya başlamış bulunuyorlar. Daha 1854'te neşrettikleri bir kanunla, sekiz seneden yukarı kürek cezasına mahkûm edilenler, bu cezanın infazından sonra, bütün ömürleri boyunca Yeni Kaledonya'ya[62] sürülürler. Şüphesiz bu sayede, cürmi sabıka alanında büyük bir eksilme meydana gelecektir. Doğrusu, 1851-1855 tarihleri arasında mükerrir suç adedi 1200 iken, bu rakam 1861-1865'te 864'e düşmüştür; 1879'da 1710 sanıktan ancak 80'inin hükmedilmiş cürmi bir mahkûmiyeti mevcuttu.[63]

Fakat burada durulmuş değildir. Son defa, hatta az ağır suç mükerrirlerinin dahi, müebbet sürgün cezasına reva gören bir kanunun kabul edilmiş bulunması tekerrür sathının daha da daralmasına büyük hizmet edecektir.

Başka memleketlerde, maalesef, ihtişamlı kuramlarla çalım satan hukukçuların tesiri altında, aksi cezanın hâkimiyeti payidar olmaktadır. Oralarda yazılan ceza hukukuna ait eserlerde, mükerrirlerin sadece, yeni bir suç işleyenlerden daha tehlikeli oldukları anlatılmaktadır; birincisi, ancak son suçluya nazaran daha ağır bir cezaya çarpılabilecektir.[64]

Ne yazık! Maalesef iş bu prensiplerden çıkan neticelerin hakikatleriyle alay eden münzevi mantık alametlerinin gayretinden de ibaret kalmamakta; asıl felaket, parlâmentoların ve hukuk organlarının bu yanlış kuramları, kanun maddeleri hâlinde ifrağ ederek, insan toplumlarının amansız düşmanlarına teminat vermeleri, cesaretlendirmeleridir.

Hafifletici sebepler için de birkaç kelime söylemeliyiz. Bu müessese de, moral sorumluluk prensibi ile alakalı olarak tedvin edilmiş olan mevzu hukuka yerleşmiş bulunuyor. Doğrusu, moral sorumluluk prensibinin mantıki neticesi şudur ki: Suç, ne derece şiddetli bir ihtiras ve mukavemet edilemeyen bir arzu ile işlenmişse, ceza o oranda hafifletilerek verilecektir. İşte, toplumun müdafaa esası ile bu suretle tezada düşülmüş oluyor; böyle dört

---

62 Büyük Okyanus denizinde, Avustralya'nın kuzey batısında, 1853 yılından beri Fransa'nın elinde bulunan bir adadır.-Ç.N.

63 Reinach, *Les Récidivistes*, Paris, 1882, s. 58.

64 Orano'yu okuyunuz, *La recidiva nei reati*, Roma, 1883.
Bargilai, *La Recidiva e il método sperimentale*. Roma, 1883.

elle tutulan bu prensibin, cezanın toplumsal amacına olan terslik iyice tezahür etmiş bulunuyor.

Hâlbuki, böyle bir takdirin, suçlunun ahlaki eksikliğine göre kullanılmış olması ne kadar yerinde olurdu; böyle yapılmış olsaydı, hafifletici sebep sayılan pek çok hâllerin, ne derece farklı bir vasfa sahip olduğu görülür ve bu suretle de suçluya uygulanacak deva ve çareler ne derece değişik olurdu! (Mülâyemet ve şiddet) kelimeleri kriminalistlerin (ceza hukukçularının) de sözlüğünden silinmelidir; çünkü böyle bir telâkki ve takdir cezanın maksat ve amacına tamamen yabancıdır.

Hafifletici sebeplerden doğan acayip bir müessese de, suçların cünhalaştırılması (*correctionalisation*). Mesela, şiddetle işlenmiş mevsuf bir hırsızlık, suç mahiyetinde bir suç olduğu hâlde, şayet gasp edilen malın kıymeti az ise, bu bir hafifletici sebep sayılarak fiilin mahiyeti suçtan cünhaya dönüştürülmesidir! Filiyatta ise, mesruk malın kıymeti hemen özellikle az takdir edilmektedir. Suçlunun yaşının küçüklüğü hemen daima hafifletici sebeplerden sayılmakta ve böylece çok ağır suçlar cünhalaştırılmaktadır. Bu suretle suçlarla cünhaların tefriki sebebi tamamen ortadan kalkıyor.

Bu cünhalaştırma müessesesi, Napoléon Ceza Kanunu'ndaki ıslahatı silmekte, suçla cünhanın tefriki fikrini gittikçe sarsıp yıkmaktadır. İşte bunun neticesi olarak da, beşer duygusunu en vahim şekilde yaralayan suçların en alelade suçlardanmış gibi sınıflanmakta ve böylece hakiki ve faydalı cezaların uygulanmasının önüne geçilmektedir; bu sebeple de ceza kanunlarında bir ıstıfa devası gibi mevzu cezalar, pek seyrek ve pek noksan uygulanabilmektedir.[65]

---

65 Suçların bir kısmı doğrudan doğruya ve kat'î şekilde toplumun yahut da bu toplumu temsil edenin mahvedilmesi gayesine matuf bulunmaktadır. Diğer bir kısım suçlar ise, ya vatandaşın hayatına yahut mallarına yahut da şeref ve haysiyetine bir saldırı teşkil ederler. Ve nihayet bir kısım suçlar da vardır ki, bunlar kamu saadet ve selâmeti için ceza kanununun emrettiği hususlara taarruz teşkil eyleyen fiillerdir.

Şahsi menfaat endişeleri ile keyfî surette hareket edilmiş olmadıkça, bu sınıflardan birine dâhil olmayan bütün fiiller hiçbir suretle ne suç telâkki edilebilir, ne de cezalandırılabilir.
Bu tahditlerin konması bilinmediği içindir ki, bütün milletlerde ahlaka mugayir kanunlar yapılmıştır. Hatta bu kanunlar, ekseriya birbirleriyle de tezat teşkil ederler. Böylece, faziletli insan en ağır cezalara müstahak kılınır; fenalık ve fazilet garip ve müphem manalara bürünür; vatandaşın mevcudiyeti farazî bir mahiyet arz eder. Bütün bu etkenler derece derece yükselerek, devlet bünyesini sinsi bir yavaşlıkla harabiyete kadar götüren zararlı bir uyuşukluk ve gevşekliğe sebebiyet verirler.
Her vatandaşın, kanuna aykırı olmayan kendi hareketinden hiçbir endişeye düşmemesi, bu hareketin sadece kendisince malûm zarurî neticelerinden başka, kanuni bir ceza müeyyidesi bulunduğu ihtimaliyle acı çekmemesi lazımdır.
Bu siyasî iman ve itikat milletin zihnine kazınmış olmalı, yüksek hâkimler tarafından izah ve ilân edilmeli ve kanunların değişmez hükümleriyle tahkim kılınmalıdır. Bu öyle mukaddes bir iman ki, bu olmadan hiçbir meşru cemiyet kurulamaz. Zira, bu iman, ferdin tabiatın kucağında tam surette müstakil ve hür bir varlık iken, kendi güç ve mahareti oranında kullanmak serbestisini haiz bulunduğu fiillerin bir kısmını kullanmak hakkını cemiyete terk etmesine mukabil ona verilen hakikî bir tazminattır.
Kalbe hürriyet aşkı, kuvvet ve ferahlık veren, ruhu yükselten, vatandaşa korku ve vehim fevkinde bir metanet fazileti ilham eyleyen, aynı insanoğluna hemen bütün zayıf ruhların güçsüz ve sefil bir varlığı sürüklemek için tenezzül ettikleri dalkavukluğu hor gördüren hep bu esaslı prensiplerdir.
Milletlerin tarihlerine ve onların hukuki mevzuatlarına felsefi bir gözle bakılacak olursa, bu esasları bilmemenin yahut da bunları hakir görmenin tesiriyle hakikatlerin nasıl karmakarışık hâle getirildiği, fazilet ve fenalık mefhumlarının, iyi ve kötü vatandaş telâkkilerinin, asırlarının ihtilâl ve inkılâplarıyla nasıl kıymet değiştirdikleri hayretle görülür.
Bu değişiklikler, o milletin bulunduğu hallerin hususiyeti ve umumî menfaatin zaruretiyle olmayıp muhtelif kanun hükümlerinin hataları ve gelip geçici ihtirasların tesiriyle meydana gelmektedir.
Yine orada, bir asra ait ihtirasların ekseriya onu takip eden yüzyılların ahlak telâkkilerine temel vazifesini gördüğü ve kanunları meydana getirenlerin siyasî kanaatlerini doğurduğu müşahede edilir; taassupla şevk ve heyecanın sevgili kızı olan şiddetli ihtiras, zamanla cılızlaşıp kemirildikçe maddî ve manevî hadiseler arasındaki muvazeneyi tesis eder ve böylece bu ihtiras

VI

CEZALAR

Asrımızda en çok revaç bulduğu hâlde bizim şiddetle reddettiğimiz ceza türleri -Cezaların infazı- Ceza ilim ve içtihatlarına hâkim hatalı prensipler.

Cezaların hangilerinin şayanı tercih edilebilecekleri hususuna gelince, bu mevzu için burada fazla durmayacağız; zira, bundan önceki fasıllarda fikirlerimizi açık bir şekilde bildirmiş bulunuyoruz. Önce, ceza kanunlarının önceden süresini tespit ettiği geçici hapis cezalarının etkisizliğini bütün sebepleriyle göstermiş bulunuyoruz. Hâlbuki, günümüzde revaç bulan ceza da maalesef bundan ibarettir ve hukuk okuluna göre, bu ceza bütün diğer cezaların esası olmalıdır! İster adına kalebentlik, ister ağır hapis, ister kürek, ister hücreli hapishane ya da ıslahhane desinler; derinliğine bakılacak olursa, hepsinin aynı şey olduğu, sadece yürürlükte infaz nizamlarında şekil farkı bulunduğu görülür. Bu tip cezaların yanında başka tiplerin bulunduğunu görüyoruz: ölüm cezası, müebbet kalebentlik, sürgün, nefiy, para cezaları. Lakin, bu son ceza da, mahkûmun aczi hâlinde belli ve geçici hapis cezasına dönüştürülmektedir. Sürgün (*relegation*) ancak bazı mahdut suçlar için, o da pek az memleketlerce kabul edilmiştir. Sürgün (*exit* veya *bannissement*) ise, siyasi suçlulara uygulanan bir cezadır. Ve nihayet bütün Avrupa'da geçerli olarak, ancak pek fevkalâde hâllerde uygulanan: ölüm cezası.

---

yavaş yavaş maharet ve zekânın ya da iktidarın elinde faydalı bir âlet ve vasıta olur. İşte şeref ve faziletin karanlık anlamları bu âleme böylece doğmuş oldu. Bu zulmet ebediyete kadar devam edecektir. Zira, kullanılan isimleri, daima aynı kaldığı hâlde anlamları, nehirlerin ve dağların gerek maddi ve gerek manevi olarak coğrafik hudut mânileriyle çevreleyip ayırdığı her devlete göre değişik mahiyet arz etmektedir.
Beccaria, fasıl: XXV, s. 291-295.

Mevzuatın tenkidini tamamlamak için, muhtelif suçlarla cezalar arasında kanunun vazettiği münasebetleri göstermemiz lazımdır. Fakat önce böyle bir pratik bizi çok uzaklara götürür; sonra da, istihraç edilecek neticeleri itibarıyla tamamen faydasız olur. Doğrusu, milletin tanıdığı kanunlar, ceza kanunu ciltlerinde olmayıp fakat hâkimlerin fiilen uygulandıklarını gördüğü esaslardır. Şimdi bir düşünelim, bugün bütün sistemlere hâkim olan manevi sorumlulukla ister kanunî ister hâkimin keyfine bırakılmış yani takdiri tahfif sebepleri, asla kanunun emrettiği cezaların uygulanmasını hemen hiç mümkün kılmazlar.

Mesela, Fransız ve İtalyan ceza kanunlarının sadece kasten, yani plansız olarak veya tuzak kurmaksızın yapılan cinayetlere müebbet kürek cezası veriyormuş, ama cinayet mahkemeleri bu suçlara yedi, ya da on sene ağır hapis cezası verdikten sonra neye yarar?

Halk, canilere yedi veya on sene yerine, kanunun koyduğu ağır hükümlerin uygulandığını görmekle ancak cezanın tesirini hissedebilir. Kraliyet Savcısı Cosenza, bir açılış nutkunda şöyle demişti: "Bir cinayet için 20 sene kürek cezası, hiç şüphe yoktur ki tamamen kanuni ve meşrudur; bugüne kadar bütün canilerin kendi ülkelerinde maruz kaldıkları ceza sadece birkaç senelik hapisten ibaretti. Kanlı bir cinayete verilmiş 25 senelik kürek cezası, emsalini hiç görmeyen halkı şaşkına çevirmiş, bunun bir hata ya da suiistimal olduğuna onları inandırmıştı."

Şu hâlde, pekâlâ söyleyebiliriz ki bugün elimizde, suçları önleyecek tek çare, kanunun tayin etmiş olduğu cezanın, moral sorumluluk ve hafifletici sebepler dolayısıyla, ifraz edilen kısımları kalmış, oluyor ki bu da pek nadir olarak beş veya on seneyi aşmaktadır! Bundan başka, bu ifraz (*segregation*) dahi tamamen farazidir; zira hükümetin büyük külfet ve masraflarla devam ettirdiği ceza infaz müesseselerinde, mutlak ve devamlı tecrit usulü ortadan büsbütün kaldırılmış ve ıslahatçı okulun telâkkisince mükemmelleştirilen yeni hücre hapsi usulüne göre ise, münferit uykuya karşılık, hiç olmazsa toplu çalışma esası kabul edilerek, her sınıf ve derecedeki mahkûmların birbirleriyle temasları temin edilmiştir.

Maalesef, kanunun yanında yer alan yargı içtihatlarının tek amacı: Mümkün olduğu oranda cezaları hafifletmektir, kökleri zihinlere yerleşmiş bazı prensipler yüzünden hukukçular böyle isterler. Bunlardan biri, şüphenin daima suçlunun lehine tefsirini kanunun kabul etmesi prensibidir. Şimdi biraz önce ismini söylediğimiz kraliyet savcısını dinleyelim: "Eski devirlerde, esaretin şüpheli olduğu hâllerde yargıçlar şahsın hür olduğuna hükmederlerdi. Çünkü, her ne kadar esaret kanunî bir müessese olsa da insaniyet ve adalet böyle bir sınıfı kabul etmezdi." Bizim de aynı şekilde düşündüğümüz tasavvur edilebilir. Bizde kanunun suçlu hakkında reva görmediğimiz sert ve şiddetli tarafları tadil ve tashih ediyoruz. Bir sanığın beraatinde hazır bulunmuştum. Beraate sebep, jürilerden birinin dalgınlıkla esas soruya, yani suçluluk sorusuna menfi cevap verişiydi. Hâlbuki, jüri diğer bütün sorulara müspet cevap vermiş, böylece suçluluğu tam surette kabul etmiş oluyordu. Dalgınlığının farkına varan jüri hatasını tashihe heyecanla kıyam etti; diğer bütün jüriler de kararın tashihinde ısrar ettilerse de muvaffak olamadılar; suçlu hakkında bir kere adalet izhar edilmiş sayıldı; beraat onun doğal hakkı idi ve öyle oldu! Bu olay bana, Eski Roma yargıçlarını, onların verdiği hükmü hatırlattı. Gebeliği esnasında birkaç gün hür yaşamış olduğundan şüphe edilen esir bir kadından doğmuş erkek çocuğunun hür olduğuna hüküm vermişlerdi. Öyleyse, cetlerimizin nazarında olduğu gibi, bizim nazarımızda da barbar bir müessese tarafından hürriyeti gasp edilen bir kimseyi suçlu de olsa, ufak bir şüphe ile hürriyetine kavuşturmak en parlak bir adalettir! Acaba, sırf yolda tesadüfen bir kardinalle karşılaştı diye, mahkûmu beraat ettiren Eski Roma adaletiyle bugün alay etmeyecek kim vardır? Ne yazık! Zamanımızda da tesadüfler ehemmiyetlerini kaybetmiş değildir. Doğrusu, bir defasında, jürilerden birinin oyu üzerine mürekkep damlamış ve böylece oyu okunamadığından diğer bütün oylar aleyhe olduğu hâlde sanık beraat etmiştir!"

Ceza mahkemelerinde, az bir parçacık olsun ağır görülen cezadan bir miktarı hafifletilmiyorsa, buna sebep müdafaanın yeterli derecede mugalâta ve incelikle yapılamamış olmasıdır.

İstisnai hâller olması gereken hafifletici sebepler, zamanımızda kaide hükmüne girmiştir. En abes şeyleri tahfif edici sebep addeden mahkemeler vardır. Mesela, inkârın hiçbir fayda vermeyeceği hâllerde, suçlunun itirafı hafifletici sebep sayılmaktadır. Cezayı hafifletici sebep görülmediği pek nadir hâllerde ise, kanunun tayin ettiği cezanın haddi asgarîsi verilir. Nihayet, sabıka hemen hemen nazara alınmaz. Hakikate tamamen zıt sabıka kayıtları gördüm; on defa hüküm giymişlere hafifletici sebeplerin reva görüldüğünü müşahede ettim; beşinci hatta altıncı defa hırsız veya dolandırıcı damgasını yiyenlerin üç ya da altı ay hapisle cezalandırıldıkları olmuştur; basımlarına üst üste kurşun sıkan ya da bıçak veya hançerle yaralayan nice kan dökücü kimselerin birkaç haftalık hapisle yakalarını sıyırdıkları az değildir.

Hançer darbelerinin ve revolverin revaçta olduğu diyarlarda, cinayet mahkemelerinin celselerini kısaltmak için olacak, ya hafifletici sebepler öne sürülerek ya da öldürmeye teşebbüsün asla mevcut olmadığı, ortada sadece basit bir yaralama mevcut olduğu kabul edilerek cezanın cünhalaştırılması bir adet hükmünü almıştır. Bıçağını kurbanının karnına saplamış ya da tabancasını başına boşaltmış sayıları nice kabarık suçlular vardır ki, katil sayılmamaktadır; bunlar hür vatandaşlardır, tam hakka sahiptirler ve günahları tamamen unutulmuştur. Binlercesinden sadece bir misal verelim: Tabancasının namlusunu hasmının tam ağzına yapıştırıp tetiğini de çeken kimsenin bu fiilinin öldürmeye teşebbüs olmadığı iddia ediliyor; hâlbuki, mucizevî bir tesadüfle silahın ateş almamasından hasmını ölümden kurtulabilmiştir; zavallı adam etrafındakilere, namlu ucunun temas ettiği dudağındaki izini gösterip çırpınmaktadır. Ne yazık! Bu fiilin cinai bir kastı içermediği, ortada sadece silahla tehdit suçu bulunduğu tezi meriyette bulunmaktadır!

Bir kere ortada bir cinayet mevcut ve bunu inkâr veya tevil imkânı yoksa artık en değersiz, en sathi hadiseler hafifletici sebep kabul edilir; cinayetten önce küçücük bir tartışma mı olmuş, hatta haksızlığın kimde olduğunu anlamak için, bu küçük tartışmanın sebep ve etkenlerini araştırmaya dahi gerek duymadan suçta tahrik olduğu zikredilir. Ağır ve haksız bir hakarete uğrayan kimse, mütecavize elini kaldırmak cesaretini mi göstermiş; sefil adam, artık her şeyi yapmak hakkını kazanmıştır; evine koşar, bir tabanca alır, yarım saat sonra döner gelir ve hiçbir endişe duymayan adamcağızı delik deşik yere serer. Hâkimler heyeti, şayet onlar daha önceden yapmamışlarsa, jüriler, ortada taammüt olmadığını, çünkü cani, tokadın ya da baston darbesinin, tesiri geçmeden cinayeti işlemiş olduğunu şen ve şatır ilân ederler; sonra, ayrıca bir de ağır tahrik olduğunu ilâve ederler; bunlarla da yetinmezler, suçlunun haksız bir tahrikin husule getirdiği gazap, şedit ve mukavemet edilmez bir âlemin tesiri altında cinayeti işlediği iddiasını serdedemedikleri hâllerde de, hafifletici sebepleri bulmakta hiç de engeller çekmezler! Neticede suçlu, şayet beraat edememişse, bu hâllerde giydiği ceza, mesela İtalya'da, üç ya da beş sene ağır hapisten ibarettir. Bu misal gösteriyor ki aynı adam zevk için birkaç kişiyi boğazlayabilir ve göreceği cezanın toplamı da geçici kalebentlikten ibarettir. Caniler, cinayetlerinden önce kurbanlarıyla yapacakları küçük bir ağız kavgasının hayatlarını kurtaracağını bildikleri için, bunu hemen tertip etmekte maharet gösterirler; kurbanlarından tokat yemek için onu itip yere düşürmelerinin kâfi olduğunu bilirler. Bu işi başarınca da artık bütün imkânlar elde edilmiştir; dilediklerini yapmakta serbesttirler. Basımlarının karnına sapladıkları bıçaklarına bulaşmış sıcak kanın dumanı tüterken: "Pekâlâ, on sekiz ay yatarım, nihayet ne zamandır istediğimi yaptım ya!" diye övünürler. İşte "Medeniyet! İnsaniyet" diye canilerin gördüğü şefkat de bundan ibarettir.

Bu sayfalardan her biri bizzat araştırmasını yaptığım birkaç davadan yola çıkarak yazılmıştır. Başka örnekler vermeyi gerekli görmedim. Bu örnek davalar üzerine çalıştığım notlarımı hâlâ özenle saklıyorum. Şayet, adalet sisteminin nasıl çalıştığından, baroların sinesine sığınmış avukatların nasıl savunma taktiği kullandıklarından habersiz ya da anlattıklarımın mübalağalı olduğunu düşünenler varsa elimdeki bütün kanıtları onlara gösterebilirim.

Böyle olmasına rağmen, bütün hatanın kanunda olmadığı da müşahede edilebilir; hatanın bir kısmı da bu kanunu uygulanan simalardadır. Fakat uygulayıcıların hatası ne derece olursa olsun, haizi ehemmiyet olamaz; çünkü, asıl hatalı olan, daima suçluyu koruyan ceza nazariyatının bugünkü hâkim prensipleridir.

Bir kere hâkim, suçlunun moral sorumluluklarının derecesi oranında ceza vermeye mecbur edilirse, artık özellikle mevcut olan hafifletici sebepleri araştırmadan bu neticeye varabileceği nasıl kabul edilebilir? Zira, bir adamın hakikaten tam sorumluluğunun tespiti zahmetine katlanıldıktan sonra, neticede görülecektir ki hiçbir zaman tam mesuliyet yoktur!

İşte, cezalandırmanın etkisizliğini husule getiren şey, bugünkü cezalandırma sistemindeki kofluktur. Doğrusu, bütün kötülük şu iki prensipten doğmaktadır: Moral sorumluluk ve suçla ceza arasındaki adil oran esası.

Bu iki prensip, hâkimi âciz hâle koymakta, onun suçlu aleyhine sarf edeceği gayreti gevşetip söndürmektedir.[66]

---

66 "Buraya kadar açıklanan hakikatler bize gösterdi ki, ceza müessesesinin güttüğü maksat, ne insan vücudunu didikleyip tazip etmek, ne de artık bir kere işlenmiş olan bir suçu tamir ve ıslah etmek olamaz.
O hâlde haddizatında her nevi ihtiraslara bigâne siyasî bir cemiyet, fertler arasındaki ihtirasları dizginlemek için hangi çareye başvuracaktır? Acaba taassup ve hiddetin kullandığı yahut hunhar ve zalimlerin alçakça başvurdukları usul ve vasıtalar işe yarayabilecek midir?
İşkenceler altında ezilen bir bedbahtın haykırışları, artık geri gelmeyecek bir mazide işlediği cürmünü ıslah edebilecek midir?
Binaenaleyh, suç ile ceza arasında bulunması gereken adil orana uygun cezaları tatbik etmelidir. Böyle cezalar suçlunun uzviyeti üzerinde en az tahripkâr oldukları hâlde, insan zihninde en kuvvetli ve en devamlı tesiri icra eylerler.

Geçmiş zamanlarda, kendi kendilerine âkil ve âlim süsü veren bir kısım insanların soğukkanlılıkla icat ve tatbik ettikleri ve hiçbir faydası bulunmayan o müthiş zulüm ve işkenceleri görüp de dehşetten titremeyen var mıdır? Bu binlerce biçarenin bazen, ıstıraptan usanmış bir hâlde, yalnız küçük bir grup imtiyazlı insanların nefire hizmet eden ve asıl büyük kitleyi daima tezyif eylemiş fenalıkların etken veya yardımcısı olan kanunların şerrinden kurtulmak, bazen de işlenmesi muhal veya taassup ve hurafelerin yarattığı suçlarla ithamdan yakalarını sıyırmak endişesiyle ilk vahşet devrine dönmek d arzusu ile yananları; keza bazen da yalnız kendi öz fikir ve kanaatlerine besledikleri iman ve sadakatten ötürü itham edilenleri görüp de ruhunun en derin köşelerine kadar titreyip sarsılmayan kim vardır, soruyorum? Bu biçarelerin aynı his, aynı ihtiraslara sahip hemcinsleri tarafından kullanılan âletlerle ve merasimle parçalanırlarken gizli bir hazla gözlerini yuman mutaassıp bir kitlenin karşısında metanetini muhafaza edebilecek bir yürek bulunabilecek midir?

Diğer taraftan cezanın dehşetli oluşu, ondan yakayı sıyırmak için büyük gayret sarfına ve işlenen bir tek suçun cezasından kurtulmak için birçok suçun işlenmesine sebebiyet verir. En korkunç işkencelerin tatbik edildiği diyar ve devirlerde en korkunç suçların işlendiği görülmüştür. İşkence arttıkça, denilebilir ki, duygular da kanunların dehşetine eşit şekilde vahşileşip katılaşır.

Bir cezanın, kendisinden beklenilen faydaları temin edebilmesi için, bu cezanın verdiği azap ve şiddetin, o suçun işlenmesinden hasıl olacak faydayı aşmış bulunması kâfidir; buna cezanın kafi ve suçtan beklenen faydanın da zarara uğrayacağının muhakkak olmasını da ilâve etmek lazımdır. İşte bu hududu geçen bütün cezalar faydasız ve binaenaleyh zulümdür.

İnsanlar hareket tarzlarını kendileri için meçhul şerlere göre değil, lakin bilip öğrendikleri şerlere göre tayin ve tanzim ederler.

İki millet tasavvur edelim: İkisinde de ceza ile suç arasında adil oran prensibi esas olsun. Bunlardan birinde en ağır ceza müebbet hapis (*l'esclavage perpétuel*), diğerinde de çark cezası (*la roue*) olsun; her iki millette de bu iki ceza eşit derecede dehşet intibaı uyandıracağını ileri sürüyorum. Bu iki milletten ikincisinde en ağır ceza olan müebbet esaret cezasını, birinci milletteki en ağır ceza olan çark cezasının yerine konsa, bu yeni ceza o milletin bu ağır ve devamlı cezaya karşı duyacağı ürperti ve dehşet, eski çark cezasına karşı duyduğundan daha fazla olacaktır.

Cezaların vahşetinden iki zararlı netice daha hasıl olur ki, bu neticeler ceza müessesesinin esası olan, cürmü önleme prensibine taban tabana zıttır.

Birincisi, suç ile ceza arasında bulunması zarurî olan âdilâne oranın tesisine imkân verilmeyişidir.
Her ne kadar zulüm, işkence ve vahşetin bin türlüsünü icat etmişse de, hassasiyet ve nizamın gemlemiş olduğu insan gücü ve ihtirasının şahikasına erişebilecek bir ceza olamaz.
İkinci zararlı sonuç da, cezanın dehşeti cezasız kalmayı tevlit edeceğidir. İnsan yapısının mukavemeti, haz ve zevklerde olduğu gibi, azap ve ıztıraplarda da bir dereceye kadardır. Dehşet veren bir işkence ve vahşeti ancak geçici bir istibdat tecviz edebilir ve buna hayırhah bir mevzuat sistemi asla göz yumamaz. Şayet kanunlar dehşet verici olursa cezasız kalmak bizzat kanundan da doğar.
Bu bahsi bir mülâhaza ile bitireyim: Cezaların şiddeti bir milletin bulunduğu hayat şeraitine ve mevcut hale uygun oranda olmalıdır. Vahşetten henüz kurtulmuş bir millet için ceza, dimağlarda kuvvetli ve müessir bir iz bırakacak mahiyette olmalıdır. Vahşî bir aslanı daha çok kudurtacak bir kurşun yerine, onu devirecek bir yıldırım lazımdır. Lakin topluluğun ruhu yükseldikçe ve her ferdin hassasiyeti incelip arttıkça cezaların şiddeti de hafifletilmelidir ki, hisle işlenen fiil arasındaki mantık mülâhazaları muhafaza edilebilsin."
Beccaria, *Cezaların Hafifletilmesi,* Fasıl: XV, s. 219 - 223.

ÜÇÜNCÜ FASIL

Suçu Himaye Edici Kanunlar

Okur, önceki fasıllarda gördü ki zamanımıza hâkim ceza kuramı ve içtihatlar, aralarında tam bir ahenk birliği ihdas ederek, suçluyu toplumun şerrinden muhafazaya gayret ediyorlar; hâlbuki bütün gayret ve özenle birleştirerek, asıl toplumu suçlunun şerrinden korumaları lazım gelirdi. Fakat bu himayeyi yakacak asıl kuvveti, devlet nizamı içinde ceza usul ve muhakemelerin kaidelerini vazeden kanunla temin etmek ancak mümkündür; böyle olursa, bu himaye en yüksek anlam ve değerine haiz olur; zira böyle bir kanun ortada olunca, artık suçluları cezalandırmaktan kurtarmalı ya da infazı geciktirmek maksadını kapsayacak kanunların geçerli olmasına imkân katmaz"

I

Ceza usulü muhakemelerine ait kanunların suçlulara cesaret vermesi - Kamu davası ile şahsi dava arasındaki yanlış kriteryom. - Cezalandırmanın mutlak hâkimi yerini alan mağdur. - Mütecavizin sadece tazminat vermek suretiyle yakasını kurtarması. - Alelade bir borçla, bir suçtan doğan borç arasındaki fark. - Yürürlükte hükümlerde ıslahat yapmayı teklif.

Şimdi biz, önce kamu davası (*action publique*) ile şahsi davayı (*action privée*) birbirinden ayıralım. Bu ayrım, hemen özellikle suçun objektif tabiatı üzerine kurulmuş olup, failin moral noksanlığı asla hesaba katılmaz; bazı defa da o fiili tehdit eden ya da uygulanan cezanın mahiyetine göre bu ayrım yapılagelmektedir. Mesela, genel ahlak aleyhine işlenen suçların çoğu, kamu davasının mevzuu değildir; suçlunun takibi için, bu gibi hâllerde, mağdurun yazılı şikâyetine ihtiyaç vardır. Cezaları hafif olduğu takdirde aynı şey tehdit, darp ve cerh suçları için de söylenebilir. Dolandırıcılık için, verilecek ceza ne olursa olsun, birçok devletlerde, mağdurun şikâyeti olmadıkça kamu davası açılamaz.

İtalya'da, kamu davasının daha da daraltılmasına çalışılıyor. Bütün bunlar olurken, asıl öz unutuluyor, bir kenara atılıyor: acaba suçlu bir mükerrir değil midir? Suçun işleniş tarzı onun tehlikeli bir suçlu tipi olduğuna işaret sayılmaz mı? Bütün bu ve bunun gibi istifhamlar üzerinde hiç durulmamaktadır.

Böylece, saldırıya uğramış basit bir vatandaş, devletin nizamını ilgilendiren bir davanın mutlak hâkimi kesiliyor. Toplumsal bir kanunla tesis edilen nizamı bozan bir mütecavizin münasip bir cezaya çarpılmasının uygun olup olmadığını kendisi tayin edecektir. Bir suçlunun hapse atılmasını ya da hür kalmasını yine o tayin edecektir. Devlet ona başvuruyor: "Bu dolandırıcının senden başkalarını da soymasına, daha açık bir tabirle, bu zalimin bizzat size yaptığı aynı şeyi diğer insanlara da yapmasına razı mısınız?"

Bu öyle garip bir hâldir ki insan gayriihtiyari kendi kendine soruyor: acaba iş böyle olursa cezanın şahsi veya ailevi intikamdan ibaret olduğu devri aynen idrak etmiş olmuyor muyuz?

Bizim için "şahsi dava suçu" tabiri anlamsızdır ya da da hiç olmazsa bizim "doğal suçlar: *Délits natürels*" dediğimiz fiillere ait olmak üzere "şahsi dava" tavsifi yersiz sayılmalıdır. Darp ve cerh için, ölümle tehdit için, fiili şeni (cebren ırza geçmek) için, dolandırıcılık veya sahtekârlıklar için, şikâyet olsun olmasın, toplum suçun işlendiğine muttali olunca, artık hiçbir suretle hareketsiz kalamaz. Ancak bu suretledir ki cüret gösteren kişinin tehdidi sonuçsuz kalacaktır; zira özellikle bu tehdit sayesinde bütün cesareti kırılmakta, güçsüz bir biçimde şikâyetini geri alarak davasından vazgeçmektedir.

Suçun objektif bünyesi itibarıyla hiç de ağır olmayışının pek az önemi vardır; mühim olanı suçluyu tanımak, onu öğrenmektir; onu yoklamak, mensup olduğu suçlu tipini ayırt etmek, toplum hayatına asla intibakı mümkün olmayan kimselerden olup olmadığını meydana çıkarmak; şayet böyle ise, tasfiye zaruretini tespit etmektir. Buna karşılık, şayet o kimse hakiki suçlulardan biri değilse, biraz sapmış olmasına rağmen toplum hayatından büsbütün uzak düşmemişse, önceki fasıllarda söylediğimiz gibi, uygulanacak mücazatın türü tamamen farklı olacaktır; yani, suçlunun manevi tazminatla birlikte husule gelen bütün maddi zararların tazmin ve telâfisine icbar edilmesine mahkûm edilmesi zaruretinden bahsetmek istiyorum.

Bu tazminat noktasında da hukuk okulu mensuplarından çok uzakta bulunuyoruz. Onlarca, mahkûmiyet hükmiyle birlikte tazminat vecibesi doğmaktadır. Onlara göre, bu prensip vazedilmiş olunca, artık yapacak başka şey kalmaz; zira mağdurun suç dolayısıyla maruz kaldığı bütün harabiyeti tamir ve tazmin edilmiştir; tıpkı borçlar hukukundaki müesses kaide misali: yani tıpkı *obligatio ex contractu*[67] gibi ortada bir *obligatio ex delicto*[68] vardır. Fakat böyle bir benzetme ve iddia ceza âlimlerinin işi olamaz!

---

[67] Akitten doğan borç (veya: Vecibe).

[68] Suçtan doğan borç (veya: Vecibe).

Uygulamada, suçluyu tazminata mahkûm etmek, hemen özellikle, hatta mütecavizin ödemekten âciz olmadığı hallerde dahi, mağdurla en acı ve korkunç bir şekilde alay etmek demektir. Çünkü, ancak hüküm katileştikten, yani ilâm mahiyetini aldıktan sonra, mahkûmun malları haczedilebilir; bu, şu demektir ki tahkikat safhası esnasında, hatta hükümden sonra ve fakat temyiz tetkikatı sırasında, suçlu bütün menkul mallarını kaçırabilecektir. Gerçi bazı devletlerin ceza kanunları, tutuklama kararı verilmesi üzerine sanığın gayrimenkulleri ihtiyaten haczedilebilirse de böyle bir tutuklama kararını zorunlu kılan hâller ancak bazı ağır suçlardan ibarettir. Hâlbuki, ekseri hâllerde müştekinin tazminatı imtiyazlı olmadığı gibi, hatta hiçbir garantiyi de haiz değildir. Şu hâlde mahkûm, ancak kendi keyfinin emrettiğini ödemiş olur, o da pek ender olarak!

Zarar ziyana ait tazminatın umumi hükümlere göre borçludan tahsili usulüne gelince, ne yazık ki tıpkı hükmün infazında olduğu gibi, itirazlar, temyizler ve daha başka bahanelerle bazen yıllar sürer. Ve böylece -Cosenza, bizi temin ediyor ki- bazen bir cinayet için 300, hatta 200 hatta 100 frank mahkûmiyet kararları verildiği görülmüştür! "Hele bir defasında maktulün kardeşleri müdafaalardan bezgin bir hâlde katilin elinden sadece elli frank alarak müdahaleden çekilmişlerdir."

Tazminat ödemekten âciz olanlara gelince, bunlardan bahsetmek faydasızdır, ama hukuk okulu mensupları: "*Nemo dat quod non habet*!" diyorlar. Suçlulardan büyük bir kısmı, tazminat ödemekten kurtulmanın çarelerini bulurlar; bu çareyi bulamayanlar ise büyük bir gurur ve istihza dolu eda ile gülünç miktarlardaki tazminatı öderler.

Bu hukukçular başka türlü çare olmadığını, çünkü bu zarar ziyan tazminatının, alelade bir hukuki vecibeden ibaret bulunduğunu, bununla birlikte ancak umumi hükümlere göre tahsiline gidileceğini, ilkel toplumlara yakışabilen cebrî vasıtalarla borçlunun tazyik edilemeyeceğini, esasen buna hukuk sahasındaki terakkinin de engel olduğunu iddia etmektedirler.

Bize gelince, akitten doğan borçlarla, haksız bir fiilden doğan borçlar arasında namütenahi, ölçüsüz fark vardır; birincisi önceden tediye edilemeyeceği anlaşılabilir ve bu iki tarafın ittifakından hasıl olan bir vecibedir; hâlbuki, ikinci tür borçlarda böyle bir ittifak yoktur, yani alacaklı önceden borçlunun aczini, edada vefasızlık edebileceğini bilemez; zira, bir kere böyle bir vecibe, iki kişinin değil, ama bütün bir topluluğun mutabık kalmış olduğu bir kaidenin ihlalinden doğmuştur. Öyleyse, bu kaideyi ihlal edenin, borcunu edadan aczi önceden kestirilemez. Hâlbuki iki taraflı bir akitten doğacak borçlarda, borçlunun edadan âciz görüldüğü hâllerde önceden kendisinden garanti istenir; şayet istenmemişse, bu takdirde, alacaklı tedbirsiz hareket etmiş demektir ve bundan dolayı da akıbetine tahammül mecburiyetindedir. Buna karşılık, borcunu edadan âciz biri tarafından suça yönelik bir taarruza herkes maruz kalabilir. Öyleyse, edadan âcizdir, diye böyle bir suçlu kimseye alelade borç münasebetlerinde tanınmış olan imtiyazı niçin tanımalı? Bu suretle, aslında ve tabiatında bu derece farklı olan iki vecibeyi, birmiş gibi kabule nasıl imkân olur?

Okuyucu, bu mevzu hakkındaki fikirlerimizi daha önceden öğrenmiş bulunuyor (Bkz: fasıl I, § I). Bizim için, borcunu ödemeye kadir suçlu hakkında, tazminatı ödemesi için şiddetli tazyik en doğru harekettir; hapishaneye girmişse bütün masrafları bizzat ödemelidir; en küçük bir tecile müsamaha edilmemelidir. Başka bir defasında şöyle demiştim: "Evini, dükkanını, atölyesini, hülâsa her şeyini satarak, her neye mal olursa olsun, tazminat bedelini tedarik edecektir."[69]

Esas olan, suçun harabiyetini tamir ve telafi etmektir; buna da suçluyu mecbur etmek için, merhametsiz, olmak lazımdır. Tazminden âciz olanlara gelince, onlar da günlük kazançlarıyla tazminatlarını ödemeye icbar edilmelidirler; bunun için de geçim şart ve şekillerini mukayese etmeden, en asgarî gıda ihtiyacını ayırdıktan sonra, kalanla borcu ödenmelidir. Suçlu çalışmaya

---

69 Bilinci suç antropolojisi kongresinin vesikaları, Roma, 1887, s. 307. -yn.

tereddütlü ya da sahte bir aciz hâli gösteriyorsa, bu tarz cebrî çalıştırma süresi sınırsız olacaktır; sair durumlarda, suçun vahametine kıyasen cebrî çalıştırma süresini tahdit etmek yerinde olur, çünkü, ancak bu suretle hem bir miktar paranın toplanması kabil olur, hem de bir insanın bütün ömrü boyunca esir gibi çalışmasının önüne geçilmiş bulunur.

Uygulamada, ne kadar hayırlı olduğunu ispat için bu teklifimize, eserimizin en son kısmında yeniden avdet edeceğiz.

Bu tazmin bahsinde bizim tezimizle hukuk okulu mensuplarınınki arasında ne derece büyük farklar olduğu müşahede edilmektedir. Bir kere bizim mübah gördüğümüz şiddetli usullerin uygulanması kabul edilmiş olursa, artık toplum hayatından tasfiyeleri zorunlu olmayan tehlikesiz suçlulara bütün başka tür cezaların uygulanmasına gerek duyulmayacaktır. Bu suretle cünhalaştırılmış olduğu iddia edilen bütün cezalar kökünden silinmiş olacaktır; Böylece de, cezaevlerindeki korkunç izdiham bitecek ve bu hicabın çamurlarıyla sefil bir hâl alan insanoğlunun sakin yuvalarını hararet ve nur dolduracak ve artık şeametin avdeti ihtimali de kalmayacaktır. Bu tarz cezanın diğer ciddi bir faydası da artık suçun semeresi olan para ile birkaç aylık veya yıllık hapisten sonra (çünkü hapis süresi zarfında bu çalınmış para ya mahkûmun dostlarına ya da akrabalarına emanet edilmiştir) rahat rahat geçinmenin, müreffeh olmanın önüne geçilmiş olur. Sonuç olarak, sosyal hayatın düşmanı, böyle bir silahtan da mahrum edilmiş olur ki bu da diğer ıslah edici zannedilen cezalara nazaran, ne derece faydalı olduğunu ortaya koyar.[70]

---

[70] Suç antropolojisi vesikaları, s: 23, 24 ve 306, 363 ve devamı. Milletlerarası ceza infaz sistemi kongresinin vesikaları, Roma, 1885, s 185 ve s 200,-201 ve bana ait iki broşür: "*Cio ebe dovrebbe essere un giudizio penale.*" "Torino, Eoescher Ed. 1882 ve "*Riparazione aile vittinıe del delitto.*" Torino, Bacca, Ed. 1887.-yn.

"Cemiyete devamlı faydalar temin edebilmesi için idari ahlakın temeli, insanoğlunun en kuvvetli duyguları olmalıdır.

Bu temele dayanmayan bütün kanunlar yürürlükte kaldıkça daimî bir mukavemete maruzdurlar ve bu mukavemet ne kadar az hissedilse de, er geç o kanunu devirecektir. Bu tıpkı mihanikte olduğu gibi, azametli bir makinenin büyük hareketini durduran küçük bir kuvvetin daimî faaliyetine benzer.

O hâlde cezaların asıllarını ve ceza vermenin hukuki menşeini bulmak için beşer kalbini yoklayıp dinlemek gerekir. Dünyada hiçbir fert olamaz ki, karşılıksız olarak, sadece kamunun hayır ve selâmeti namına hürriyetini feda etsin ve ondan vazgeçsin. Bu vehim, ancak romanlarda yazılıdır. Hepimizden, her birimizin istediği şey, mümkün olduğu surette, bizi birbirimize bağlayan mukavele ahkâmından yakamızı sıyırmaktır. Herkes, kendini cihandaki bütün nizamın merkezi aslîsi yapmak sevdasındadır. Artık tabiatı, kendi hâline bırakmaya imkân vermeyen nüfusun artışı, her gün geçtikçe artan ve ziyadesiyle çeşitlenen ihtiyaçları temine kadir göründüğünden ilk insanlar, kendilerini birbirleriyle birleşmeye mecbur gördüler. Böylece, muhtelif insan toplulukları meydana geldi. Bu ilk topluluğa karşı kendilerini müdafaa için yeni yeni topluluklar kuruldu. Bu suretle fertler arasında hüküm süren mücadele, milletlerarası harp hâline inkılâp etti, Sonuç olarak, kanunlar aslında müstakil ve münferit hâlde yaşayan insanların hangi şartlarla birleşerek cemiyet kurduklarını gösteren birer vesikadan başka bir şey değildir.

Bitmez tükenmez harp hallerinden yorulmuş, kat'î surette muhafaza edemedikleri için faydasız hâle gelmiş bir hürriyetten bezmiş insanoğulları, bu hürriyetin bir kısmından tam bir emniyet ve vuzuhla faydalanmak için diğer kısmından vazgeçtiler. İşte bağışlanan bu bir kısım hürriyetler, millî hâkimiyetleri teşkil eyledi; bu millî hâkimiyetler hükümdarlara emanet ve onlar tarafından da kendi hükümet erkânlarına tevdi edildiler. Lakin bu millî hâkimiyeti teşkil eyleyen vazgeçilmiş ferdî hürriyetleri toplayıp bir makama emanet ve tevdi eylemek kâfi değildi, ayrıca her şahsın, bu toplanmış hürriyet yığınından yalnız kendisine ait olanları değil, lakin başkalarına ait olanları da çekip koparmak istediği hürriyetlerin istirdat ve gaspına da mâni olmak, cemiyet hayatını eski hercümerç hale fırlatmak isteyen fertlerin tahakküm ve istibdatlarına set çekecek müessir ve muktedir çarelere de ihtiyaç vardı.

Böylece, bu çareler, kanunları ihlâl eyleyenlere tatbik edilen cezalara inkılâp eyledi. Bu çarelerin müessir olmaları lazım geldiğini söyledim; zira, tecrübe gösteriyor ki, insanların ekseriyeti, tavrı hareket vecizelerine kulak asmamaktadırlar. Maddî âlemi teşkil eden her şeyde olduğu gibi, insan cemiyetlerinin bünyesinde de bir inhilâl sebebi mevcuttur. Bu sebebi ancak, doğrudan doğruya akıl ve idrake hitap eyleyen çarelerle önlemek mümkün olacaktır. Belagat ve en ulvî gerçek sözler, cezbedici şeylerle kamçılanan azgın ihtirastan gemleyemez. Bunları ancak devamlı surette fikri besleyen ve cemiyet hayatının nimetlerine düşman ferdin, korkunç ihtiraslarını dizginleyebilin, aynı çeşit sebeplerle yere vurmak mümkün olacaktır.

İşte bu kat'î zaruretten dolayıdır ki, her fert haddizatında ancak pek az bir kısmından vazgeçebileceği hürriyetinin mühim bir kısmını cemiyete terk etmiş oluyor; tâ ki kendisine kalan hürriyetini emniyet ve selâmetle bizzat istimal eyleyebilsin. Bu suretle, fertlerin, kendi hürriyetlerinden feragat ettikleri kısımların mecmuu cemiyetin ceza vermek hakkının esasını teşkil eyledi.

Binaenaleyh bu esasa dayanmayan bir icraat asla adalet olmayıp, bir adaletsizlik, bir haksızlıktır; hukuk kavramı ile alâkası yoktur.

"Hukuk (*Droit*) tabirinin güç (*Force*) kelimesiyle mütenakız olmadığını kabul etmek zarurîdir. Daha doğrusu hukuk tabiri, güç (veya iktidar) kavramının bir istihalesinden ibarettir. Bu tarz izah ve tahdit en faydalı olanıdır; zira, bu iktidar bütün fertlerin ayrı ayrı, kudretlerin mecmuu oluyor.

Adalet (*La justice*) sözünden ben, ancak ferdî menfaatleri birleştiren zarurî rabıtayı anlamaktayım. Çünkü, insanları eski tek ve başıboş yaşama hayatına dönmekten alıkoyan işte bu rabıtadır. Ancak (adalet) kavramına maddî bir kuvvet (veya cebir) fikrini, keza canlı bir varlığı yaklaştırmamak lazımdır. Hemcinslerinin saadeti üzerine tesirleri olan insanların bu tarz düşünüşleri çok yerindedir.

Ben burada, sadece, müstakbel bir hayatın mücazat ve mükâfatlarıyla alâkadar olan ilahi adalet (*La justice de Dieu*) fikrine katılmıyorum." (Beccaria'nın notu)

Kamu hürriyetinin muhafazası için zarurî olmayan bütün cezalar, fert hürriyetini en geniş tarzda teminat altına aldığı ve kamu hürriyetini en kutsal ve en dokunulmaz hâlinde muhafaza eyledikleri oranda meşru telâkki edilir.

Bu prensiplerden çıkan:

A - İlk sonuç: Suçların cezasını ancak kanunlar tayin edebilir. Ceza kanunlarını yapmak hakkı ise, toplumsal mukavele ile birleşmiş olan ve cemiyeti temsil edebilen kanuna aittir. Bu esaslardan da şu hakikatler meydana çıkıyor:

a - Cemiyetin birer parçası olan hâkimler, o cemiyetin diğer parçası olan vatandaşlara kanunun tayin etmediği bir cezayı hükmedemez.

b - Hâkimler vatandaşları, kanunun daha önceden derpiş ve tavsif eylediği bir cezadan gayri bir cezaya çarptıramazlar.

c - Hiçbir hâkim, hatta kamunun hayır ve selâmeti mülâhazasıyla dahi olsa, suç için kanunun biçtiği cezayı ağırlaştıramayacaktır.

B - İkinci netice: Cemiyeti temsil eden hükümdar, ancak temsil ettiği cemiyetin bütün âzalarına şâmil umumî bir ceza kanunu yapabilir; fakat, bir vatandaşın cezaya müstahak olup olmadığını takdir ve muhakeme etmek vazifesi kendisine ait değildir. Doğrusu bir suçun iki yönü vardır. Bir tarafta bulunan hükümdar, toplumsal mukavelenin ihlâl edilmiş olduğunu ileri sürmekte ve diğer tarafta bulunan ve suçlu zannedilen kimse ise, hakikatte öyle bir ihlâl keyfiyetinin mevcut olmadığını beyan eylemektedir. Binaenaleyh, birbirini cerh eden bu iki taraf arasında bir hâkimin mevcudiyeti zarurî olmaktadır. Bu hâkimin kararları cerh edilemez olmalı ve işbu kararlar, sadece ihtilâf mevzuu olan hususî eylemlerin teyidini veya reddini ihtiva etmelidir.

C - Üçüncü netice: Esir insanlara tercihan hür ve mesut insanlara tespit ettirilen cezaların, şiddet ve dehşetinin hayırhah faziletleri olduğu nurlu dimağlar tarafından teyit ve ispat edilmedikçe; doğrudan doğruya cemiyetin selâmet ve nimetlerine hadim ve suçların işlenmesine mâni olabilecek vasıfta bulunmadıkça; her ceza faydasız, adaletsiz ve İçtimaî mukavelenin bünyesine aykırıdır.

Dördüncü netice: Ceza hâkimleri, kanun vazu olmamaları hasebiyle, ceza kanunlarını tefsir etmek hakkına sahip olamazlar.

Hâkimler, kânunları dedelerimizden, dahili bir örf vesikası yahut mirasçıları tarafından icrası lazım gelen murisin son arzuları gibi, ele geçirmiş değildirler. Onlar bu cemiyeti teşkil eden bütün efradın mecmu iradesini nefsinde toplayıp onu temsil eden hükümdardan almış bulunuyorlar. Bizzat kanunların hâkimiyeti prensibi dahi "eski bir mukavelenin ahkâmını icra etmek vazifesine dayanmaz.

Eğer her vatandaş cemiyete karşı vazifeler yüklenmiş ise, cemiyet de aynı suretle her vatandaşa karşı vazifeler yüklenmiştir. Zira, bir mukavelenin bünyesini karşılıklı vecibeler teşkil eder. Bu hükümdardan en son vatandaşa kadar en kudretlisinden en zayıfına kadar bütün kitleyi birbirine bağlayan bir vazife taahhüdüdür. Bunun başka türlü manası da olamaz. İçtimaî mukavelenin yarattığı faydaların cemiyetin bütün efradına şâmil olması sebebiyledir ki, bu mukavele ahkâmından yalnız birinin ihlâli anarşinin bir başlangıcı telâkki edilebiliyor. Bütün diğer ilimlerden ziyade, ahlak ilminde pek sık kullanılan şu (vazife = *obligation*) kelimesi akıl ve idrakin (*le raisonnement*) kısaltılmış bir şekli olup hayal ve düşünceye (*l'idée*) delâlet etmez. Görev kavramına alelade bir hayal manası verilemez. Bu kelimeyi anlamak ve başkalarına da anlatmak için yapılacak şey akıl ve izana başvurmaktır.

(Beccaria'nın notu)
Zira, bu mukavele artık bâtıldır; çünkü, bu mukavele ile bağlanmış olan iradeler artık fâni olmuşlardır. Keza tatbiki istenen böyle bir mukavele adalet hissini de rencide eder. Zira, müstakbel yüzyılların insanlarını kendine has eylem ve iradelerinden mahrum, zelil, bir sürü hâline sokmuş olur. Kanunların tatbik kuvvet ve kabiliyetleri, maddi ve şen'î hâkimiyetleri, vatandaşların müşterek iradeleriyle hükümdara karşı yapılan sarih veya zımnî sadakat yemininden meydana gelmektedir

O hâlde, kanunların meşru yorumcuları kimler olmalıdır?

Meşru yorumcular, kamunun iradesinin emanetçisi olan kanun yazıları olup, yoksa vazifeleri sadece, herhangi bir şahsın işlediği bir fiilin kanuna muhalif olup olmadığını tetkikten ibaret bulunan hâkimler değildirler.

Her nevi suça ait ilâmlarda hâkimler, kübra (*majeure*), suğra (*mineure*) ve netice (*la conséquence*) den ibaret üç kaziyeden mürekkep, bir kiyasî mantık (*le syllogisme*) yapmak mecburiyetindedirler.

Birinci kaziye (kübra) umumî bir kanunu, ikinci kaziye (suğra) fiilin kanuna muhalif olup olmadığını ve üçüncü kaziye de (netice) sanığın mahkûmiyeti veya beraetinden ibarettir.

Eğer hâkim, gerek kendiliğinden gerek kanunların kusurundan dolayı bir ceza dâvasında birden fazla kiyasî mantık yapacak olursa, işlerin kararıp karıştığını görürüz.

Umumî mahiyette aksiyom (*l'axiome*) tesis etmek kadar tehlikeli bir şey olamaz. Asıl olan kanunun ruhuna nüfuz etmektir.

Böyle olursa, fikir sellerini durduran manialar yıkılmış olur. İstikbalde doğuracağı neticeleri ne olursa olsun, en ehemmiyetsiz karışıklıklardan daha fazla müteessir görünen basit dimağlar için garip ve müphem bir şulesi olsa da, bu hakikat bana en kuvvetli bir ışık gibi görünmektedir.

Fakat düşünülmüyor ki, bin defa daha meş'urn olanı, bir milletin kusurlu bir tek prensibi benimsemiş olmasıdır. Bilgilerimize ve bütün müfekkirelerimize bakalım; bunlar öyle karmakarışık ve girip çıktığı yollar öyle çok ki, her insanın kendine has bir görüş tarzı var. Hatta aynı adam aynı şeyi ayrı ayrı zamanlarda başka başka şekillerde görüyor. Böyle olunca, bir kanunun ruhu, hâkimin doğru veya hatalı mantık mülâhazalarına bağlı kalacaktır. Hâkimin iyi veya kötü çalışan midesine, ihtiraslarının şiddetine, sanığın acıklı hallerine, mağdurla aralarındaki münasebetin tarzına ve mütahavvil insan mefkuresindeki şeylerin manzarasını değiştiren bütün diğer küçük âmillere bağlı olacaktır. Hâl böyle olunca, bir vatandaşın âkibeti, her mahkemede başka şekilde tecelli edecek; hayat ve hürriyeti kusurlu bir tahlil tarzına veya hâkimin üzüntü veya öfkesine terkedilmiş olacaktır; ayrıca o hâkimin dimağını dolduran bir sürü karışık mefhumlarla o tefsirin bir muamma hâline gireceği de şüphesizdir. Bundan maada aynı mahkeme tarafından aynı nevi suçların ayrı ayrı zamanlarda başka şekillerde cezalandırıldıklarını da görecektik. Bu başkalık kanunların sesini daha kuvvetle duyurmak için olmayacak, lakin keyfî surette yapılan tefsirlerin istikrarsızlığından tahassül eyleyecekti.

Bu hercümerç vaziyeti bir ceza kanununun harfi harfine ve sert bir şekilde tefsirlerinden hasıl olabilecek mahzurlarla kıyas eylemeğe imkân yoktur. Zira kanunun iki manaya gelen metinlerini kolayca ve zarurî olarak tashih eylemek için kanun vazıının bulunduğu muztar vaziyetlerden doğan bu mahzurlar gelip geçici mahiyettedir.

Bu suretle, hiç olmazsa hitabet sanatından ve menfaate müstenit ve keyfî bir muhakeme tarzından sâdır olacak bu acıklı pervasızlığı frenleyecek bir çare var demektir. Kanunlar sabit ve harfi harfine mahfuz ve masun olmasaydı, eğer hâkimlerin biricik vazifesi, bir fiilin mevzu kanuna muvafık veya muhalif olduğunun tespitinden ibaret bulunmasaydı ve cahillerden ve gerek münevverlerden sâdır olacak eylemi sevk ve idare edecek olan haklılık veya haksızlık halleri hâkimler için sadece fiilî birer olay olmaktan ibaret bulunmasaydı vatandaş, hâkimlerin esiri olurdu. Yine bu kadar korkunç olan bir cihet de, zalimin gaddarlığı, kudreti nispetinde olmayıp önüne dikilecek mânilerin mukavemeti nispetinde artmasıdır.

Tarzı tahrirleri anlaşılır ceza kanunlarını herkes okuyabilir; suç sayılan fiillerin fena âkibetlerini hakkiyle anlar ve bu anlayış, onun bu fiilini işlememesine yardım eder. Bu suretle insanlar canlarının ve mallarının selâmetini temin etmiş olurlar. Bu gaye ile hareket eden fert, istiklâl ve hürriyetlerini de kaybetmemiş, körce itaate ve zillete fazilet unvanını takan insanlara nazaran, daha az esir birer varlık hâlinde kalmış olurlar. Bu durumdaki vatandaşlar, kanunlara ve yüksek otoritelere daha az mutî ve hürmetkâr sayılamazlar. Bu prensipler, şüphesiz, mafevklerinden yedikleri zulüm darbelerini madunlarına indirme hakkını kendilerinde gören zalimleri memnun etmeyecektir. Beni okuyup anlasalardı, doğrusu kendilerinden korkum olacaktı; lakin zalimler hiç okumazlar.

Kanunların tefsiri ne kadar mahzurlu ise, müphemiyeti de o oranda zararlı olduğundan tefsir zaruretini doğuruyor. Diğer taraftan kanunların halkın bilmediği eski ölü bir dille yazılması çok mahzurludur. Kanunların metni, akait kitapları gibi bütün milletçe okunup kolayca anlaşılacak derecede sade bir üslûpla yazılmış olmadıkça, onlara münasebetsizce takılan ulûhiyet vasfını muhafaza eyledikçe; vatandaşlar kendi fiillerinin gerek canları, gerek hürriyetleri üzerindeki avakibini idrak edemeyecekler ve böylece kanunları ellerinde tutan veya onları tefsir eden belli bir kısım insanların esiri kalmakta devam edeceklerdir. Kanunların ulvî metinleri kitlece ne kadar çok okunur ve ne kadar çok anlaşılırsa, suçların taaddüdü de oranla azalacaktır.

Doğrusu hiç şüphe yoktur ki, tasmim ettiği suça kanunun biçtiği cezayı bilmeyen yahut da hatalı bilen kimsenin bu cehaleti ve hatası ihtiraslarını körükleyecektir.

Milletlerin hemen bütün kanunlarının ölü bir dille yazıldıklarına ve Avrupa'nın en ileri memleketlerinde dahi bu geri geleneğin hâlâ yaşamakta olduğuna ne demeli?

Bu izahlardan şu husus anlaşılıyor ki, yazı olmadıkça bir cemiyette müstakar bir hükümet şekli kurulamaz; öyle bir hükümet ki iktidar, kendi siyasi varlığında bulunup, yoksa onu teşkil eden şahısların elinde değildir. Keza böyle bir hükümette kanunlar ancak kamunun iradesiyle değiştirilebilir. Burada hususî menfaatlerin çarpışmasıyla bu kanunlar ne bozulabilir, ne de yürürlükten kaldırılabilir.

Akıl ve tecrübe bize ispat ediyor ki, kanunların ve beşerî örf ve âdetlerin sıhhati onların menbalarından uzaklaşıldıkça azalmaktadır. İçtimaî mukavelenin devamlı olan güçlü yapısı mevcut olmasaydı, kanunlar zamanın tesirine ve ihtirasların kuvvetine uzun boylu mukavemet edemezlerdi.

Burada matbaanın beşeriyet için ne büyük faydası olduğu görülüyor. Kanunların aleniyeti, âdetleri mahdut olan ve kanunların kudsiyetinin bekçileri ve emanetçileri sayılanlar tarafından değil, fakat matbaanın icadı sayesinde mümkün olmuştur. Aydınlığa tahammül edemeyen hile ve dolap çevirme ruhlarını dağıtıp helak eyleyen, Avrupa'da işlenen en gaddar suçları azaltan, babalarımızı zaman zaman zalimlerin esiri hâline sokan vahşeti tahrip eylemekte olan yine matbaadır.

Geçen iki üç asrın tarihi ile asrımızın tarihini bilenler, asrımızdaki debdebe ve gevşekliğin yanı başında en mümtaz faziletler olan merhametin, hayırseverliğin ve beşerî hatalara gösterilen müsamahanın nasıl doğduğunu görebileceklerdir. Geçen asırlarda ise, beşeriyet, bâtıl itikatların amansız darbeleriyle inlerken, ecdadımıza münasebetsizce takılan saflık ve iyi niyetlilik meziyetlerinin doğurduğu âkibetleri bileceklerdir; pek mahdut birtakım insanların cimrilik ve ihtirasları kral sarayını ve tahtlarını nasıl kana boyadıklarını, asaletin her tarafta bedbaht halk kitlesini nasıl ezdiğini, mukaddes bir dinin ruhanileri, rahim olan Rabb'ın aşkına ellerini nasıl kana boyadıklarını hep göreceklerdir.

Asrımızın ahlak bozukluklarından, suiistimallerinden istenildiği kadar bahsedilsin; bu tür vahşetlere hiç rastlanmayacaktır.

II

Ceza davalarının tahkikat usulü. - Geçici tahliyenin hazin neticeleri. - Hilekârlarla canilerin verdikleri vaade dayanarak onları salıveren adalet. - İtham sistemine göre yapılan muhakemenin kofluğu. - Jüri sisteminin garabeti. - Cinai bir muhakemenin tali oyunu oluşu. - Jürilerin yerini alacak memurlar.

Şimdi ceza davalarının ilk tahkikat usulüne temas edelim; zamanımız düşünürleri, bu safhada sanığın kendi avukatıyla birlikte tahkikatta bulunmasını tarafsızlığın şartı ve adaletin tam tecellisinin teminatı gibi görmektedirler. Hâlbuki, bu nazariyatçılar bilmiyorlar ki hemen her defa hakikati asıl aşikâr kılan usul tam bir mahremiyettir; bir sürü işaretlerin labirentinden bizi vuzuh ve aydınlığa çıkarabilecek bu gizliliğin büyük bir dikkat ve özenle himayesi sanığın bu sihirli bağı hiçbir suretle kıramaması lazımdır.

Bundan başka, hatta fazla karışık olmayan hâllerde bile, sanığın aleyhindeki delilleri ona göstermek bazı tehlikeler tevlit eder. Şayanı şükrandır ki Fransız ve İtalyan ilk tahkikat sistemleri bu hususlarda oldukça teenni göstermektedir. İlk tahkikatları yarı aleni hâle sokmak isteyen ve ilmü beyan, fenni belâgatle silahlanmış gösterişli ve esassız hitabetlerin bu memleketlere yansımadığını ümit edelim.[71]

Beccaria, fasıl: II, III, IV, V. s. 135 - 169.

[71] Eserinin sonunda yazarın şöyle bir notu var:
22 Şubat 1888 tarihli Figaro gazetesinden öğreniyorum ki, Fransa'da ceza muhakemeleri kanununda bir reform teklifi yapılmıştır. "Buna göre, gizli tahkikat yerine vicahi tahkik usulü vazedilecektir. Yani, sanığın tek başına sorgu hâkimi huzurunda ifade vereceğini, badema, hem müşavere etsin, hem de kendi eliyle tuzağa düşmesin diye, beraberinde avukatını da bulunduracaktır." Böylece sorgu hâkimi, gazete ilâve ediyor, "ipin ucu bazen bir tarafın, bazen de diğer tarafın elinde, bir kukladan farksız kalacaktır." Komisyon, bundan başka, "mümkün mertebe ilk tahkikat esnasındaki tutuklama süresini de azaltma" çarelerine de başvurmaktadır; ağır suçlarla

Fakat en çok tartışılan husus, salâhiyetti kaza mercilerinden sâdır olan nihaî tutuklama kararlarından önce, yapılan geçici tutuklamalardır. Bu tedbirin hemen özellikle haksız olduğu iddia ediliyor; bunun için bu tedbirin, ancak pek vahim hâllere hasredilmesi lüzumu ileri sürülüyor; yani, sanığın kaçacağından korku duyulmakta ise... Ne yazık! Bütün bu sözler, bütün bu iddialar ceza davalarında hiç emekleri, tecrübeleri aktarmış profesörler tarafından söylenmiş bulunmaktadır!

Her şeyden önce, şu ciheti belirtelim ki tahkikat safahatındaki tutuklamanın asıl etkeninin, sanığın firarı ihtimali olduğu yolundaki esas, hiç de hakikat değildir; bu tedbire asıl sebep, özellikle olduğu gibi sanığın serbest kalmadan bilistifade, aleyhindeki mevcut delilleri yok etmek, şeriki suçlarıyla müdafaada ağız birliği yapmak ya da uyduracağı olguları teyit edecek dostları tedarik etmek endişesinin verdiği zarurettir; keza aleyhindeki şahitleri tehdit etmek, ya da onları itina' suretiyle hilâfı hakikat şahadete teşvik etmek imkânından bir dereceye kadar onu menetmek de, tutuklamanın amacı cümlesindendir. Ayrıca, tutuklama, çok defa olduğu gibi, suçluyu itirafa sevk etmektedir. Ve nihayet, tutuklama, bizzat suçluyu gerek saldırıya uğrayan kimsenin gerek onun aile efradının intikamından himayeye hizmet eder.

Firar etmesi korkusuna gelince, müstesna hâller dışında, mukadder cezanın az çok şiddetli olduğu ya da mahkûmiyetin suçlu için vahim ekonomik çöküntüler açacağı hâllerde, şüpheli firar etmesi ihtimalini kim reddedebilir?

---

sevk edilenler de dâhil, bütün suçlulara uygulanmak üzere ilk tahkikat esnasında geniş bir hürriyet hakkı bahşetmektedir.
Keza yine öğreniyorum ki, M. Del Drago tarafından kaleme alınmış "El procedimiento criminal en la provincia de Buenos - Ayres" adlı broşürle Arjantin'de de benzer teklifler yapılmaktadır.
Görülüyor ki, filozoflar muvaffakiyet yoluna girmişler ve bu sayede de bizim "Suçları himaye edici kanunlar" faslımızın payidar olmasına vesile olmuşlardır! -yn.

Şüphesiz, bütün hâlleri kapsayan peşin formüller vaz eylemek müşküldür; ama ben tutuklama gerektiren hâller için istisna yapmak serbestisin! Hâkime bırakarak, aşağıdaki şartlarda tutuklamanın zorunlu olduğunu düşünüyorum:

1 - Sanığın mahkûm olacağı cezanın şiddeti karşısında, onun gönüllü olarak firarda yaşamağa karar verebileceğini evvelden keşif ve tahmin etmek mümkün ise;

2 - Darp ve yaralamadan kaynaklanan mağdurun yakalandığı hastalığın tamamen iyileşeceği süre zarfında;

3 - Mağdur tarafın, mütecavizden kanlı bir intikam alacağı muhtemel ise;

4 - Sanığın sabıkalı ya da sözüne sadakatsiz, ikametgâhsız ya da şerefli bir meslek veya sanatı yoksa;

5 - Sanığın, hırsızlık veya dolandırıcılıktan suçüstü yakalanmış ise;

6 - Ve nihayet, sanığın serbest kaldığı takdirde gerek mağdur taraf, gerek şahitler üzerinde tehdit ederek etkileyebileceği melhuz ise ya da herhangi bir vasıta ile tahkikatın seyrini tebdil, teşviş veya engellere duçar edebilecekse.

Tutuklama hâlleri böylece tespit edilince, artık tahkikat esnasındaki geçici serbesti (*La liberte provisoire*) tamamen lüzumsuz bir hâl alıyor; ancak sorgu hâkimi, masumiyetine inandığı kimseleri istisnaen bu imtiyazdan istifade ettirebilir.

Bununla birlikte, bugünkü hâliyle tahkik sistemi pek azîm tehlikeler arz eylemektedir; bu vasfıyla suçlular âlemini daha da cesaretlendirmektedir; bu hâl, medeniyet sayesinde kötü ruhlu insanlara sunulan korkunç yeni silahlardan habersiz, kanun hükümlerinin saflıklarına da pek güzel bir ispattır. Eski devirlerin küçük sitelerinde, ya da Orta Çağ'da hatta vahim suçlarda bile, sanığın tahkikat esnasında serbest bırakılmış olması mazur görülebilir; zira, o tarihlerde seyahatler büyük zorluklara maruzdu. Hele, kendi memleketinden başka yerde yaşamak daha da müşkül bir işti. Firar, gönüllü sürgün demekti ki böyle bir ceza o devirlerde çok ağır telâkki edilirdi; Roma hukuku bu cezayı ölüm cezasıyla eşit tutardı.[72] Bununla birlikte, bazı ihtiyati tedbirler de alınırdı; ezcümle sanığın serbest bırakılabilmesi ancak itibarlı ve şerefli birkaç vatandaşın kendisini adalete takdim etmeleri ve kaçmayacağı hakkında şahsi taahhütte bulunmaları zarureti konmuştu: "*Si fidejussores habere non potuerit, a ministris comitis custodietur et ad mallum perducatur.*"[73]

Roma hukuku, çok ağır suçlar için daima bir istisna yapmaktaydı.[74] Keza İngiliz kanunları da bu *habeas corpus* memleketinde, ancak hâkimin sanıktan kifayetli gördüğü nakdi kefaleti almadıkça bu imtiyazı vermezdi.

Lâtin asıllı memleketlerde bazı profesörlerin hitabet kudreti, bilhassa yazılan aşırı hissi romanlar sayesinde, efkâr üzerinde derin izler açılabilmiştir; mevkufiyet hayatının vahim akıbetlerine işaret edilmiş, zalim bir işkencenin ahlaki tahribatıyla sefil hücre hayatının hicap verici azap ve işkenceleri sayılıp dökülmüştür. İşte, sanıkların tahkikat esnasında geçici hürriyet içinde kalmak hakkına sahip oldukları kaidesinin kabulü bu yüzdendir. Bundan başka, bu memleketlerde hâkime, velev en ağır suçlarda bile, sanığı para kefaletinden istisna edebileceği salâhiyeti tanınmıştır; fakir suçlular ise, böyle bir teminattan kâmilen muaf tutulmuştur; bu tıpkı eski kast teşkilatlarında proletarya sınıfına tanınmış imtiyaza benzemektedir! Bu heçici serbesti hakkını, hatta nihaî mahkûmiyet hükmünden sonraya, istinaf ve temyiz sürelerine de teşmil ettiler.

Hâlbuki aklıselim ve mantık, işin tam aksini emretmiyor mu? Hiç şüphe yoktur ki böyle bir tahkikat sisteminin mucip sebeplerini bulmuşlardır; ama bu sebepler ne kadar insani de görünse, asla tabiî olmadığı, bazı kazip esaslara dayandığı, halkın anlayışıyla tezada düştüğü ve hele Akdeniz memleketlerinin

---

[72] D. Lib. XLVIII, s. 2.

[73] Cap. Karoli, 4 Ocak 1873, edit. Pertz, Hannover, 1835.

[74] D. Lib. XLVIII, De custodia reorum.

zekâ ve kavrayışıyla hiç uyuşmadığı bir hakikattir. Zeki ve hassas bir milletin, ne zaman tahakkuk edeceği meçhul, hele temyiz yoluna da gidilmişse, ancak bir ya da iki sene sonra infaz edilebilecek bir tutuklamanın tehdidiyle mütenebbih olabileceği nasıl tasavvur edilebilir? Böyle uzak tehditler, olsa olsa, ancak zihin üzerinde soğuk ve hesaplı bazı intibalar yaratabilir, şimal memleketlerinde, o da bir dereceye kadar, bu uzak ve meçhul tehditlerin tesiri olabilir, ama Güney'de , Spencer'ın dediği gibi: "Fikre pek canlı ve süratli tesir eden ağır, sarih ve hemen uygulanan müeyyideler ister."[75]

Napoli'de, yaralama suçlarında, ağır dahi olsa tahkikatın nakdi kefalet karşılığında gayrimevkuf yapılacağını kabul eden 1865 tarihli kanunun neşri öğrenilince, herkeste uyanan intiba, ya yaralamanın artık cezasız bırakıldığı, ya da nakdi kefaleti teşkil eden 50 Frank'ın gözden çıkarılmasına bağlı bir suçtan ibaret olmuştur. İşte bu şehirde her gün, şu sözlerin tekrarlandığı duyulmaktadır: "50 Frank'la, bir bıçak darbesi atmanın hazzı daima duyulabilir!" Bu da şunu ispat ediyor ki kanunun bu suça tayin ettiği cezaya kimsenin aldırış ettiği yoktur; zira bu cezanın ne zaman uygulanacağını kesin olarak kimse bilemez; güneylinin fikrini asıl işgal eden şey, sadece 50 Frank'tan ibarettir; çünkü bunu hemen ödemesi lazımdır.[76]

Bu müessesenin halk üzerinde uyandırdığı izlenime gelince, hiç mübalâğa etmeden denebilir ki bu intiba daima esef verici olmuştur; çünkü böyle bir sistemi cazip ve makul göstermek için türlü sebepler öne sürülmüş, mugalâtalar yapılmıştır. Acı hakikate gelince, adalet artık hakiki bir suçlunun yakasına sarılamıyor; bu kuvveti kendi imkânında bulunmuyor artık! Hatta suçluya atını serbestçe oynatacağı meydanın anahtarım bizzat adalet kuvveti vermektedir. Hâl böyle olunca, bir gaddarın zalim darbesiyle yatağa düşen biçarenin, bütün ömrü boyunca sakat ve malûl

---

[75] Spencer, *Siyasi Deneme - Hapishane Ahlakı.*

[76] Turiello, *Govcrno e Governati*, I. cilt, bap. III, Bologna, 1882.

kalan bir bedbahtın, bir yaman dolandırıcının tuzağına düşüp ebediyyen sefalete devrilen bir gafilin, komşularının, akrabalarının, dostlarının gözleri önünde, suçlunun bütün tahkikat süresince elini kolunu serbestçe sallayarak dolaştığını, istinaf, temyiz diyerek senelerce küstahça çalını satmasını bir düşünelim! Bu, şu ciheti gösteriyor ki suçlu, aynı suçu tekrarlamakta korkusu olmayacak, aynı saldırıya, bir sokakta, bazen hatta aynı evde birlikte oturduğu mağdura yapmakta bir endişesi bulunmayacaktır. Binlerce acı misallerden yalnız birini verelim; bu bir köylünün davasıdır. Bu köylü, kendisiyle rekabet eden komşu çiftlik sahibine ateş etmişti; yaralı on sekiz aydan beri iyileşememişti. Bu zaman zarfında haddizatında hakiki bir cani olan ve fakat adam yaralamaktan sanık gösterilen köylü, kapısı, kurbanının avlusuna bakan evinde yatmış, hasta döşeğinde acılarla kıvranırken, zalim düşmanının rahat rahat yaşadığını, şarap bardaklarını iştahla boşalttığını, piposunu keyifle içtiğini seyretmişti. Ne yazık! İşte adalet müesseselerinin terakkisi, tekâmülü!

Lakin, bunlardan büyük fenalıklar gelebilir ve her gün gelmektedir de. Suçlular, ya aleyhlerinde şahadet edenlerden intikam almakta ya da vaktiyle tamamlayamadıkları suçu yeniden tekrarlamaktadırlar. Bu mevzuda da anlatılmaya değer yüzlerce misaller vardır. Ben, sadece birkaçını seçiyorum: Bir adam, aşkını reddeden kıza tabancasıyla ateş etmiş ve vuramamıştı. Tutuklanmayıp serbest bırakıldı; ama adam ilk tahkikat ve muhakeme esnasında aynı kızın erkek kardeşini feci bir şekilde öldürdü. Bir cammorist, kahveci çırağı olan bir delikanlının dostlarından birinin ilgilendiği kızıyla kurduğu ilişkiye engel olmak istedi. Delikanlının ilk itaatsizliğinin cezası, yüzüne atılan bir ustura darbesi oldu. Genç adam dava açtı, ama aşk ilişkisine de devam etti. Birkaç ay sonra aynı ustura yarası öteki yanağında da açıldı; öylesine ki zavallı genç âşığın yüzü uzun çukurla çirkinleşmiş, tanınmaz hâle gelmişti. Suçlu dört sene hapse mahkûm oldu; ama önce istinaf mahkemesine, sonra da temyize başvurdu. Bu intizar devresinden dört sene geçti ve bu zaman zarfında cammorist her gün yaraladığı delikanlının namuskârane çalıştığı kahveye gidip kuruluyor, içtiği sigaralarının dumanını zavallıya doğru üflüyordu. Biçare delikanlı önceleri tazminat tekliflerini şiddetle reddetmişken, uzun yılların intizarıyla düştüğü hüsran ve nevmidi yüzünden, nihayet sefil bir parayı kabul ederek davasından vazgeçti. Neticede, vazgeçilen davanın iade-i muhakemesi yapıldı, yeni şahitler muhayyel tahriklere şahadet ettiler ve böylece cani adam, birkaç aylık hapis cezası giydi ve bu cezadan da umumi bir afla kurtuldu.

Bazı defa da saldırıya uğrayanın bütün sabrı tükenir, müthiş bir öfkenin patlamasıyla ortalığı perişan eder; böylece, ortada yeni ve vahim bir suç işlenmiş olur. İspatını ister misiniz? Daha geçenlerde Paris'te, adalet sarayını yerinden oynatan faciayı misal veriyorum. Madam Clovis Hugues, kendisine kötü bir iftirada bulunan adam aleyhine açtığı davanın uzayıp gitmesinden ve onun bütün tahkikat süresince serbest dolaşmasından, neticede hapse mahkûm edilmesine rağmen, hükmün derecattan geçmesine intizar etmeden de son derece üzülüp bezerek, nihayet tabancasını çekmiş, herkesin gözü önünde, müfterisini delik deşik etmiştir.

Mahallî (*endemique*) ve taklidi (*imuitative*) suçlara gelince, bu serbestinin tehlikeleri, daha da sonsuzdur. İtalya'nın güneyinde, bir köyde, bir delikanlı, aşkına mukabele etmeyen genç bir kızın yüzünü ustura ile yaralıyor; tahkikat esnasında suçlu serbest bırakılıyor; yani, aradan iki sene geçmiş olmasına rağmen, hâlâ tahkikat hükme (infazı gereken ilâma) vasıl olamamıştır. Bunu gören diğer bir bedbaht âşık, tereddüt etmeden aynı suçu taklit ediyor ve bu taklit o derecede çoğalıyor ki feci akıbeti evvelce (Bkz: İkinci kısım, 4. fasıl, III. paragraf) açıklamış bulunuyorum. Bu facialardan dehşete düşen bütün en güzel kızlar, önlerine çıkan ilk talibin emirlerine boyun eğmeye mecbur olmuşlardır; öyle feci izdivaçlar olmuştur ki en müstesna ve faziletli bakireler, kalplerinin şiddetle ret ve istikrah ettiği en adî çapkınlarla evlenerek inhidam etmişlerdir. Şimdi, bir düşünelim, acaba bütün bu felaketleri serbest tahkikat müessesesine atfedemez miyiz? Doğrusu, fena misal teşkil eden ilk garabet vukua gelmemiş, cârih hakkında tahkikat mevkufen icra edilmiş, hükümden önce ve sonra hapishanenin loş hücresine atılmış olsaydı, belki de bu suçu taklide cesaret edenler bulunmayacaktı. Nitekim bu suçu son defa taklit edenlerden biri hakkındaki tahkikatın mevkufen icrasına karar verilmişti; suçlu, evvelkilerden farklı muameleye maruz kalacağını tahmin edebilmiş olsaydı, bu suçu işlemeyeceğini itiraf etmiştir.[77]

Bu hukuki müessese hakkındaki bütün münakaşalar, hiç olmazsa şu mülâhazalar karşısında nihayete ermelidir: Tahkikat esnasında sanığa bahşedilen geçici hürriyet usulü, sanığa ya mahkûm edileceği cezayı çekmek ya da ortadan sıvışıp cezayı neticesiz bırakmak şıklarından birini tercihte tam bir serbesti bahşetmektedir. Doğrusu, asrımızda bütün dünyayı serbestçe gezmek pek kolaylaşmış bulunmaktadır. Pasaportların da pek öyle hükmü kalmamıştır. Ücra köşelerde mi, kıtaların en uzak yerlerinde kendi isteğiyle menfa hayatı yaşamak mı isteniyor? Çok kolay, hemen büyük bir şehrin kasırgasına karışmak kâfidir; bu şehirde daha önceden yaşanıyorsa, bu takdirde iş daha da kolaydır; hemen oturulan adresi değiştirmek her şeyi halleder, çünkü polis çok geçmez, bütün araştırmalarına rağmen sanığın yeni adresini bulamadığını bir zabıt tutanağıyla kayıt altına alır. Bütün zahmetler, korkunç suçun devlet telgraf şebekelerinin faaliyete geçmesinden ve halkı heyecan içinde bırakmasından ibaret kalır. Bunu böyle yaptılar diye, kimsenin bir şey söylemesi de mümkün değildir; çünkü bu teşkilat daha önce de böyle çalışmış, uğraşmış

---

[77] Yazarın eserinin sonundaki ek not:
"M. P. Aubry'nin *Cinayet Suçunun Sirayeti* (Paris, 1888) adlı eserinde, bazı suçlardaki taklit şiddeti dolayısıyla cezalarının ağırlaştırılması zarureti bahsini okuyunuz, (zaç yağı yahut tabanca ile işlenen cinayetler) faslında, fikirlerimi ispat eden pek çok misaller var. Şayet bu eser, daha önce basılmış olsaydı, istifadelerim çok olurdu." -yn.

ve muvaffakiyet elde etmişti, ama aradan ne kadar zaman geçmiş, nasıl engeller olmuş, orasını Allah bilir!

Pekâlâ, şimdi bir düşünelim, büyük prensipler uğruna, şahsın mukaddes hürriyeti uğruna, beşerin adalet cihazına düşen nedir? Eski devirlerde sadece şeref ve itibar sahibi kimselere tanınmış bir imtiyazı, şimdi hilekâr ve canilere de tanımak mıdır? Aradan işte iki sene daha geçti, yine polise başvuruluyor, mahkûmun yakalanma kararı çıkıyor; ama devrimizin birer Babil'i olan bu dev şehirlerde, bu üç dört aylık hapis cezasına mahkûm adam tamamen unutulmuş, kaybolmuştur. Acaba, yalnız bu basit açıklama dahi, bu sistemin gülünçlüğünü ortaya koymuyor mu?

Dahası var, çok kısa süreli cezalarda sanık, kendini polisten saklamak endişesini dahi duymayacaktır; zira birkaç haftalık cebrî istirahatin kaygısı mı olurmuş; hatta kışın işsizlik ve verimsizliğinden bunalan köylüler böyle bir istirahati sevinçle karşılarlar! Fakat iki üç sene hapis cezası yemiş bir adam, şayet malûl değilse, öyle kendi ayağıyla gidip zindanın kapısını vurmak da istemeyeceği şüphesizidir; hele cebinde biraz parası da olunca. Ya yüz binlerce frank dolandıran veya çalan ve fakat jürinin aldığı kararla (nasıl iki İtalya'da sık sık görülmektedir) sadece hapisle mahkûm edilmiş büyük dolandırıcılara, hırsızlara ne diyeceğiz? Bunlara tahkikat esnasında serbesti tanınmasının hikmeti nedir, acaba? Temyiz safhasında da serbesttirler? Acaba, hükümleri kesinleşince, bu gaddarlar kendi ayaklarıyla hapishanenin yolunu tutacaklar mıdır? Kanuna baş eğmek fazileti bu zalim kafalarda bulunabilecek mi? Yoksa çaldıkları muazzam paradan bir kısmiyle takibatla alay etmeye gayret etmeyecekler midir? Adlarını istedikleri gibi değiştirerek, sessiz ve huzurlu bir hayat içinde, etrafın derin tazim histeriyle pâyidar olmanın yolunu bulamayacaklar mıdır?

Kısacası, bize göre, bu geçici serbesti, ceza mevzuatımızın en kötüsü, en zararlısıdır ve cezalandırmanın asıl maksadından fersah fersah uzakta bulunuyor; adaleti süsleyen ciddiyet örtüsünü kaldırmakta, mahkemeleri komedi sahnesi, bir kuru resim sergisi hâline sokmakta, suçlu alemini cesaretlendirmekte, saldırıya uğrayan tarafla şahitlerin cesaretini kırmakta, devlet polisinin saygınlığını sıkıntıya uğratmaktadır.

Muhakeme sonunda sanığın mahkûmiyetine hükmedilince, tuhaflık büsbütün ortaya çıkar; hele mahkûmun istinaf talebi de reddedilince, bu defa da zaman kazanmak için temyiz mahkemesine başvurur ve böylece adlî sapma tamamlanmış olur. Demek ki bizim bu eserde uyguladığımız ceza usul sistemiyle, yürürlükte sistem birbirine külliyen zıt bulunmaktadır. Açıkladığımız gibi, tahkikatla vazifelendirilmiş adalet otoritelerinin elindeki deliller gayrikâfi olması hâli müstesna olmak üzere, tahkikat esnasında sanığın mevkuf tutulması zorunludur. Şayet sanığın akıbeti olan ceza sadece bir tazminden ibaret olacaksa, bu takdirde, zarar ziyanı karşılayacak nakdî bir teminat karşılığında sanık serbest bırakılabilecektir.

Fakat suçlunun toplum hayatında tasfiyesi ihtimali varsa, bütün teminat ve kefaletler faydasız olur; çünkü topluma asıl lazım olan şey, kendisi için zararlı bir unsur teşkil eden bu kimseyi izale etmektir.

Ender olan, haksız tutuklamalara gelince, sanığın masumiyeti tamamen ispat edilebilirse, zevahirin gafletine kurban edilmiş olan bu temiz vatandaş için, adaletten tazminat isteyenlerin safına katılmaktan zerre kadar tereddüde düşmeyeceğim. Bir kere bu hak teslim edilmiş olunca, artık birkaç kere gerçekleşecek bu gibi adlî hatalar için feryatlara da gerek kalmayacaktır. Çünkü bir kere ortada, tamiri mümkün olmayan ve tahammülsüz bir felaket mevcut değildir; şerefli bir adamdan bir zaman için şüphe edilmişse, zararı ve şerefi kendisine iade edilmek suretiyle şeamet izale edilmiş olacaktır. Bundan başka, bu adlî hatanın asıl müsebbibi özellikle bizzat sanığın kendisidir ya da hafif meşrep hâli, şüphe verici garip tavır ve hareketleri ya da kötü kişilerle düşüp kalkışı müsebbiptir. Bununla birlikte, kusurun poliste oluşu durumu pek enderdir. Şu hâlde, tutuklanmış bir masuma verilecek tazminat, şüpheleri üzerinde toplayan ondaki kusurların derecesine nispet edilerek verilmesi âdilâne olacaktır.

İşte asık anlaşılmayan cihet, tamir ve telâfisi pek kolay olan bu birkaç münferit olayı ele alarak, tutuklama müessesesini yıkmak ve bu sayede de sayısız suçluların serbest dolaşıp çalım satmalarını ve cezasız kalmalarını arzulamak, bu tahassürle yanmaktır.

Biraz da ceza muhakemeleri usulünden bahsedelim. Ceza muhakeme usulü cihazına verilmiş tamamen kazai özellik, cezai ve medeni hukuk mevzuatının muhakeme tarzlarında yapay ve görünürde bir benzeyiş meydana getirmiş bulunuyor. Medeni hukuk sahasında bir müddei bir de müddeialeyh vardır. Ceza hukuku sahasında ise, müddeinin yerini müddeiumumi işgal etmekte ve alacaklı sayılmaktadır; o, borçlunun ceza çekerek borcunu ödemesini ister. Hâkimin vazifesi bu alacağın sıhhatini hüküm altına almaktır. Hüküm ise, hangi müeyyideler altında o bireyin topluma borcunu eda edebileceğini, yani topluma olan borcunun mahiyetini tayin eder.

Kısa görüşlü terakkiperverlere göre ise, itham sistemi "*système d'accusation*" dünyada mevcut en ulvî sistem olup, hatta bu sistemi hitabetin parlak kılıcıyla da silahlandırmak ve böylece en vahşî Orta Çağ asırlarından kalma soruşturma ve tahkikat sistemi "*système d'enquête*" muhakeme tarzına ağır bir darbe indirerek zafere kavuşulmalıdır. Bir müellifin gayet haklı olarak dediği gibi: "İtham sisteminin tabiatında bir aykırılık, bir ikilik mücadelesi mevcuttur; Öyle bir aykırılık ki mücadele edilen, arz olunan şey ne kanaatin kendisi, ne de hakikatin zafere ulaştırılmasıdır. Ortada bir masumun veya suçlunun olup olmadığı endişesi de yoktur; bütün istenen şey, hasmın mağlûp olması, yere serilmesidir. Eski ve ilkel bir düellonun bütün sahnelerini yaşıyor gibiyiz; mağlubiyet teminatının yerini nakdi kefalet, mütealanın yerini itham makamı, eşraf ve erkânın yerini de söz kavgaları almış... Bütün bu şeylerin verdiği his, ortada toplumsal bir işin hallinden ziyade, şahsi ve özel bir meselenin halline gayret edildiğidir. Orta Çağ'da kilise müessesesi tarafından meydana getirilen ve Louis XII tarafından Fransa'ya kabul ettirilen anket sisteminin, ceza tahkikatı sahasında büyük bir ileri adım olduğu inkâr edilemez; zira, bu sayede ceza adaletinin, ceza usul muhakemelerinin hakiki hedefine gidilmek istenmiş, yani metoda ehemmiyet ve kıymet verilmiştir."[78]

Hiç şüphesiz bu sistemi, bilhassa siyasi davalarda, çok suiistimal ettiler; bu sebeple itham edilenin hukukunu teminat altına almaları ve hâkimlerin de otoritelerine hudutlar vazetmeleri lazım gelirdi. Hâlbuki onlar bunun yerine, garip bir teşkilat olan jüriyi tesis ederek ve murafaalara hitabetin ehemmiyet hudutlarını abartılı bir tarzda genişleterek, eskinin metruk itham sistemine avdet ettiler.

Ne yazık! En müessir ve emin deliller, sıhhatli resmî vesikalar, en az şüphe edilecek şahadetler, evet suç dosyasını teşkil eden bütün her şey, mahir bir avukatın jüriler üzerinde oynadığı hâkimiyet sayesinde, bir anda eriyip silinir. Bütün dünya âlem artık şuna emindir ki maharetli avukatların hitabetleri sayesinde, cinayet mahkemelerinde görülen davaların kaderi daima tesadüfi bir hükme bağlı bulunmak olmuştur. Böyle olmasına ve efkârı umumiye,[79] hiç olmazsa İtalya'da, açıkça bu müessesenin aleyhinde bulunmasına rağmen ilgası için parlâmentoda çınlamış bir tek seda dahi işitmedik.

Bu müessesenin bir milletin siyasi hürriyetinden ayrılamayacağı mülâhazasına gelince, bu düşünce belki İngiltere için doğru olabilir; zira orada tamamen mahallî olan bu müessese örf ve âdet hâlini almış bulunmaktadır. Fakat jüri müessesesi hakkında müşterek bir kanaat ve düşünceye sahip olmayan ve adaleti sadece hâkimler eliyle dağıtmayı âdet etmiş memleketlerde bu iddia hiç

---

78 P. Ellero, *Delle Origini storiche del diritto di punire*, Bologna, s. 18. Keza Summer Maine, *L'ancien droit*, fasıl: X.

79 Mesela, M. Tarde. İtalyan pozitivistlerini medih ve sena eder ve bu muhteşem surette bayağı müessesenin onlarca alayların en acısına müstahak tutulmasını tasvip eder.
Tarde, "Positivisme et pénalité", les archives de l'Anthropologie criminelle, Paris - Lyon, 1887.- yn.

de haklı ve doğru değildir. Bundan başka, İngiltere'de, halkın suçluyla olan müsamahasızlığı, hele kanunları hiçe sayanlara olan derin öfkeyi dahi **jüri** müessesesinin orada payidar olmasını mümkün kılabilir. Bu memleketteki jüri cihazının diğer bütün Avrupa memleketlerindekinden farklı olduğunu da ilâve etmemiz lazımdır. Orada jüri, ancak sanık, tam masumiyetini müdafaa ettiği ya da aleyhindeki delillerin sadece birer emareden ibaret olduğu zamanlar vazifeye çağırılır. - Ayrıca orada jüri heyeti hükmünü ittifakla ittihaza mecburdur; bu hâl, bir tek akıllıca muhakeme yürüten jürinin ekseriyeti teşkil eden diğer bütün cahil jürilerin alacağı kararı imha edebilmesini sağlar; çünkü, bu takdirde yeniden teşkil edilecek başka bir jürinin karar vermesi zarureti konmuştur. Ve nihayet orada jüri üyelerinden hiçbiri muhakemenin başladığı andan itibaren karara kadar mahkemeden ayrılamaz; hariçle hiçbir temasa geçemez ve bu suretle de herhangi bir tesir ve nüfuza maruz kalmamış olur; hâlbuki bizim memlekette jüriler muhakemenin devamı esnasında, yani başka başka günlerdeki her celse sonunda -bazen on iki celse sürebilir- evine gelir, lokantaya gider ve üzerlerinde tesir ve nüfuz için her çeşit suiistimallere aşikâr olarak teşebbüs edilir.

Jürilerin sebebiyet verdikleri en büyük adaletsizliklerin en mühim sebebi, onların gerek kanun metinlerinin anlam ve delillerine nüfuz etmekte, cehaletleri dolayısıyla, gösterdikleri aciz ve yine bu cehalet sebebiyle kendilerine yöneltilen bazen pek çok soruların arasında ihdası zorunlu rabıtaları idrak ve takdir edememeleridir. Yine burada da İngiliz jüri müessesesinin bariz bir farkı daha vardır ki o da umumiyetle onlara, sanığın sadece suçluluğu hakkında iki basit kelime sorulmasıdır: "*Guilty or not guilty*?". Keza adaleti saptırmalarının diğer bir sebebi de gerek beceriksizlikleri ya da karine, delil ve vesaiki zahmetli bir zihin yorgunluğuyla tahlil ve tadil etmek kuvvetinden mahrumiyetleridir. Bazen da jüriler, hükümete muhalefet eden suçlunun suçluluğuna karar verirler; nitekim bu hâle İtalya'da çok rastlanır; devlet hazinesinden yapılan hırsızlıklarda, maliye nazırını kudurtmak için suçlunun beraat ettirildiği ekseriyetle vakidir! Küçük şehirlerin ağır ceza mahkemelerinde jüriler muhtelif mahallerden gelmektedirler; aynı otelde kalırlar. "Meşhur bir hatip, mesela halkın sevgisini kazanmış mebus bir avukat suçlunun müdafaasını üzerine aldığı zaman, jüriler, hatta en uyanık ve namusluları dâhil sanatın cazibesine esir olurlar. Daha davanın ve müdafaanın aslına nüfuz etmeden, hatta daha düşünmeye dahi vakit bulamadan, müdafinin maharet ve değerine derin bir hürmet hissiyle meftun kalırlar. Böylece, asıl dava unutulur, ve tıpkı sahnedeki muvaffak aktör nasıl alkışlarla göklere çıkarılırsa, onlar da bu işi sessiz sedasız, ama vardıkları hükümle avukatı alkışlarlar, tahsin ve tebrik ederler; hâlbuki onların asıl vazifeleri görülen davanın hakikatini aramak, sanığı muhakeme etmekti; ama bunu yapmış olsalardı, temaşayı seyre gelenlerden daha az hürmet ve alâka göreceklerdi." [80]

Bunun içindir ki hemen özellikle, avukatlar jürilerin zihinlerinde teşevvüş yaratmak, en aşikâr hakikatleri şüphe bulutlarıyla karartmak için bütün hünerlerini gösterirler. Hatta bazen tamamen hayal mahsulü olaylar öne sürmekten de çekinmezler. Bundan başka, İngiltere'de olduğu gibi, bizde avukatların teheyyüç oyunlarına rağbet etmeleri, suçluluk ya da ailesinin akıbetine jürilerin merhametini çekmeleri de menedilmemiştir. Bununla birlikte, ne zamandır metruk bir hâlde bırakılmış olmasına rağmen, mahkûm edilecek suçlunun bahtsız karısı veya çocuklarının düşecekleri sefalet girdabının tasvirini yapmakta avukata geniş hudutlar tanınmıştır; kim bilir belki de bu kadın veya çocuklar dünyada hiç yaşamamışlar, tamamen uydurulmuşlar! Jüriler gaflet ve basitliklerinin kurbanı olmuş, boyunları bükülmüş annesinin ıstıraptan delirdiğini ve ölüm döşeğinde can çekiştiğini söylediği hâlde, kadıncağızın her şeyden bihaber neşe ve saadet içinde ömür sürdüğünü, hatta uzun yıllardan beri bu haylaz ve azgın evlâdından alâkasını tamamen kesmiş olduğunu hiç bilemezsiniz! Mahir müdafinin gözleri yaşla dolmuştur, kollarını ümitsizlik ve

---

[80] Turiello, *Governo e Governati*, Fasıl: III, Bologne, 1882.

endişe ile göğsünde kenetlemiştir; mahkeme reisi mütebessimdir, ama ne yazık! Jüriler gaflet ve basitliklerinin kurbanı olmuş, boyunları bükülmüştür; bir oyunun bütün maskaralıkları hünerle oynanmış ve işte nihayet dava kazanılmıştır, rabbim!

Ne yazık, hepsi bu kadar değil ki! Fikri yetersizlik, tahlil kudretsizliği ya da o an maruz kalınan zihnî karışıklık ve heyecan yüzünden verilen binlerce adaletsiz kararların yanında, daha başka sebeplerin kurbanı, kin ve garezin, intikamın, korkunun ve nihayet itma edilmenin de güçsüzlüğüne karar dahi verilir!

Napoli'de, mesela, Camorrist[81] tedhişçilerinin suçlulukları hakkında hiçbir jüriden müspet karar almak imkânı olmamıştır! İspanya'da, 1873-1875 yıllarında, öyle taşra şehirleri vardı ki hatta en hunhar suçların faillerini bile, bu adaletsiz müessese suçlu addetmemiştir.[82] Sicilya'da jüri daima Mafia'dan[83] çekinmiş, ona itaat etmiştir. Romanya'da, hükümete beslenen kin yüzünden jandarmalar aleyhine işlenen cinayetler daima beraatle neticelenmiştir. Ve nihayet, hemen her yerde sahtekârların ya da kalpazanların ve hileli müflislerin, sırf zenginlikleri yüzünden özellikle beraate kavuştukları ve her şeye kadir olan altınla satın alınan adaletsizliğin kamu efkârını darmadağın hâle soktuğu da inkâr edilmez bir olgudur.

Şüphe yoktur ki daimî hâkimler her zaman için eğilmez insanlar değildirler; onların da korku ve nüfuzun tesirlerine mukavemetsiz oldukları vakidir. Ama böyle olsa da onların müdafaaya mecbur oldukları bir unvanları, muhafazaya dikkat ettikleri şerefli bir meslekleri vardır. Hesap ve zaruret, onlara cesaret ve metanet verir; çünkü ufak bir şüphe bütün bu varlıklarını ellerinden almaya kâfidir. İşte bundan dolayıdır ki jürilerin hemen her gün

---

81 Camorra adı, Bourbons monarşisinin son devirlerinde Napoli Kraliyeti içinde teşekkül eden haydutlar çetesine mensup olanlara verilmiştir.

82 M. Manuel - Silvela, *Le jury criminel en Espagne*, Montpellier, 1884, s. 41-42.

83 Napoli'deki Camorra'ya muadil Sicilya'da teşekkül eden suçlu ve dolandırıcı topluluğu; bu cemiyet hemen bütün İtalya yarımadasına yayılmıştır.

karıştıkları rezalet sahnelerinde resmî hâkimleri ancak pek ender görebiliriz.

Zamanımızda öyle eyaletler vardır ki jürilerin kendilerine göre birer rüşvet tarifeleri mevcuttur; beraat veya tahfif sebepleri isteğine göre, ücret alırlar. Bir Sicilyalı jüri bir mebusa, bir kısım davanın kendilerine getirilmemiş olmasından şikâyet etmiştir.[84] Zengin mücrimlerin beraat ettikleri hâlde, fakir suç şeriklerinin hüküm giydikleri ekseriyetle görülegelmiştir: Kan gütmenin revaçta olduğu Güney İtalya'da, bazen zenginler tarafından işlenen bu cinayetlerin beraatle neticeleneceklerini halk sezer ve bu duygusunda pek az aldanır. "16 Aralık 1879'da, halk bir beraat hükmü bekliyordu; muhakeme edilen kadın sevgilisiyle birlikte kocasını boğazından kesip onu canavarca öldürmüşlerdi ve her ikisi de cinayeti itiraf etmiş bulunuyorlardı. Çünkü bir otelde mükellef bir ziyafet tertip olunmuş ve orada sanıklarla şahitlerin ve jürilerin diz dize oturup karınlarını keyifle şişirdiklerini görmüşlerdi."[85]

Fakat ben misaller vermek zorunda olduğumu hissetmiyorum; zira, binlercesine sahip olduğumdan bunları toplamak için ciltler ister. Şüphesiz bazen doğru ve adaletli kararlar verdikleri de oluyor; fakat heyhat! Asıl kural olması lazım gelen şey, ancak istisnaî misalleri teşkil edebiliyor; hatta öyle ki en açık ve kesin delillerle işlendiği belli, kanlı cinayetlerin azılı faillerinin beraat etmeleri endişesi umumidir. Hata, bilgisizlik ve tecrübesizliğin kurbanı olacak adalet için de kalpler korkularla dolup taşmaktadır. Bütün bu hâller, jürilerin doğruluk, aklî güç ve metanetlerine en küçük bir emniyet duyulmadığını ispat eder! Şimdi, bu emniyetsizliğin doğal neticesi olarak suçlunun cezasız kalması ihtimalini doğurmaz mı ve bu ihtimalin mevcudiyeti kötü ruhların cesaretini arttırmaz mı?

---

84 *Relazione deila Giunta parlamentare per l'inchiesta stille condi- zioni della Sicilia, Roma*, 1876.

85 Turiello, *Governo e Governati*, s. 338.

Jürilerin gayrimeşru vasıtalarla kazanılmadığı hâllerde ise başka engeller vardır: Mahkeme reisi, muhakemenin neticesine kadar büyük bir sabır ve dirayetle bu heyetlere nezaret etmeye, soracağı sorulara ait tabirleri en sarih ve açık şekilde, bütün teferruat ve şümulleriyle tafsil ve izaha mecburdur; bu hâllerde, özellikle makul ve âdil bir karar istihsali mümkündür. Fakat böyle bir suç muhakemesi için beşer kuvvetinin fevkinde, tabir caizse Hercule kudreti ister! Bu takdirde bir İtalyan hukukçunun ifadesini tekrarlamak lazımdır: "Bu hâkimin nasıl harika bir bünyesi olmalı ki jürilerin kötü bir yola girmemeleri, sağa sola kayıp eğilmemeleri, türlü cazibe ve iğvaların sihrine kapılmamalarını ve nihayet gülünç duruma yuvarlanmamaları için ne muazzam bir zaman kaybına, ne büyük bir nezarete, ne feragatli bir mahpusiyete, ne feyizli ve zahmetli bir tedris ve telkine tahammül edebilsin?"[86]

Diğer yandan, jüri müessesesinin vatandaşların yetişmeleri için mükemmel bir okul olduğu iddia edilmiş bulunuyor. Lakin, ben bunun cevabını D. Manuel Silvela'nın İspanya jürileri hakkında, irat ettiği meşhur nefis nutkuyla vereceğim: "Haydi itiraf edilsin ki jüri müessesesi vatandaşlar için büyük bir okuldur; ama bu, kendi inkişafını, kendi itilâsını, kendi mükemmeliyetini zaman zaman aldanmış duruma düşmek suretiyle, temin ettiğinin de itirafı demek değil midir? Bu nasıl bir itiraftır ki mahiyetini söylediğimiz böyle bir okulun varlığı dolayısıyla, vatandaşlar adaletten faydalanmak ve onu yükseltmek maharet ve bilgisine sahip olmak için, adalet mabedi dururken, bu vatandaş okulu dedikleri müesseseye başvuruyorlar? Acaba, bazı defalar masumları haksız yere mahkûm ederlerken jüri olan bu vatandaşlar feyiz mi alıyorlar? Bu takdirde sanıklara Allah acımalıdır! Acaba kanunları fütur getirmeden çiğneyen bedhahları, jüriler tarafından faziletsizlikleri veya basiretsizlikleri yüzünden beraate kavuşturmasını

---

86 Pavia, "Studii sulla criminalita italiana nel 1881", l'Archivio di Psi- chiatria, Scienze penali, cilt: IV, fasikül: 1, Torino.

yavaş yavaş öğrenerek mi vatandaşlar feyiz alacaklardır? Bu takdirde de toplumu Allah korusun!"

Ve nihayet, jüri kurumunun otoritenin suiistimallerine karşı vatandaşlara bir teminat olduğu yolundaki mülâhazayı gözden geçirmek kalıyor. Bu fikir, siyasî suçlar için varit görülebilirse de, adî suçlar için ciddiyetten tamamen uzak bulunmaktadır. Bir adliye nazırının, hakiki hırsızlar, kundakçılar ve katiller ortadayken, namuslu insanları mahkûm/ ettirmek ihtirasıyla hâkimlerin arkasından koşacağını kabul etmek için fikri beşeri bir hayli zorlamak, oldukça zengin tasavvurlara girişmek gerekir! Hatta en azılı düşmanların mevcudiyetine rağmen, hiçbir hükümet böyle bir yola başvurmamıştır. Zorba hükümetlerde, bazen gayretkeş polis teşkilatları tarafından icat edilmiş bazı siyasî suçlarla masum insanların tahtı muhakemeye alındıkları vakidir; ama vatandaşların otorite tarafından, küçük düşürücü suçlarla iftiraya uğradıkları görülmemiştir. Acaba muasır devlet teşkilatında, hükümet böyle utandırıcı bir vasıtaya başvuracak ve akabinde de bu şeamet halk tarafından meydana çıkarılacak olsa, akıbet ne olurdu? Fakat bir an için, evet bu inanılmaz derecede garip faraziyenin mümkün olduğu bir an için kabul edilsin; şimdi hükümetin bu on iki kişilik jüriyi, hatta hâkimlerden daha kolay olarak, elde edemeyeceğine inanılabilir mi? Siyasî suçlara ait jüri müessesesinin tarihi bize aksini ispat eder. İngiltere'de XVI. ve XVII. asırlarda, Fransa'da İhtilal ve Restauration devirlerinde jüriler iktidarın sadık birer kölesinden başka bir şey değildiler; bütün zulümlerin, taç ve tahtın olduğu kadar avam takımının da emir kulluğunu yapmıştır.[87]

Jüri müessesesinin kaldırılmasını isterken, bütün bilimsel dayanakları, esas itibarıyla, Digeste'in kurallarından ibaret hâkimlerin tekrar payidar olmasını asla düşünmüyoruz; şüphesiz bu kurallar medeni hukuk sahasında pek makbul esaslar ise de ceza hukuku sahasında, suçlunun muhakeme ve onu sınıflandırma bahsinde tamamen yetkisiz ve değersizdir. Zamanımızın

---

[87] De Novellis, *Il giuri*, Napoli, 1885.

hâkimleri, hükümet memurları arasında belki de vazifelerini görmeye en az ehil kimselerdir. İnsanoğlunun dışında etütlerini yapmak itiyatları sebebiyle, bütün gayret ve meşguliyetleri formüller meydana getirmeye inhisar eder. Çünkü medeni hukuk, bireyin fiziksel ve ahlaki hususiyetlerine tamamen ilgisizdir. Bir alacaklının faziletli veya kötü ruhlu oluşu, o alacağın muteber oluşuna etkili değildir. Hukukun bu mücerret vasfı, amacı toplumsal afet olan suçlulukla mücadele olan ceza ilmine pek yabancıdır. Aralarında müşterek rabıtaları pek nadir olan her iki iklim, bizim için tamamen farklı bulunmaktadır. Öyleyse, birbirine tam surette yabancı her iki kamu hizmetini aynı memurlara niçin gördürmeli? Bir ceza davasını görmeye çağırılan bir hukuk mahkemesi hâkimi bütün itiyatlarını muhafaza eder; dikkat nazarını çeken şey muhakeme edeceği kimse değildir, onun kafasını meşgul eden fiilin kanunî tarifi, onun anasırıdır. O ancak kanunun menfaatini düşünür, onu ister; toplumun menfaati ona, meçhuldür. Cezayı uygulamak için giriştiği pratikle hemen hemen mekanikleşmiştir. Kendisine asıl yardımcı olan hesap ilmidir. Bütün hafifletici ve ağırlaştırıcı sebepleri birer birer gösterir, cezalarını önce toplar, sonra birbirinden tarh eder ve nihayet hazırlanmış ceza tarifesini bulur ve uygular; zaten ceza kanununda bu hususlarda tafsilât, emsal pek çoktur; çünkü yeni bir fiilin mahiyet ve bünyesini araştırmak zahmetine de katlanmaya mahal yoktur; herhangi bir mahkemenin mevcut bir içtihadı yeter de artar bile! Sonra, bu hâkim için verdiği cezanın bir şeye yaramış olup olmaması da anlamsızdır; ceza cezadır işte, gerisi onu ilgilendirmez! Yok her şahsın ahlaki ve fizikî yapısına göre ceza verilecekmiş, yok her suçlu üzerinde ayrı tetkikler yapıp ona göre hükmedilecek cezanın türü tayin edilecekmiş, bütün bunlardan ona ne? O, bunları bilmez ve öğrenmeyi de istemez bile!

Esas itibarıyla ruhsal bakış açısından suçluları sınıflandırma metoduna dayanan ceza ilmine dair yeni kuramımız, doğal olarak hukuk hâkimleriyle ceza hâkimleri arasında pek derin bir ayrım yapar.

Ceza hâkimleri için emin ilmi mehazlar, bilhassa istatistik, ceza infaz sistemi tetkikleri, antropoloji ve suçluların psikolojisi ilimleridir. Bu sebeple, bu sınıf hâkimlerin baştanbaşa hukuk hâkimlerinden ayrı bir memuriyet mesleği nizamına tabi tutulmaları gerekir. Doğrusu, bu iki sınıf hâkimlik mesleği arasındaki benzeyiş sadece görünüşedir ve bir memuriyetin hakiki karakterini ayırt etmek için bu gibi benzeyişlerden hiçbir suretle istifade edilemez.

III

Suç ve cezada zamanaşımı; kanunun suçlulara bahşettiği diğer bir hayırhahlık. - Bunu kabul edebileceğimiz yegâne hâl.

Ceza kanununun suçluya yönelttiği diğer bir lütuf daha vardır ki o da ceza davası zamanaşımıdır. Medeni hukuk sahasında bu müessesenin varlığı sebebi anlaşılıyor; bir hakkın belli bir zaman zarfında istihsaline kıyam edilmemesi hâli, bu haktan vazgeçilmiş olmasına zımnî bir işaret teşkil etmekte ve artık bu feragatin, hüsnüniyetle istimal edilen yeni hakları ihlal edemeyeceği zaruretini tevlit eylemektedir. Fakat ortada bir suçlu varsa ve bu kötü insan belli bir zaman zarfında polisten gizlenme maharetiyle yakayı ele vermemişse, acaba artık ihlal edilmesi caiz olmayan yeni bir hak karşısında sayılacak mıyız?

Hâlbuki bütün ceza kanunları, suçları ağırlıklarına göre üç dereceye ayırmışlar ve bu derecelerin ağırlıklarına göre de kamu davası için beş, on ve yirmi senelik zamanaşımı süreleri kabul etmişlerdir. Burada, ceza kanunlarının suçluyu topluma karşı nasıl himayeye çabaladığını apaçık görüyorsunuz! Mahir bir dolandırıcı ismini değiştiriyor, başka bir şehre giderek sanatını icraya devam ediyor; nihayet, yakalanıyor, ama işlediği ilk suçun üzerinden beş sene geçmiştir; şimdi, ancak son suçları için hesap verebilecektir! Ve şayet bu son suçlar için de yeterli derecede delil bulunamıyorsa, işte kanun sayesinde bu hakiki dolandırıcı şeref ve itibarından hiçbir şey kaybetmiş olmaz, göğsünü gere gere aramızda dolaşır!

Acaba bu mülâhazalarımızla hiçbir zamanaşımı tanımadığımızı mı iddia ediyoruz? Hayır, böyle bir hataya sürüklenemeyiz. Doğrusu biz, bazı hâllerde, yani suçlunun kendiliğinden nefsini ıslah ettiği, toplumsal hayata intibak kabiliyetini kurmaya muvaffak olduğu yeni hayat ve faaliyet kudretiyle bizzat ispat ettiği, şeraiti mevcut olsa da artık yeni bir suç işlemeyeceği kanaatini kuvvetle telkin ettiği hâllerde zamanaşımını makbul ve meşru görmekteyiz. Mesela işsizlikten doğma fakirlik, mülkiyet aleyhine işlenmiş bir suçun saiki olmuş ve fail de bütün araştırmalara rağmen ancak beş sene ya da on sene sonra yakalanabilmiş ve *Sefiller*'deki Valjean gibi ruhen değişip yükseldiği iş hayatında da muvaffak olmuş herkes için namuslu ve şerefli bir şahsiyet hâlini almışsa-evet binde bir olasılıkla-, artık kanunun biçtiği ceza zorunlu olmaktan çıkar, gaddarlık olur; bu takdirde suçludan istenebilecek tek şey sadece suçlunun yaptığı hasarı tazminden ibarettir. Aynı şeyler diğer bazı suçlar için de söylenebilir, yaralamalar, ar ve haya duygularına vaki saldırılar gibi. Bu tür suçlardan tek birinin faili, aradan uzun zaman geçtiği hâlde, yeniden işlemeyeceğini hem tavır ve hareketleri hem de olgunlaşmış yaşı garanti ediyorsa zamanaşımı hesaplanabilecektir. Keza, failleri içgüdüsel suçlular sınıfından olmayan ve evvelce ayırt ettiğimiz sınıflardan birine dâhil olabilen suçlular için de zamanaşımı uygulanabilir. (Bkz: 2. kısım, 1. fasıl) Bundan başka, tekerrürün zamanaşımını keseceği bazı milletlerin mevzuatı tarafından kabul edilmiş bulunuyor. Bununla birlikte, bu prensiple amel etmek, daha doğrusu bu prensibin telkin ettiği fikrin faydalarına nail olmak için failin henüz hiçbir suçundan ceza giymediği hâllerde, negatif elemanın (yeni bir suçun olduğu) yerine pozitif eleman (suçlunun ıslahı hâl ettiğine, moral hâllerinde bir değişme olduğuna dair ispat delili) ikame eylemek zaruretindeyiz. Bu esas kabul edildikten sonra, artık moral bozuklukları asla deva kabul etmeyen içgüdüsel suçlular hakkında belli bir zaman zarfında zamanaşımı işlemesine doğal olarak engel olunmuş olur. Hem de bu sayede suçluların, işledikleri suçtan sonra sırf birkaç sene kendilerini gizleyebilmek hünerini gösterdiler diye adaletin âciz kalmasının, kan akıttıkları meydanlarda yüzsüzce ve küstahça çalım satmalarının önüne geçilmiş olur.

Buna benzeyen mülâhazalarla diğer meselenin hallini de imkân dâhiline sokabiliriz: Ceza zamanaşımı; bu müesseseyi bazı ceza kanunları kabul, diğer bazıları ise reddetmektedir. Pozitivist ekol bu hususta mutlak bir kaide asla kabul edemez; o, her olayı toplumun müdafaası zaviyesinden görmek ister. O da geçen zamanın o mahkûmda bir moral tahavvül yapıp yapmadığı, toplum içinde yaşama kabiliyetini kazanıp kazanmadığı ve topluma faydalı bir unsur hâline gelip gelmediğine bağlıdır. Doğrusu, bu takdirde cezanın artık amacı kalmamış olur. Böylece, geçmişteki tavrı hareketlerinin düzeltilmesi mümkün olmadığı teşhisi konan bedbahtlar için de hiçbir ceza zamanaşımı düşünülemeyeceği kaidesi de zorunlu olur.

IV

Cumhurbaşkanı affı (özel af). - Modern bir devlette bu affın anlamı. - Bu affın bir mağfiret ya da cömertlik ve alicenaplık eseri olmasının gülünçlüğü. - Kral Oscar'ın asil sözleri.

Suçluları himaye amacıyla devletin kullandığı diğer bir vasıta da özel aftır. Hâlbuki, bu öyle bir alicenaplıktır ki ancak hükümetin menetmiş olduğu ve ancak bu şekilde suç sayılabilen fiiller için caiz olabilir: siyasi, mali ya da idari suçlar için bu cömertlik meşru olabilir. Fakat bizzat hükümetin menetmiş olmadığı, sadece toplumsal düzene ait olan doğal kanunlar tarafından emredilenlerin af ve mağfiretlerinin, bu kanunların müdafii mevkiinde olan hükümete tanınmış bir hak olduğunu nasıl kabul edebileceğiz?

Hukuku umumiye suçları için bütün bir sınıf mahkûmlara özgü özel affa gelince: "Dün ve yarın için suç olan, sadece bugün için değildir." demek kadar anlamsız bir şey olamaz. Doğrusu özel af, bizzat suçluluğu dahi ortadan kaldırmaktadır. Fakat bu oldukça komik formül bütün sabıka kayıtlarını bilebilmekte, bütün kötülük izlerini kazımakta ve hükümet böyle istedi diye bütün sabıkalıları kar gibi beyaza çıkarabilmektedir! Çok şükür ki ilmin nuru ile çok aydınlanmış bir kısım devletler özel aftan pek az istifade etmektedirler; bu da bize, istikbal için bu müessesenin büsbütün terk edileceği ümidini ilham eylemektedir. Fakat özel af için durum başkadır; buradaki af, toplu olmayıp münferittir ve bağlayan cezayı hedef tutmaktadır. Bu hukuk müessesesi bütün cumhuriyetlerde olduğu kadar kraliyetle idare edilen devletlerde de mevcuttur. Ancak cumhuriyet idarelerinde bu affın sebebinin, daha ziyade çok vahim hükümlerde, jürinin yanılabildiği ya da çok şiddetli davrandığı izlemini uyandırdığı hâllerde, devlet başkanının iade-i muhakemeye imkân verebilmesi olduğu hissedilmektedir. Bu takdir ile özel affın muhafazası mümkündür, çünkü bu ancak adaletin bir cihazını ilgilendirmekte ve pek önemli durumlarda faydalar meydana getirmektedir.

Asıl izahı güç olan konu, bu af müessesesinin uygulandığı bir kısım devletlerde, bu his ve anlama yer verilmeyip hâlâ eski devir anlayışlarının pâyidar olmasıdır, evet "bu memleketlerde af, bir mağfiret ve merhamet işareti, bir cömertlik ve alicenaplık hareketi, intikam duygularından bir sıyrılış ve kurtuluş hamlesi gibi bakılmaktadır; hâlbuki bu telâkkilerden hiçbiri cezanın amacıyla uzlaşamaz, çünkü ceza hiçbir zaman bir intikam vasıtası değildir; cezanın tek amacı ancak suçluluğu azaltmak, onu yenmektir.

Hükümet, affa nail kıldığı suçlunun yeni suçlarından sorumlu olmalıdır. Hiç olmazsa meydana gelen zarar ziyanları sinesine çekmelidir; zira bu yersiz af olmasaydı, bu suç da işlenemeyecekti. Ancak farz edelim ki hükümet, bu tazminatı kabul etmek istiyor;

şimdi işlenen yeni bir cinayeti nasıl tazmin edebilecektir? Doğrusu, affa nail olan canilerin bazı gardiyanları, jandarmaları veya hapishanede dalaştıkları diğer mahkûmlardan bazılarını ilk fırsatta öldürdükleri nadirattan değildir.

Bununla beraber diğer bazı devletler daha vardır ki Belçika ve İtalya gibi, buralarda hükümet hükmedilen ölüm cezalarının infazına asla izin vermemektedir. Doğrusu Belçika'da 1863 ve İtalya'da 1876'dan beri ölüm cezası infaz edilmemiştir. Buna karşılık İsveç Kralı Oscar, böyle bir salâhiyeti tasvip etmemiştir; 1875'te sirkat saikiyle cinayet işlemiş iki idam mahkûmunun af taleplerini reddetmiş ve böyle bir talebin tervici hâlinde, bunun kanunla kabul edilmiş ölüm cezasının yürürlükten kaldırılmış olacağı anlamı çıkacağını ifade etmiştir. "Zira" diye ilâve etmiştir, "gerek adalet ve gerek ölüm cezasının umumiyetle meşruiyeti hakkındaki düşüncelerimden müstakil olarak diyeceğim ki böyle bir durumda, af salâhiyetini kullanmakla, parlâmento ile kralın mutabık kalarak neşir ve ilân ettikleri bir kanunu yürürlükten kaldırmış olurum ki bunu asla yapamam."[88]

Bu asil sözlere hiçbir şey ilâve etmeyeceğiz. Hakikat şudur ki birçok büyük düşünürün, Rousseau, Beccaria, Filangieri gibi ret ve cerh ettikleri af hakkı, nazariyatımızla asla uygun düşmez. Bizim için, ceza muhakemeleri suçlunun tipini tespit ve onu sınıfına ayırmak; ceza ise, belirli hâllerde toplumun beka ve müdafaasını temin vasıtasından ibarettir.

Öyleyse, kamuoyu bir mahkûmun masumiyetine inanıyorsa, iadei muhakemesi ister adalet cihazının yüksek bir mahkemesinde, ister bizzat devlet reisi huzurunda görülmek istensin, özel af hukukunu kullanmak gayet âdilâne olacaktır; hatta ceza aşırı derecede şiddetli görüldüğü takdirde muhakemenin yeniden görülmesi, asıl adaleti ve faydayı temin edebilecektir. Fakat asıl müşkül olan konu, toplumun bizzat kendi ezeli düşmanlarına karşı elindeki müdafaa vasıtalarından devlet reisinin mahrum edebilmesi

---

88 Betrani, Scalia, *La riforma peniten - ziariâ in Italia*, Roma, 1880, s. 241.

salâhiyetinin tanınmasıdır; bu bakımdan af müessesesi nasıl kabul edilebilecektir? Büyük bir caninin affı demek, vatandaşların içinde bekasını ebediyen idame ettirebildiği hukuk nizamının tahribi demektir. Bu nasıl bir kuvvettir ki bir bireyin topluma düşman olduğu, onun sinesinde yaşayamadığı belli olmuşken, hükümet elindeki af hukukuyla, bu bireyin bünyesini değiştiriyor, onu topluma dost ve faydalı hâle getirebiliyor! Bu gibi cömertlik ve hayırseverliklerin zararı, iyiliklerinden bin kat daha fazla değil midir? Bu, Spencer'ın dediği gibi, namuslu işçileri fakirleştirmek suretiyle serserilerin cüret ve cesaretini arttırmak demek değil midir?

DÖRDÜNCÜ FASIL

Akıl ve İdrakin Emrettiği Ceza Sistemi

"Toplumsal hayatı, yaşanmaya değer, tatlı ve huzurlu hâle getirmekten başka vazife yoktur."

Espinas

I

Tasarlayarak ve canavarca hislerle cinayet işleyen azılı katiller. - Tasarlama yerine kullanılan canavarca hislerle işlenen canice cinayetlerin kriteryomu. - Bu tür canilerin müstahak oldukları tek ceza idamdır. - Aklen malûl suçluların tımarhaneye konulmaları.

Bundan önceki üç bölümde suçluluk, teşebbüs, tekerrür, tahkikat usulü ve zamanaşımı hakkında savunduğumuz düşüncemizden çıkarılan sonuçları açıklamıştık. Bizim, şimdi pratik surette göstermeye mecbur kaldığımız yegâne şey, moral sorumluluğun ve suçla ceza arasındaki adil oranın yerini alması lazım gelen suça meyil ve kabiliyetin kriteryomunu ve muhtelif sınıflara mensup suçlulara tatbiki uygun düşecek cezaları göstermekten ibarettir.

Bu bölümün muhtevasını iyice kavramak için, okuyuculardan, suçluların anormallikleri ile intibak kanunu fasıllarını hatırlamalarını rica edeceğim.

Aynı nizamı takip ederek, önce her türlü ahlaki duygudan ve merhametin en basit hissiyatından tamamen mahrum, azılı suçluları ele alacağız. Bu esaslı vasıf, her şeyden önce, işlenen bazı suçların tabiatında kendini gösterir; bu müşahede ise, tek başına, o şahısta irsen bir ruhsal anormallik bulunduğunu ve bu sebeple herhangi bir beşerî topluluğa kabul edilemeyeceğini ispat eder. İşte içgüdüsel ve doğuştan gelen gaddarlığın kirli çamuruyla yoğurulmuş bu kanlı katiller daima anormallik içinde yaşarlar ne bir sosyal sınıfın ne de herhangi bir muhitin unsuru vasfını haiz olabilirler. Diğer tür canilere gelince, biz burada bir ayrım yapmak için bunlara alışılan bir sıfatı kullanacağız: önceden tasarlayan veya hunhar katil (*l'assassin*).

Bu suçluların ruhsal vahşet ve gaddarlıklarının ilk belirtileri ya paraya nail olma ihtirası ya da cinayeti işleyiş tarz ve şekilleridir.

İşte bunun için, tamamen egoist sebeplerle işlenen cinayetler, mesela bir menfaate nail olmak için, bir zaferi elde etmek için ya da herhangi bir hazzı tatmak için, para, behimi duygular, önce işlenen bir suçu örtbas etmek endişesi, iktidarı ele geçirmek ihtirası, bir üstünlüğü elde etmek ateşi vb. olabilir. Bütün bu fiiller, failin istisnai bir moral bozukluğuna müptelâ olduğunu ya da diğerkâmlık (*altüriste*) duygularından tamamen mahrum bulunduğunu ispat eder.

Bu canilerin yanı sıra, saiki hastalıklı arzu ve ihtirasların teskini olan cinayetlerin failleri gelir; haksız fiil suçunu takiben adam öldürenler ya da kan görmek, parçalanmış, delinmiş vücutları seyretmek için insan boğazlayanlar gibi...

Bunları takiben, failin gayz ve kinini üzerine çekmek için hiçbir günahı olmayan kimseleri öldürenler ya da maktulün yaptığı şeyi bir akrabama yapması hâlinde normal bir insanın cinayete gidemeyeceği ya da maktulün yaptığı-iyilikler göz önünde tutularak hayatına kıyılamayacağı hâllerde cinayet işleyen tipler gelir. Mesela umumiyetle baba katili (*parricide*) bu sınıfa mensuptur; zira babanın bir haksızlığı dahi olsa, ruhsal bir anormalliği olmayan bir evlat, babasını boğazlamaya asla kıyamaz. Keza hayırhah bir insanın, ya da kendisine hürmet ve itaate mecbur olunan bir şahsın katili de bu sınıfa dahildir. Nihayet, erkeklik cesaret ve kuvvetini göstermek ya da elindeki silahlara hâkimiyet ve maharetini ispat etmek hevesiyle kendi hâlinde, zararsız birini öldürmekten çekinmeyenler gelir.

Bütün bu beşerî gaddarlıkların ortak bir özelliği vardır ki o da bunlara hedef olanların, normal bir insanı tahrik edebilecek bir hakaret veya haksızlıkta bulunmamış olmalarıdır. Vahşet hayatından kurtulamamış topluluklarda hâl özellikle böyleyken, medeni toplumlarda bu hâl pek nadirdir.

İkinci bir kategorinin ortak vasfı ise, cinayetin işleniş tarzında kendini gösterir. Öldürmek için verilen eziyet ve yapılan işkencenin niteliği daima doğuştan gelen bir vahşet ve gaddarlığın delilidir çünkü normal bir insan, kurbanının iniltilerini ya da feryatlarını duyunca, yere yuvarladığı vücudun acı ve ıstırapla titreyip kıvrandığını görünce artık durur; daha ileri gidemez. Dehşet verici işkencelerin devamı, sadece bu hâl, hatta öldürmek kastı olmasa dahi, failin merhamet duygusundan külliyen mahrum olduğunu ispat eder. İşte zaten, Napoléon Ceza Kanunu'nu tasvip edişimin sebebi de bu yüzdendir (Zamanımız hukukçuları ise, bu kanunu taklit eden Sardunya Ceza Kanunu'nu dikkate almaktadırlar).

Doğrusu bu kanun, failin kast ve niyetine bakmaksızın, maktule az çok işkence yapmışsa, fiile tasarlanan cinayet (*l'assassinat*) vasfını vermektedir.

Hukuk okulu doktrinine göre, daha fazla önem kazanan tasarlama kriteryomunu ele alarak en ağır cinayetleri diğerlerinden ayırt etmediğimize işaret eylemeyi faydasız görmüyoruz. İçgüdüsel katillerin mümeyyiz vasıfları, işleyecekleri cinayetleri az veya çok planlamalarına bağlı değildir. Cinayetin süratle işlenmiş olmasının, faildeki ıslah edilebilen veya edilemeyen bünyesiyle bir alâkası yoktur. Bu acelecilik, failde merhamet duygusunun mutlak surette yokluğu ile ahenksizlik teşkil etmez. Bilâkis, bazen tasarlanarak işlenen bir cinayet mutlaka failin büyük ve kanlı bir suçlu olduğunu ispat etmez. Mümtaz bir ceza âlimi, önceden tasarlamanın o bireyin mizacına göre, az çok süratli bir surette meydana gelmesi gereken herhangi bir ihtirasın sonucu olamayacağını ispat etmiş bulunuyor.[89]

Bazen önceden tasarlanmayan bir cinayet, içgüdüsel bir gaddarlığa delâlet edebilir. Maktulün hiçbir tahriki olmadığı hâller gibi. "Ani öfkeyle suç işleyen suçlular, tıpkı soğukkanlı suçlular kadar moral duygulardan mahrumdurlar."[90] Hiddetli bir mizaca sahip olduğu önceden bilinen bir adam, oturmakta olduğu barda nedense bir şeye canı sıkılmış bir hâlde, hısım yenecek birini arıyor; hatta hiçbir günahı olmayan masa arkadaşına çatmakta beis görmüyor. Hakaret, tokat ve nihayet onu tekmeleyip yere düşürüyor; zavallı adam, bu haksız saldırılardan ziyadesiyle şaşkın ve perişan, elindeki kadehi mütecavizinin yüzüne fırlatmaya cesaret etmişse, işi bitmiş demektir; zira bu mukabeleye kuduran mütecaviz hemen bıçağını çeker ve kurbanının karnına saplar, onu kanlar içinde yere serer. İşte, buradaki cinayet ani surette ve önceden tasarlama olmadan işlenmesine rağmen, fail tasarlayan bir katilin ruhsal karakterine sahiptir. Buna karşılık, menfur bir hakaret, müthiş bir adaletsizlikle hayatı zehirlenen bir adam, korkunç bir intikama sürüklenebilir; böylece tasarlama mevcut olur,

---

89 Von Holtzendroff, *Canilerin Ruhiyatı*, Berlin, 1875.
Keza, aynı yazarın: *Katillerin Suçları ve Ölüm Cezası* adlı eseri.

90 Despine, *De la folie aupoint de vue pfilosopfique et plus spécialement physiologique*, s. 39.

ama buna rağmen, failin büyük bir suçlu olmaması mümkündür. Böyle olmasına rağmen, yürürlükte ceza kanunumuza dayanarak, sevgili torununu tasarlayarak öldüren katili öldürdü diye ihtiyar dede, müebbet hapis cezasına mahkûm edilmiştir; keza, birkaç saat önce kendi yatağında sevgilisiyle zina etmiş olan karısına tabancasıyla ateş etti diye, koca müebbet kürek cezasına mahkûm edilmiştir. Hâlbuki, diğer yanda en korkunç şekilde de işlenmiş bulunsa, tasarlama yoktur diye, azılı caniler sadece geçici hapisle cezalandırılıyorlar.

İnkâr edilemeyecek cihet, ağır ve haksız bir saldırının insan topluluğu içindeki şahsın, cinayete atılmasını kolaylaştırması ve ekseri hâllerde ondaki mizacın aşırı anormalliğini açığa vurmuş bulunmasıdır. Öyleyse, tasarlama her zaman için, büyük suçluların mümeyyiz vasfı olan, aşırı bir ruhsal anormalliğin delili sayılamaz. Failleri hakiki bir cani olan birçok cinayetlerde önceden tasarlama unsuru bulunmayabilir; öte yandan faillerine hakiki cani diyemeyeceğimiz cinayetlerde bu unsur pekâlâ bulunabilir. Şu hâlde bu izahatımızdan hasıl olan netice şudur: Cinayetin gaddarlıkla işlenişi ile maktulün hiçbir ağır saldırıda bulunmayışı, tasarlama unsurunun boşluğunu doldurması lazım gelen iki unsurdur; bu sayede de toplumsal hayata ebedi surette ehliyetsiz ve sonsuz ahlaki kötülüğe müptelâ büyük içgüdüsel katillerin işledikleri müthiş cinayetleri de ayırt edebiliriz.

Hakikat şudur ki toplum hayatına uyum kabiliyetinden külliyen mahrum olduğu bir kere anlaşılınca, artık o bireyin toplumdan mutlak tasfiyesi bir zarurettir. Böyle bir vahşetin failini toplumun daha fazla sinesinde barındırmasının hiçbir meşru sebebi olamaz. Bununla birlikte, bu gibilere ölüm cezası, uygulanacak yegâne etkili çare olacaktır. Sadece önceden bahsettiğim (Bkz: Fasıl: 1) gibi, tahakkuk etmiş akli maluliyet hâli istisna edilmeli, bunlar tamamen fikri selâmete kavuşuncaya kadar suçlu delilere ait korunaklı yerlerde muhafaza edilmelidirler.

Ölüm cezasının hukuki niteliğine gelince, bu cezanın meşruiyeti ve zarureti hakkında eserimizin muhtelif kısımlarında o derece fazla bahsettik ki artık burada tezimizi yeniden savunmamıza hiç ihtiyaç görmüyoruz.

Tasfiye (*élimination*) görüşünden, ölüm cezasının boşluğunu müebbet kalebentlik doldurabilir diyorlar ve bu cezanın ölüm cezası gibi hem suçlunun artık topluma dönmesine engel olduğunu ve zürriyetle çoğalmaya da imkân vermediğini öne sürüyorlar. Biz bu iddianın hakikati ifade etmediğini söylüyoruz: Önce, firara ait yıllık istatistik rakamları bu cezanın ölüm cezası gibi mutlak bir tasfiye müeyyidesi olmadığını ispat etmektedir.[91] İsyanlar, özel veya genel aflar gibi kalelerin kapılarını açabilecek ihtimaller ise ikinci sebeptir ve nihayet, bir üçüncü sebep de bu müebbet mahkûmların, sık sık görüldüğü gibi, kendilerini muhafaza eden zavallı gardiyanları veya kendilerini bir mahalden diğerine nakleden günahsız jandarmaları tasarlayarak öldürmeleridir.[92]

Şu hâlde, zindanın kalın duvarları tasfiyenin mutlak ve kesin bir müeyyidesi değildir. Hatta bu ceza bir tasfiye vasıtası dahi olsa, yine de tercihe şayan olamaz; zira bir kere toplum hayatı için zararlı olduğu sabit olmuş bir canlının tamamen hayvani vasıf alan yaşayış tarzını hayat boyunca muhafaza etmesinde ısrarın sebebi anlaşılamamakta, topluluğun amansız düşmanı canavarları millete, hatta bizzat bu canilerin ailelerine, fahiş vergiler tarh

---

91 İtalya'da 1870-1880 seneleri arasında yılda müebbet kalebent mahkûmlarından vasati firar 15, kürek mahkûmlarından ise 110'dur.

92 Bir cani planlayarak iki defa adam boğazlamaktan yine iki defa mahkûm oldu; ikisinde de affa uğradı, lakin fırsatını ele geçirince gardiyanını da doğramaktan çekinmedi; başka biri, yine vahşi bir cinayetten ölüme mahkûm edildi ve tıffa uğradı, lakin İskenderiye'ye varınca ilk işi muhafızını öldürmek oldu; bir üçüncü mahkûm da Favignana zindanının müdürünü öldürdü (Beltrani Scalia, *La riforma penitenziaria in Italia,* Roma, 1879, s 250). Bir mahkûm bulunduğu hapishanede bir cinayet işledi ve müebbet kalebentliğe mahkûm edildi, ancak mahkûmiyet hükmü okunurken de gardiyanı öldüreceğine yemin etmekten de çekinmedi. (Discours du procurer gondral a Parme, 1880).

ederek yedirip içirmekteki mantığın dayandığı zaruretler bir türlü belirtilememektedir.[93]

Bütün bu tartışmalar bir tarafa atılsa bile, başka ve çok kesin bir sebep daha vardır. Mademki, ikisi de faydalı kabul edilen iki tasfiye müeyyidesinden biri tercih edilmek isteniyor, o hâlde müebbet zindan cezasına kıyasen, verdiği korku dolayısıyla sonsuz derecede faydalı ve etkili olan ölüm cezasını niçin ortadan kaldırmalı? Doğrusu, biz cezanın telkin ettiği korku oranının, o cezanın ölçüsü olamayacağını daha önce savunmuş bulunuyoruz; ancak bizim iddiamız, bir kimsenin bizzat kendi varlığının hak etmemiş olduğu bir cezaya, özellikle başkalarına misal olsun, etrafı sindirsin diye işkenceye yer bırakılmamasıdır. Biz, her mahkûma şahsının tabiatına uygun gelen şekilde cezalandırılmasını, toplumsal hayata uyum kabiliyetsizliğinin azlık veya çokluğuna, bu kabiliyetsizliği giderip, az çok onu toplum hayatına alıştırabilecek ihtimalin kuvvetine göre ceza verilmesini istiyoruz; bu sayede suçları önlemek endişesiyle işlenen korkunç adaletsizliklere ve az-

---

93 İtalya'da 5363 adet müebbet mahkûm bulunuyor. Bunun yıllık masrafını ve namuslu vatandaşların, canavar yaratılmış hemcinslerinin hayatlarını idame ettirebilmek için, çektikleri sıkıntıları bir düşünün! -yn.
Not: Yazar, eserinin sonunda şöyle bir ilâve yapıyor:
M. E. Carnevali "*La guestione della pena di morte nella filosofin scienotifica*" (Turin, 1888, Bocca) adlı bir broşür çıkarmış bulunuyor. Yazar, bu eserinde benim, toplumsal hayata mutlak surette iuyum imkânsızlığı gösteren bazı suçluların tasfiyeleri zarureti tezime itiraz ediyor. Çünkü, toplumsal hayatın nihayetsiz şekilleri vardır, diyor. Şayet, büyük suçlular moral inkişaflarda inhitat gösteriyorlarsa, onlar da kendi seviyelerindeki vahşilerle bir arada yaşarlar.
Güzel bir muhakeme tarzı; lakin çalmak için ya da en basit bir hiddet saikiyle adam boğazlayan bu vahşileri sinesinde yaşatacak kabileler nerede? Şüphesiz dünyanın birçok yerlerinde bu tür kabileler mevcut olabilir; lakin, böyle kitleler de daha ileri gitmekte ve insanoğlunu diri diri yemektedirler! Öyleyse, bu nevi mahkumları böyle barbar topluluklara göndermek, onları bir nevi ölüm cezasına çarptırmak demek değil midir? Ve bu takdirde, yamyamların iaşesini temin ediyor diye, böyle bir medeni devlet hakkında ne düşünülür?

gın vahşete de yer kalmaz. Fakat toplum hayatına mutlak surette uyum sağlayamayacağı tezahür edenlerin de o toplumdan ancak ölüm cezası sayesinde mutlak surette tasfiyesi bir zarurettir. Burada katiyen bir aşırılık mevcut değildir; hiçbir adaletsizlik yoktur. Bu cezanın, aynı derecede önemli başka bir ceza ile değiştirilmesi isteniyorsa, aynı faydaların, direkt ve kesin neticelerin muvazenesine dikkat etmeli, bu dalgalanma olmadıkça boş yere aldanmış olmamalıdır. Mesela, hürriyetin tahdidinden ibaret olan müebbet hapisten duyulan korku, ölüm cezasından duyulan korkuya nazaran son derece küçük olduğu tartışılamaz bulunduğu gibi.

Bu noktada hiçbir tereddüt ve şüphe yoktur. Gerçi darağacı bir kısım canileri korkutmaz; zindanın kalın duvarlarına omuz silkenlerin, sayıları çok daha fazladır. Doğrusu, ölüm cezası büyük suçlular sınıfına giren azılı ve kanlı katillerin gözünü yıldırmaz; çünkü bu canavarlar, işleyecekleri cinayetlerin mukadder cezasını direkt olarak benimsemiş bulunuyorlar. Hâlbuki diğer tür suçluluk sınıfına girenler, işleyecekleri suçların kaderi olacak mücazatın hangi zarara kadar uzanacağını bilmediklerinden "ve bazı hâllerde ölüm cezasına bile çarptırılabileceklerini" düşünerek, suça meyillerini az çok frenlemek ve hatta bazen işlemek azmini tarumar etmek kuvvetine sahip olurlar.[94]

Bu ifadenin doğruluğunu gerek tarih gerekse istatistik ilmi bize ispat ediyor. Bir başsavcı, Belçika'da 1850 tarihinden itibaren uygulamada artık darağacının kurulmadığını görünce suçluların çoğaldığını ve 1863' ten itibaren de ölüm cezalarının sistemli surette özel affa mazhar olduğu görülmesi üzerine de büyük suçlar "ölüm cezasının artık ortadan kalktığı inanışının kuvveti oranında tüyler ürpertici şekilde çoğaldığını"[95] söylemiştir. Doğrusu, 1865'ten 1880 tarihine kadar, bu memlekette cinayetle itham edilenlerin sayısı 34'ten 120'ye çıkmıştır.

---

94 Turiello, aynı eser, fasıl: III.

95 Betrani - Scalia, *La riforma penitenziaria in Italia.*

Malûmdur ki Güney İtalya'da 1861 yılında korkunç bir hâl alan eşkıyalığı ancak kurşuna dizmelerle kontrol altına almak mümkün olabilmiştir. Canilerin asıldığı İngiltere dünyada suçların gittikçe azalma kaydettiği tek ülkedir. (Bkz: Üçüncü kısım, I. fasıl, I. paragraf). Hâlbuki aynı devre zarfında hiçbir ölüm cezasının infaz edilmediği Prusya'da ise, cinayetlerin adedi gittikçe daha ziyade kabarmıştır: 1854'te 242 iken, bu rakam gittikçe artarak 1880'de 518'e yükselmiştir. İsviçre'de 1874'te ölüm cezasının ilgası üzerine, cinayetlerin artmaya başladığı hissedilmiş ve bu artış sadece beş sene içinde %75'i bulmuştur.[96]

Fransa'da, ölüm cezasının muntazaman infaz edildiği zaman cinayetlerde azalma gözlemlenmiştir. 1877'de 31 ölüm cezası verilmiştir; M. Grevy[97] bir tecrübeye girişti; 1880'de 2 suçlunun ve 1881'de ise sadece bir suçlunun idamına razı olmuştu. Bu müsamaha canilerin malumu olur olmaz, kanlı cinayetlerin süratle arttığı görüldü. 1882'de 35 ölüm cezası verilmişti; 1878'de 8 baba katili varken 1882'de bu miktar 14'ü buldu. Aynı devre zarfında tasarlayarak adam öldüren katillerin sayısı 36'ya yükselmiştir. M. Grevy'nin özel afları, böylece halk tarafından açık bir biçimde çiğnenmiştir; bu tarihten sonra ise giyotin tekrar hızla çalışmaya mecbur olmuştur.

İtalya'ya gelince, 1878 tarihinden beri, askerler hariç hiç kimse idam edilmemiştir; bu yüzden büyük suçlar eski tarihlerle görüldü. 1882'de 35 ölüm cezası verilmişti; 1878'de 8 baba katili kıyas edilmeyecek oranda artmış bulunuyor. İngiltere'de yılda 250 katil vakası işlenirken, nüfusu daha az olan İtalya'da ise adam öldürmelerin yıllık miktarı 1880'de 3626'dır ve bunun 1115 adedi tasarlayarak veya canavarca hislerle işlenmiş cinayetlerdir. Fakat bu tarihten sonra bu korkunç artış durmuş gibidir; bunun da sebebini izah için Prof. Enrico Ferri'nin tabiri olan suça doyum

[96] Frenler; Für die Todesstrafe, Schaffhausen, 1879, s. 57.

[97] Jules Grevy (1807 - 1891), Mareşal Mac- Mahon'u istihlâf ederek 1879'da Fransa'nın üçüncü cumhurbaşkanı olmuştur; 1885'de tekrar aynı makama seçilmiş, lakin 1887'de istifa etmiştir. Zamanının meşhur bir avukatı idi ve siyasî ricalden maduttu. -Ç.N.

(*La saturation criminelle*) hâlinin en son noktaya geldiğini söylememiz lazımdır. Şüphesiz, hatta en vahşi kabilelerde dahi, ölüm cezası yok diye, sırf haz için hemcinslerinin boğazını kesmiyorlar; bu cinayetlerden faydalar umarlarsa artık işlemekte tereddüt etmelerinin sebebi mevcut değildir.

Uygulamadan hususiyle bazı misalleri zikretmek faydasız olmaz. Napoli'de bir itfaiye eri, pek çok iyiliklerini gördüğü kumandanını önceden tasarlayarak öldürdü. Ölüm cezasına çarptırılmayacağı düşüncesi ile bu suçu ömrü boyunca çalışmaya mecbur kalmaksızın rahatça yaşamanın imkânını elde etmek için işlediğini pervasızca itiraf etti.

1884'te, bir kışlada, asker Misdea derin uykuya dalmış arkadaşları üzerine 15 dakika silahla ateş etti. Zavallılardan 12 kişiyi öldürdü; askeri mahkeme kendisini idama mahkûm etti; hâlbuki o, bu hükmü asla ciddiye almadı; çünkü, İtalya'da ölüm cezalarının infaz edilmediğine emin bulunuyordu. Bu katliamdan birkaç gün sonra, başka, askerler de çavuşlarını öldürdüler. Hepsi de kurşuna dizildiler; o zaman bu zamandır, İtalyan ordusunda bir daha bu türden cinayet işlenmemiştir.

Şimdi mülâhaza edelim, suç amacıyla cinayetlere koşanların soluğunu kesebilen ölüm cezası korkusunun, milletin diğer kısmı üzerinde etkili olamayacağı nasıl tasavvur edilebilir?

Beccaria gibi yazarlar beyhude bir tartışma ile ölüm cezası yerine müebbet hapis (veya kürek) cezasını savundular ve bu cezanın tahammülsüz bir hayata çevrilmesini esas tuttular.[98] Önce bu ceza, uzun bir ömür boyunca hayatı muhafaza altında bulunan insanoğlu üzerinde bezdirici bir ceza infaz şeklini tevlit eder; saniyen böyle bir mahallin iğrençliği ancak merakla oraları ziyarete gidenlerin gözlerine çarpabilir ve onlarda kötü izlenimler yaratır. Çünkü zindan mahkûmunun nevmidi ve inilitleri, kalın zindan duvarlarının dışında akisler yaratamaz.

---

98 "'Bir pranga mahkûmu gören kimse, mesut bir suç tablosu görmüş gibi sevinmelidir." Lauvergne, Kürek Mahkûmları, Dr. Aubry tarafından yazılan *La contagion du meurtre* (Paris, 1882) eserde zikredilmiştir.-yn.

II

Ego-altürist ya da altürist bir duygu saikiyle adam öldürenler. -Mahalli suçluluk- Önleyici cezalar.

Şimdi ikinci sınıf suçlulara geçebiliriz: Bunların suçları esas itibarıyla mizaçlarından meydana gelmekte, özellikle bir toplumsal sınıfın ya da bir ailenin geleneklerinden başka bir şey olmayan, bâtıl inançların izlerini, şeref ve namusa yönelik gerçek olmayan fikirlerin ya da sahte intikam vazifesinin zararlı alâmetlerini taşımaktadır. Bunlar o tip katillerdir ki cinayetlerini hastalıklı hazlarının tatmini için, yani sadece egoist duygularla işlemezler, ama ego-altürist hislerle, onur, şeref ve haysiyet zaruretleriyle ellerini kana bulaştırırlar. Hatta bunlar hakiki ama uygunsuz bir diğerkâmlık (*altürisme*) hissiyle de cinayete koşarlar; siyasi veya dinî bâtıl inançlar gibi.

Daha önce açıkladığımız gibi, suçlunun anormalliği tahrikin şiddeti oranında azalır; çünkü o andaki etki durumu, normallikten pek az uzaklaşabilir. Suç, esas itibarıyla meşru bir manzara elde eder, meşru bir tepki gibi görünür; ama çok abartılı! Zaten anormallik de buradadır. Her ne kadar umumun hissiyatı ile bir ahenk ve vahdet hâlinde olmasa bile, suçlunun duyguları anlaşılabilir; umumiyetle kabul edilmiş bulunan tepki, faili cürme doğru itmiş, cinayete kadar sürüklemiştir. Fakat bunun husulü için, tahrikin ciddi olması, akıl ve izanı okşayabilmesi ve bizzat bu tahrikin moral duygulara bir hakaret ve saldırı teşkil etmesi lazımdır. Suçlunun özellikle duyuş tarzına tabi olan hususun dikkate alınması doğru değildir; zira, harici etkileri olan abartılı şekilde hissettiren, başkaları için hiçbir değeri olmayan bir hadiseyi onun için pek vahim yapan, intikam ateşiyle yakıp coşturan asıl şey, ondaki beden yapısının anormalliğidir. Bununla birlikte, tahrikin toplumda hakiki telâkki edilmesi ya da hiç olmazsa aynı toplumsal sınıf tarafından ya da aynı ülkede ağır bir tahrik kabul edilmesi zarureti vardır; ancak bu "suretledir ki işlenen hakaret veya maruz kalınan adaletsizliğin vahameti dikkate alınmak suretiyle suçlular arasında bir mukayese yapmak mümkün olabilir.

Bundan dolayı, şeref ve namus duygusunun evrensel kuvveti, bir sefihin kollarında yakaladığı karısını öldüren kocayı mazur görmektedir. Keza, onur duygusunun sıkleti de tahammül edilemez bir saldırı karşısında silahını kullanan kimseyi suçsuz kabuk ediyor. Bu iki hadisede de biz tabiî suç kavramının sınırlarına pek ziyade yakınlaşmış bulunuruz. Suçlunun anormalliğinin hissesi pek az, hatta bazı başka olgularda, kendini savunma kastıyla, ama yöneltilen saldırı defedildiği hâlde işlenen cinayetlerde olduğu gibi bedensel anormallik hâli şüpheli dahi olabilir ya da bir başkasının şerefini kurtarmak için intihar teşebbüsüne yardım edebildiği gibi tedavisi mümkün olmayan bir hastalığın ıstıraplarıyla kıvratılan bir bahtsızın acılarına son vermek için adam öldürülebilir.

Suçları önleyecek en etkili çarelerden biri, mağdurun veya aile bireylerinin ikamet ettiği yere suçlunun sokulmaması, intikam duygularının sönmesi ve hükmedilen tazminatın ödenmesi mümkün olduktan sonra ancak bu iznin verilmesidir.

Halledilmesi çok zor bir mesele de, çok ağır bir haksızlığın veya ailesi fertlerine vaki vahim bir saldırının intikamını almak kastıyla adam öldürenlere uygullanacak cezai rejimdir. İşlenen hakaret bir memleket halkının veya toplumsal bir sınıfın kötü gelenekleriyle, kanla temizlenebileceği esası hâkimse, bu takdirde işlenen cinayete *endémique* "mahalli" denebilir; ama bu cinayet, esas itibarıyla tahrikle işlenen cinayetlerden ayırt edilemez. Biz bir hakarete hakiki "*réel*" deriz, eğer içinde yaşadığımız muhitin kanaat ve duygularına göre, bu bir hakaret ise. Bu muhitin, bütün bir dünya oluşu ile mahdut bir zümreden ibaret bulunuşunun hiç önemi yoktur. Korsika, Sicilya ve Kalabriya gibi bazı güney diyarlarda olduğu gibi ilkel gelenekleri henüz bırakmamış ülkelerde işlenen kan davalarında bu karakteri müşahede etmemeye imkân yoktur. Hatta buralarda işlenen cinayetlerde tasarlama unsuru bütün şekliyle mevcut olduğu hâlde, katile planlayarak adam öldüren cani gözüyle bakmazlar.

Şu yönü kabul edilemez bir inkârdır ki ağır ve haksız bir saldırıya maruz kalan bir insanın, muhakeme etmeye vakit bulamadan cinayet işlemesi hâlinde ona karşı duyulan suçlu olduğu hissi yanında garip bir merhamet duygusu da vardır. Hâlbuki tasarlayarak işlenen bir cinayette, saik ne olursa olsun, daima vahşet ve canavarlık hissiyle karşı karşıya kalırız. Böyle bir mizaca sahip olmayan Hamlet, bütün ömrünce tereddüt ve korku ile titredi; ruhundaki yumuşaklık ve hilmiyete bir türlü uymayan sertlik ve canavarlığa bir türlü razı olamayarak inledi, çırpındı. Ancak içinde yaşanan çevrenin tesiri, bir babanın intikamını almak veya bir kızın şeref ve namusunu temizlemek gibi taassup duyguları bireyin mizacından büsbütün farklı, yani katilin bedensel ve ruhsal anormallikleri olmadan dahi, cinayet işlemesine sebebiyet vermektedir. İşte, dışsal sebep ve saik budur; bu egoist olmayan bir saiktir. Bu gibi hâllerde tekerrür olmadıkça katilin toplum hayatına ehliyetsizliğinden emin olunamaz.

Şüphesiz, burada da bir tasfiye çaresine başvurulacaktır; toplumsal hayata tam surette ehliyetli insanlardaki mütekâmil merhamet duygusunun bu gibi suçlularda pek ziyade cılız olduğu ihtimali kuvvetlidir. Öyleyse, bilhassa bu gibilerinin yaşattığı bâtıl inançlarla cürme iten muhitinden ayırıp uzaklaştırmak lazımdır. Ancak bu tasfiye ne mutlak, ne daimî, ne de süresi önceden kestirilmiş olmalıdır; çünkü failin moral noksanlığının derecesi bilinmediği gibi, yeni suçlara bulaşmak endişesinin büsbütün giderilmiş olması da mümkün değildir. Doğrusu, bu gibi suçlarda yaşanan çevrenin etkisiyle suçlunun moral anormalliğinin derecesi bilinememektedir.

İşte bundan dolayıdır ki bu hâllerde suçluyu ister ücra bir adaya ister bir müstemlekeye sürmek, isterse kaçmasını imkânsız hâle getirmek için hürriyetinin gemlerini sıkı ve kuvvetli bir nezaretin elinde tutarak herhangi bir mahalde ikamete mecbur etmek en emin ve etkili çaredir. Bunun süresi önceden tespit edilmemelidir. Bu süre birçok hâle bağlı olmalıdır; bu hâllerin başında suçlunun yaşı ve cinsiyeti gelir. Zira işlediği suç zamanında suçlu çok genç ise olgunluk yaşına geldiği zaman bireysel hassasiyetinin azalacağına kanaat edilebilir; bu olgunluk yaşı, ona artık o fiilin ağır bir hakaret ve saldırı olmadığını hissettirebilir ve saldırıya yatkın enerjisini teskin ve tadile muktedir olabilir. Kadınlara gelince, izdivaç, evlât sahibi olmak gibi değişiklikler yeterli bir garanti teşkil edebilir. Suç tarihinde olgun yaşta bulunanlara gelince, ihtiyarlık zaafı hesaba katılır. Bunlar hayatın öyle değişik devreleridir ki vaktiyle damarlardaki kanı kaynatıp coşturan hissi etkenlerin, varılan bu merhalelerde artık eriyip söndüğü ya da son derece hafifleyerek bunların yerine başka duyguların geçtiği görülür. Ve nihayet sürgünün uzun yıllar zarfında hayatındaki hilmiyet ve ağırbaşlılığı o derece aşikâr olur ki onu koparıldığı toplum hayatına süratle iade etmek zarureti doğmuş olabilir.

Bu da ancak beş seneden on seneye kadar değişebilen bir müşahede devresi koymakla mümkün olur; bu devre içinde inceden inceye yapılacak tetkikata göre tanzim edilecek açık raporlarla sürgünün mizacı anlaşılacak ve hâkim buna göre ya meşruten ya da cezayı büsbütün kaldırarak onu hürriyete ve topluma kavuşturabilecektir.

III

Ruhsal ya da bedensel diğer tür gaddarlıkla. - Histeri ve epilepsi. - Önleyici çareler.

Aynı bünyedeki diğer suçlar, yani merhamet duygusuna zarar veren diğer fiiller, yürürlükteki ceza mevzuatımızın ıslah edici cezalarından tamamen farklı müeyyidelerine tabi tutulmalıdır. Çehreyi çirkinleştirmek, gözlerini kör etmek, yatağa düşürmek amacıyla vaki yaralamalar, uzuv koparmalar, zorla kız kaçırmalar, fiili şeni, kendini müdafaadan âciz kimselere zulüm ve işkenceler, uzun süre bir şahsın hürriyetini tahdit etmeler bu türdendir. Bu suçların faillerindeki suç içgüdülerinin, bazen devamlı ve inatçı olduğu görülür. Bu karakter özellikleri, önce suçlunun moral anormallikleri faslında açıkladığımız şekilde meydana çıkarmak, onun itiyatları ile mizacını uzun bir müşahede sonunda bütün hususiyetleriyle ortaya koymak mümkündür. Bilhassa, iftira ve çocuklara reva görülen eza ve cefalarda, failin histerik olması mümkündür; keza, yaralama ya da hırsızlık vakalarında fail epilepsi veya içki yüzünden bilinci yerinde olmayan bir kimse olabilir; işte bu takdirde faili, evvelce bahsettiğimiz suçlulara mahsus akıl hastanesinde muhafaza zarureti vardır. Yine mesela, hiçbir akıl hastalığı ve asabiyet hâlleri göstermeyen bir kimse, henüz bir cinayete bulaşma fırsatına nail olamamasına rağmen, vahşi ve hunhar bir mizacın bütün izlerini devamlı olarak verebilir. Hakikat böyle olunca, artık toplumun müdafaası zaruretiyle, cinayet işlemeyene ölüm cezasını reva görmeyen zamanımız mevzuatını telif etmek için, bu gibi suçluları ya tenha çöllere ya da vahşilerin yaşadığı ülkelere sürmek lazımdır; vücut bütünlüğünü müdafaa için onları oralarda silahla teçhiz etmeli, yiyeceklerini vermeli, çalışacakları işlerin âletlerini temin etmeli ve kendi türünden mahkûmlarla bir arada bulundurmalıdır; bu takdirde onların kaderlerinden endişelenmeye gerek yoktur. Devlete daha az masrafa mal olacak bu çare için, okyanuslardaki sayısız küçük adalar, Afrika'nın uçsuz bucaksız çölleri uzun asırlar boyunca yeter de artar bile.

Nihayet, bahsettiğimiz suçlardan biri failin bütün hayatı boyunca, tek bir defa işlenmişse bu tek vaka onun toplum hayatına ehliyetsizliğini ispat etmeyeceğinden, onu devlete ait müstemlekelerden birine sürmek çok uygun bir tedbir olur; ancak, bu ikamet süresi beş ya da on seneden az olmamalıdır. Bu süre de suçlunun müşahedesi için elzemdir; mağdura ödemesi hüküm altına alınmış tazminatı daha önce ödemiş ve anavatana geri dönüşünü hak etmiş olduğu durumlarda geçerli olmalıdır.

IV

Cani çocuklar ve ırz düşmanı gençler.

Durup dururken ellerini kana bulayan ya da ırz ve namusa saldırı eden çocuk denecek yaştaki gençlerin de fikri ve ruhi içgüdülerinin tesiriyle suça yatkınlığının tadili mümkün görüldüğü surette, uzun bir gözlem devresine tabi tutulmaları yerinde olur; ancak bu gözlem, suçlunun kanuni küçüklük çağının süresi tespit edilmeksizin takdirini hâkime bırakmakla mümkün olabilir.

Bazen kan dökme güdüsü, pek küçük yaşta bir sürü gaddarane fiillerin işlenmesi suretiyle tezahür eder; cani çocuğun ufaklık ve nahifliği dolayısıyla bu fiillerin neticeleri o derece vahim olmayabilirse de, hâkimin buna rağmen işi önemle" ele alması lazımdır. Hâlbuki, bu gibi hâllerde hâkimlerin birkaç haftalık tutuklamayla zararı önlediklerine inandıkları görülüyor!

Ne yazık! Bu küçük suçlar, bazen hayret edilecek bir süratle tekrarlanır durur ve nihayet korkunç netice gecikmez, cinayetin kanları akmaya başlar; işte şimdi gözler suçlunun geçmişine çevrilir; onun içgüdüsel bir cani olduğu anlaşılır. Hâlbuki daha önce antropoloji uzmanına suçlu çocuk gösterilmiş olsaydı hakikat anlaşılacak ve felaket önlenebilecekti. İşlenen bu küçük suçları türü ve tekerrür sürati, suçlunun psikolojisi, antropolojik hususiyetleri bir yandan ve "delillerin kraliçesi" denebilecek noksanlığın, cinnetin ve suçluluğun irsiyeti diğer yandan inceden inceye tetkik ve müşahedeye tabi tutularak, daha çocukluk devresinde de olsa, hakiki katillerin, zalim ve hunhar canilerin bulunup meydana çıkarılması işten bile olmayacaktır.

Bu dejenere küçüğün pek büyümeye pek hevesli olan suç faaliyetlerini kösteklemek, böylece müstakbel kurbanını ya da birçoklarını kurtarmak için etkili tedbir ve müeyyidelerin neler olabileceği tartışmasını da göstermek gerekir. Bunun için onları, mecnun suçlulara ait alanlarda bir gözlem devresine tabi tutmak gereklidir; bu devre zarfında suçlunun psikopat olduğu keşfedilebilir. Şayet bu netice elde edilmez, ondaki bu kötü eğilimlerin erginlik (ya da bulûğ: Puberte) çağı ile değişebileceği ümidi hasıl olursa, bu takdirde ikinci bir gözlem devresi başlayacak ve bu devre toplumdan uzak kırsal alanda geçecektir; ancak bu devrenin zamanı belirsiz olacaktır; yani, bütün tehlikelerin zail olduğu kanaatini verecek bütün kuvvetli sebep ve deliller elde edildikten sonra suçlu serbest bırakılabilecektir. Şayet suçlunun ahlaki duygudan külliyen mahrum olduğu ve inatçı, korkunç bir suç içgüdüsünün zebunu bulunduğu anlaşılmışsa, artık hiç şüphe edilmesin ki kanlı cinayet çok geçmeden işlenecektir; işte bu durumda, biraz önce bahsettiğimiz ıssız çöllere veya vahşi diyarlara sürmeli çaresine başvurulacak ve ancak bu sayededir ki hem günahsız kurbanların hayatı, hem de henüz cani damgasını yememiş cani ruhlu adam kurtarılmış olacaktır.

V

Yalnız tazminat ödemesiyle yetinilecek hâller. - Tazminat ödemeye icbar ve tazyik.

Ve nihayet doğal suçluların en dar sahasına ya da söylenmesi caiz ise, hakiki suçlularla doğal insanlar arasındaki sınıfı teşkil edenlerin sınıfına gelmiş bulunuyoruz; zira bu gibilerinin işledikleri suçlar merhamet duygusunu orta derecede yaralamakta, hakiki bir gaddarlıktan söz edilememekte, ama sadece sertlik ya da tahsil, izan ve terbiye kıtlığı diyebileceğimiz faziletsizlikleri göstermektedir. Öldürmek kastı ve niyetini taşımayan dayaklar; tedbirsizlik ve ihmal sebepleriyle yaralama veya ölüme sebebiyetler gibi... Bu sonuncu fiiller başkalarının hayatına beslenen ilgisizliktir ki bu faildeki diğerkâmlık (alturiste) duygularının kâfi miktarda gelişmemiş olduğuna hemen daima işarettir; daha sonra hakaretler, hususiyete vahim olmayan tehditler gelir. Bu seriye zorlama olmayan ve fakat iğva yoluyla ırza geçmeyi de sokabiliriz.

İşte bu hâlde hapis cezası yerine, sebebiyet verilen harabiyetin maddi ve manevi tazminatına hükmedilmelidir; suçlu her iki tazminatı da ödemeye mecbur tutulmalıdır. İhlâl edilen devlet asayişinin yeniden tesis ve tamiri karşılığını da içeren, maddi tazminatın yanında manevi tazminat, mağdur tarafın maruz kaldığı manevi harabiyeti de karşılayacaktır. Tazminatta kıstas, failin sahip olduğu servetinin yanında iş ve gücüne oranla ödeme kabiliyeti olmalıdır. Tazminatı ödemeye muktedir suçluların bu vecibeyi yerine getirmekte temerrüte uğradıkları surette, aşırı bir şiddet göstermek zarureti vardır. Suçlu hakkında açılacak kamu davası ile birlikte, servetini kaçırmasını önlemek amacıyla gayrimenkullerine ihtiyaten tedbirler konacak, diğer menkulleri keza ihtiyaten haczedilecektir. Şayet mağdur taraf bu tazminatı reddedecek olursa, bu takdirde mahkûmdan alınacak tazminat, bir suça maruz kalıp da tazminat alamayan ve sefalet içinde olanlara yardım edilmek üzere para cezaları sandığına yatırmalıdır.

Tazminat ödemekten âciz, yani servet sahibi olmayan suçlulara gelince, bunlar da yaşayışları için en zorunlu ihtiyaçlarından, yani kendisinin ve ailesi bireylerinin ölmemeleri için lüzumlu mesken ve gıda ihtiyacından artan kazançlarını devlete, mağdura ve bunun reddi hâlinde para cezaları sandığına yatıracaklardır. Bir fabrikada çalışan işçilere gelince, bu işletmelerin müdürleri tazminata mahkûm işçilerin yukarıda bahsettiğimiz en zorunlu ihtiyaçlarından fazla kalan kazançlarına el koymaya mecbur olacaktır. Nihayet, borcunu ödememekte ısrar edenler, hiçbir kazancı olmayanlar, başıboşlar, tembeller, avareler, evsiz barksızlar, bütün bu türden olan tazminat mahkûmları, devlete ait iş yerlerine sevk edilip çalıştırılacaklardır. Bunlar da hür işçilerin yevmiyesini alacaklardır; lakin, devlet, onların nefis bekalarını temin için en zorunlu olan meblâğı kendilerine ödeyecek, bakiyesini para cezaları sandığına yatırmak suretiyle suçtan zarar görenlerin hakkı zamanla ödenmiş olacaktır.

İşte ancak bu türden tedbirler sayesinde, hem mağdur tarafın intikam duygusu hızla sönecek, hem de devlet bütçesi, suç işlemiş sayısız insanların bekaları için ağır ve faydasız yükleri taşımaya mecbur olmayacaktır. Diğer yandan da bizzat suçlular da hapishanelerin kötü havası içinde ahlaki girdaplara saplanmaktan, zorunlu bir avareliğin çamurunda boğulmaktan kendilerini kurtarmış olacaklardı!

VI

Hırsızlar, dolandırıcılar ve sahtekârlar. -Akli maluliyet hâli.- Genetik içgüdü hâlleri ve ıslah edilemezlik. - Sürgün.

Şimdi de muazzam bir yer tutan, üçüncü sınıf suçlular hakkında uygun düşecek ceza müeyyidelerine ve infaz tarzlarına temas edeceğiz: Bu sınıfa dâhil suçlular, ya tamamen ya da kısmen doğruluk (*probité*) hissinden (Bkz: II. kısım, I. Fasıl) mahrumdurlar.

Biliyoruz ki hastalıklı şekline cleptomanie dediğimiz hırsızlığın yanında, akli maluliyete müptelâ olmayan bir kısım insanların, irsiyet veya atavizm sebebiyle hırsızlığa meyil duymaları mümkündür; bu meyli tevlit eden irsiyet ve atavizm kendini antropolojik harici vasıflar ve bilhassa yüzdeki hususiyetlerle gösterir. Bir kimse ki, büyük bir sıkıntı içinde olmadığı ve sefalete terk edilmiş bulunmadığı hâlde, tekrar eden sirkat suçlar işler ve üzerinde de irsiyet ve atavizm damgaları mevcuttur; artık emin olunmalıdır ki ortada ıslahı mümkün olmayan ve doğuştan hırsız bir insanla karşı karşıya bulunuyoruz. Aynı şey dolandırıcılar için de söylenebilir.

Daha önce söylemiş olduğum gibi (Bkz: I. Kısım, I. Fasıl), tasfiyenin en kâmil ve mutlak şekli ölüm cezası olup, bu müeyyideyi kanlı katillerden başka suçlulara uygulamak doğru değildir; zira, işlenen suçla merhamet duygusu pek vahim ve tamir edilmesi mümkün olmayan bir surette zorunlu olmadıkça, aynı duygu suçlunun hayatının izalesine engel olur. Toplumu bu gibi düşmanlarına karşı korumak için daha yumuşak ama kifayetli bir tasfiye şeklinin uygulanması daha adildir. Önce cleptoman'ları, sonra ateş büyücülerini, hırsızları ve yangın çıkaran epilepsi hastalarını, aklen malûl suçlulara mahsus alanlara kapatıp onları sıkı bir nezaret altında muhafaza etmek lazımdır. Hırsızlar, kasten yangın çıkaranlar, dolandırıcılar ve mecnun olmayan ama suça bir meyil sahibi bulunan (isterse M. Benedikt'in ileri sürdüğü gibi, moral bir nevrasteni sebebiyle olsun) sahtekârlar ve eğrilik (istikametsizlik veya hilekârlık: *improbite*) duyguları doğuştan olan içgüdüsel suçlular ya da fena tahsil ve terbiye, kötü örnekler, kötü arkadaşlıklar sebebiyle işlenen ve fakat akabinde içgüdüsel bir hâl alan ve ıslah edilmesi mümkün olmayan tesadüfi suç faillerini çok uzak diyarlara; henüz müstemleke olmuş, halkı seyrek yaşamak için devamlı çalışmak zarureti bulunan sahalara sürmek lazımdır. Bir kere sürgün mahkûmu, oralardaki aman tanımayan "*Qui non laborat, nec manducet*" atasözüne iyice inanırsa, belki o zaman bütün gayret ve cesaretini toplayabilmiş olur; varlığını felaket ve zarardan az çok kurtarmaya gayret eder.

Fakat nevrasteni önüne geçilemez olur ve sürgün bu müstemlekelerde kötü faaliyetlerine devam imkânını elde ederse, bu takdirde yeni bir tasfiye şekli zorunludur; artık böyle bir mahkûmu vahşi bir sahaya sevk etmek ve onu orada terk etmek lazımdır; tabii şanslı olur, vücudu zehirli oklarla delik deşik edilmezse, yerli vahşilerin esiri olacaktır.

Sürgün cezası modasının artık geçtiğini, çünkü deniz aşırı ülkelerin gittikçe terakkiden nasiplerini aldığını, medeniyet meşalesinin buralara kadar uzandığını ve nihayet birkaç zaman sonra dünya yüzünde ne bâkir sahalara ne de ıssız adalara rastlanacağı iddia ediliyor.

Hâlbuki, son zamanlarda Birleşik Amerika Devletleri, Peru'dan hemen hemen nüfustan mahrum Galapagos adalarını satın almış bulunuyor; Fransa henüz eline geçirdiği Yeni Kaledonya'ya, Avustralya hükümetinin şiddetli itirazına rağmen ülkesinin mükerrir suçlularını sürgün ediyor; Rusya, nüfus kesafeti son derece zayıf muazzam Sibirya'ya sahip bulunuyor; İngiltere ve Hindistan camiası sürgüne mahkûm suçluları hâlâ Andamans takım adalarına gönderiyor. 1887'de Kalküta'da toplanan ceza infaz sistemleri kongresinde, sürgün cezasının ilgası değil, fakat bu cezanın ancak itiyadi suçlulara uygulanması kabul edilmiştir ki bu iddia fikirlerimizi son derece okşamaktadır.

Belki bir gün gelecek sürgün sahaları kalmayacaktır; keza kömür madenlerinin tükeneceği günler de gelebilecektir; ama bu sonuca varmak için yüzlerce asırlara ihtiyaç olduğu da hesaplanmış bulunuyor. Böyle belirsiz bir ihtimal var diye yaşadığımız zamanın nimet ve imkânlarını azımsayıp ondan vazgeçmeye de gerek var mıdır? Yeryüzünün beş kıtasındaki uçsuz bucaksız topraklar, kızgın çöller bir yana, büyük denizleri dolduran sayısız adalar vardır.

Şüphesiz halledilmesi gerekli ekonomik bir mesele de ortada duruyor: sürgünün nakil, nezaret masrafları. Şayet bu tesisler fazla masraflı görünürse de, bu masraflar bir kere yapılacak ve ondan sonra cezaevlerinin devamlı masrafları yanında bu infaz sisteminin külfeti asgariye inecektir; çünkü, ancak bu sayede gene suçluluk kadrosunun takriben %40'ını teşkil eden itiyadi suçluların ağır yükü atılmış olur. Doğrusu sürgün, kendi maişetini ziraat sahasındaki kendi gayretiyle temin edebilmek imkânına sahip olduğu hâlde, hapishane duvarları içinde hayat süren mahkûmlar bu imkândan mahrum bulunuyorlar.

VII

Saf, tecrübesiz (ya da acemi: Novice) suçlular. - Gençleri taklit psikolojisi. - İşsizlik. - Metrukiyet. - Hırs (ya da tamah: Cupidité). - Muhtelif hâllerde zorlayıcı tedbirler.

Doğruluk ve namus duyguları doğuştan bozuk ya da alışkanlıktan âdeta içgüdüsel dalâlete düşmüş bu gibiler, gerek işledikleri suçların vahameti, gerekse bu suçların çokluğu yüzünden toplum için ağır birer tehlike teşkil ederler; onun için bu sınıf suçlular hakkında takip edilecek ceza sistemi, alışkanlıklar ve aşırı tehlikeleri olmayan kaza ve kader suçluları diyebileceğimiz kimseler hakkındaki sistemden tamamen ayrı olacaktır.

Bu sınıf suçlular pek fazladır: Öyleleri vardır ki namusluluk (veya doğruluk: *Probité*) duyguları pek köklü olmadığı hâlde, taklit etmek arzusundan doğan fena örneklerin kurbanıdır ve bu sebeple suçlu olur. Özellikle, ilk hatayı ikincisi, üçüncüsü takip eder; zira, toplum hayatının görünürde pek önemsiz şartları vardır ki o derece göze batmaz ama, hakikatte bu şartlara riayet, bekayı nefis için mutlak bir gereklilik ifade eder; bunun gibi, şayet bir hizmetçi veya bir amelenin hırsızlık ettiği anlaşılırsa artık bir iş bulmaları kolayca mümkün olmaz; artık onun önüne yeni bir meslek kapısı açılmış demektir: Doğaldır ki bu yeni meslek, kötülüğün ta kendisidir. Ne yazık! Artık bu kötülüğün kapısından irkilmeden, sallanmadan girebilecektir; çünkü en sağlam ve mukavemetli fren şimdi nihayet kırılmış, ezilmiştir; istikametsizliğinin keşfedilmesinden artık hiçbir korkusu kalmamıştır.

Bu hâlde tek çare, o kimseyi o ülkeden, itiyatlarından, çalışma tarzlarından ayırıp uzaklaştırmak, yeni bir hayatiyetin basamağına çıkarmaktan ibarettir. Şu hâlde, eşyaya sahip olma hırsıyla kaydığı meyil üzerinde suçluyu tutup zapt edecek ceza müeyyidesi muhtelif hâller için ayrı ayrı hesaplanması, yani işlenen suçların esbap ve etkenlerine göre hesaplanıp tayin edilmesi lazımdır.

Şimdi, önce, yaşadıkları muhitlerin veya kendi ailelerinin tesir ve tazyiki altında hırsızlık yapan gençleri ele alalım. Bu bedbahtları yaşadıkları bu kötü muhitlerden koparıp çıkarmak en kesin bir zarurettir; ancak bu sayede onların itiyadi hırsız oluşlarının önüne geçilebilecektir.

Epeyce zamandan beri, bu zaruret hemen bütün müelliflerce ispat edilmiş bulunuyor; sadece, onlar için ıslah evlerinden, sanayide çalışanların kaldığı yerlerden veya zirai müstemlekelerden hangisinin faydalı olduğunda tereddüt edilmektedir; ama şüpheye mahal yoktur ki D'Olivecrona'ya göre, sonuncusu en ziyade tercihe şayandır.[99]

Fransa daha 1850'de, ayırt etme gücü olmadıklarından dolayı ceza giymeyen küçüklerle, altı aydan fazla ve iki seneden az hapse mahkûm edilen reşit olmayan gençleri barındırmak için zirai müstemlekeler meydana getirmiştir. Bunların bir kısmı özel teşebbüs sahipleri tarafından vücuda getirilmişlerse de zamanımızda bu zirai teşebbüsler muhtariyetlerini kaybetmiş bulunuyorlar. Bu tür özel şahıslara ait zirai teşebbüslerdeki mükerrirlerin oranı %6.42 olmasına karşılık, hükümete ait zirai teşebbüslerdeki mükerrirlerin oranı biraz daha fazla olup Fransa'daki mükerrirlerin %11.29'undan ibarettir. Süreye gelince, bu 3 ile 6 yıl arasında değişmektedir. Buralarda zirai faaliyet hâkim ise de diğer çalışmalara da yer verilmiştir; çilingirlik, doğramacılık gibi. "Devlet parası asla bu derece faydalı harcanamaz; çünkü, devlet bu sayede milletin selâmeti için doğruluktan ayrılmış bir kısım insanı tenha ülkelere sevk edip orada iş güç sahibi yapmakta ve bu gibilerinden %93'ünü topluma kazandırmaktadır."

Zamanları dolunca, müstemleke âmiri bu gençleri bazı çiftliklere yerleştirir ya da onları bahriyeye veya ordu birliklerine tavzif eder. Böylece o kimse, kendini eski kötü muhitten tamamen uzaklaşmış hisseder.

Belçika, Hollanda, İngiltere, Amerika Birleşik Devletleri ve İsviçre'nin de bu türden müstemlekeleri mevcuttur.

Bu türden infaz müesseselerinin, medeni devlet anavatan topraklarında da teşkilinin faydası üzerinde şüpheye mahal yoktur; bu mahkûmlar henüz gençlik çağında olduklarından nezaretleri müşkül olmayacağı gibi, firarları da büyük bir tehlike teşkil

[99] D'Olivecrona, *Tekerrürün Etkenleri*, Stockholm, s. 171.

etmez. Bununla birlikte, bu türden sahaları, pranga mahkûmlarının çalıştırıldıkları ziraî müstemleke sahalarıyla mukayeseye imkân yoktur; bu sebeple İtalya'da kürek mahkûmları için zirai müstemleke sahaları tesisi fikrimce büyük bir hatadır.

Şimdi erginlik çağını geçirmiş şahıslara geçebiliriz. Bunlardan büyük bir kısmı işsizlik, herhangi bir meslek ve sanata ilgisizlik, metrukiyet ya da serserilik sebebiyle hırsızlık yaparlar. Doğuştan gelen bir meyil olduğu inkâr edilemez surette aşikâr değilse, ortada daima bir teşebbüs ve tecrübe şansı kabul etmelidir. Bunun da esası, bu sınıf suçluları devlet hesabına çalışmak üzere amele bordrosuna ithal etmek ve ona alelade hâllerden az olmayan, fakat bir kısmı devlete olan ceza borcuna, bir kısmı da mağdur tarafa tanınan tazminata karşılık alınacak belli bir ücret vermektir. Bu amele ancak varlığının bekası için pek lüzumlu iaşeye hakkı vardır, o da günlük işini tamamen yapmış olması şartına bağlı olacaktır. Sonuç olarak ya çalışmak ya da açlıktan ölmek şıklarından birini seçmek zorunda kalacak demektir. Bununla birlikte, tazminatları ödemiş olmakla da özgürlüğüne kavuşmayacaktır. Bunun için, önce belli bir fabrika ve müessesede kendine bir iş bulacak, yeni bir suç işlediği takdirde hazineye irat kaydedilecek belli bir nakdi kefalet yatıracak ve ancak birkaç senelik iyi hâl ve hareketi müşahededen sonradır ki yatırdığı kefalet kendisine iade edilecektir. Müsait müstemlekeleri olan devletler, bu gibi suçluları oraya gönderirlerse, artık kefalet akçesine gerek kalmayacaktır. Şayet, müstemlekelerde yeniden bir suç işlenirse, bu takdirde nasipleri müebbet sürgün olacaktır. Artık hiçbir deneme faydasızdır; çünkü suç işlemekte inatçı bir mizaç kendini açığa vurmuştur, artık; onda namusuyla çalışmaya karşı derin bir nefret belirmiştir.

Daha ilk dolandırıcılık veya sahtekârlık suçlarını işleyenlere de aynı muamele merhaleleri kat ettirilmelidir.

Çok kereler suçluların işsiz veya serseri olmadıkları görülür; bir meslek veya sanatı vardır; geçinebileceği malı mülkü de mevcuttur; hatta refah ve huzur içindedir; ama bütün bu nimetlere rağmen doğru yoldan garip bir sapmayla, bir de bakılır ki hırsızlık yapmıştır ya da tamamen hırs ve tamah aşkıyla yedi emanetine tevdi ve teslim edilmiş bir parayı temellük eder ya da ani bir hamle ile dolandırıcılığa, sahtekârlığa veya hileli iflâsa atılır. Böylece o kimsenin, namuskâr olmayan duygusu ortaya çıkmış olur; mademki yeni bir suçun aşikâr ve hakiki bir saiki yoktur; o kimsenin aynı hatayı tekrarlamaması, ondaki hırs ve tamah duygusunun büsbütün köreltilmesine bağlıdır ki bu da namuskârlığın o kimse için daha hayırlı ve öz menfaatlerine daha ziyade yaradığının idrak edilmesiyle kolayca mümkün olur. Bu amaca ulaşmak için de en iyi çare, V. fasılda zikrettiğimiz zorlama usullerin aynısının uygulanması suretiyle zarar uğrayanın bütün maddi manevi tazmininin ödenmesidir: Bu sistemin topluma başka çeşit faydaları da vardır. Tasavvur edin ki sadakatsiz bir veznedar ya da kötü niyetli bir müflis, fiillerinin anlaşılması hâlinde gasp ettikleri paraları, cebri ve sonsuz bir çalışmanın meşakkatiyle, son santimine kadar, kurbanlarına tazmine mecbur olduklarına emindirler; acaba bu usul sayesinde ortadan kaldırılan veya itimat edilen bir dosta emanet edilmiş olan para kolayca ortaya çıkmayacak mıdır? Acaba bu müeyyide, belli bir süre için verilen ve hakikatte hiç kimsenin yararına olmayan, bilâkis suçun maddi zarar ve şeametini yeni masraflarla kabartan belli süre için hükmedilen hapis cezasından daha etkili olmayacak mıdır? Şayet, suiistimal edilen para hakikaten sarf edilmişse suçlu, bunu mağdur tarafa son santimi dâhil tazmin edinceye kadar zorla çalışmaya tabi tutulacaktır. Eğer bu vecibesini kendi ihtiyariyle yapmayı istemezse, devletin tesis ettiği bir iş yerinde çalıştırılacak ve buralarda açlıktan ölmemenin yegâne çaresinin çalışmak olduğunu bilecektir. Bütün gayretine rağmen, zimmetine geçirdiği paranın ancak bir kısmını mağdur tarafa tazmin edebilmiş ve aradan geçen uzun seneler zarfında nefsini ıslah ettiği anlaşılmış olursa, mahkûmun yaşı göz önünde tutularak kendisine bazı istisnalar bağışlanabilir; hatta, bu zorunlu çalışma süresi 10 ya da 15 sene olarak önceden tayin edilebilir;

şu şartla ki kavuşulan hürriyetin kıymetinin layıkıyla takdir edilmediği sabit olursa, aynı müeyyide tekrar uygulanacaktır.

Yine farz ediniz ki suçlu mağdur tarafın bütün zarar ziyanlarını ödediği gibi, hazineye ait olan para cezasını tamamen ödemiştir. Bu takdirde, serbestiye kavuşacak, ama bütün siyasi haklarından, kamu hizmetlerini ifadan ve eğer hileli müflis ise, ticaret etmekten mahrum edilecektir.

Şimdi, aynı suçtan mükerrir olanlar kalıyor; bunlar evvelce bahsettiğimiz işsiz güçsüz ya da serserilere uygulanan müeyyideye maruz kalacaklardır. Şayet ikinci defa mükerrir olurlarsa, bu takdirde bunlar da müebbet surette sürgün edileceklerdir. Çünkü bunlarda münferit olgulardan başka bünyede, doğruluğa karşı duygusuzluk ve aşikâr bir suça eğilim hâlinden ayrı, namussuzluk duygusunun zaman zaman coşup kaynaştığı da belirmiş olacaktır.

VIII

Yürürlükteki ceza müeyyidelerinin uygulanması ve muhafazası gereken suçlar.

Görülüyor ki ülkemizdeki yürürlükte ceza mevzuatımızın tipik müeyyidesi olan, önceden tespit edilmiş geçici hapis cezası, bizim savunduğumuz sistemde hemen hemen tamamen silinmiştir. Bu cezanın ilgası ve uygulamadan kaldırılması sebeplerini tekrarlamak niyetinde de değiliz. Bu kitabın tamamında bunun etkenlerini yeterli derecede açıklamış bulunuyoruz. Biz cezanın bünyesinde daima toplumsal faydayı araştırdık; bunu esas tuttuk, hâlbuki devrimiz böyle bir görüşü tamamen ihmal etmiş durumdadır. Biz bunun zaruretini suça karşı meydana gelecek hakiki tepkide araştırdık ve açıkça göz önüne koyduk. Bu da bazen kesin tasfiye zaruretiyle ölüm cezasının uygulanması zaruretini doğurdu; bazen izafi tasfiye mecburiyetiyle aklen malûl suçlulara mahsus hastanelere kapatmak ya da metrukiyete terk suretiyle sürgün etmek ya da müebbet veya hâllerin hususiyetine göre geçici sürgün etmekle mümkün görüldü.

Diğer hâllerde ise, tazminat kısmını da muhtevi olmak üzere alelade para cezası vermek lazımdır. Bu nakdi tazminat ve ceza suçlu tarafından kendi ihtiyariyle ödenirse ne iyi, aksi takdirde onu bir kamu hizmetinde zorla çalıştırmalı ve süresiz olabilecek bu faaliyetin ücretinden bekayı nefis için en zorunlu olanından fazlasına elini sürememelidir.

Tekerrürlerine engel olmak için failinin şahsi hürriyeti kösteklemek mecburiyetinde kalınan suç türleri pek mahduttur. Madeni ya da kâğıt paralarda kalpazanlık gibi. Yalnız sürgün bu suç faaliyetinin tekerrürüne yeterli bir müeyyide değildir; tazminat ve para cezaları da suçlunun hakkından gelemez; çünkü bu tür suçların failleri daima toplu hâlde bulunurlar ve bu tazminat ve para cezalarını fazlasıyla ödeyebilecek sermayeleri mevcuttur; serbest kalırlarsa hemen yeniden işe başlarlar. Bununla birlikte, kalpazanları bir hapishaneye kapatmak ve onları orada oldukça uzun zaman tutarak göz önünde bulundurmak ve ancak bu suretle toplu faaliyette bulunamayacaklarından emin olmak gerekir. Fakat toplumun himaye ve müdafaası için failin bireysel hürriyetini tahdit mecburiyeti olan bu gibi fiiller pek azdır ve bu hâllerde istisnai surette hapis veya kalebentliğin süresi önceden tespit edilmelidir. Keza, bu istisnaî ceza, bizim suçluluk kadromuzun (Bkz: birinci kısmın son iki sayfası) dışında kalan bütün suçlara da uygulanabilir. Zira, bu tür suçlarda da devletimiz ahlak anlayışlarıyla bağdaşamayan ve altürist duygularını yaralayan mahsus gayriahlaki hisler hâkim bulunmaktadır. Bu husus ya da istisnai gayriahlaki hisler, prensip olarak devlet otoritesi aleyhine bir isyandan veya kanunlara itaatsizlikten ilham almaktadır. Bu siyasi unsur, daha çok hâkimse, bu takdirde mücazat, toplum hayatına uyumsuzluk kriteryomu yerine; kanuna itaate ve ona hürmet ettirebilmenin imkânına göre ayarlanmalıdır. Burada mevzubahis edilen tipler, hakiki suçlular değildir; bunlar sadece asi şahıslardan ibaret kimselerdir. Nitekim bizim ceza ilmi tetkikat ve müşahedelerimiz bu sonunculara kadar uzanmamakta, çıkardığımız sonuçlar onları kapsamamaktadır.

İşte bunun içindir ki biz, toplumsal teşkilatın, doğal kanunları yerine geçerli olan devlet fikri sınırlarını aşamayıp burada durmaktayız.